역사와 예술로
읽는

서양철학사
(하)

역사와 예술로
읽는

서양철학사
(하)

정영수
지음

이담북스

존경(尊敬)의 마음을 담아

어머니 김종임(金鍾任) 님께 드립니다.

들어가는 글

재작년 이 책의 상권을 발행하고 벌써 2년이 되어 간다. 딸아이와 보다 많은 시간을 보내고 싶어 올봄의 초입(初入), 육아휴직을 내었다. 좋은 시간이었고, 매일 즐거웠다. 그리고 미처 정리하지 못한 역사와 예술로 읽는 서양철학사 하(下)권의 집필에 시간을 할애했다.

유난히도 무더웠던 여름이었다. 이제야 제법 아침 저녁 선선하다. 그동안은 일어나자마자 화단과 텃밭을 돌보고, 딸아이의 등·하원을 보조하고, 남는 시간은 오전의 수영, 오후의 글쓰기가 반복되는 날들이었다.

무더위의 기세는 풀의 기세로 이어졌고, 가녀린 화초와 꽃들은 땡볕을 견디지 못해 곧 타버리기도 했다. 촌(村)에서 살아보면 안다. 인간의 의지가 아무리 높아도 자연의 뜻을 거스를 수 없다는 것, 그리고 그 자연에서 무사히 성장하는 작물이나 꽃나무를 보면서 그것이 우리의 성장과 별로 다를 바 없다는 것을….

각종의 홀릭(holic)이 병리인 것은 시간을 기다리지 못함에 기인할 것이다. 그들은 너무 성급(性急)하다. 그러나 자연에서의 시간은 기다림이 없이 이루어지는 것이 별로 없다. 다가오는 시간에 내가 맞추어 호응(呼應)하는 것, 그것이 촌에서의 하루이고, 크게 보면 삶이기도 할 것이다.

『역사와 예술로 읽는 서양철학사』 상(上)권이 개요(槪要)에 치중했다면 하권은 각 철학자에게서 드러나는 화두(話頭)를 잡아 설명하려 노력했다. 일례로 데카르트에서는 '생각하는 나의 존재', 스피노자에서는 '신과 자연의 관계', 칸트에서는 '순수이성의 판단능력과 실천이성의 당위', 헤겔에서는 '정신의 세계 전개와 의식의 변증법', 니체에서는 '신의 죽음과 자기(自己) 힘의 고양', 베르그송에서는 '사물의 세계에서의 생명의 차별성' 등에 치중했다.

특별히 철학사적 개념의 이론적 탐구보다는 그것들을 쉽게 풀어내어 설명하는 것에 신경을 썼다. 아마 의식이 적어내는 대로 풀어 썼다는 것이 맞을 것이다. 글이 완전할 수는 없다는 것, 적으면서 바로 결함이 생긴다는 것을 알고 있다. 또 나의 편견이 내용의 객관성을 확실히 담보하지 못한다는 것도 안다. 그럼에도 불구하고 철학과 그 철학을 생산한 역사적 배경, 시대와 철학을 표현하는 예술 작품 그리고 이들의 상호 관계를 궁금해하는 독자들에게 이 책이 조금이라도 이바지할 수 있다면 내게는 큰 위로가 될 것이다. 책의 내용에 미진(未盡)한 것이 있다면 전적으로 필자의 무지와 게으름 탓이다. 독자들의 넓은 혜량(惠諒)을 바란다.

부족한 남편을 믿고 글을 쓸 수 있게 도와준 부인 김경미에게 늘 감사하며, 말로 못 한 고마움을 여기에서라도 표현한다. 오늘도 아빠의 손을 잡고 따라준 딸 민채가 있어 행복하다. 졸고(拙稿)를 꼼꼼히 편집해준 이혜송 님, 출간해준 이담북스에 감사한다.

2024년 9월
김제 벽골제에서

일러두기

1. 인명·지명에는 원어를 병기하고 인물의 생몰년을 표기하였다. 인물명은 단축해서 표기하였다. 〔예: 쇼펜하우어(Arthur Schopenhauer, 1788~1860), 단치히(Danzig)〕

2. 논문·서적·경전·영화명에는 겹낫표(『』)를 사용하였다. 서적이 외국어 원서일 경우 겹낫표 안에 괄호를 넣어 원서명을 표기하고 겹낫표 밖에 괄호를 넣어 출간연도를 표시했다.
   〔예: 『성찰(省察), *Meditationes de prima philosophia*』(1641)〕

3. 독자의 이해를 넓히기 위해 필요한 개념·단어·명칭에는 한글·한자·영어를 병기(並記)하였다.
   〔예: 속성(屬性, attribute)〕

4. 사용된 회화·이미지는 저작권 보호 기간이 지난 Public Domain 작품을 사용하였다. 주요 출처는 https://en.wikipedia.org이다.

목차 ◈

칸트(1724~1804) 철학

헤겔(1770~1831) 철학

니체(1844~1900) 철학

베르그송(1859~1941) 철학

History
/
Art
/
Philosophy

데카르트 철학

(1596~1650)

—

쇼펜하우어

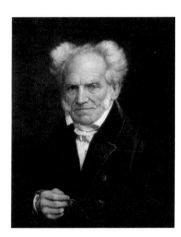

「쇼펜하우어, Arthur Schopenhauer」,
율레스 룬테스슈츠(Jules Lunteschütz, 독일,
1822~1893), 1855년 작.

이제 서양의 근대철학을 본격적으로 살펴보겠습니다. 전권에서 서양의 근대철학자들을 대략 살펴보았습니다. 여기서 쇼펜하우어가 빠져 있었습니다. 쇼펜하우어(Arthur Schopenhauer, 1788~1860)는 독일 단치히(Danzig)에서 태어났습니다. 헤겔이 활동하던 당시의 철학자입니다. 당대의 유명한 철학자 헤겔과 경쟁하길 원했던 야심만만한 철학자입니다.

헤겔이 베를린 대학에서 교수로 있을 시기, 쇼펜하우어도 베를린 대학에 사강사(Privatdozent)로 임용됩니다. 사강사는 독일의 대학에 있는 독특한 제도로 대학의 강사 직위에는 있되, 수강생 수에 따라서 급여를 받습니다. 쇼펜하우어는 헤겔과 같은 시간대에 강의를 개설합니다. 그는 자기의 강의에 대해 아주 자신만만해했습니다. 쇼

펜하우어는 자기의 저술인 『의지와 표상으로서의 세계, *Die Welt als
Wille und Vorstellung*』(1818)에 대해 자평하기를 이보다 더 완벽하
고 아름다운 철학서는 찾을 수 없다고 표현했을 정도입니다.

사실 헤겔은 치밀하고 방대한 철학적 체계를 구축한 그의 저술
능력과는 대조적으로 강단에서의 강의는 대체로 좀 어눌했다고 합
니다. 알아듣기 어려운 말투인 그의 강의 내용은 다행히 모범적인
제자가 맨 앞자리에서 받아적은 노트를 남겨놓아 이후 그의 저서를
편찬하는 데 많은 도움이 되었다고 합니다. 더구나 그의 고향인 남
부 슈바벤(Schwaben) 지방 사투리가 섞여서 수강생 처지에서는 더
욱 알아듣기 어려운 면도 있었다고 합니다.

쇼펜하우어는 그 자신감과 달리 수강생이 많이 찾아오지 않아서[1]
강의를 결국 포기합니다. 이후 교수의 꿈을 접고 재야에 묻혀서 연
구도 하고 책을 쓰며 여유도 즐기는 생활로 그의 나머지 인생을 마
감합니다. 73세까지 살았던 꽤 장수했던 철학자이기도 합니다.

쇼펜하우어의 저서에는 『총족이유율의 네 가지 뿌리에 관하여,
Ueber die vierfache Wurzel des Satzes vom zureichenden Grunde』(1813)
라는 그의 박사학위 논문도 있습니다. 쇼펜하우어가 말하는 의지(意
志)는 Wille(Will), 우리가 흔히 말하는 그 의지입니다. 표상(表象,
representation)은 우리가 사물을 보고 머리에 떠올리는 관념들로 아
이디어(idea)라고도 합니다. re-presentation은 다시 나타난다는 말

---

1 수강 신청자가 5명밖에 되지 않았다고 한다.

입니다.

우리가 사물을 보고 그 사물의 이미지를, 그 사물에 대한 관념을 다시 머리에 떠올리는 것입니다. 쇼펜하우어는 세계의 현상들을 세계 내부의 의지들이 발현하는 것으로 봅니다. 의지가 가시화되어 나타난 것이 세계의 각종 현상입니다. 이 의지들은 근원의 의지로서 목적이 없는 맹목적(盲目的) 의지입니다. 그 의지들의 일어남과 펼쳐짐이 현상입니다. 나타남이 곧 현상(現象)입니다. 그리고 표상은 현상을 우리가 일차적으로 수용하고 다시 떠올리는 것, 즉 사유 내부의 이미지로 떠올리는 것입니다. 쇼펜하우어가 볼 때 우리가 생산하는 고도의 개념조차 한갓 '추상적 표상'에 불과합니다.[2]

인간은 대상으로서의 세계를 마저 감각으로만 지각(知覺, perception)[3]하는 것이 아닙니다. 감각으로 지각한 세계나 대상을 다시 사유는 우리에게 맞게 재단(裁斷, cutting)해 냅니다.[4] 인간에게 적합하게 포획(捕獲, capture)해 냅니다. 마치 옷을 몸에 맞추듯 그렇게 우리가 지각한 세계는 이미 우리의 틀에 맞게 변형되어 있습니다. 이미 그가 칸트(Immanuel Kant, 1724~1804) 철학의 영향을 받고 있음이 보입니다.

---

2 "추상적 표상, 즉 개념…"(아르투어 쇼펜하우어, 『의지와 표상으로서의 세계』, 홍성광 옮김, ㈜을유문화사, 2019. 408~409).

3 지각한다는 말은 관념과 감각에 모두 쓰인다. 감각적 지각이 있고 사유로서의 이성적 지각이 있다.

4 이런 차원에서 이미 아우구스티누스는 "감각은 영혼의 작용"이라고 하였다(에티엔느 질송, 『중세철학사』, 김길찬 옮김, 현대지성사, 1997. 116 참조).

칸트의 영향을 받고, 칸트의 철학을 계승했던 쇼펜하우어가 이러한 감각적 지각, 이성적 지각이 개입되지 않은 순수한 날것으로서의 표상이라는 말을 사용했을 리는 만무(萬無)합니다. 그렇다면 의지와 표상으로서의 세계라는 그의 저서명은 (사유가 포획한) 본질과 현상으로서의 세계라는 말과도 같습니다. 본질을 의지로, 현상을 세계에 나타나는 모든 것으로 본다는 말입니다. 세계 자체를 의지들의 발현으로 보는 것입니다.[5]

여기서 쇼펜하우어가 보는 의지의 성격은 허무(虛無, nothingness)입니다. 세계 내 본질로서의 의지란, 그 목적이 분명하지 않으며 따라서 이루고자 하는 바도 명확하지 않습니다. 그래서 맹목적(盲目的)입니다. 보이지 않으니 분별(分別, discernment)할 수 없고 분별할 수 없으니 목적(目的, purpose)이 없습니다. 의지에 있어서 목적이란 자기를 발현시키는 것이고, 그 발현에 정하여진 합당한 절차나 과정은 없습니다. 그러니 이미 의지가 자기를 전개한다는 것은 허무함을 내포(內包, to contain)한 것입니다.

그런데 세계에는 현상 아닌 것이 없습니다. 미처 우리가 지각하지 못한 현상이 있을지언정 현상으로 나타나지 않는 세계의 사건과 사물은 존재하지 않습니다. 그렇게 본다면 인간도 세계 내의 의지가 발현하는 하나의 현상에 불과합니다. 쇼펜하우어가 볼 때 인간의 삶

---

5 "지성의 유일한 기능이자 유일한 힘은 인과성을 인식하는 것이다"(쇼펜하우어, 『의지와 표상으로서의 세계』, 51).

도 마찬가지로 막연한 의지들이 그 목표도 없이 발현하는 것들에 불과합니다.[6] 삶의 바탕에 깔린 근원의 의지는 삶에의 의지로 부르는 것인데 이 의지의 정체가 도무지 막연합니다. 삶 자체를 넓고 깊게 통찰해 보면 그 목적이나 목표, 그 최종의 끝을 가늠하기가 어렵습니다. 매 순간 삶의 허망(虛妄, futility)이 우리를 옥죄어 오고, 그 허무에 우리는 치를 떱니다. 그래서 우리의 욕망은 이 목표 없는 삶의 의지가 무작위로 발현하는 것에 불과합니다.[7]

그가 볼 때 삶의 의지 그 근원은 결국 허무이며 허망입니다. 그 의지가 발현하는 삶의 현상 역시 정하여진 방향 없이 마구 달립니다.[8] 이것이 삶의 본래 모습이며, 욕망이 일어나는 모습입니다. 신체[9]의 표현인 정념과 정념을 치닫게 하는 욕망은 이 허무한 의지의 손아귀에서 절대 벗어나지 못합니다.[10] 넓게 보면 개별적 존재자가 각자의

---

6 "모든 인간은 자기 의지의 현상에 불과하므로, 반성에서 출발하여 있는 그대로의 자기 외에 어떤 다른 것을 의욕하는 것만큼 잘못된 것이 없기 때문이다"(쇼펜하우어, 『의지와 표상으로서의 세계』, 418).

7 그럼에도 불구하고 "특히 데카르트와 스피노자의 경우에는 의지를 심지어 사유 행위로 간주하고 판단과 동일시하기도 했다"(쇼펜하우어, 『의지와 표상으로서의 세계』, 403).

8 "허물은 의욕에 있는 것이 아니라 인식을 동반한 의욕에 있는 것이다"(쇼펜하우어, 『의지와 표상으로서의 세계』, 228).

9 필자는 이 저서에서 정신과 육체를 구분하여 쓴다. 그러나 신체(身體)에서의 몸(身)이라는 개념에는 이미 정신이 포함되어 있으므로 특별히 정신과 육체를 모두 지칭할 경우는 '신체'라는 용어를 쓴다.

10 "현재는 의지로부터 벗어나지 못할 것이지만, 의지도 참말이지 현재로부터 벗어나지 못할 것이다"(쇼펜하우어, 『의지와 표상으로서의 세계』, 390).

모습으로 존재하는 이 세계 자체 또한 허망해집니다.[11]

　그래서 쇼펜하우어의 철학은 염세적입니다. 그의 철학을 염세
주의(pessimism)라 부르는 이유입니다.[12] 염인주의(厭人主義)라고
부르기도 합니다. 그런데 만약 '염세'라는 말이 세계를 혐오(嫌惡,
hatred)한다는 의미로 간주한다면 이는 쇼펜하우어의 철학에 해당
되는 용어는 아닐지도 모릅니다. 그는 세계를 혐오한 것이 아니라
세계의 근원적 의지로 인해 세계 내 대상들이 목적이 존재하지 않는
무차별한 현상으로 발휘된 것이라 바라보았을 뿐입니다. 그렇다고
그가 이 세계를 비하하거나 세계 때문에 우리의 삶 자체가 거부되어
야 한다고 본 것은 아닙니다. 따라서 그의 철학은 염인주의로 표현
하는 것이 상대적으로 보다 적절한 표현일 듯합니다. 쇼펜하우어가

11　"성취된 소망은 인식된 오류이고, 새로운 소망은 아직 인식되지 않은 오류다"(쇼
　　펜하우어, 『의지와 표상으로서의 세계』, 278).

12　쇼펜하우어가 볼 때 신체는 신체 내부의 근원적 욕망이 가시화된 것이다. 두뇌는
　　판단하려고 하며 그 욕망을 이성과 오성으로 표현한다. 눈은 보려고 하며 이를 눈
　　동자와 시력으로 표현한다. 입은 음식을 섭취하려 하며 음식을 씹고 삼키는 것으
　　로 표현한다. 먹으려는 욕망은 위와 입을 연결하고 장(腸)과 이빨을 연결한다. 보
　　려는 욕망은 눈에 안경을 덧씌우며 이 욕망이 두뇌와 연결되면 헛된 상상과 착시
　　도 낳는다. 손은 잡으려 하는 욕망, 발은 걸으려는 욕망의 표현이다. 사랑이 손으로
　　표현되면 손은 애정의 잡음(악수, 握手)이 되고, 발이 존재의 욕망과 결합하면 넘
　　어지지 않고 서 있으려는 욕구로 변한다. 이 모든 욕망을 표출시키는 최후의 욕망
　　덩어리. 만약 그 최후의 욕망이 근거가 없다면 이 욕망은 허망(虛妄)한 욕망 이외
　　에 다른 것이 아니다. 쇼펜하우어의 철학은 이 최후의 욕망을 문제 삼는다. 이것이
　　결국 부질없고 허망한 것이므로 그 욕망의 발현체와 도구인 우리의 신체 또한 부
　　질없고 허망하다. 욕망의 허무함은 결국 존재자의 허망함으로 연결된다.

인간보다 개를 더 좋아했다고 그를 평하는 사람들도 있습니다. 그러나 그가 개를 인간보다 더 좋아했다면 결코 철학을 하지 않았을 것입니다. 확실히 그는 주변 인간들의 헛되고 사특(邪慝)한 본성과 성격을 싫어했고 인간의 다른 나아갈 방향을 줄곧 그의 저서에서 제시해 줍니다. 이른바 그의 『행복론』[13]으로 번역된 저서에서도 말입니다. 그가 개를 인간보다 더 좋아했다면 개에 관해서 더 많은 글을 썼을 것입니다.

그런데 염세주의 철학자로 불리는 쇼펜하우어는 자연스레 이 세계에서의 최종적 탈출인 자살을 권장하였을까요? 아닙니다. 만약 철학자가 삶을 거부하고 그 반대편에 서는 죽음을 찬양한다면 그는 철학자가 아닌 사이비(似而非, pseudo) 사상가가 적당한 명칭입니다. 죽음을 우리가 극복할 수 없으므로 그 죽음이란 것을 우리가 열렬히 추구해야 한다는 결론은 나오지 않습니다. 삶이 고통이므로 태어나지 않는 것이 행복이라는 말과 비슷합니다.

죽음을 피할 수는 없고, 세계의 본질은 결국 허무라는 것을 인정해야 했던 쇼펜하우어는 타칭 염세주의로 빠졌지만, 동일하게 죽음과 세계의 허무성을 인정한 그의 사상적 후계자 니체는 염세주의와는 전혀 다른 길을 걸었습니다.[14] 쇼펜하우어의 철학은 사실 삶에 대

---

13 한국에는 『쇼펜하우어의 행복론』, 혹은 『쇼펜하우어의 행복론과 인생론』 등으로 번역되어 있다. 그러나 원제는 『소품과 부록, *Parerga und Paralipomena*』이다. 그가 57세에 집필을 시작해서 63세에 출간했다.

14 니체의 철학을 허무주의라고 칭한다. 허무주의의 관점에서 쇼펜하우어의 철학은

한 진지한 통찰과 위로가 되는 말이 많이 있습니다. 진리를 추구하는 철학자에게 진리의 성격은 문제가 되지 않습니다. 그 진리라는 것이 여성성이든 남성성이든 아니면 규정할 수 없는 무엇이든, 아니면 도대체 존재하지 않는 것이든 말입니다. 그 진리의 옳음이 문제가 되는 것이지 그 진리라는 것이 우리를 온화하게 품어 주느냐 위로해 주느냐는 다른 문제입니다. 철학자는 진리를 찾는 사람이지 사랑을 찾는 사람이 아니기 때문입니다. 사랑을 찾으려면 아마 철학보다 종교가 나을 것입니다.

실존적으로 말하면 우리는 수없는 죽음을 맞이한 이후에야 진정한 삶을 살 수 있다는 역설(逆說, paradox)과 비슷합니다. '제때 죽으라!(Die at the right time!)'는 니체(Friedrich Wilhelm Nietzsche, 1844~1900)의 말은 이런 의미를 함의합니다.[15]

소극적 허무주의라고 말한다. 이는 허무주의의 극단까지 도달하지 않고 그 허무주의의 위압(威壓)에 굴복한 허무주의라는 말이다. 반면 니체의 허무주의를 적극적 허무주의라고 한다. 이는 허무로 귀결되는 일체 무(無) 상태로서의 없음을 적극적으로 극복한 행태라고 말할 수 있다. 허무의 종국(終局)에는 오직 자신밖에 남지 않는다. 최종적 의지처이자 세계의 준거가 바로 자기 자신이다. 니체의 입장에서 쇼펜하우어의 염세주의(厭世主義)는 소극적 허무주의로서 허무주의의 미완성에 그친다.

15 니체는 쇼펜하우어의 영향을 많이 받았다. 니체 사상의 정수(精髓)라 일컬어지는 영원회귀(永遠回歸) 사상과 유사한 구절을 쇼펜하우어의 글에서도 발견할 수 있다. "그가 지금까지 겪어온 생애가 무한히 지속되기를 원하거나 또는 언제나 새로 되돌아오기를 원하는 사람…"(쇼펜하우어, 『의지와 표상으로서의 세계』, 394). 이와 반대되는 구절도 발견된다. "그러나 누구든 인생의 끝에 가서는 분별 있고 솔직하다면 다시 한번 인생을 되풀이하기를 소망하지 않고…"(쇼펜하우어, 『의지와 표

허망한 삶에의 의지가 맹목적으로 발현되니 사회에서 존재하는 인간들은 서로 동정(同情, sympathy)을 갖고 대해야 한다는 게 쇼펜하우어의 윤리입니다. 그래서 쇼펜하우어의 도덕을 '동정의 도덕'이라고 합니다. 그에게는 인간을 향한 동정이 결국 도덕과 종교의 존재 근거가 됩니다. 이런 태도를 염세주의라고 부를 수는 없을 것입니다. 그는 세계의 현재성을 부정하는 것이 아니라 그 현재성을 긍정하기 위하여 거기서 살아가는 인간들의 상호 동정을 말하기 때문입니다. 그는 엘리트를 위한 학(學)이 철학이라면 대중을 위한 철학은 종교라고도 이야기합니다. 여기서 종교는 철학에 대한 대중적 번역이 될 것입니다. 이는 그가 종교의 포용성과 위로를 강조한 것으로 보입니다. 그렇다고 철학과 종교가 중첩되는 역할을 제공할지언정 동일한 선상에서 비교되는 것은 무리입니다. 무엇보다 전자는 이성에 기반하고 후자는 신앙에 기반하니 말입니다.

쇼펜하우어의 일화 중 영국관 얘기는 유명합니다. 영국관은 식당입니다. 쇼펜하우어는 강사 생활을 그만둔 뒤 자주 그곳에서 홀로 식사를 했습니다. 그런데 쇼펜하우어는 식사를 시작하기 전 식탁 위에 금화 한 닢을 매번 놔두었다고 합니다. 식사 후 종업원의 차지인 팁(tip)을 식탁 위에 놓는 것이 당시에도 서양의 관습이라 얼핏 보면 이상할 것은 없습니다. 그런 후 그는 태연히 식사를 하며 타임스지(紙)나 다른 신문을 봅니다. 이상한 점은 그는 식사를 마치고 으

_____

상으로서의 세계』, 441).

레 그 금화를 다시 집어가는 것에 있었습니다. 다음에도 이런 일은 매번 반복됩니다.

어느 날 이런 행위를 궁금히 여긴 종업원이 쇼펜하우어에게 다가가 그리하는 이유를 묻습니다. 그러자 쇼펜하우어는 대답합니다, "여기 식사하러 오는 많은 사람 중에 일행을 기다리며 발을 떨지 않거나, 안절부절하지 않거나 일행과 수다를 안 떨고 단지 조용히 식사만 하는 사람이 있으면 내가 그이에게 이 금화를 주려고 합니다. 그런데 그런 사람은 없었습니다".

어찌 보면 인간의 치부(恥部)를 가장 잘 본 철학자라고 말할 수도 있을지 모릅니다. 인간의 본성이 가진 긍정적인 면과 부정적인 면 중 으레 철학자들은 그중 한 면을 심정적으로 담아두고 이를 그의 인성론(人性論)의 기반으로 삼고는 합니다. 이는 인간의 본성이 분명히 그 선한 면과 악한 면을 지니고 있기에 어쩔 수 없는 인간에 관한 평가일 것입니다. 그러니 쇼펜하우어도 자연스레 치부가 많고, 흠결이 많은 인간의 미성숙을 비관적으로 보았던 것일 겁니다. 그러나 그리 인간의 본성을 비판했을지라도 쇼펜하우어가 인간과 그들의 가치를 오로지 폄하하고 부정하고자 했던 철학자가 아니었던 것을 반드시 기억해야 합니다.

염세란 삶과 세계에 대한 비관적인 통찰을 기반으로 합니다. 그러나 그 비관적인 통찰의 배후에는 삶과 세계에 대한 애틋한 사랑이 기반으로 깔려 있습니다. 염세주의라고 해서 우리가 편견을 가질 필요는 없습니다. 중요한 것은 무엇이 사실이고, 무엇이 진리냐는 것입니다. 애증(愛憎, love and hatred)과 애정(愛情, love)은 모두 사랑을 기반으로 합니다. 자세히 보면 쇼펜하우어의 글에서는 불교적 자비심이 느껴지기도 합니다. 아닌 게 아니라 그는 불교(佛敎)라는 위대한 종교를 탄생시켰던 인도의 우파니샤드(Upanisad) 사상에 심취하기도 합니다. 동양의 직관적 깨달음이 그의 철학에는 녹아 있습니다.

세계의 현 상태가 암울하고 우울한데 이를 부인하고 마저 그 위에서 즐거운 척, 기쁜 척하는 것은 진정한 긍정이 아닙니다. 위선(僞善, hypocrisy)이고 가식(假飾, pretense)입니다. 암울하고 우울한 세계에도 불구하고, 우리는 이 삶을 견뎌내고 살아내야만 합니다. 이 '그럼에도 불구하고(Nevertheless)'라는 말이 중요합니다. 이 말은 극복(克服, overcome)을 함의한 말입니다.[16]

삶의 끝이 죽음이라고 지금 미리 죽거나, 죽음만을 준비하거나, 그러니 아무것도 하지 말자는 주장은 얼핏 삶의 본질을 통찰한 말인 듯하지만 실상은 내가 살아 있다는, 삶에 자리하고 있다는 본질을 외면한 말입니다. 암울과 우울은 죽음에 속한 말이 아니라 삶에 속한 말입니다.

스피노자(Benedictus de Spinoza, 1632~1677)는 이를 나의 신체가 단지 슬픈 상태에 처해 있을 뿐이라고 표현했을 것입니다. 마찬가지로 슬픔 역시 죽음에 속한 말이 아닙니다. 우리는 흔히 이것을

---

16 "사실 인간은 누구나 현상으로서는 무상한 것이지만, 사물 자체로서는 무시간적이고, 그러므로 또한 무한한 것이기 때문이다"(쇼펜하우어, 『의지와 표상으로서의 세계』, 392).

이분법적으로 구분하여 기쁨 아니면 슬픔이라고 단정합니다. 사실은 기쁨과 슬픔의 경계와 가장자리, 그 선(線)에는 많은 감정이 중복하여 존재합니다. 기쁨과 슬픔이 혼재(混在)한 상태, 기쁘지도 슬프지도 않은 상태… 이런 다양한 상태들에 신체는 수없이 처(處)합니다.

쇼펜하우어가 키우던 개 이름이 '헤겔'입니다.[17] 그만큼 쇼펜하우어는 당대의 대철학자 헤겔(Georg Wilhelm Friedrich Hegel, 1770~1831)에 대한 비교와 경쟁의식이 강했습니다. 헤겔을 능가하여 자기의 자부심을 채우려 했는지도 모릅니다. 또한 쇼펜하우어는 성격도 좀 괴팍했습니다. 성격이 좀 강했다고 해야 할까요? 서양의 주택 구조는 이미 중세에도 3층이나 4층까지 건물 높이를 높입니다. 하루는 그가 집에서 책을 보는데 당시 그의 식사 수발을 들던 하녀가 현관 앞에서 수다를 떨면서 꽤 시끄럽게 했나 봅니다. 시끄러움에 화가 난 쇼펜하우어는 나가서 그녀를 발로 차버립니다. 걷어차인 그녀는 난간 아래로 떨어져 부상을 입고 이 후유증으로 평생 한쪽 다리를 절뚝거리게 됩니다. 결국 이 사건으로 쇼펜하우어는 법원에서 재판까지 받습니다. 판결은 그녀가 살아 있는 동안 쇼펜하우어

---

17 쇼펜하우어는 헤겔에 대한 적대의식으로 자기가 아끼는 개 푸들(poodle)의 이름을 헤겔로 지었다. 그러나 나중에는 이 개의 충성심을 바라보고 다시 인도의 우파니샤드(Upanisad) 사상에 경도되어 '아트만(atman)'으로 개명한다. 이는 진정한 나, 즉 진아(眞我)라는 뜻이다. 사람보다 개를, 인간보다 동물을 더 좋아했다고 회자(膾炙)되는 쇼펜하우어… 과연 그랬을까?라고 필자는 의심한다.

가 일정액의 연금을 매달 그녀에게 지급해야 한다는 것입니다. 이후 그녀는 쇼펜하우어보다 먼저 사망합니다. 그러자 쇼펜하우어는 드디어 인생의 큰 짐에서 풀려났다고 좋아했다 합니다.

쇼펜하우어의 아버지는 사업을 했습니다. 부유한 가정이었습니다. 그의 아버지도 쇼펜하우어가 사업을 하기를 희망했으나 그는 사업보다는 철학을 택합니다. 쇼펜하우어는 어려서부터 7개국의 언어를 구사할 만큼 똑똑했습니다. 바다 건너 영국에서 출판된 책들을 독일어 학자들이 번역한 것을 보고 그 번역의 미흡함을 개탄하고는 했습니다. 게다가 그는 유려한 문장과 문체를 자랑합니다. 지금까지도 회자(膾炙)되는 독일어권의 명문장가입니다.

그의 어머니는 가부장적인 당대의 남성 우월 분위기에는 안 어울리는 신지식인 여성이었습니다. 문학적인 재질(才質)도 상당했습니다. 그런데 불행하게도 쇼펜하우어의 아버지는 창고 통풍창에서 떨어져 사망합니다. 아버지가 사망한 후 그 유산으로 어머니는 평생 유복하게 지냅니다. 그녀는 경제적 여유를 발판 삼아 자신의 문학적 재능을 펼치기 시작합니다. 사교 능력도 대단해서 그녀는 자기의 집에 카페(café)를 개설하고 유명 인사들을 자주 초대하기도 했습니다. 여기에는 천재 중의 천재라고 불리는 괴테(Johann Wolfgang von Goethe, 1749~1832)도 있었습니다. 괴테와의 친분도 그녀는 쌓아갑니다. 아들 쇼펜하우어의 글을 괴테에게 보여주고 비평을 요청하지만 괴테는 아직 그리 쇼펜하우어의 글이 탐탁하지는 않았나 봅니다. 천재 중의 천재가 쇼펜하우어를 못 알아보는 실수를 범한 것입니다.

그러나 나중에 괴테는 쇼펜하우어의 철학에 많은 영향을 받습니다. 어머니의 지나친 사교 활동에 쇼펜하우어는 노골적인 불만을 표출하기도 합니다. 쇼펜하우어는 어머니가 활동을 좀 자제하기를 원했습니다. 그러나 어머니는 아들 이상으로 자신을 중히 여겼고 스스로 여러 무대에서 활동하기를 원했습니다. 각자의 활동을 모자 관계보다 우선시했던 어머니와 아들은 결국 불화하여 서로 떨어져 살았습니다. 말년에는 서신 교환도 하지 않습니다. 어머니는 아들이 자기의 집에 들어와 사는 것도 거북해할 정도였습니다. 결국 어머니가 아들 쇼펜하우어와 의절(義絶)을 원할 정도로 모자 관계는 파탄이 났습니다.

쇼펜하우어의 철학은 플라톤(Plato, B.C. 428 or B.C. 427 or B.C. 424~B.C. 348 or B.C. 347)과 칸트(Immanuel Kant, 1724~1804)의 영향을 많이 받았습니다. 그는 현대에도 여전히 유명한 독일의 철학자로 남아 있습니다. 한국에서도 서양철학이 소개된 이래 간간이 쇼펜하우어의 철학이 소개되기도 하고 연구서도 나옵니다. 근래에는 암울해지고 불투명해진 삶의 상황 탓인지 쇼펜하우어의 잠언(箴言, maxim) 혹은 인생관들이 책으로 엮여 나오기도 합니다. 꽤 많은 판매 부수를 올리기도 합니다. 서점에는 그가 말년에 유유히 지내면서 저술한 에세이(essay)나 행복론 정도가 많이 판매되고 있습니다. 말년에는 심오한 철학서를 저술하는 것보다는 대중을 상대로 한 교양서와 에세이류(類)를 저술합니다.

—

벤담과 밀의 공리주의(功利主義)

헨리 윌리엄 피커실(Henry William Pickersgill), 『제러미 벤담, Jeremy Bentham』, 1874년 작.

제러미 벤담(Jeremy Bentham, 1748~1832)을 살펴봅니다. '최대 다수의 최대 행복'이라는 말을 들어보셨을 겁니다. 이 말을 한 철학자가 벤담입니다. 우리는 '행복(幸福, happiness)'이란 말을 자주 씁니다. 행복해지기 위해 무엇을 행하고, 불행하지 않기 위해서 무엇을 행하거나 행하지 않거나 합니다. 미래에 행복해지기 위해서 지금의 고통(苦痛, pain)을 기꺼이 감수(甘受)한다고 말합니다. 또 과거에는 불행했으나 지금은 더 행복한 듯하기도 합니다. 이제 인간이면 누구나 행복을 갈구한다고 할 만큼 행복이란 단어는 우리의 삶을 휘어잡고 있습니다.

그렇다면 행복이란 무엇입니까? 누구나 다 행복이란 말을 쓰지만 그 행복이 구체적으로 무엇인지 자신 있게 말할 수 있는 사람이 몇 명이나 있을까요? 지금이 자본주의 시대이니 결국 돈이 많으면 행복하다고 할 수 있는 것인가요? 그렇다면 세계에서 가장 행복한 자는 가장 부자인 자이고 아무튼 돈이 없는 사람은 모두 불행한 처지일까요? 그렇다면 부탄이나 방글라데시 등의 빈국(貧國)들은, 그리고 아프리카 대륙의 헐벗은 어른과 아이는 당연히 모두 불행한 자들이며 그들 스스로도 자기들이 불행하다고 생각할까요? 그렇지 않다는 것을 우리는 잘 알고 있습니다.

행복이란 말을 정의하기도 이리 어려운데 벤담은 그 행복의 총량(總量)을 잴 수 있다고 생각하는 듯합니다. '최대 다수(最大 多數)의 최대 행복'이란 명제는 행복을 수치화시킨 표현이니 말입니다. 그런데 행복이라는 개념은 계산할 수가 있는 것인가요? 그것이 가능하기 위해서는 계산의 최소 척도인 지수(指數, index, number)가 필요할 것입니다. 행복 지수(幸福 指數, happiness index)라고 표현할 수 있겠습니다.

계산하려면 그 지수는 사칙연산(四則演算, arithmetic)이 가능해야 할 것입니다. 더하고, 빼고, 나누고, 곱해야 합니다. 벤담은 행복 지수를 계산하는 것이 가능하다고 보았습니다. 그래서 '최대'와 '다수'라는 말, 그리고 '행복'이라는 말이 결합합니다. 만약 행복의 지수를 계산하는 것이 불가능하다는 입장을 견지한다면 최대 다수의 최대 행복이라는 말은 결코 성립할 수가 없습니다. 최대의 행복, 다수의 행복이라는 말도 성립할 수가 없습니다.

또한 최대 · 다수라는 수량화된 개념을 행복이라는 개념과 결합한 것은 그 반대, 즉 최소나 소수라는 개념도 행복이라는 개념과 결합 가능하다는 주장을 전제한 말입니다. 그렇다면 최대와 최소, 다수와 소수라는 반대어들은 서로 수치상 비교할 수 있다는 말이 됩니다. 그렇다면 이 말은 또 행복이라는 개념이 비교가 가능한 개념이고, 수치화할 수 있다는 개념인 것을 전제로 합니다. 즉 이미 벤담은 근대철학자가 대개 그렇듯 세계의 주요 대상은 물론이고 인간이 산출한 추상적 개념도 이미 수학화하고 도표화할 수 있다는 낙관과 희망에 근거한 주장을 하고 있는 것입니다.[18]

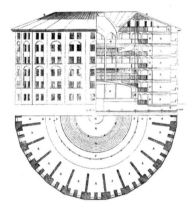

Willey Reveley, 「제러미 벤담의 판옵티콘,[19] Elevation, section and plan of Bentham's panopticon prison」, 1791년 작.

---

18 데카르트가 정신과 연장을 구분하여 세계의 물질에 연장성을 부여하여 이를 계산 가능한 것으로 산정한 것이 근대가 중세와 달리 세계를 '다루기 시작한' 정신적 근거이다. 연장이란 말은 우선 '측정 가능성'을 말하고 있다. 행복을 수치화할 수 있다는 벤담의 믿음은 이미 정신적 개념도 측정이 가능하고 산술화가 가능하다는 근대정신의 믿음을 대표적으로 보여주고 있다.

19 판옵티콘(영어: panopticon)은 영국의 철학자이자 법학자인 제러미 벤담이 제안한

그렇다면 벤담의 결론은 무엇일까요? 행복에 있어서 적어도 많은 수의 행복은 그보다 적은 수의 행복보다는 더 우월하게 됩니다. 즉 더 행복하게 됩니다. 열 개로서 표기되는 행복은 분명히 일곱 개나 다섯 개의 행복보다는 더 크다는 것을 당연시하고 있습니다. 그에게서 많은 수의 행복은 적은 수의 행복보다 더 행복합니다. 그가 말하는 행복은 행복의 낱 수, 각 지수가 집합하여 이룬 말입니다.

이렇게 행복을 본다면 결국 더욱 많이 행복해지려 하는 것이 각 인간이 목표로 하는 것인데, 각자의 인간들이 더욱 많은 행복을 가지고 그 행복한 인간이 모인 사회가 그보다 덜한 행복을 소유한 사회보다

일종의 감옥 건축양식을 말한다. 판옵티콘의 어원은 그리스어로 '모두'를 뜻하는 'pan'과 '본다'를 뜻하는 'opticon'을 합성한 것으로, 벤담이 소수의 감시자가 모든 수용자를 자신을 드러내지 않고 감시할 수 있는 형태의 감옥을 제안하면서 이 말을 창안했다. 벤담은 자신의 제안서에서 이 감옥의 본질적인 장점을 한 단어로 표현하기 위해, "진행되는 모든 것을 한눈에 파악할 수 있는 능력"을 의미하는 "판옵티콘"이라고 부를 것이라고 하였다. 판옵티콘은 중앙의 원형감시탑에서 각 수용실을 단번에 파악할 수 있고 감시 권력이 자신을 드러내지는 않지만 수용자가 항상 감시당하고 있는 상태, 즉 감시자의 존재가 드러나지 않지만 끊임없이 감시되는 상태를 그 핵심 개념으로 한다. 벤담의 판옵티콘은 건물주가 국가와 계약을 체결해서 운영하는 사설 감옥이자 공장형 감옥이었다. 벤담에 의하면 판옵티콘에 갇힌 죄수는 보이지 않는 곳에서 항상 자신을 감시하고 있을 간수의 감시의 시선을 내화해서 스스로를 감시하게 되는 것이었다. 벤담은 자신이 판옵티콘의 운영자가 될 야심을 가지고 있었으며, 이를 이루기 위해 약 20여 년간 온갖 노력을 아끼지 않았다. 그렇지만 계약으로 운영되는 사설 감옥, 죄수의 노동에 의존하는 공장형 감옥인 판옵티콘은 당시 영국의 개혁세력 일부가 추진하던 공공 감옥, 격리식 감옥과 정반대였다. 이러한 이유 때문에 벤담의 영향력과 노력에도 불구하고 1811년 영국 정부는 판옵티콘을 포기했다. 출처 및 참고 : https://ko.wikipedia.org/wiki

더 행복한 사회가 되는 것은 의문의 여지가 없습니다. 그리고 이런 사회가 그가 보기에 훨씬 더 바람직하고 이로운 사회가 됩니다. 벤담으로 인해 시작되는 공리주의(功利主義, Utilitarianism)라는 말 자체가 이런 판단을 그 아래의 근거로 삼는 것을 보여줍니다. 이로움(利)은 이익(利益)입니다. 따라서 이익을 더 큰 사회로 확장하여 계산한 것이 공리주의입니다. 그리고 그러한 이익과 이익으로서의 좋음(goodness)을 추구하는 것이 정의(正義, justice)이자 옳음(righteousness)이 됩니다. 공적으로 이익이 되는 사회는 더욱 많은 사람이 각자 누릴 수 있는 가장 최대한도의 행복을 누리는 사회이니 말입니다.

벤담은 옥스퍼드(Oxford) 대학 출신의 변호사였습니다. 그래서 당연히 당시 행해지던 법정에서의 판결을 지켜볼 기회가 많았습니다. 그런데 당시의 판결도 중세의 판결 정도의 수준이었나 봅니다. 유전무죄(有錢無罪), 무전유죄(無錢有罪)의 판결은 기본이고, 엿장수 마음대로 판결이 이루어지는 것을 보고는 크게 실망합니다. 부유한 귀족이면 중죄이어도 무죄로, 가난한 평민이면 사소한 범죄도 중죄로 바뀌어 중형이 떨어지기 일쑤였습니다.[20]

---

20   법 앞에 만인이 평등하다는 개념은 근대 프랑스 혁명이 이루어낸 쾌거이다. 그 이전에는 동서양 모두 법은 왕과 귀족, 성직자와 평민을 똑같이 다루지 않았다. 권리와 혜택은 제각각이었고 처벌 또한 마찬가지였다. 조선에서도 '예(禮)는 평민에까지 내려가지 않고 형(刑)은 사대부까지 올라가지 않는다'는 관념이 지배적이었다. 실제로도 그랬다. 조선에서 참수(斬首)는 평민에만 해당되는 형이었으며 양반은 사(死)할 때도 사약(賜藥)형이나 교살(絞殺)형이 보통이었다. 서양의 프랑스를 예로 들면 1789년 프랑스 혁명 전에는 사형 방법이 귀족은 참수형이었으며 서민은

서양의 전통, 일례로 프랑스에서는 법원은 이미 중세에도 왕으로 부터 분리된 권력 기구였지만 이 법원이 현재와 유사한 민주적(?) 법원은 아닙니다. 법관층이 별도의 특권 세력으로서 법원이라는 국가기구를 담당하였습니다. 프랑스에서는 고등법원이 왕의 일반 행정 명령을 승인해 주어야 그 명령이 시행될 정도로 막강한 기구이기도 했습니다. 이 권력기관은 프랑스 혁명을 통해서 시민과 민중에게 무릎을 꿇습니다. 이렇듯 동양에서는 왕에 속한 행정부의 산하 기관의 역할보다 결코 더 나은 역할을 서양의 법원이 수행했다고는 결코 말할 수 없습니다.

벤담은 어떻게 하면 사회가 올바르게 돌아가고, 제대로 구성될 수 있을지 고민합니다. 이 과정에서 공공선(公共善)으로서의 최대 다수의 최대 행복이라는 개념을 떠올리기 시작합니다. 그렇게 도출해 낸 결론이 공리주의로 정리가 됩니다. 사회적 유용성, 개인적 이익… 이런 것들을 잘 조율하여 최대한 확장시키는 것이 옳은 사회이며 좋은 사회라고 그는 생각합니다.

이전에는 철학이란 일반 시민의 이익과는 별 관계가 없는 추상적 신념과 명제의 체계라고만 여겨졌고 실제로도 그러한 담론이 지배적이었습니다. 그런데 벤담은 선(善)이라는 플라톤 이래의 지고(至高)

교수형이었다. 귀족과 성직자는 면세였으며 평민만이 과세의 대상이었다. 루이 16세가 삼부회를 소집한 것은 이 귀족과 성직자들에게도 과세하기 위함이었다. 형벌 제도가 평등하게 통일된 해는 프랑스 혁명기이며 이에 따라 왕 루이 16세도 기요틴에서 참수된다.

한 이데아(Idea)를 일반 서민들과 그들의 사회로 끌어내리고 개입시켰습니다. 그리고 그 구체적 계산 방법까지 제시할 정도로 이 최대 다수의 최대 행복이라는 명제는 구체성과 현실성을 지닌 것이었습니다.

사회에는 많은 계급(階級, class)과 계층(階層, stratum)이 있습니다. 신체적으로 건강한 자가 있고 병자가 있습니다. 나이 든 노인이 있는가 하면 젊은 청년이 있고, 유약한 아이가 있고 힘 있는 어른이 있습니다. 남성과 여성이 있고, 부자와 빈자가 있습니다. 취향이 다른 사람, 가치관이 다른 사람이 있습니다. 그래서 이 다양한 개인은 각자 원하는 선과 좋음이 또한 각기 다릅니다.

대부분의 사람은 자신에게 좋다고 생각하는 것을 선이라고 생각하기 마련입니다. 실제로 이러한 사고는 근대 대륙의 철학자 스피노자와 니체가 공유했던 관점입니다. 지금도 영어 'good'은 '좋음'이라는 의미와 '선'이라는 의미를 동시에 갖고 있습니다.[21] 이런 관점으로 본다면 선은 각자의 이익입니다. 만약 모든 이들에게 한결같이 좋은 것을 선이라고 본다면 모두에게 좋은 선이란 도대체 얼마나 존

---

21 그래서 우리가 흔히 '좋은 것이 좋은 것이다'라는 말을 한다. 이 말은 '너에게도 좋고 나에게도 좋은 것이니 진정으로 좋은 것이다'라는 말을 함의한다. 그런데 너, 나 나아가 우리 모두에게 좋은 것이 선한 것인가? 열 명 중 아홉 명은 좋아하고 한 명이 싫어하는 것이라면 그것은 좋은 것인가?라는 물음을 우리는 즉시 던질 수 있다. 백번 양보하여 좋은 것이 좋은 것이라고 하여도 그것이 옳은 것은 아닐 것이다. 그런 차원에서 전통적으로 '선(善)'은 '진(眞, 진리)'의 아래에 위치하게 된다. 좋음은 결코 진정함(참)을 능가할 수 없다. 그런 차원에서 예수는 '진리가 너희를 자유롭게' 하지 '선이 너희를 자유롭게 한다'고 하지 않았을 것이다.

재하는 것일까요?

각자가 원하는 바를 얻는 것을 각자의 선이라고 보았을 때 보편적 개념이어야 할 선은 다양해지게 됩니다.[22] 보편으로서의 선이 제시될 때 노인과 청년은 그 태도를 달리하게 됩니다. 노인과 청년은 많은 것이 다릅니다. 그들의 욕망, 능력, 건강, 가치관… 태반이 서로 차별됩니다. 유아에게 청년의 역할을 요구하는 것은 억지입니다. 청년에게 유아의 '선'을 강요하는 것은 폭력입니다. 따라서 이러한 차별들을 어떻게 공통의 것으로 조정해서 모두에게 이익이 되게 할 것인지를 벤담은 고민합니다. '최대 다수의 최대 행복'이라는 명제에는 이렇듯 정의하고 개념 잡기 어려운 문제들이 내포되어 있습니다.

그러한 다양한 차별에도 불구하고 벤담은 보다 많은 사람이 보다 많은 이익을 산출하고 획득하는 사회가 건전한 사회이며 옳은 사회라는 결론에 이릅니다. 서술했듯 행복의 산출을 가능하게 하는 지수를 제시합니다. 바로 유용성(有用性, utility)입니다. 많은 유용성을 가지면 그 가치는 좋고 옳은 가치입니다. 또한 그 가치를 보다 많이

---

22 '살인하지 말라', '거짓말하지 말라'와 같은 무-조건적인 황금률은 보편적으로 적용되는 공공의 선으로 간주되지만 그것은 실제적인 이익보다는 사회를 유지하기 위한 규칙으로서 더 효용이 있을 때가 많다. 살인의 경우 전쟁 중인 교전국은 이 행위를 권장하며 덕으로 삼아 훈장을 준다. 단지 우리는 전쟁을 특수한 경우로, 군인의 살인을 신성한 예외로 의제할 뿐이다. 거짓말의 경우, 이를 사실과 부합하지 않는 명제나 의견으로 정의했을 때 이는 더 복잡하다. 하나의 사실을 전혀 다르게 보도하는 뉴스들을 보면 된다. 엄밀히 말해 이 경우의 보도는 사실을 전한 것이 아니라 그들의 해석을 전했던 것이다. 그런데 태반의 의사소통에서 이 주관적 해석은 제거되기 어렵다.

가졌다고 판단되는 사회가 보다 좋고 옳은 사회입니다. 그렇다면 유용성의 정체(正體)를 어떻게 알 수 있는지가 문제가 됩니다.

벤담은 가능하다고 가정합니다. 나아가 유용성은 측정될 수 있다고 생각합니다. 행복을 구성하는 행복 지수로서의 유용성은 아무리 추상적이고 신비하더라도 산술적으로 측정할 수 있다는 사고가 그 배경에 깔려 있습니다.

이러한 사고의 경향은 고대의 쾌락주의(快樂主義), 즉 피론(Pyrrhon)주의에서 영향을 받은 것입니다. 고대의 쾌락주의로서의 에피쿠로스(Epicurus)학파는 최소한의 쾌락 지수(hedon, 헤돈)가 산술적으로 측정될 수 있다고 생각합니다. 따라서 쾌락주의를 헤도니즘(hedonism)이라고도 부릅니다. 그래서 보다 많고 높은 쾌락 지수가 도출되면 이는 곧 선(善)이며 추구해야 할 목적이 됩니다. 그러나 이러한 사고는 따져보면 몇 가지 문제점이 도출됩니다. 어쩌면 우리가 사는 현대사회도 이러한 사고들이 지배적이라고 볼 수 있지만 말입니다.

먼저 유용(有用)이란 도대체 무엇인지 밝히거나 최소한 합의해야 합니다. 예외 없이 전체에게 유용한 것이 있는지 의심스럽습니다. 한 끼로서 밥 한 공기는 보통의 인간에게 유용합니다. 그러나 중환자의 밥 한 공기와 대식가(大食家)의 밥 한 공기는 다릅니다. 나아가 밥이 좋다고 한들 연거푸 강제로 먹여지는 밥은 이를 먹는 자에겐 유용함이 아니라 억압이며 해악(害惡)입니다.

'유용'을 평가하기 전에 그것이 도대체 '무엇을 위한' 유용인지가 문제 됩니다. 나아가 그 유용함의 정도(程度, degree)가 어느 선(線)

까지인지도 문제입니다. 이는 '유용'이란 개념이 특정한 가치를 지향하기보다는 특정한 가치를 위한 중간의 가치, 즉 도구의 성격을 가졌기 때문입니다. 무엇을 위한 유용성인지 유용이란 말 자체는 표현해 주지 못합니다. 특정의 대상이 유용하다는 개념과 결부되어야만 유용의 의미가 전달됩니다. 일례로 독(毒)은 살인에는 유용하나 삶에는 해롭습니다. 제초제는 풀의 제거에는 유용하나 작물(作物)에는 해롭습니다.

따라서 소크라테스(Socrates, B.C. 470~B.C. 399)처럼 물어봅시다. 유용성이란 먼저 무엇이며 진정한 유용성이란 무엇인지 말입니다. 여기에는 많은 의견과 이견(異見)이 있을 수 있습니다. 예를 들어 여러 명 중 영화를 좋아하는 사람이 있을 터입니다. 그 영화를 좋아하는 사람 중에서 어떤 이는 멜로(melo) 영화를, 다른 이는 무협 영화(武俠映畫)를, 또 다른 이는 판타지(fantasy) 영화를 좋아할 것입니다.

반면 영화를 싫어하는 이도 분명히 있을 것입니다. 영화보다 음식을 더 좋아하는 사람이 있을 것입니다. 이 중에는 광적인 미식가(美食家)도 있을지 모릅니다. 그 정도는 아니더라도 생선요리를 좋아하는 이, 육류를 좋아하는 이가 있을 것이고 그중에는 채식주의자도 있을지 모릅니다. 또 영화가 단지 데이트의 수단인 청년, 음식이 끼니를 때우는 정도의 의미인 바쁜 직장인, 육류를 좋아하지만 지병(持病) 때문에 고기를 삼가야 하는 이 등….

이렇게 차별되는 각자의 좋음, 그 기호(嗜好) 중에 어떤 기호를 공통의 좋음, 그 기호로 삼아야 할까요? 판타지나 슬픈 영화는 정념에 해로우니 영화를 좋아하는 사람을 선별하려는 기준에서 이들을 배제하자는 주장을 한다면 그것이 옳은 것일까요? 이는 역사에 나타났던 일부 종교나 그 윤리, 그리고 현재의 일부 종교나 그 윤리에서 술이나 고기 혹은 특정의 음식은 인간의 영혼을 혼란케 한다고 금기시키는 것과 같은 논리입니다.

또 노인과 청년 중에 누가 사회에 보다 유익할까요? 노인은 많은 경험(經驗, experience)이 있어 그것을 청년에게 전수(傳授)해 줄 수 있습니다. 그러나 단기적으로만 보면 청년이 체력이 좋아 영토를 지키는 군인으로, 경제의 주역인 노동자로도, 다음 세대의 출산에서도 노인보다 사회에 가시적인 유용성이 많은 것은 사실입니다. 그렇다면 여기서 우리는 단기적 관점일지라도 노인은 청년보다 사회에 덜 유익하다고 결론을 내릴 수가 있습니다. 그렇다면 사회에 유용성이 덜한 노인들은 유용성이 더한 청년보다 덜 보호되어야 하며, 생계의 보조가 덜 지급되어도 된다는 논리가 성립됩니다.

이를 좀 더 극한 상황에 놓아보겠습니다. 생(生)과 사(死)의 기로(岐路)에서 청년과 노인 중 한 명을 선택해야 한다면 우리는 마땅히 청년을 선택해야만 하는 것일까요? 확장하면 이러한 논리는 사회가 위기에 처할 때 사회의 보호를 위해 노인을 먼저 제거하거나 추방해야 한다는 논리로 변형이 됩니다.[23] 이러한 면은 공리주의 논리가 지

---

23 이 '노인'이라는 단어를 '이방인, 이교도, 장애인, 유색인(有色人), 외국인, 여성, 어린이, 사회주의자' 등으로 치환해도 이런 논리는 완전히 성립된다. 실제로 우리는 이러한 논리의 등장을 프랑스 혁명이나 히틀러 치하의 나치 사회에서 실제로 목격하였다. 지금도 아프리카, 동남아, 중앙아시아 등 세계 곳곳에서 횡행하고 있는 사

닌 치명적 단점입니다. 칸트가 공
리주의가 근거하고 있는 이러한
편향을 날카롭게 파악해 비판하
고 있는 것도 그 까닭입니다.

이렇듯 공리주의에서는 그 기
준이 되는 유용성을 측정하는 것
이 상당히 어렵습니다. 많은 것 중
무엇이 진정으로 유용한 것인지,
무엇이 보다 좋은 것인지, 무엇이
보다 훌륭한 쾌락인지에 관한 탐

George Frederic Watts, 「존 스튜어트 밀
(John Stuart Mill)」. 1873년 작.

구들이 벤담의 이후로 진행이 됩니다. 존 스튜어트 밀(John Stuart
Mil, 1906~1873)이 벤담의 논의를 이어받습니다. 밀은 벤담이 제
시하는 공리주의 주장의 기본 명제에는 동의합니다. 그러나 유용성
을 측정하는 어려움을 알고 벤담의 주장을 보다 정교하게 발전시킵
니다. 밀의 공리주의는 벤담의 공리주의가 양적 공리주의(量的 功
利主義)로 불리는 것에 비해 질적 공리주의(質的 功利主義)로 불립
니다.

예를 들어 영화란 사람들에게 유익한 것이다. 그러므로 볼 수 있

건들의 기반 논리이기도 하다. 종교 국가에서는 그 타깃(target)이 이교도(異敎
徒, pagan)가 되겠으나 그 이교도라는 호칭 뒤에는 그 집단의 '유용성 없음'이라
는 사회적 편견이 더 가해져 있다. 프랑스의 인류학자 르네 지라르(René Girard,
1923~2015)의 작업은 이러한 사회적 박해의 대상에 대한 분석이다.

는 한 많은 영화를 보는 것이 좋은 것이며 선하다고 주장하는 사람이 있습니다. 그렇다면 그가 볼 때 가장 좋고 선한 사람은 가장 영화를 많이 본 사람입니다. 그런데 많은 영화를 보려면 가만히 앉아서 몸의 활동을 제한해야 합니다. 몸이 건강할 리는 없습니다. 여기서 영화를 많이 보는 것과 신체의 건강함은 정비례 관계가 아니므로 긴밀한 상관이 없음을 알 수 있습니다. 또 많은 영화를 본다는 것과 영화를 많이 본 사람이 사회적으로 많은 기여를 한다는 것 또한 서로 관련이 없습니다. 즉 영화의 개인적·사회적 유용성은 보편적 좋음과 선으로 위치 지어질 수는 없음을 알 수 있습니다.

이런 유(類)의 주장은 상당히 많습니다. 보약이나 영양제를 많이 먹을수록 좋다는 주장 또한 위와 똑같습니다. 양적 공리주의는 특정한 무엇의 유용성에 대해 그 제한을 두지 않습니다. 그러나 무엇이든 과도하면 해롭습니다. 양적 공리주의는 중용(中庸)과 절제(節制)가 빠져 있습니다. 또 유용성에 대한 질적 평가가 없습니다. 양적 사고는 유용한 것들 상호의 관계와 그 차별성에 대해 숙고하지 않습니다. 밥과 영화 모두 인간에게 좋습니다. 그러나 그중에 보다 좋은 것은 무엇이냐고 물었을 때 양적 공리주의는 대답할 수 없습니다. 그러나 우리는 모두 알고 있습니다. 영화를 보지 않아도 살 수 있지만 밥을 먹지 못하고선 살 수 없다는 것을 말입니다. 이렇듯 양적 공리주의의 한계를 질적 공리주의는 보충하고 정교하게 다듬습니다.

—

홉스와 베이컨

토머스 홉스(Thomas Hobbes, 1588~1679)는 '만인의 만인에 대한 투쟁'을 말합니다. 이것이 세계의 역사이며 사회의 현실이라고 간주합니다. 그의 저술의 제목은 『리바이어던, Leviathan』(1651)입니다. 이는 그리스 신화에 나오는 괴물입니다. 그는 이 '리바이어던'이라는 괴물을 국가에 비유합니

John Michael Wright, 「토머스 홉스」, 1669~1670년 작.

다. 국가는 힘으로서 권력이 필요하며 그 권력은 무제한적이라고 말합니다.

프랜시스 베이컨(Francis Bacon, 1561~1626)은 철학사에서 큰 비중을 차지하지는 않습니다. 그는 귀납법(歸納法)으로 유명합니다. 귀납법은 실험이나 관찰을 통해 사실을 취합한 다음 그 사실을 정리하는 가설이나 규칙을 이야기합니다. 그러나 베이컨의 귀납법을 통

해 근대의 과학이 자생하고 발전할 물꼬를 텄다고 해도 과언은 아닙니다. 우리는 세계의 대상과 사물들에 이 방법을 적용하고, 세계에 관한 우리의 지식을 검증할 수 있었습니다. 따라서 과학적 분석이나 가설을 중시하는 영미 철학의 계통에서는 이 귀납법과 그 절차를 정리한 베이컨이 중요한 위치를 차지하고 있음은 당연해 보입니다.

그의 저서인 『노붐 오르가눔, *Novum Organum*』(1620)은 신기관(新機關)이라는 말입니다. 오르가눔은 라틴어로 '기관'입니다. 『오르가논, *Organon*』은 아리스토텔레스(Aristotle, B.C. 384~B.C. 322)의 저서입니다. 그렇다면 베이컨의 『노붐 오르가눔』은 기존에 통용되던 아리스토텔레스의 방법론을 넘어서 새로운 방법론을 찾는 것에 관한 저술임을 짐작할 수 있습니다. 아리스토텔레스의 저서를 데카르트가 발로 밟고 있는 그림이 비유하듯, 데카르트와 더불어 아리스토텔레스의 체계를 무너뜨린 베이컨의 대표적인 공적이라 할 수 있습니다.

프랜시스 베이컨

베이컨은 이 저서에서 유명한 우상론(偶像論, Idola-論)을 주장합니다. 사실에 대한 관찰에서 인간은 각자 자기만의 관점의 한계를 가지고 있습니다. 편견이나 선입견을 비롯하여 자기의 입장에서 비롯하는 한계를 태생적으로 가지고 있을 수밖에 없습니다. 그래서 사물을 있는 그대로 정확히 보고 관찰하거나 기술(記述)하지 못합니다. 인간은 자기의 편견을 가지고 사물을 대할 수밖에 없습니다. 베이컨은 이러한 관점으로서의 한계를 지적합니다. 따라서 보다 정확하고 객관적인 관찰의 능력을 가지기 위해서 마땅히 제거해야만 하는 태도를 지적합니다. 애초에 가지고 있는 그 결점이 우리의 우상입니다.

종족의 우상(Idola tribus)은 인간이라는 존재자가 존재의 본성으로 지닌 편견입니다. 인간이라는 종(種)에 기반한 편견입니다. 예를 들어 타조의 시력은 인간보다 20배인 25.0의 시력을 자랑합니다. 20km 밖의 물체도 볼 수 있습니다. 이에 비해 현대 도시인의 평균시력은 1.0~1.2 정도랍니다. 이 둘의 시야는 비교 불가입니다. 이를 인간이라는 존재자가 지닌 편견이라고 할 수 있습니다.

동굴의 우상(Idola specus)이 있습니다. '작업실의 우상'이라고도 합니다. 개인이 몸을 담고 있는 사회나 문화로부터 발원하는 편견, 사적인 편견들을 말합니다.

시장의 우상(Idola fori)에서 시장은 시끄러운 공간입니다. '법정(法廷)의 우상'이라고도 합니다. 시장은 온갖 소음이 난무하는 곳입니다. 상인이 있고 손님이 있고, 식사나 간식을 파는 사람이 있고, 엄마를 따라온 아이, 잡화물이나 식료품 가게 주인이 있습니다. 파는 소리, 사는 소리, 사투리에 부정확한 언어가 난무합니다. 법정도 판사의 언어, 변호사의 언어, 검사의 언어가 제각각입니다. 그래서 이는 언어의 부정확성에 기인한 오류이며 우상입니다.

극장의 우상(Idola theatri)은 기존의 질서 체계에 기인한 오류입니다. 극장에는, 하나의 극(劇)에는 많은 배우들이 움직이고 있습니다. 왕이 있고 귀족이 있고 서민이 있고… 기존의 질서 체계와 사회 구조를 극장은 반영합니다. 하나의 극에서는 모두가 한 명의 배우일 뿐이며 극의 플롯(plot)과 스토리에 순종해야 합니다. 조선시대는 그 시대의 사회 구조와 시대의 논리가 있습니다. 그 시대의 논리를 현대에 적용하면 오류입니다.

—

시대(時代)의 전환(轉換)

데카르트(René Descartes, 1596~1650)를 살펴보겠습니다. 그는 근대를 열어젖힌 철학자로 평가받습니다. 근대의 한 가지 특성은 중세까지 사람들의 의식과 문화를 사로잡았던 주술(呪術)과 미신(迷信)으로부터의 탈피입니다. 세계에 존재하는 사물에 여전히 가득한 것은 그 사물의 영혼과 자발성

Frans Hals, 「데카르트, Portret van René Descartes」, 1649~1700년 작.

입니다. 사물에 영혼이 있음을 말하는 것이 이른바 정령신앙(精靈信仰, 애니미즘, Animism)이며 이것들, 특히 동물이나 식물에 다른 차원의 신격(神格)을 부여하게 되면 토테미즘(Totemism)이 됩니다.

당대 학문까지도 포함한 중세의 세계관에는 이런 미신적이고 신화적 형태의 관념이 잔존합니다. 이런 형태의 미신적 관념을 모두 걷어낼 수 있도록 그 사상적 기반을 제공한 이가 데카르트입니다.

이제 비로소 세계는 그 내부에 잔존하는 주술과 신화의 형태를 버리게 됩니다.[23]

만약 현대의 우리가 세계의 사물과 사건을 인간으로부터 유래하는 정념을 제거하고 오직 물리적 형태로만 관찰할 수 있다면, 우리는 여전히 데카르트가 제공한 그의 사상적 영향 아래에 있는 것입니다. 이 물리적 세계관은 기계적 세계관이기도 합니다. 인간을 제외한 세계의 모든 존재자에게서 영혼이 사라진 형태입니다. 그래서 이 세계는 기계적으로만 운동하고 있을 뿐입니다. 물리적이고 기계적인 대상은 인간들이 그것을 개조하고 변화시킬 때 더 이상 우리에게 죄책감을 주지 않습니다. 기계로서의 대상과 세계는 생명이 없기 때문입니다.

따라서 데카르트 이후로 세계는 본격적으로 개발되고, 근대는 발전으로서의 역사를 자신의 정체성으로 삼게 됩니다. 데카르트로 인해 근대가 가능했다고 해도 과언이 아닙니다. 그리고 현대에 이르러

---

23   데카르트는 사유의 확실성을 통해 인간 존재의 확실성을 말했다. 이는 곧 인간이 속한 세계의 확실성을 동시에 말하는 것이기도 하다. 다만 그 세계의 주인은 인간이며 자연은 인간의 부속과 대상에 그치게 된다. 이는 근대에 가장 필요한 요구이기도 했다. 자연의 개조와 개발이 그 정당성을 잃는다면 지금의 발전, 자본주의적 경제의 발전까지도 존재하지 않았을 것이다. 이 모두가 데카르트의 덕이다. 한편 막스 베버(Weber, Max, 1864~1920) 또한 근대의 출현을 기존의 주술(呪術)화된 세계로부터 탈-주술(脫-呪術)화 했기 때문에 가능했던 것으로 본다. 현대철학자 베르그송에게서도 세계에 대한 인간 지성의 공간적 파악은 필자가 볼 때 이미 데카르트가 세계와 그 내부의 물질을 연장 속성으로 간주한 것과 상통한다. 전자에서 지성은 세계를 공간적으로 파악하여 거기서 절단(切斷)을 행하듯이 후자에서 이미 연장 속성은 잴 수 있는 것으로서 분해(分解) 가능하기 때문이다.

그의 철학에 대한 비판과 반성 또한 충분히 우리는 예견(豫見)할 수 있습니다. 지금의 시대는 개발의 과잉과 발전의 과잉으로 인류가 존재적으로 위험에 처한 시기이기 때문입니다. 그럼에도 불구하고 만약 우리가 지속적으로 세계의 개발과 발전을 주장한다면 여전히 데카르트의 영향에 있으며 데카르트주의자라고 말할 수 있습니다.

『철학의 원리(哲學原理), *Principia philosophiae*』(1644)는 그의 저술입니다. 네덜란드(Netherlands)의 암스테르담(Amsterdam)에서 저술했습니다. 당시의 네덜란드는 유럽에서 가장 지적으로 자유로운 분위기였습니다. 사회도 유럽의 다른 국가들에 비해서 상대적으로 개방적이었습니다. 당대 유럽의 분위기는 갈릴레이의 일화를 통해서 잘 알 수 있습니다. 갈릴레이(Galileo Galilei, 1564~1642)는 데카르트 이전의 인물입니다. 케플러(Johannes Kepler, 1571~1630)도 갈릴레이와 비슷한 시기입니다. 케플러는 갈릴레이보다 늦게 태어나서 먼저 죽습니다.

아직 이 당시에는 여전히 종교가 사회를 억누르고 제압하는 시기입니다. 그래서 아무리 과학자라고 해도 기독교 교리와 주요 이론을 부정하지 못합니다. 특히 무신론으로 판정을 받으면 종교재판에 회부된 후 잘못되면 화형(火刑)까지 당하는 시대입니다. 브루노(Giordano Bruno, 1548~1600)라는 이탈리아 철학자는 유물론과 범신론을 주장했다가 화형을 당합니다. 그는 자기 신념을 굽히지 않았기에 화형을 당했지만 교회 이론에 반하는 신념을 가지고 주장한다는 것은 곧 큰 화를 예고하는 것일 만큼 위험한 시대였습니다. 당시 케플러는 개신교인 루터교 인입니다. 갈릴레이는 구교, 즉 가톨릭교도였습니다. 이들은 서로 친분도 있었으나 그 이상으로 견해 차이도 컸습니다.

중세의 아퀴나스(Thomas Aquinas, 1224~1274)의 철학은 신앙과 이성의 충돌을 조정하고 조화를 이끄는 것이 한 목적이었습니다. 그는 고대의 아리스토텔레스 철학이 지닌 세계에 대한 관심과 세속으로의 학문적 경향을 가톨릭교회 이론에 수용했습니다. 철학은 종교적 관점으로 보았을 때 결국 세속적 지식이나 진리의 추구가 목적이므로 교회에서는 당연히 경계의 대상이 되었습니다.

아우구스티누스(Augustinus Hipponensis, 354~430)에 의해 확연히 철학에 대한 종교의 우위가 설정되면서 중세는 시작됩니다. 그러나 기독교를 보호하기 위한 추방과 배제의 대상으로만 철학의 위치가 설정되는 것은 아닙니다. 기독교가 지닌 철학에 관한 오해, 나아가 세속의 학문에 관한 오해를 아퀴나스는 수정하고자 합니다. 그는 기독교라는 종교와 철학이라는 학문은 상호 공존할 수 있다고 주장합니다. 나아가 철학을 기독교를 보다 완성시키는 학문으로 승격시킵니다. 중세가 겉으로는 학문의 암흑기였다고는 하나 당대 인간들이 추구하는 세속 학문 모두가 추방된 시대는 결코 아니었습니다. 로마 교황청의 교황과 성직자들은 고대 그리스 문화에 대한 소양(素養)이 풍부했으며 라틴어나 그리스어를 자유롭게 구사하는 지식인들이 많았습니다. 이 세속성(世俗性)이 나중에 종교개혁을 마르틴 루터가 일으키는 중요 명분이 되기도 합니다. 아퀴나스주의가 가톨릭의 기본 이론이 되어 신앙(信仰)에 지식(知識)을 더해주었다면 루터의 입장에서는 이 토마스 아퀴나스의 이념(토미즘,

thomisme)이 신앙을 오염시켰다고 보기도 했다는 말입니다. 루터
는 주로 독일어를 구사했고, 라틴어에는 어눌했습니다.

데카르트가 살던 시대는 중세의 말이자 근대의 초입(初入)입니
다. 막 시대가 전환하는 시기입니다. 따라서 학자들의 연구 분야나
대상 또한 중세의 유풍이나 흔적을 점차 벗어나고 있을 때입니다.
학문이 분화하는 중입니다. 보일의 법칙(Boyle's law)으로 유명한 화
학자 보일(Robert Boyle, 1627~1691)은 본래 연금술사(錬金術師)
입니다. 연금술을 하다 화학 법칙을 발견합니다. 연금술(alchemy)은
고대부터 시작하고 중세에도 굳건히 학문의 지위를 유지하고 있었
으나 현재의 시각에서 보자면 사이비 학문에 불과합니다. 그러나 화
학은 근대에 탄생한 과학적인 학문입니다.

한쪽은 미신이고 다른 쪽은 과학입니다. 그러나 긍정적으로 말하
면 연금술과 화학 양자 모두 인간이 자연을 이해하려고 노력하는 과
정, 자연의 현상을 설명하려고 노력하는 과정에서 탄생한 학문입니
다. 연금술이 이후에 오류로 판정이 났다고 하더라도, 당대에는 최
신의 학문으로 인정되었고, 학자들은 그 방법을 통해 자연을 이해하
고 설명하려 노력했습니다.

이렇듯 최초의 과학은 가지(可知)의 영역에서 미지(未知)의 것을
끄집어내려는 반복되는 경험의 노력에서 나옵니다.[24] 이 경험이 곧

---

24 만약 기지(旣知)의 것, 이미 알고 있는 것에서 모르는 것으로 나아가지 않고, 모르
    는 것에서 자의적인 설명으로 기지의 것까지 덮어 버리고자 한다면 이는 미신(迷
    信, superstition)이다. 모르는 것과 아는 것을 구분하지 못하고 일체 모르는 것에서

실험과 관찰입니다. 미신과 학문의 교차점에서 과학이 출발하고 나타납니다. 케플러도 당대 점성술사이면서 천문학자였습니다.

코페르니쿠스(Nicolaus Copernicus, 1473~1543)는 가톨릭 신부였습니다. 과학의 개척자로 불리는 사람들은 사실 미신과 신화가 장악한 사회에서 그에 대한 의심을 통해 비로소 합리성이 지배하는 사회로 본격적인 등장을 하기 시작합니다. 아직은 그들도 한쪽의 발을 미신과 신화라는 비이성의 땅에 딛고 있지만 말입니다.

이제 다루고자 하는 데카르트도 아직은 중세 철학, 특히 스콜라(schola)철학의 기풍을 여전히 그의 철학에 지니고 있었음을 염두에 두어야 합니다. 종교 개혁가 마르틴 루터(Martin Luther, 1483~1546) 또한 아우구스티누스를 연구하는 수도회에 속해 있었습니다. 아우구스티누스를 연구하면서 자연스레 그의 은총론(恩寵論)을 접하게 됩니다. 인간의 자유의지(自由意志)보다 신의 은총을 강조하는 이 이론은 루터의 사상에 크게 영향을 미쳐 가톨릭교회에 대한 그의 비판의 이론을 제공합니다.

데카르트는 프랑스의 명문 학교 라 플레슈(La Flèche)[25]에 입학을

아는 것까지 왜곡시킨다면 이는 유사(類似) 종교이다. 과학적 태도란 차분한 발걸음이다. 알고자 하지만 서두르지 않는다. 알고 있는 것을 만들어내는 것이 실험과 관찰이다. 그럼에도 불구하고 과학이 아직 모르는 것들을 기어코 성급히 아는 것으로 설명하고자 할 때, 즉 과학적 태도를 스스로 버릴 때 이는 미신이나 유사 종교이다. 과학의 오만성을 경계해야 하는 이유다.

25 정확히는 라 플레슈에 있는 예수회 대학(Jesuit Collège Royal Henry-Le-Grand)이다.

합니다. 그는 어릴 때부터 병약했습니다. 그러나 워낙 똑똑했던 그를 학교의 교장이 사정을 봐주어 지각을 허락해 줍니다. 해가 중천에 뜰 때까지 데카르트는 침대에서 일어나지 않는 경우가 많았습니다. 그래서 그의 별명은 침대 철학자이기도 합니다. 수학 실력은 따라올 자가 없었습니다. 철학자이자 수학자였던 그는 이후 자연과학까지도 범위를 넓혀 연구를 합니다. 이 당시는 자연과학의 분야까지도 흔히 철학으로 불렸습니다. 자연철학입니다. 으레 철학자들은 모든 학문에 통달한 것처럼 보이기도 했습니다. 철학이 과학과 동일시되었다고 해도 무방합니다. 과학은 곧 철학이었습니다. 지금의 범위가 좁혀진 철학이라는 학문과는 성격을 조금 달리합니다.

데카르트가 자연철학에 관한 저서를 준비하고 있을 때 멀리 이탈리아에서 벌어지는 갈릴레이의 종교재판 소식을 듣습니다. 지동설(先代)을 주장한 갈릴레이가 교황청으로부터 파문(破門)을 당하고 잘못하면 선대(先代) 브루노처럼 화형을 당할 처지에 놓이게 되었습니다. 결국 갈릴레이는 생존의 위협에 학문적 소신을 굽혀 삶을 선택합니다. 데카르트는 이 소식을 듣고 이내 과학에 대한 연구 의지를 접고 마음을 돌려 다시 철학으로 선회합니다.

데카르트는 수학에서 해석 기하학을 창시한 사람으로도 유명합니다. 해석 기하학은 분석 기하학, 좌표 기하학이라고도 합니다. 하루는 침대에 누워서 천장을 보는데 파리가 붙어 있습니다. 그 파리의 위치를 표시하는 법을 궁리하다가 이를 발명해 냅니다. 공간에 관한 수학적인 표기법이라고 보면 됩니다. 좌표로서 X축, Y축 이런 말들은 모두 그가 만든 기호입니다.

그렇다고 데카르트가 자연과학에서 완전히 등을 돌린 것은 아닙니다. 『철학의 원리(哲學原理), *Principia philosophiae*』에서 그는 세계와 우주에 대해 여전히 과학적인 설명을 시도하고 있습니다. 하나의 원리를 제시하고 난 이후 그 원리들로부터 연역해서 모든 현상을 설명하고자 합니다. Top-Down 방식을 취합니다. 최고의 시작에 대한 그의 고민이 드러납니다. 따라서 주체(主體)의 정립에 관한 그의 고민과 궤(軌)를 같이하는 것입니다.

아리스토텔레스의 과학적 방법론은 불완전한 면이 있습니다. 데카르트는 철학과 마찬가지로 과학에도 새로운 방법을 제시해 주고 열어줍니다, 그는 이후의 과학자들이 실험 등을 통한 새로운 과학적 가설을 입증하고 개시할 수 있는 길을 터놓는 역할을 했습니다. 그는 아르키메데스(Archimedes, B.C. 287~B.C. 212)의 점(點)[26]의 역할을 하는 확실한 준거를 찾고자 했습니다. 그의 코기토(Cogito)[27]의 명제는 그런 역할을 충분히 수행하였습니다. 아리스토텔레스의 우주론으로 보면 부동의 원동자(不動의 原動者, unmoved mover, prime mover) 역할이라고 불러야 할까요? 스스로는 움직이지 않으면서 다른 사물을 움직이는 역할, 운동하는 다른 사물의 중심인 역

26　아르키메데스는 고정된 한 점만 주어진다면 긴 지렛대를 이용해 지구를 들어 올리겠다고 주장했다. 이 고정된 한 점이 최초의 시작이고 확실성이다. 데카르트에게서 이 고정된 점, 아르키메데스의 점은 곧 '사유의 확실성'이다.

27　'나는 생각한다. 그러므로 나는 존재한다', 'Cogito, ergo sum(코기토 에르고 숨, 라틴어)', 'Je pense, donc je suis(프랑스어).'

할, 비유하자면 이것이 코기토일 것입니다. 데카르트는 이 점을 찾겠다는 다짐을 하고 서원(誓願)을 세웁니다.

최고이자 최초의 확실함을 찾으려 번민하던 그는 더 이상 학교라는 교육에서 배울 게 없다고 말하고, 그 대신 '자기 자신과 세계'라는 커다란 책에서 배우기로 결심했다고 선언합니다.

데카르트의 다짐과 희망은 강렬했습니다. 이에 관한 몇 가지 얘기들이 있습니다. 확실한 무엇을 발견하기 위한 그의 욕망이 투사된 것인지 모르지만 그는 며칠 새 세 가지 꿈을 꿉니다. 첫째의 꿈에서 그는 폭풍우가 몰아치는 망망대해에 혼자 버려진 채 서 있는 꿈을 꿉니다. 두 번째 꿈도 이와 유사합니다. 높은 파도는 몰아칩니다. 바다 한복판에 그는 홀로 있습니다. 마지막 꿈에서는 높은 파도의 바다에서 이정표(里程標)가 보입니다. 거기에는 참인가? 거짓인가? 하는 글이 씌어 있습니다. 그는 이것이 그가 그토록 갈구했던 진리를 성모 마리아가 계시하는 것으로 확신합니다. 이후 만약 신이 참과 거짓을 구분할 수 있는 확실한 것을 알려주면 성지 순례를 떠나겠다고 서원을 세우고 맹세를 합니다.

그는 『방법 서설(方法序說), Discours de la méthode』(1637)을 발간한 4년 뒤에 성지 순례를 실행합니다. 이렇듯 데카르트에게는 아직도 여전히 당대의 분위기였던 신에 대한 굳건한 신앙이 있었습니다. 그래서 그의 철학에는 본격적인 근대 철학의 면과 중세 스콜라철학

(Scholasticism)²⁸의 학풍이 여전히 혼합하여 잔존(殘存)하고 있습니다.

당시 데카르트를 추종하던 이들이 많았습니다, 신부이자 수학자, 철학자이며 라 플레쉬 동창생이기도 했던 메르센(Marin Mersenne)도 데카르트를 흠모했습니다. 지식인들이 메르센의 집에 모여 사교 모임을 했고, 또 데카르트와 편지를 주고받으며 사상을 교류합니다. 그러나 나중에 데카르트의 저서는 그가 속했던 예수회(Jesus會)에서도 금서(禁書)로 지정됩니다. 철학서 중에는 그런 운명이 많습니다. 교황청도 그의 저서를 금서로 지정합니다. 몇 년 후에야 한 철학자의 철학과 그 사상이 지닌 의미와 영향력을 비로소 아는 것입니다. 특히 철학 저서가 이런 운명에 잘 처합니다. 철학은 그 인식에 긴 시간이 필요하며, 세계에 미칠 영향을 단기간 내 파악하기는 어렵습니다. 또 잘못 읽히기도 하고 잘못 해석되기도 합니다. 그리고 잘못 인용되거나 잘못 추종되기도 합니다. 데카르트의 저서는 예수회에서는 금서로 지정되는데 그 분파인 오라토리오회(Oratorio會)에서는 그를 지지하기도 합니다.

데카르트에게는 사생아가 한 명 있었습니다. 프랑신(Francine, 1635~1640)이라는 딸이었습니다. 그가 딸을 안고 기뻐하는 삽화도 있습니다. 그러나 딸은 5세에 죽었습니다, 이에 몇 날 며칠을 데카

---

28 중세 후기 스콜라철학은 스콜라 신학의 영향에 있었고 양자는 상호 동일시된다. 이 철학은 철학을 자체의 문제로 보는 것이 아니라 신학의 관점에서 해석하고자 한다. 아리스토텔레스의 영향 아래 그의 논리학을 보다 광범위하고 정밀하게 발전시킨다. 학문의 고답(高踏)적 유풍이 심화된 철학이다.

르트가 슬퍼하며 통곡했다고 합니다. 타고날 때부터 병약했던 데카르트는 그래서인지 어릴 때의 친구도 거의 없었습니다. 병약한 그를 돌봐준 이가 간호사였고, 프랑수아즈라는 눈이 사시(斜視)였던 소녀와도 친했다고 합니다. 이 둘에게 데카르트는 평생 충실한 믿음을 지녔습니다. 경제적으로 도와주고 오랜 우정을 유지합니다.

다른 저서로 『성찰(省察), *Meditationes de prima philosophia*』(1641)[29] 이 있습니다. '나는 생각한다. 그러므로 존재한다'는 유명한 구절이 『방법서설』과 이 저서에 나옵니다. 『방법서설』은 '방법에 관한 서문 (方法敍說)'이라는 의미입니다. 진리를 찾아가는 방법에 관한 서문이라는 말이기도 합니다. 최초의 점, 고정된 확실성, 그 근거들을 다시 근거할 수 있는 절대적 근거를 찾아내야 우리는 학문이란 것을 오류없이 수행할 수 있습니다. 수학도, 철학도, 과학도 그렇습니다. 그래서 데카르트는 과학사에서도 중요한 철학자입니다. 영미 철학에서는 오히려 이런 관점으로 데카르트를 더 높이 평가하기도 합니다.

이제 데카르트는 나와 세계라는 위대한 책에서 배우기 위해 홀로 사유에 잠길 고요한 공간을 찾습니다.[30] 그곳은 의외로 군대였습니다. 당시는 30년 전쟁(1618~1648) 기간입니다.

---

29 원제(原題)는 『제1 철학에 관한 성찰』.
30 "내 자신 속에서 혹은 세상이라는 커다란 책 속에서 발견…"(데카르트).

—

30년 전쟁
(Dreißigjähriger Krieg, 1618~1648)

이 전쟁은 신성로마제국의 통치자였던 합스부르크 가문, 가톨릭을 신봉하는 국가들, 그리고 이들과 친인척 관계를 맺고 있던 국가들 대(對) 제국의 통치를 받고 있던 주요 개신교 제후국, 개신교 국가들과의 30여 년에 걸친 전쟁입니다. 마르틴 루터의 종교개혁으로 인해 아우크스부르크 화의(Augsburg 和議, 1555)에서 개신교 중 루터교가 인정이 되었습니다. 지방의 영주나 제후는 가톨릭이나 루터교 중 종교 선택의 자유가 주어졌고 그 권리가 승인되었습니다. 그러나 문제는 여전히 영주의 종교 선택에 따라 영주민의 종교가 강제되었다는 것이었습니다. 영주와 제후의 종교는 따라서 중요한 문제였습니다.

　나아가 당대에는 가톨릭의 교리에는 이를 부정하고 정면으로 반박했으나 성상 숭배(聖像崇拜) 등 가톨릭의 관습과 유지되는 사회제도에는 그리 비판적이지 않았던 루터교의 세력에 비해 신생 칼뱅파의 교리를 지지하는 개신교 세력은 성상 숭배 등에 대단히 비판적인 입장을 취했다는 것입니다. 따라서 루터파는 가톨릭보다도 오히려 칼뱅파를 더욱 비판하고는 했습니다. 이들이 성상 숭배를 절대적으로 금한다는 면에서 일체의 성상 숭배를 금하는 무슬림에 오히려 더 가깝다고 비난하면서 말입니다.

이렇게 구교와 신교, 신교 내부의 상호 대립이 신성로마제국의 황제 자리와 보헤미아 왕위를 둘러싼 종교적 · 정치적 알력(軋轢)들로 불거지고 이 자리를 차지하기 위해 신 · 구교 간의 은밀한 투쟁, 그리고 유럽 각국의 이에 관한 이해관계가 엇물려 결국 크게 가톨릭 대(對) 루터교 · 칼뱅파 · 후스파 등의 개신교 연합으로 분리가 되어 서로 기나긴 전쟁에 돌입하게 됩니다.

바크라프 브로지이크(Václav Brožík), 『프라하 창밖 투척 사건, The Defenestrations of Prague (1618.5.23.), Pražská def enestrace roku 1618』, 1890년 작.
: 체코 출신 화가이다. 보헤미아 지방은 개신교도가 다수였다. 마르틴 루터의 종교개혁의 파도는 거세었고, 아우크스부르크 화의(Augsburg 和議, 1555)로 보장된 종교의 자유가 가톨릭인 신성로마제국 황제 페르디난트 2세(Ferdinand II)의 반(反)-개신교정책으로 침해받으려 하자 보헤미아의 개신교도들은 1618년 5월 23일 황제의 섭정관과 비서관 총 3명을 3층 21미터 높이에서 시청의 창밖으로 던져버렸다. 이후 개신교 세력은 새로운 왕을 세우고 페르디난트 2세의 군과 격돌한다. 백산 전투(Battle of White Mountain, 1620)가 30년 전쟁의 시작을 알리는 첫 전투이다. 프라하 창밖 투척사건은 모두 3차례 일어나는데 이 사건은 마르틴 루터 이전 얀 후스를 따르던 후스파 군중이 시 평의원 7명을 창밖으로 던져 죽인 1차 투척사건(1419.7.30.)에 이은 2번째 투척사건이다.

이 전쟁은 역사에서 벌어진 전쟁 중 제1차 세계대전과 더불어 가장 많은 희생자를 낳았던 전쟁입니다. 전쟁의 주요 무대였던 독일 지방은 이로 인해 황폐화되었고, 이 지역과 이탈리아 지방은 인구가 급격히 감소했습니다. 800만 명이 사망했고, 주요 전쟁터였던 독일 지방만 해도 인구 3분의 1에서 절반 정도까지 사망합니다. 합스부르크 제국(Habsburgerreich), 즉 기존 중세의 교황권이 인정한 교회를 수호하는 세속 황제의 권력과 이를 지지하는 가톨릭 국가들 대(對) 루터, 칼뱅(Jean Calvin, 1509~1564)이나 그 이전 얀 후스(Jan Hus, 1372~1415) 같은 종교개혁가의 교회 논리를 지지하고 옹호하는 제후와 개신교 국가들은 하나둘씩 전쟁에 끼어들고 주요국으로서 서로 긴 전쟁을 했습니다. 일차적으로는 종교의 견해 차이가 클 것입니다. 개신교 측에 해당하는 국가는 당시 덴마크, 네덜란드, 스웨덴, 영국 등이고, 가톨릭은 프랑스, 합스부르크 제국, 스페인 등이 주축입니다. 프랑스는 전통적으로 가톨릭 국가로 분류가 되나 남부 지역에는 개신교도들이 상당했습니다. 지금도 프랑스에는 가톨릭 교도들이 많습니다.[31]

---

31 30년 전쟁 전 프랑스의 칼뱅파 개신교도(위그노, Huguenot)는 마찬가지로 30여 년의 가톨릭 교도와의 내전이나 투쟁을 통해 왕실로부터 최소한의 지위를 인정받았다. 그러나 가톨릭 교도는 위그노에 대한 적개심을 공공연히 드러냈고, 자의적으로 뭉쳐 위그노를 죽이기도 했다. 이후 카트린 드 메디시스(Catherine de Médicis, 1519~1589)가 섭정을 하던 앙리 3세(Henri III, 1551~1589) 때 개신교도인 나바르(Navarre) 왕과 가톨릭교 왕녀 마고(Margot, 발루아의 마르그리트, Marguerite de Valois)의 결혼식이 거행되는 성 바르톨로메오 축일에 위그노에 대

영국은 엘리자베스 1세 여왕(Elizabeth I, 1558~1603 재위) 이후로 개신교의 입장에 서 있었습니다. 이 섬나라는 유럽 내륙에 직접 군을 파견하는 일에는 늘 신중을 기하고는 했습니다. 유럽 대륙의 균형이 깨어지는 것을 염려해 평상시에도 대륙 국가들의 적절한 대립관계 형성을 위해 경제적 지원을 하는 등 영국은 늘 대륙의 사태에 신경을 쓰고는 했습니다. 이것이 그들의 전통적인 외교술이기도 합니다. 엘리자베스 여왕은 스코틀랜드에서 귀족의 반란으로 왕위를 잃고 망명한 메리 1세 여왕(Mary Stuart)을 흔쾌히 받아줍니다. 그러나 메리는 엘리자베스보다도 더 왕실의 정통성이 있었고 아름다웠으며 인기도 많았습니다. 그리고 독실한 가톨릭 신자였습니다. 결국 잉글랜드 내 가톨릭 세력은 메리를 부추겨 반란을 일으키고 이내 진압됩니다. 결국 엘리자베스는 그녀의 목을 베어 처형시킵니다. 당시 영국에서는 목을 자르는 참형은 귀족만이 받을 수 있었고 일반인은 교수형에 처했습니다.

한편 프랑스는 가톨릭 국가임에도 불구하고, 이 전쟁에서는 개신교 국가들을 지지합니다. 초반에는 은밀히 개신교 국가들을 돕다 스웨덴이 전쟁에서 패하자 전면에 나서 전쟁을 이끕니다. 이는 프랑스

한 대학살(Massacre de la Saint-Barthélemy, 1572)이 자행된다. 이후 나바르 왕이 앙리 4세(Henri IV)로 즉위해 낭트 칙령(Edict of Nantes, 1598)을 통해 종교의 자유를 선포하였다. 그러나 이후 루이 14세(Louis XIV) 때 다시 퐁텐블로 칙령(Edict of Fontainebleau, 1685)을 통해 위그노는 다시 탄압을 받게 되었고 프랑스는 공공연히 가톨릭 국가임을 과시하였다. 이후 프랑스의 개신교도는 루이 16세의 관용 칙령(Edit de Tolerance, 1787)을 통해 비로소 종교의 자유를 얻게 된다.

칼 발봄(Carl Wahlbom), 「뤼첸 전투에서의 구스타브 왕의 죽음(1632.11.16.), The death of Gustavus Adolphus at Lützen (16 November 1632)」.
: 이 그림은 30년 전쟁 중 스웨덴 왕 구스타브 2세 아돌프가 1632년 11월 6일 뤼첸의 전투에서 죽는 순간을 그렸다. 죽은 왕의 밝게 빛나는 몸은 그의 말로 미끄러져 내리고 이에 크게 놀란 스웨덴 병사에게서 멈춘다. 왕은 영웅과 순교자로서 그려진다. 탁월히 죽은 예수의 모습을 떠올리게 한다. 그러나 작가는 또한 그의 강한 기교와 스킬을 보여주는 장면을 이용한 것이니 다양한 순간과 빛에 노출된 말의 모습들이 그것이다. 1855년 작.

가 합스부르크 제국과 이들의 가문이 왕위를 차지한 스페인에 포위된 형국(形局)을 극복하기 위함입니다. 종교적 이유보다는 정치적이고 전략적인 방안이기도 했습니다. 프랑스는 오히려 이슬람 국가인 오스만튀르크 제국과 동맹을 맺기도 합니다. 실제 오스만튀르크의 군대는 폴란드까지 진격하나 구교 군대에 의해 패퇴합니다. 리슐리외(Richelieu, 1585~1642)라는 프랑스의 추기경이자 재상은 정치적 역량이 뛰어났습니다. 그의 정책을 대개 계승한 추기경이자 재상 마자랭(Mazarin, 1602~1661)의 시대에 전쟁은 마무리가 됩니다. 결국 두드러지는 승자가 없이 이 30년 전쟁은 끝납니다. 그러나

이 전쟁을 통해서 개신교는 공식적으로 인정이 되고(베스트팔렌 조약, Westfälischer Friede, 1648), 이는 개신교 입장에서 하나의 성취라고 말할 수 있습니다. 데카르트가 군에 입대한 시기는 이 30년 전쟁의 초기입니다. 데카르트는 포병으로 복무합니다. 이는 포탄의 탄도(彈道) 계산에 수학 실력이 꼭 필요했기 때문이 아닌가 합니다. 나폴레옹 보나파르트(Napoléon Bonaparte, 1769~1821)도 학자 같은 수학 실력을 지니고 있어 포병에서 근무합니다. 프랑스 제1공화국의 소위에 불과했던 그가 영국군을 상대로 한 툴롱전투(1793)에서 탁월한 전략과 대포술의 활용으로 승리한 후 그는 24세에 장군이 되고 이후 그의 시대가 본격적으로 열립니다.

—

회의(懷疑)와 확실성(確實性)

데카르트는 그가 종군(從軍)했던 군대의 막사에서 'Cogito ergo Sum'이라는 원리를 발견합니다. 그가 한겨울 추운 밤중에 벽난로 앞에 앉아 있습니다. 데카르트는 생각에 잠깁니다. 따뜻한 기운에 졸다 이내 깨기도 합니다. 눈앞에 밀랍(蜜蠟)이 보입니다. 밀랍은 벌에서 나오는 물질로 벌집에서 꿀을 제거하면 남는 잔해입니다. 밀랍은 상온에서는 고체지만 뜨거워지면 녹는 물질입니다. 중세 때 편지를 봉(封)할 때 쓰이기도 했습니다. 난롯가에 있으니 밀랍이 녹을 것입니다. 이때 불에 녹는 밀랍의 모양을 우연히 관찰하게 됩니다. 밀랍은 정해진 형체가 없이 녹아내립니다. 이를 보면서 밀랍의 본래 형태는 어떤 것일까 하는 의문을 그는 자연스레 갖게 됩니다. 이제 데카르트는 실체에 관한 사유를 시작하게 됩니다.

첫째, 저 밀랍의 가짜 형체(形體)를 진짜로 착각하게 하는 감각(感覺)이란 것은 무엇인가? 예를 들어, 뜨거움과 차가움은 상대적인 정도이지 않은가? 그렇다면 감각은 불확실한 것이지 않은가? 빈 그릇에 물을 담아놓고 젓가락을 넣으면 젓가락이 휘어 보입니다. 그렇지만 실제 젓가락이 휘어져 있는 것은 아닙니다. 감각은 휘어져 보이게 하지만 이성(理性)은 반듯함을 압니다. 또 들리는 모든 소리가 실제(實際)의 소리는 아니고 보이는 모든 것이 실재(實在)의 것은 아닙니다. 환청(幻聽)은 실제와 관련이 없으며 신기루(蜃氣樓)는 존재자의 모습이 아닙니다. 헛것이 보이고 헛소리가 들리는 것은 감관이 발생시킨 오류입니다.[32]

둘째, 방금 전 나는 자다가 깼는데 깨어난 후 나와 내 주변의 모습은 혹시 또 다른 꿈 아닌가? 생시(生時)는 깬 나인가, 잠든 나인가? 내가 지금 겪고 있는 이 일이 꿈이 아니라고 누가 증명할 수 있나? 장자(莊子, B.C. 369~B.C. 286)의 호접몽(胡蝶之夢)[33] 고사가 있습니다. 장자가 낮잠을 자다가 깼습니다. 꿈에 그는 나비가 되어 노닐고 있었습니다. 잠에서 깨어난 그도 곧 장자 본인입니다. 그렇다면 진짜 장자는 꿈속의 나비일까요? 아니면 깨어난 장자인가요?

셋째는 사악한 악마 가설입니다. 지금의 내가 존재한다는, 내 앞의 세계가 진정으로 존재한다는 감각의 증언들, 그런데 만약 내가

---

32   모든 철학자가 데카르트처럼 감각을 불신한 것은 아니다. 특히 데카르트 당대 프랑스 철학자 블레즈 파스칼(Blaise Pascal, 1623~1662)은 데카르트의 '기하학적 진리' 이외에 '섬세(纖細)의 진리'를 주장한다. 이는 이성이 추론하여 건설한 기계적 진리, 기하학적 진리와는 별개로, 추론하는 이성의 한계를 넘어서는 심정(心情)과 마음의 진리가 존재함을 말하고자 한다. 추론하는 이성으로 증명할 수 있는 것은 어디까지이며 그것으로 증명하지 못하는 것은 어떻게 할 것인가? 결국 이성은 자기의 한계를 자각하지 못하면서 그릇된 증명과 추론할 수 없는 영역까지 추론하고자 한다. 이는 오만함이다. 파스칼은 자연과학에 큰 관심을 두지 않았으나 이런 그의 비판은 철학뿐 아니라 당대의 신지식이라 일컬어지는 과학도 겨냥한 말이다.

33   장자(莊子), 내편(內編), 제물론(齊物論).

목격하는 이 모든 것이 단지 사악한 악마가 내게 속삭이는 거짓일 뿐이라면 나는 진정한 사태(事態)를 어디서 찾아야만 합니까? 악마는 데몬(다이몬, Demon)입니다. 나를 속일 수 있으니 악한 신으로 악령(惡靈)입니다. 기독교적인 완전자로서의 신은 결코 속이는 행위를 하지 않을 것이니 말입니다. 이는 나중에 코기토 논증에서 신의 핵심적인 성격으로 그 선함(전선성, 全善性)을 데카르트가 내세우는 이유입니다. 소크라테스는 '그가 가장 현명하다'는 신탁을 델피(Delphi, 델포이)[34]에서 데몬에게서 받습니다. 신탁을 준 신은 아폴론(Apollon)입니다.

예를 들어, 2+1=3이라는 산수의 해(解)는 자명(自明)합니다.[35] 이

---

34 기원전 6세기 아폴론의 신탁을 들을 수 있는 델포이 신전(sanctuary of Delphi)은 그리스와 그 주변 도시국가에도 성소로 여겨졌던 곳이다. 고대 그리스인은 델포이에 '세상의 배꼽(navel of the world)'이라는 뜻의 옴팔로스(omphalos)라는 돌을 세웠다(출처: 유네스코와 유산, https://heritage.unesco.or.kr).

35 2+1=3이다. 이 명제는 다시 1이 3개라는 것을 함의한다. 즉 똑같은 1이 3개 있으니 3과 같다는 명제이다. 수학의 명제는 일체 사실에서 주관적인 것은 배제하고 공통의 것만 추린다. 그 공통의 것이 '수적 특성'이다. 이 '수적 특성'은 '계산(計算, calculation)'이다. 그래서 각기 다른 사물, 즉 사과와 강아지, 그리고 자동차는 합쳐서 3개가 된다. 여기서 이미 수학적 명제의 오류가 살짝 보인다. 식물로서의 빨간 과일, 생명체로서의 작은 개, 기계로서의 무기물이 단지 수적인 계열에서만 공통의 것으로 존재한다. 나머지는 모두가 다르다. 위에 나열한 예들을 사과 3개로 놓아도 마찬가지이다. 똑같은 두 개의 사과는 존재하지 않는다. 외형도 색깔도 단맛의 농도도… 즉, 수학은 동일하지 않은 것을 동일하다고 의제하는 인간의 추상 능력에서 생긴 학문이다. 이것은 수학(적 사고방식)의 결핍일까? 아니면 능력일까?

는 사견(私見)과 편견을 배제한 자명한 진리입니다. 그런데 이조차도 실제의 해는 2+1=4인데 악령이 이것이 자명하다고 생각하도록 나를 속이는 것은 아닐까요? 데카르트는 이렇게 이성적으로 가장 확실하다고 평가받는 진리, 즉 수학적 진리의 확실함까지도 의심해 봅니다. 일종의 사유 실험입니다. 우리가 사실이라고 믿고 있는 것, 아니 지금까지 알려진 확연한 사실조차도 그릇될 수 있다고 의제(擬製)합니다. 그러니까, 내가 지금껏 가장 확실하다고 믿고 있는 이것도 사실은 그릇된 것일 수 있지 않은가?

영화 『아바타(Avatar)』(2009, 감독: 제임스 카메론, James Francis Cameron)를 봅니다. 한 실험실 위에 그녀가 누워 있습니다. 약물을 주입한 후 그녀는 머릿속의 여행을 떠납니다. 신체는 실험실에 누워 있습니다. 그런데 그녀의 영혼은 그녀의 것이 아닌 다른 신체로 들어가 다른 행성에서 탐험과 연구를 하고 행성의 토착 생물들과 전투를 합니다. 만약 지금 우리의 신체가 사실은 미국의 뉴욕 어딘가의 실험실에 누워 있다고 가정을 해봅니다. 그리고 실제로 지금 한국의 이곳에서 움직이고 있는 우리는 뉴욕에 있는 진정한 우리가 꾸는 영혼의 활동에 불과할 뿐이라고 누군가가 주장합니다. 그렇다면 우리는 이것을 어떻게 반박해야 합니까?

30년 전쟁 당시 데카르트는 네덜란드 지방에 있다가 독일 지역으로 참전을 합니다. 네덜란드는 당시 신교 국가의 편에 섰습니다. 중세는 민족 개념이 형성되어 있지 않은 시대입니다. 유럽 각국의 왕실은 그들끼리만 통혼(通婚)을 하는 시대입니다. 사정이 이러니 유럽 국가들의 왕과 왕비들은 각기 서로 친척 간이며 언니 동생이자 형 아우, 하다못해 삼촌 조카 사이입니다. 신성로마제국의 황제 자리도 줄곧 차지하고 배출한 명문 합스부르크 왕가는 아예 자기네 일족끼리만 결혼하여 근친 간의 결혼으로 인한 유전병을 예외 없이 후손들이 얻고 단명(短命)하기까지 했습니다. 권력의 소유와 정체성을 분명히 하려는 욕심이 건강에 대한 염려와 불안을 능가한 겁니다.

프랑스 왕이 영국 왕도 겸하고 신성로마제국 황제가 스페인의 왕도 겸하는 시대입니다. 왕이나 제후의 출신을 따라 백성들도 조국이 정해집니다. 영토나 영유권도 왕의 혈통이나 국가 왕족들의 거래에 따라 수시로 변합니다. 결혼하면 신부는 지참으로 상속받은 영토를 가져오기도 합니다. 그러면 신랑과 신부의 영토는 합쳐지고, 또 같은 방식으로 기존의 영토에서 분리되기도 합니다. 영토 내부에 적국의 영토가 존재하게 되고, 영토 상속을 받을 자식이 없으면 다시 다른 나라의 왕실에서 상속의 정통성을 주장하는 시대가 곧 중세입니다. 따라서 민족이란 개념은 등장할 여지가 없습니다. 오히려 영주민에겐 종교의 영향력이나 영주에 대한 충성과 복속의 관계 등이 중요했고 상류층에서는 속한 가문과 속한 영주와의 관계가 더 중요했습니다.

따라서 중세의 전쟁은 국가의 이익이 아니라 왕실이나 영주의 이익을 위해 벌어졌습니다. 영주의 이익은 곧 기사의 이익이기도 했습니다. 왕실의 이익은 영주나 제후의 이익이기도 했습니다. 만약 이러한 이익 관계가 유지되지 않으면 중세의 질서는 위기에 처하고는 했습니다. 일례로 프랑스와 영국 사이의 백년 전쟁은 영토의 문제로서 프랑스 내부의 부유한 면화와 상공업의 플란데런(Vlaanderen, 플랑드르, Flandre) 지역을 영국이 지배하고 있는 현상, 프랑스 왕의 한 영주로서 엄연히 프랑스 왕을 주군으로 섬겨야 하는 영국 왕의 현실, 프랑스 내부의 도시와 봉토들이 이익을 위하여 영국 왕에게 협조하는 현상 등이 총체적으로 어우러져 벌어진 전쟁입니다. 근대 이전 유럽에서 벌어지는 대개의 전쟁은 이러했으며 이는 30년 전쟁에서도 마찬가지로 드러납니다. 나아가 군주의 종교에 따라 백성들의 종교도 정해지는 시대입니다.

영국의 헨리 8세(Henry VIII, 1491~1547)는 왕위를 이을 아들을 얻기 위해 노력했습니다. 그럼에도 불구하고 얻지 못하자 새로운 결혼을 통해 아들을 얻으려는 노력을 했습니다. 아마 이것은 그의 바람기를 감추는 핑계였겠지만요. 그는 나중에 엘리자베스 1세의 어머니가 된 앤 불린(Anne Boleyn, 1501~1536)과 결혼을 위해 이혼을 불허하는 교황으로부터 영국의 교회를 독립시킵니다. 이른바 수장령(首長令, Acts of Supremacy, 1534)입니다. 이로써 영국 교회의 수장은 교황이 아니라 영국 국왕이게 되고 영국 교회, 즉 성공회는 로마가톨릭으로부터 독립합니다. 이러한 사건은 교황과 사제 권력으로부터 독립하려는 영국 영주들의 이익과도 맞았기에 가능했습니다. 가톨릭은 이혼을 인정하지 않기에 중세의 왕들은 이전의 혼인을 무효화하고 새로 결혼하는 방식을 취했습니다. 물론 이는 교황으로부터 승인을 받아야 가능한 일이었습니다.

그렇다고 태생부터가 세속적인 영국의 성공회가 교황으로부터 독립하면서 주민들의 의견을 물었을 리는 없습니다. 어쩌면 현대 유럽연합(EU, European Union, 2002)이나 그 전신인 EC(유럽공동체,

European Community, 1993)도 이러한 유럽의 전통적 지형과 문화에 근거한 면이 있는 듯합니다. 영국이 유럽연합에서 탈퇴하는 문제를 국민투표에 부쳐 정식으로 2020년에 탈퇴하였습니다. 브렉시트 (Brexit, Britain+exit, 2020)라고 합니다. 이를 보면 아직도 유럽 대륙의 동향과는 동떨어져 자기들의 이익에 따라 대륙의 동향을 저울질하는 전통적인 영국의 기질도 여전히 살아 있는 듯합니다.

—

백년 전쟁
(the Hundred Years' War, 1337∼1453)

프랑스와 영국의 백년 전쟁(the Hundred Years' War, 1337~1453)도 이런 틀에서 진행된 전쟁입니다. 실제로는 백 년이 넘는 116년 동안 지속된 전쟁입니다.

주군 프랑스 왕(샤를 4세)의 아래에 잉글랜드(영국)의 왕(에드워드 3세)이 영주로서, 신하로서 속해 있습니다. 샤를 4세는 그의 후사가 아들이면 그의 왕위를 계승하고 딸이면 사촌 필리프에게 왕위를 계승시킬 것을 유언으로 남기고 죽습니다. 이로써 프랑스에서는 카페 왕조가 끝나고 발루아 왕조가 시작합니다. 샤를 4세의 왕비는 딸을 낳았기 때문입니다. 잉글랜드 왕 에드워드 3세의 어머니는 프랑스 샤를 4세의 누이입니다. 프랑스의 왕위를 왕의 사촌인 필리프 6세가 이어받자 이에 잉글랜드의 왕이 프랑스의 왕위에 대한 정당성을 주장[36]하게 되고, 그것을 외국인이 왕이 되는 것을 싫어한 프랑스

---

36 잉글랜드 왕 에드워드 3세(Edward III)의 어머니는 죽은 프랑스 왕 샤를 4세(Charles IV)의 누이동생이다. 따라서 살리카 법(Lex Salica)에 따라 여자가 왕위를 이어받지 못하더라도 에드워드 3세는 촌수(寸數)상 왕위 계승의 명분이 선다는 주

가 거부하자 이에 양국의 갈등이 촉발되어 전쟁이 일어납니다.

그러나 이는 명분이었습니다. 프랑스 내에 잉글랜드 왕의 영지는 프랑스의 왕의 것을 능가했습니다. 그럼에도 잉글랜드의 왕은 프랑스 왕의 신하에 불과했습니다. 프랑스 내 잉글랜드의 주요 영지 중 플란데런 지방은 형식상 프랑스 왕의 소유였으나 이 지역은 경제적으로 잉글랜드와 밀접한 관계였습니다. 이 지대는 제조업이 발달한 지역으로서 잉글랜드의 양모를 수입하여 이를 모직물로 가공하는 지대였습니다. 따라서 이 지역의 제조업자나 상인들은 전쟁 중 잉글랜드의 편을 들게 됩니다. 프랑스를 침공하는 최초의 군대는 이 플란데런과 잉글랜드의 군대였습니다.

또 잉글랜드 왕의 봉토인 아키텐(Aquitaine) 지방의 가스코뉴(Gascogne)는 유럽 최대의 포도주 생산지였습니다. 이 두 지역을 프랑스의 필리프 6세는 자기의 수중에 넣고자 하고 잉글랜드는 이에 먼저 도발하게 됩니다. 결국 이것이 전쟁의 실리가 되고 양국은 긴 전쟁 체제로 들어가게 됩니다.

이 전쟁의 주요 전투는 몇 가지 영향을 이후에 남기게 됩니다. 당대 프랑스와 잉글랜드의 국력 차이는 상당했습니다. 프랑스는 일종의 선진국이며 잉글랜드의 군주국으로서 많은 귀족들이 있었고 인구수도 월등했습니다. 문명과 문화도 유럽에서 단연 앞서 있는 나라였습니다. 따라서 잉글랜드와의 이 전쟁에서 프랑스 자체가 내분에

장이다.

휩싸여 있었다고 할지라도 늘 무기의 질과 군사 수에서 앞서 있었습니다. 이 전쟁을 통해 중세 기사들의 전쟁과 기사도로 상징되는 전쟁의 전략과 전쟁의 문화 등이 많은 변화를 맞이하게 됩니다.

슬로이스 해전(Écluse 海戰, 1340)의 승리를 통해 잉글랜드는 도버해협(Dover海峽)의 제해권을 장악하게 됩니다. 이것이 이후 전장의 무대가 잉글랜드가 아닌 프랑스가 된 이유입니다. 해협의 가장 근거리 도시 칼레(Calais)는 잉글랜드의 보급기지와 기항이 됩니다.

크레시 전투(Battle of Crécy, 1346)에서 잉글랜드의 장궁병과 보

오귀스트 로댕(Auguste Rodin, 1840~1917), 『칼레의 시민들, The Burghers of Calais』, 1895년 작. 칼레의 파리 시청사 앞에 서 있는 칼레 시민(Burgher, 부르주아지)의 입상.
: 프랑스와 영국의 백년 전쟁 초기 프랑스의 북부 항구 도시 칼레는 영국 왕 에드워드 3세의 공격을 11개월이나 막아냈다. 프랑스의 필리프 6세가 이들의 구원을 포기하고 군사를 돌리자 칼레시는 고립무원의 상태에 빠진다. 이들이 항복을 원하자 영국 왕은 그 대신 저항의 책임자 6명의 목숨을 요구한다. 이들은 자기가 매달릴 밧줄과 성의 열쇠를 가지고 와야 한다. 이에 칼레의 가장 부유한 시민 외스타슈(Eustache de Saint Pierre)가 가장 먼저 자원하고 이내 지체 높은 자들이 자원한다. 이는 프랑스의 노블레스 오블리주의 모범을 보이는 사건이다. 칼레시의 의뢰로 제작했다.

병은 프랑스의 중무장 기병을 제압합니다. 오랜 행군으로 인해 지쳐 있는 군대를 휴식시킨 후 다음 날 아침 잉글랜드 군을 공격하려던 샤를 6세의 계획은 중구난방 진격을 시작하는 프랑스 선봉으로 인해 마주친 당일 바로 전투를 치르는 것으로 전략이 수정됩니다. 프랑스 중무장 기병은 모두 귀족들이었으며 잉글랜드의 장궁병은 웨일즈인, 보병은 일반 평민이었습니다. 지형적으로 좁은 계곡에서 진군하는 프랑스의 기병은 진흙탕과 무거운 갑옷으로 인해 활동이 제약됩니다. 잉글랜드의 장궁병이 집단으로 화살을 날리자 움직임이 둔해진 중무장 기병들은 곤경에 처합니다. 화살은 갑옷을 뚫지 못한다는 당시의 통념을 뒤집습니다. 프랑스 측 제노바의 궁병이 쓰는 활인 노(弩, crossbow)는 사정거리나 정확도는 뛰어났으나 장궁의 신속한 연사에 상대를 못 합니다.

장궁의 화살들이 제대로 갑옷에 박히지 않자 그들은 말의 갑옷으로 보호되지 않은 측면을 공격하고 말이 죽은 기사는 진흙에 서서 둔하게 움직입니다. 이 귀족 기사들을 잉글랜드 평민인 보병들이 제압합니다. 고귀한 귀족들인 기사들이 평민 보병들의 공격에 무참히 살해됩니다. 또 날아오는 화살에 우연한 죽음들을 맞이합니다. 중세의 기사도에서는 이런 장면은 존재하지 않았습니다. 이는 기사들이 볼 때 비겁한 싸움이기 때문입니다. 정정당당한 대결과 결투의 예절을 그 당시는 훨씬 중요하게 여겼기 때문입니다. 전쟁에서의 이러한 기사도의 정신은 총기가 발명되고 전투에서 예기치 못한 우연한 죽음이 일상화되자 서서히 바래기 시작합니다.

나와 일면식도 없는 자가 나의 싸울 의사도 묻지 않은 채 나를 총기로 죽이는 것은 비신사적인 행위임은 근대의 초입까지도 분명했습니다. 비행기가 발명되고 이어 최초의 전투용 비행기가 날아다닐 때도 공중전은 접근해서 조종사들이 자신의 총으로 적군 조종사를 쏘는 수준이었습니다. 그럼에도 불구하고 당시에도 상대 전투기와 나의 전투기는 떳떳한 대결을 하고 부상을 당하거나 하면 그대로 돌려보내기도 하는 전쟁 문화였습니다.

그리고 중세의 전쟁은 설사 적에게 포로로 잡힌다고 하더라도 몸값을 지불하면 풀려나는 문화였습니다. 즉 당시의 포로는 지금처럼 포로의 대우에 관한 협약을 맺어 보호해 줘야 하는 수준 이상입니다. 몸값을 지불받을 때까지 포로는 그 지위에 맞는 대우를 받았습니다. 몸값은 지위에 따라 차별됩니다.

이후 벌어지는 푸아티에 전투(Battle of Poitiers, 1356)에서 프랑스의 선량왕(le Bon) 장 2세(Jean II, 재위 1350~1364)는 포로로 잡힙니다. 그는 자기의 몸값(프랑스 일 년 수익의 두 배인 삼백만 크라운)이 지불될 때까지 잉글랜드의 런던에 갇히는 신세가 됩니다. 그러나 그 대우는 기존의 왕의 대우 그대로였습니다. 잉글랜드 왕 에드워드 3세는 자기의 주군인 이 프랑스 왕 포로를 늘 찾아갔으며 융숭히 대접하고 극진한 존칭을 썼습니다. 잠시 풀려나 파리에서 거주하던 장 4세는 여러 가지의 노력에도 불구하고 자기의 몸값이 지불되지 못하자 다시 잉글랜드의 런던으로 자진해서 돌아가 거기서 생을 마감합니다.

수적 우월과 장비의 월등함을 자랑하는 프랑스의 중무장 기사들은 잉글랜드의 보병과 말에서 내린 기사들의 접근전, 그리고 배후

은밀한 곳에서 들이치는 소수의 기병을 상대하지 못합니다. 잉글랜드 보병의 흉내를 내어 말에서 내렸으나 무거운 갑옷은 그들의 움직임을 제한합니다. 결국 잉글랜드의 기동전에 프랑스의 기사들은 또 한 번 크레쉬에서와 같이 무릎을 꿇습니다. 이때 잉글랜드의 지휘관은 왕의 아들인 흑태자 에드워드 6세(Edward, the Black Prince)였고 그의 나이는 불과 16세였습니다. 그에게 프랑스의 왕이 도망가다 포로로 잡힙니다.

아쟁쿠르 전투(Battle of Agincourt, 1415)는 이질 등의 질병과 거친 날씨 그리고 적지에서의 오랜 생활로 인해 잠시 거점 칼레를 거쳐 잉글랜드로 회군하려는 헨리 5세와 그의 군대를 프랑스군이 북부 아쟁쿠르의 좁은 개활지에서 막아 싸웠던 전투입니다. 여기에서

백년 전쟁, 「아쟁쿠르 전투, Battle of Agincourt (1415)」, 1470~1480년경 작.
백년 전쟁 중 아쟁쿠르 전투를 표현한 그림이다.

도 엄청난 수적 우세(통상 잉글랜드군의 최소 6배 이상)와 장비의 우월, 그리고 이전 전투에서의 패배를 복수하려는 사기 등에서 프랑스군은 이미 앞서 있었고 잉글랜드군은 이미 절망해 있었습니다. 그러나 헨리 5세는 귀족들에게는 포로로 잡힐 시 몸값을 지불하겠다는 약속, 그리고 평민들에게는 그럴 여력이 없으니 목숨을 지키려면 싸우라는 연설을 합니다. 좁은 개활지에서 많은 군대는 필요가 없었고 무기를 휘두르기도 여기저기 뛰어다니기도 너무 좁습니다. 여기서 최종적으로 격멸된 프랑스군의 많은 포로들은 고위 귀족을 제외한 수천 명이 즉결(卽決)로 처형됩니다. 포로 수가 너무 많아 그들을 통제하기도 어려운 잉글랜드 군대의 형편을 고려한 왕의 결정이었습니다. 이 전투로 종군했던 프랑스의 많은 귀족들이 죽습니다. 잉글랜드의 소작농이 프랑스의 귀족들을 죽였고 평민이 왕족들을 죽인 전투입니다. 이 또한 기사도의 전쟁이 수행되었던 중세에서 생각하기 어려운 전쟁의 모습이자 비겁함과 잔인함으로 남습니다.

이렇듯 전쟁이 장기화되고 양국 간의 전쟁은 어느덧 후반기에 접어듭니다. 그리고 프랑스의 운명은 기우는 듯 보입니다. 잉글랜드군이 휩쓸고 간 프랑스 지방은 이미 태반이 잉글랜드군의 수중에 들어가게 됩니다. 프랑스 내부에서도 헨리 6세(Henry VI)의 프랑스 왕위 계승을 지지하는 부르고뉴파(Bourguignons)와 훗날 샤를 7세(Charles VII)가 되는 도팽(Dauphin, 왕태자)을 지지하는 아르마냐크(Armagnacs)파로 나뉘어 서로 전쟁을 벌이는 중이었습니다. 각 영주들에 속한 시민들도 마찬가지였습니다. 이 무렵 도팽은 정신 질환도 보여 그의 왕위 계승은 더 어려워 보이기도 합니다. 북부 지방은 잉글랜드군과 부르고뉴파의 수중에 들어가 있고, 남부만이 도팽과 아르마냐크파의 치하였습니다. 전세는 갈수록 프랑스에 불리해졌습니다. 오를레앙(Orleans) 성이 위험한 지경에 처했고, 그곳이 함락된다면 도팽이 있는 곳까지 잉글랜드군은 들이닥치게 될 상황입니다.

이때 유명한 잔 다르크(Jeanne d'Arc, 1412~1431)가 나타납니다. 그녀는 양치기 소녀에 불과했습니다. 13세에 천사들의 계시를 받고 이후 거듭되는 계시에 16세에 관할 영주에게 부탁하여 도팽이 있는 시농(Chinon)으로 갑니다. 이곳에서 시종(侍從)에게 자신의 옷을 입혀 자리에 앉히고 자신은 시종의 복장을 하고 숨어 있는 도팽을, 잔은 한눈에 알아보고 그 앞에 무릎을 꿇고 천사가 부여한 계시를 알립니다. 그 계시는 프랑스를 구하라는 천사들의 음성이었습니다. 이후 잔 다르크가 이끄는 프랑스군은 가히 기적에 가까운 연승(連勝)을 이룩합니다. 17세의 소녀 잔은 오를레앙 공방전에서 순백의 갑옷을 입고 기가 꽂힌 창을 들고 군을 지휘합니다. 거센 바람으로 입성(入城)을 하려는 배가 강을 건너지 못할 때 그녀의 기도로 바람의 방향을 바꿉니다. 그리고 입성한 후 대성당으로 바로 가서 기도합니다(1429년 5월).

그녀는 오를레앙으로 가기 전 생트 카트린(Sainte Catherin) 성당의 땅속에 검이 묻혀 있다고 천사들이 알려주었다며 이를 성직자들에게 가져오게 해서 자기의 지휘용 검(생트 카트린의 검)으로 삼기도 합니다. 그녀는 검보다는 그녀를 그린 회화에서 자주 등장하는 예수와 마리아, 혹은 천사가 그려진 깃발이 달린 창을 더 좋아했습

쥘-외젠 레네프뵈(Jules-Eugène Lenepveu, 1819~1898), 『오를레앙
포위전에서의 잔 다르크, Joanna d'Arc w trakcie oblężenia Orleanu
French』: Jeanne d'Arc en armure devant Orléans.
: 이 그림은 아주 낭만적으로 묘사된 회화이다. 잔 다르크는 이때 플레이
트 메일(판금 갑옷)을 입지 않았다. 심문에 선 그녀의 증언에 의하면 잔
은 여성의 복장을 하지 않았다. 그리고 그녀의 머리를 둥근 형태로 짧게
자르고 셔츠를 입었으며 바지를 입고 꽉 끼는 남성용 상의를 입었다. 타
이즈를 신었으며 20개의 바느질된 상의, 그리고 바깥으로 레이스가 이
어진 긴 레깅스, 그 밖에도 짧게 잘라진 모자, 꽉 맞는 부츠와 반장화, 긴
박차, 칼, 단검, 가슴받이갑옷, 긴 창, 그리고 중기병들이 사용하는 다른
무기들을 갖추었다. 이것들을 갖추고 그녀는 전쟁을 수행했으며 신의 명
령을 이행하는 동안에 이 무기들이 그 뜻을 그녀에게도 드러낼 것이라고
긍정했다.
그녀가 오를레앙으로 진군했을 때 그녀가 왕의 깃발이나 기치를 내걸었
는지, 그게 무슨 색깔이었는지 묻자 그녀는 백합이 심어진 밭의 기치(배
너)를 가졌다고 대답했다: 세계는 그것으로 묘사되고, 각각 양쪽에 두 천
사가 있다; 하나는 흰 아마포나 부카신(고급아마포)이다. 그리고 기치엔
예수(Jhesus)와 마리아라는 글씨가 적혀 있었다; 기치에는 비단으로 된
술 장식이 있었다. 1890년 작.

니다. 또 전투 중 머리에 포탄을 맞거나 적의 석궁화살에 가슴 위가 관통되는 치명상을 당했는데도 불구하고 그날 중, 혹은 다음 날에도 다시 출전하여 지휘하는 능력을 보이기도 합니다. 이런 기록은 잉글랜드군의 기록이니 가히 적군에게는 공포와 신비의 대상이었을 것이 분명합니다. 프랑스군의 사기는 그녀가 지휘하는 한 최고였을 것입니다.

파테 전투(Battle of Patay, 1429년 6월)에서는 북쪽으로 퇴각하는 잉글랜드군을 추격하여 섬멸합니다. 적의 사령관을 포로로 잡고 이 사령관은 잔이 죽은 후 잔의 부하였던 장군과 포로교환 됩니다. 이로써 루아르(Loire)강 주변은 프랑스의 수중에 안전히 확보되고, 이후 랭스(Reims)에서의 샤를 7세의 대관식을 강력하게 주장했던 잔 다르크의 바람대로 도팽은 랭스에서 왕의 대관식을 거행합니다.

랭스의 대성당은 전통적으로 프랑스 왕의 대관식이 거행되었던 장소입니다. 그곳에서 대관식이 거행되는 동안 잔 다르크는 깃발을 들고 왕의 옆에 서 있었습니다. 이제 수도 파리(Paris)가 지근거리입니다. 그러나 파리는 부르고뉴파와 이를 지지하는 시민들이 장악하고 있습니다.

이후의 파리 공방전을 시작으로 민중의 지지를 절대적으로 받는 잔 다르크를 서서히 시기하고 경계하는 샤를 7세 및 왕당파의 견제로 잔 다르크는 종종 전투 중 위험에 처합니다. 그럼에도 불구하고 그녀는 파리의 주변 지역을 탈환(1429년)하고 전쟁을 이어가던 중 샤를 7세에게 충성을 바치는 콩피에뉴(Compiègne) 공방전에서 성을 공격하던 부르고뉴 군대를 성 밖에 나아가 제압하고 후퇴하는 중 잉글랜드군의 포로로 잡힙니다. 그녀는 자신보다 먼저 장병들을 성 안으로 들여보내고 마지막에 들어가려던 때 성문의 다리가 올라가 버립니다. 그녀는 허벅지에 화살을 맞고 말에서 끌어내려져 포로가 됩니다(1430년 5월). 이후 70여 명에 달하는 신학자들이 잉글랜드 와 북부 지방에서 소집되어 자기 이름밖에 쓸 줄 모르는 이 문맹의 소녀 잔을 심문합니다. 이단의 혐의를 걸어 신이 계시한 소녀의 명 성을 추락시킨 후 이로써 샤를 7세에게도 타격을 주려는 속내였습 니다.

이 심문의 내용은 잘 알려져 있는데 유수한 파리대학 등의 신학 자들이 소녀의 현명한 대답에 쩔쩔매는 대화 내용이 보입니다. 최초 의 공개재판은 신학자나 심문관들의 망신살로 끝나고 이후의 재판 은 비공개로 진행됩니다. 결국 그녀는 남장(男裝)하였다는 혐의로 이단으로 판정을 받고 화형(火刑)됩니다(1431년 5월 30일). 이후 교황청에 의해 1456년에 복권(復權)되고 1920년에 시성(諡聖)이 됩니다.

백년 전쟁 기간 프랑스의 황폐함은 극에 달합니다. 이는 상당 부 분 잉글랜드 군대의 잔인함에 기인했습니다. 이는 잉글랜드와 프랑 스 양국 국민들이 그전에는 존재하지 않았던 민족 감정을 형성하는 하나의 요인이 됩니다. 그래서 양국의 협력 관계는 보기 드물었고 근대의 제1차 세계대전 즈음에야 협력 관계가 실현됩니다.

—
생각하는 나

크리스티나 여왕과 토론중인 데카르트_Dispute of
queen cristina vasa and rene descartes

여기 회화에 스웨덴의 크리스티나(Kristina, 1626~1689) 여왕이 있습니다. 여러 철학자들 중 데카르트와 같은 책상에 앉아 토론하고 있는 크리스티나 여왕을 보여주고 있습니다. 오른쪽 하단에 손가락을 탁자로 짚는 사람이 데카르트입니다. 여왕의 아버지는 용맹한 구스타브 2세(Gustav II Adolf, 1594~1632)입니다. 별명이 '북방의 사자' 또는 '설왕(雪王)'으로 스웨덴을 강국으로 만든 왕입니다. 그는 30년 전쟁의 중기 뤼첸 전투(Battle of Lützen, 1632)에서 전사했습니다만 이 전투도 스웨덴의 승리였습니다. 당시 루터교의 개신교를 신봉하는 스웨덴은 북방의 강국으로서 30년 전쟁에서도 용맹하여 제국군을 연전 연퇴시켰습니다. 이후 스웨덴이 약해지자 프랑스의 군대가 30년 전쟁에 본격적으로 개입합니다.

구스타브 2세는 아들을 얻지 못하였지만 딸인 크리스티나를 남자처럼 키웠고 크리스티나는 어렸을 때부터 남자 옷을 입었으며 여왕이 아닌 왕으로서 즉위합니다. 그녀는 정치보다는 학문에 욕심이 많았습니다. 장년이 되어선 사촌 오빠에게 왕위를 양여하고 재위 중의 목표인 가톨릭으로의 심취와 르네상스적 학문 탐구를 위해 프랑스, 이탈리아로 떠납니다. 그녀는 수도원에 들어가 수녀가 됩니다. 그녀는 평생 미혼이었으므로 바사 왕조는 단절됩니다. 정치는 등한시하였으나 학구열은 강했습니다. 23세에 대륙에 있는 데카르트를 초빙하여 매일 새벽에 강의를 듣습니다. 이것이 병약한 데카르트를 폐렴에 걸려 사망하게 한 직접적 원인으로 거론되나 음모에 의해 데카르트가 사망했다는 다른 설도 있습니다.

스웨덴은 현재의 지도를 보면 위쪽에 노르웨이, 오른쪽이 핀란드, 바로 아래 바다 건너 독일이 있습니다. 당시는 현재의 핀란드, 노르웨이의 일부, 대륙의 발트 3국[37] 등이 모두 스웨덴의 영토였습니다. 대륙은 당시는 합스부르크 왕가의 신성로마제국이 많은 제후들을 거느리고 독일을 중심으로 존재하고 있었고 서편으로는 유럽의 전통적 강국 프랑스가 있었습니다. 그 아래에는 역시 합스부르크 가문의 스페인이 있었습니다. 네덜란드는 이 스페인으로부터 독립한 국가였으며 신교 국가였습니다.

---

37 발트 3국(Baltic States)이란 에스토니아(Estonia), 라트비아(Latvia), 리투아니아(Lithuania)를 말한다.

또한 네덜란드는 당시의 유럽 국가 중 상대적으로 개방이 되었고 자유로운 국가였습니다. 당시 네덜란드의 영토는 현 벨기에까지 포함합니다. 이 지역은 라인강을 비롯한 3개의 강이 맞닿는 삼각주에 위치하고 있고 국토의 25%가 해수면보다 낮습니다. '네덜란드(Netherlands)'라는 국호 자체가 '저지대(低地帶)'를 의미합니다. 늘 강이 국토를 범람합니다. 예전에는 대표적인 주의 명칭을 따라 '홀란트(Holland)'로 부르기도 했습니다. 일본(日本)과의 수교를 제일 먼저 성공시킵니다. 일본의 '난학(蘭學)'이 바로 네덜란드 동인도회사의 영향으로 퍼진 서양 문물학입니다. 한자로는 '화란(和蘭)'으로 부릅니다.

이제 데카르트는 그 명성을 대륙에서 퍼트리게 됩니다. 그러니 당시 학문과 교양에 관심이 많았던 스웨덴의 크리스티나 여왕이 데카르트를 과외교사로 초빙하게 됩니다. 데카르트가 그녀의 초빙을 계속 거절하자 해군 함대까지 보내어 그를 데려갑니다. 여왕은 데카르트에게 일주일에 3회 그것도 새벽 5시에 강의해 줄 것을 요청합니다. 데카르트는 본디 병약했습니다. 게다가 북반구 날씨는 매섭기 그지없습니다. 데카르트는 이렇게 새벽부터 강의를 하다 오래지 않아 폐렴에 걸려 1년 만에 죽습니다.

여기에도 약간의 음모설이 존재합니다. 여왕은 자신이 초빙한 스승이니까 그를 살리려고 노력을 많이 했을 것입니다. 스웨덴은 개신교인 루터교 국가로서 30년 전쟁에 참전했고 여왕의 치세에 30년 전쟁은 종결되었습니다. 언급했듯 여왕은 젊은 나이에 사촌에게 왕위를 물려주고 자기는 이탈리아로 넘어가 가톨릭으로 개종하고 연구와 학문으로 조용히 보냅니다. 그녀가 학문을 좋아했던 것은 분명한 사실입니다. 그런데 데카르트라는 당대의 급진적인 철학자가 여왕의 스승으로 불려가니 가톨릭 국가이자 데카르트의 모국인 프랑스가 미리 손을 써 비소로 독살했다는 얘기도 허무맹랑한 소리만은 아닌 듯합니다.

조선시대 왕이 아끼는 신하가 병을 얻을 때 임금이 어의(御醫)와 탕약(湯藥)을 보내듯 여왕이 유명한 의사들을 보냈는데, 여기서 데카르트를 질시하는 반대파 세력이 일부러 적극적인 치료를 안 했다는 설도 있습니다. 이후 프랑스는 데카르트의 시신을 스웨덴에서 가져옵니다. 이후 그를 기념하여 도시 이름을 데카르트시(市)라고 개칭한 곳도 있습니다.

데카르트는 평생 독신으로 지냅니다만 적지 않은 여성들과 서신을 통해 교류를 합니다. 그중에는 지금의 독일(獨逸) 지방인 보헤미아 왕녀이자 여왕인 엘리자베스(Elisabeth of Bohemia, 1618~1680)도 있습니다. 그녀는 영특했습니다. 특히 데카르트의 이론 중에서 심신의 교류, 즉 육체와 정신이 어떻게 상호작용을 하는지 궁금해합니다. 데카르트는 이를 송과선(松果腺)이라는 두뇌의 기관이 심신 사이 교통의 역할을 하는 것으로 정리합니다.

이를 데카르트의 설명이 부족했다고 보는 것은 좀 무리입니다. 신체 내부의 장기와 각종 기관에 대한 상당한 이해가 발달한 현대에도 심신의 상호작용 문제는 아직도 과학적으로 해결하지 못한 난제입니다. 여기 제가 지금 손가락을 움직이고 있습니다. 마음으로 움직이겠다 하면 움직입니다. 아니 그 이전 제가 타이핑을 하는 이 시간에도 마음의 지시를 손가락이 이행한다고 보기에는 너무 짧은 찰나의 시간 동안 내 손가락은 키보드 위를 움직입니다. 이 어려운 문제를 보헤미아의 왕녀가 계속 물어봅니다. 이에 데카르트는 왕녀의 귀한 몸이 상할까 염려되니 그런 복잡한 문제는 더 이상 신경 쓰지 말라고 대답했다고 합니다.

『방법서설(方法敍說), Discours de la Méthode』(1637)의 원제는『이성의 올바른 사용과 학문적 진리 연구의 방법에 관한 서설, *Discourse on the Method of Rightly Conducting One's Reason and of Seeking Truth in the Sciences*』입니다. 데카르트가 가진 문제의식은 이렇습니다. 나는 내가 무엇을 아는지 어떻게 아는가? 내가 보고 있는 현실은 얼마나 실재적인가? 등입니다. 당시 17세기에 각종 과학 지식이 발달하면서, 진정한 지식과 사이비 지식 혹은 진정한 지식과 지식이라기엔 의심스러운 믿음 간의 간격이 점점 커집니다. 지식과 사이비 지식, 진리와 진리인 척하는 사이비 진리, 참과 참인 척하는 사이비로서의 거짓, 이것들이 서로 학문의 내부에 섞여 있습니다. 어찌 보면 데카르트 이후 근대의 학문에서는 이러한 사이비 지식을 학문의 영역에서 추방하는 시대일 수도 있습니다.

근대 이전에는 삶에서 얻을 수 있는 지혜와 학문에서 얻을 수 있는 지식의 차이가 분명하지 않았습니다. 비로소 근대로 접어들면서 삶에서의 지혜(사피엔티아, sapientia)와 학문에서의 지식(스키엔티아, scientia)의 정체성과 경계가 분명해집니다. 스키엔티아는 실용적인 부분까지 포함합니다. 비유하자면 현대에 특정한 기계를 다룰 수 있는 지식은 지식이나 그것을 삶의 지혜라고 부르지 못하는 것과 마찬가지입니다. 그렇다면 노인들의 농사짓는 경험은 지식이 아닐까요? 그것 또한 지식으로 분류가 되었습니다.

실험실에서 벼를 연구하는 연구원보다 농부가 더 벼에 대해서 아는 것이 많을 수 있습니다. 농부가 알고 있는 농사의 개념은 연구원이 말하는 농사의 개념보다 더 크고 완전할 수 있습니다. 전문가로 칭해지는 연구원은 자기의 전문 연구 영역에서만 그 지식을 발휘하지만 농부는 농사를 짓기 위해 필요한 환경, 날씨, 물주기가 각 작물마다 다름을 알고, 날씨와 일기의 도움 없이는 자기의 역할이 그리 크지 않음도 자각합니다. 농사일이 천하의 근본(농자천하지대본, 農者天下之大本)이라는 말은 이런 연유입니다. 우리가 특정한 사물에 대한 진정한 지식이 무엇인가를 물어보았을 때 그 대답은 그리 쉽지 않습니다.

이제 데카르트의 계획은 참 지식으로서의 확실함을 얻기 위해 철학에 수학적 확실성을 도입하는 것입니다. 수학은 그의 장기(長技)이기도 합니다. 그리고 수학은 자명(自明, self-evidence)합니다. 수학은 변덕스러운 정념이나 각기 다른 주관에 자신의 운명을 걸지 않습니다. 수(數)는 타자에 얽매이지 않습니다. 1은 3을 질시하거나 증오하지도 않고, 갈구하지도 않습니다. 1은 자족하며 집합에 속할지라도 자기를 잃지 않습니다. 1이 집합에 들어 자신을 소모하거나 타자에 혼용되는 집합은 존재하지 않습니다. 수는 자기로 존재하고 자기를 버리지 않습니다. 1은 지속하여 1로 영원히 남습니다.

따라서 수학은 일체의 자의성과 우연성을 배제한 학문입니다. 수학은 이성과 공통의 개념에 의존합니다. 그러나 일례로 예술은 감성과 주관, 세계와 사물에 대한 개인의 자의적 해석에 의존합니다. 객관적으로(?) 사물을 그려내는 예술은 존재하지 않습니다. 사진으로 찍을 때라도 그 사진은 대상을 주관적으로 해석한 결과물이어야 합니다. 사진의 예술성에 대한 논쟁에서 문제가 된 것도 바로 이런 점이었습니다.

데카르트의 의도는 철학에도 수학에 버금가는 확실성을 도입하겠다는 것입니다. 이를 위해 우리의 앞 모든 세계와 그 내부에 존재하는 것의 진위를 의문에 부치는 것이 절대적으로 필요합니다. 왜냐하면 우리가 세계를 읽는 방식이나 관점은 모두 기존의 전통이나 기존의 관습으로부터 그 편견을 물려받기 때문입니다. 우리의 눈은 이미 선대(先代)의 편견으로 가득합니다. 고양이가 아무 적의 없는 개를 보면 소스라치듯 우리의 눈은 새로운 무엇을 보면 소스라치며 이전의 해석을 소환(召喚)합니다. 새로움을 새로움으로 보는 자는 이미 철학을 하는 자입니다. 그러나 대개 새로움을 온전히 새로움으로 보지 않고 이전의 해석으로 그 새로움을 덮어버립니다. 그래야 우리의 마음이 편안해지기 때문입니다. 새로움 앞에서 인간은 겸손하지 않습니다. 개를 보며 놀란 고양이처럼 새로운 사물을 보면 기존의 사물 끄트머리에 붙여 그 가치를 절하시킵니다.

그런 의미에서 존재하는 것에서 늘 새로움을 보는 것이 철학자에게 반드시 필요한 능력입니다. 종교인은 새롭게 출현하는 사물에서 신에 대한 믿음을 다시 다지고, 일상인은 새롭게 출현하는 사물을 기존에 존재하는 범주에 구겨 넣어 무시합니다. 그러나 진정한 철학자나 위대한 예술가는 존재하는 사물에서 늘 새로운 무엇을 볼 수 있는 능력을 지녀야 합니다. 하늘 아래 새로운 것은 없다는 말은 존재자의 한계를 말한 격언이긴 하지만 하늘 아래 모든 것이 늘 새롭다는 말은 존재자가 제대로 존재하기 위한 존재 조건입니다.

데카르트의 방법은 진정한 지식을 얻기 위해 필요한 확실한 한 점을 구축하기 위해, 결코 흔들리지 않는 최초의 것을 얻기 위해 조금이라도 의심스러운 것 모두를 삭제하는 방법입니다. 다른 관점에서 보면 데카르트의 이 태도는 극단적인 회의론(懷疑論)이기도 합니다. 그래서 이러한 절대적 의심을 데카르트적 회의라고 합니다. 또 이렇게 극단적인 회의에도 불구하고 살아남은 확실성을, 그 절대적 확실성을 데카르트적 확실성이라고 부릅니다. 멈춘 후에 비로소 보이고, 거듭되는 의심을 극복한다면 절대적 신뢰를 얻는 것이지요. 수많은 의심을 통과하고 질문을 견뎌내고 그렇게 세워진 확실성입니다.

skeptic은 회의하고 있는, 의심하고 있다는 말입니다. 의심의 실험인 동시에 사고(思考)의 실험입니다. 의심을 거듭한 끝에 그는 최종의 결론에 도달합니다. 모든 의심스러운 것, 모든 의심스러운 정황에도 불구하고, '의심하는 나'라는 존재자, '회의하는 나'라는 존재자는 어떠한 의심과 의심스러운 상황에도 불구하고 존재할 수밖에 없다고 말입니다. 누군가를 속이려면 속는 대상이 있어야 합니다. 악마가 나에게 다가와 내 앞에 있는 모든 대상과 사건을 속일지라도 악마에게 '속고 있는 나'라는 존재자는 분명히 존재해야 한다는 말입니다. 이것이 데카르트에게 있어서 '아르키메데스의 점'입니다.

아르키메데스(Archimedes of Syracuse, B.C. 287~B.C. 212)는 고

대 시라쿠사(Syracuse) 국가의 유명한 수학자이자 물리학자였습니다. 시라쿠사는 지금의 이탈리아의 시칠리아(Sicilia)섬입니다. 로마군의 공격을 그가 발명한 기계(아르키메데스 갈고리, 아르키메데스 거울)로 번번이 막아냅니다(B.C. 214~B.C. 212). 로마군이 침공 중이었음에도 그는 모래사장에서 수학 문제를 풀고 있다가 살해됩니다(B.C. 212). 왕의 명에 의해 그의 금관이 과연 순금으로 만들어졌는지 알아보려 고민하다가 목욕탕에서 누워 있는데 물이 흘러넘치는 것을 보고 그 방법을 알았다고 나체로 '유레카('찾았다', εὕρηκα)'를 외치면서 길거리로 뛰어나왔다는 일화는 유명합니다.

최초의 준거점. 확실한 점이 아르키메데스의 점입니다. 시작하는 점이자 최종의 회귀하는 점. 이것이 생각하는 나, 생각하는 주체(主體)라는 데카르트의 결론입니다. 생각하는 나는 의심하는 나입니다. 생각하는 주체로서의 나의 확실성입니다. 그중에도 주체의 사유의 확실성입니다. 데카르트의 말, '나는 생각한다. 그러므로 존재한다 (Cogito ergo sum, I think therefore I am)'는 이를 통칭하는 표현입니다.

이 말을 좀 더 부연해 보겠습니다. '나는 생각한다. 그러므로 존재한다'는 말은 '나는 의심한다, 그러므로 나는 존재한다'라는 말과 같습니다. 여기서 데카르트가 말한 생각은 사고 작용으로서의 사유(思惟)입니다. 이 사고 작용은 지(知, knowledge)·정(情, emotion)·의(意, will) 모두를 포함한 말입니다. 지란 이성적인 지식, 이성적 앎, 분별하는 정신을 말합니다. 정은 정서, 감정, 정념, 욕동(慾動)입니다. 의는 의지(意志)를 말합니다. 그렇다면 데카르트가 말한 사고

작용으로서의 생각은 이성적 정신, 오감(伍感)의 정서, 그리고 (정신적) 의지까지 포함합니다. 이 말을 단지 이성적인 사고만으로 국한하여, 나는 이성적으로 사고한다, 그러므로 존재한다고 그의 말을 정의한다면 이는 조금 미흡한 인용이 됩니다.

내가 모든 것이 거짓이라고 의심하고, 혹여 그렇게 생각할지라도 그렇게 의심하고, 강요당하는 나라는 존재자는 필연적으로 존재해야 한다. 그래서 내가 생각한다는 것은 의심할 수 없는 사실이며, 그렇게 생각하는 나라는 존재자는 반드시 있어야 한다. 그러므로 생각은 존재한다. 그리고 생각하는 나는 존재한다. 이것이 데카르트가 도출해 낸 최초의 원리입니다. 그가 볼 때 이 선언은 당시 제1철학이었던 존재론의 제1원리로서 충분히 주장 가능하며 그래서 철학의 제1원리라고 그는 자부합니다.

엄밀히 말하면, 버트런드 러셀(Bertrand Russell, 1872~1970)도 그의 『서양 철학사』에서 지적하듯이 '생각한다 그러므로, 생각하는 무엇이 존재한다'는 말이 맞을 것입니다. 생각하는 존재자가 나만이라는 것을 여기서 특정할 수는 없습니다. '나는 생각한다. 그러므로 존재한다'는 말을 논리적으로 풀어보면 '생각하는 무엇이 있다. 그 무엇은 나이다. 그러므로 나는 존재한다'는 말입니다. 그러나 여기서 생각하는 무엇이 반드시 나라는 결론은 논리적으로 도출되지 않습니다. 그런데 '생각하는 나는 반드시 존재한다'고 데카르트의 말이 와전(訛傳)되어 확대되자 데카르트도 이것을 짐짓 승인하게 됩니다. 엄밀히 말하면, 데카르트의 말은 사유의 확실성, 사유하는 존재자의 확실성을 얘기하는 겁니다.

사유는 맹목적이고 무조건적인 신뢰와 믿음을 배제합니다. 곧이 곧대로 따르거나 믿는 것은 사유가 아닙니다. 그래서 사유, 사고는 의심이 그 핵심입니다. 과연 그럴까? 그것이 무엇일까? 하는 의문 자체가 사유의 첫걸음입니다. 모든 사유는 이 회의의 과정을 반드시 수반합니다. 수학 문제를 풀 때도 이리 풀어보고 저리 풀어보고 합니다. 수학에서도 하나의 해답을 도출하는 여러 연역 과정이 존재합니다. 그럼에도 데카르트는 세계 내의 확실성에서도 가장 확실한 수학의 확실성조차도 의문에 부칩니다. 1+2=3이고, 직각 삼각형의 빗변 길이의 제곱은 나머지 두 변 길이의 제곱과 같습니다. 그는 이러한 자명함도 불확실함으로 간주합니다. 그러나 수학의 결론은 신도 고칠 수 없습니다. 수학의 답은 신도 자기의 권리 밖입니다.[38]

플라톤 철학에서도 그렇습니다. 중세의 스콜라 철학자에게도 신은 수학적 확실성을 없애거나 그 답을 다르게 도출할 수는 없습니다. 신은 반드시 그렇게 움직인다는 것들이 토마스 아퀴나스 (Thomas Aquinas, 1224 or 1225~1274)를 비롯한 스콜라 철학자들의 주장입니다. 근대 초입의 갈릴레이는 세계 자체를 아예 수학적인

---

38 이 말은 신이 곧 이성의 사유에 종속된다는 말일 것이다. 만약 그것이 이성적인 한, 신은 그 이성에 어긋나는 창조와 보전을 하지 못한다. 신이 이성에 어긋나지 않게, 합리적으로 세계를 지배할 뿐이거나 합리적인 한 세계에 간섭하지 않는다. 합리적인 세계질서에 계시 등의 비이성적 영역은 존재할 수 없다. 그렇다면 이것은 신의 전능성에 어긋나지 않은가? 계시와 기적이 신에게서 제외된다면 그 신은 경외의 대상일 수 있는가? 이 점에서 파스칼 등이 비판하듯이 데카르트의 신은 그 신의 개념적 완전성에 논란의 소지가 있을 것이다.

수의 구성으로 바라보았습니다. 이는 데카르트도 마찬가지입니다.

생각하는 나의 확실성은 데카르트에 의하면 자명할 수밖에 없습니다. 왜 자명하냐면 이 명제는 명석하고 판명하기 때문입니다. 명석(明晳)이라는 말은 clear 하다는 말입니다. 눈앞에 확 보이는 것을 말합니다. 판명(判明)은 distinct 한 것으로서 다른 대상으로부터 일체 구별되어서 떠오르는 것을 말합니다. 타자나 다른 사물과의 일체 관련성이 없이 홀로 번뜩 떠오르는 것입니다. 비유하자면 홀로 탁월하게 존재하는 것이라고 할까요.

언급했듯 17세기의 철학적 풍조는 실체에 대한 탐구였습니다.[39] 실체란 진정으로 존재하는 것을 말합니다. 참으로 존재하는 것이 무엇인지에 대한 탐구입니다. 이 문제를 따지고 들어가다 보면 결국은 흠결(欠缺)이 없는, 더 이상의 완전(完全)을 논할 수 없는 존재자가 도출됩니다. 즉 완전자(完全者)가 나타나게 됩니다. 완전자란 공간에서의 활동의 결핍이 있을 수 없으므로 어디에나 존재하는 자입니다. 공간을 점유하지 못함은 무능의 일종입니다. 공간을 점유하지 못한다는 말은 활동의 한계라는 얘기이고 이는 나의 것이 아닌 타자나 혹은 누구의 활동도 미치지 못하는 비어 있음이 존재한다는 말입

---

39 이 실체란 결국 신(神)이다. 데카르트는 아리스토텔레스의 실체에 대한 정의를 바꿔 '자기 원인'으로 불렀다. 중세에서 신은 곧 '스스로 있는 자'이다(에티엔느 질송, 『중세철학사』, 108). 성서에서 신은 자신을 '존재하는 자'(출애굽기 3:14)로 부르고, '나는 존재이다'고 말한다. 아우구스티누스는 영원성과 불변성의 관점에서 신을 정의한다. 그는 신을 먼저 시간과 영원의 문제로 보았다.

니다. 만약 그렇다면 이는 신의 무능력이며 그래서 결핍입니다.

따라서 신은 완전하며 전능하므로 공간에서의 결핍이 있을 수는 없습니다. 또한 시간의 결핍이 있을 수 없으므로 영원히 존재해야만 하는 자입니다. 시간에서의 결핍은 존재하지 않는 시간이 있다는 말이고 이 또한 존재의 완전성을 의제하는 신에게는 무능력입니다. 따라서 신은 시간에서 완전히 존재해야 하며, 그에게는 과거와 현재, 미래라는 구분이 없으며 이들 모두를 자기의 관할 아래 둡니다.

즉 신은 능력의 결핍이 있어서는 안 되므로 전능(全能)해야 합니다. 지식의 결핍이 있어서는 안 되므로 전지(全知)해야 합니다. 전지전능해야 합니다. 또한 결핍으로서의 악을 지니지 않고, 능력으로서의 선을 보유해야 하는 자입니다. 악은 전혀 지니지 않고 최대한의 선을 지녀야 합니다. 전지와 전능과 전선(全善)한 자로서의 이 실체는 결국 신으로 귀결할 수밖에 없습니다. 이 실체로서의 신은 종교적인 신 이전에 철학적인 개념입니다.

아리스토텔레스는 실체(實體)를 타자에게 의존하지 않는 존재자로 말합니다. 이는 데카르트에게서 자기 원인으로 규정됩니다. 자기 원인이란 타자에 의존하지 않고, 즉 타자가 원인이 되지 않고 자기 스스로 원인이 되는 것을 말합니다. B가 A로 인해서 그 존재가 가능하다면 B는 결과고, B의 원인은 A입니다. 이 원인과 결과의 수열이 A의 이전까지 진행한다면 그 이전에 존재하는 것, 존재하는 자가 B와 A 모두의 존재를 가능하게 하는 원인이라고 할 수 있습니다. 그리고 이 원인이 최고이자 최초의 원인이라면 이것은 아리스토텔레스의 용어로 실체일 수 있습니다. 스스로, 누구에게도 의존하지 않고 존재하는 자이므로 말입니다.

그런데 데카르트가 끄집어내는 결론은 사유하는 나의 확실성입니다. 그렇다면 이 나라는 것은 무엇일까요? 나는 정신과 육체의 결합입니다. 그렇다면 이 정신과 육체의 결합으로서의 나는 과연 진정으로 존재하는 것, 즉 실체일까요? 데카르트의 전략은 먼저 정신으로서의 나의 존재성을 유일한 실체인 신으로부터 연역하여 정신의 참 존재성, 그것이 실체임을 입증하는 것입니다. 그리고 그다음으로 완전하게 선한 신으로부터 우리가 지닌 육체의 확실성을 다시 연역합니다. 그 과정은 이렇습니다.

아까 데카르트가 말한 사유에는 지·정·의가 모두 포함된다고 말했습니다. 이성·정념·의지[40] 모두 우리가 사유하는 것에 속한 것입니다. 사유는 정신의 속성(屬性, attribute)입니다. 속성은 술어(述語)입니다. 하나의 주체, 주어가 있다면 그 주체나 주어를 설명해 주는 것, 그것이 속성입니다. 주어에서의 술어 관계는 주체에서의 속성의 관계라고 해야 할 것입니다. 예를 들어 사과가 하나의 주체, 주어라면 그 사과의 술어나 속성은 맛이 달다, 색이 파랗거나 빨갛다, 혹은 씹어서 먹는다 등을 열거할 수 있을 것입니다.

여기서 데카르트는 정신을 하나의 실체로 보며 보고자 합니다. 그리고 그가 볼 때 또 하나의 실체는 물질입니다. 물질은 연장(延

---

40 철학자들은 '의지(will)'를 정신과 육체 모두 각각에 속한다고 보았다.

長)의 속성을 지니고 있습니다.[41] 연장성은 영어로 extension, 라틴어로 extenza입니다. 사유의 성질은 cogitans라고 부릅니다. 연장(extension)은 부피(volume)를 지니고 있다는 것을 말합니다. 부피를 가지고 있다는 것은 특정한 공간을 점하고 있다는 것을 말합니다.

그러나 정신과 물질은 상호 간섭을 하지 않고 할 수도 없습니다. 데카르트의 체계에서는 물질에 정신이 들어가 있을 수 없고 그 역도 마찬가지입니다. 이 속성들은 상호 대등하며 혼융(渾融)하지도 혼합하지도 못합니다. 만약 정신에 물질이 개입되어 있는 것으로 본다면 데카르트의 사상은 유물론이 될 것이며, 또 물질에 정신이 개입되어 있는 것으로 본다면 범신론(汎神論)이나 애니미즘(정령신앙, animism)과 유사한 사상이 될 것입니다.

그런데 데카르트 이후의 이성주의자 라이프니츠(Gottfried Wilhelm Leibniz, 1646~1716)의 사상에서는, 세계 내의 물질은 어느 정도까지 정신이 함유되어 있습니다. 위로는 신으로부터, 아래로는 동물, 식물, 돌멩이까지 말입니다. 단 돌멩이나 무기물 같은 것은 정신성이 거의 영(零)에 가까운 상태일 뿐입니다. 이를 그는 미세지각(petites perceptions)으로 표현합니다.[42]

---

41 데카르트에겐 '물질이 곧 연장(corpus sive extension)'이다. '물체란 수학적으로 파악할 수 있는 연장'이다. 단 그의 (기하학적) 기계론은 현대 원자론과는 차별된다. 현대 원자론은 질량의 기계론이다.

42 데카르트에게서 인간의 정신의 질서가 우연적이지 않고 필연적임은 그 속성의

중세 시대에는 사물에 영혼이 개입되어 있다고 보았습니다. 이를 아리스토텔레스는 혼(魂)이라고 불렀으며 독일어로 seele, 영어로는 soul이 됩니다.[43] 인간을 제외한 세계 내 모든 사물의 완전한 물질성을 얘기하는 것이 데카르트 철학입니다. 상권에서 우리는 토마스 아퀴나스에 대해 언급했습니다. 아퀴나스가 본 세계 내 사물들의 질서를 보면 위로 올라갈수록 정신성이 커지고 확대됩니다. 아래로 내려갈수록 정신성이 희소해지고 물질성이 확대됩니다. 중세 시대에 영혼은 세계 내 도처에 거주하는 사물들의 실재성입니다. 중세의 서양에서는 수목제(樹木祭)라 하여 특정한 나무에 서린 정령(spirit)을 기리곤 하였습니다. 떡갈나무나 참나무 등이 대표적으로 정령들이 깃든 나무들이라고 보았습니다. 이는 동양, 우리나라에서도 마찬가지입니다. 그래서 데카르트가 이렇게 중세기의 유풍이 잔존한 세계관에서 일체의 영혼을 제거하고 인간을 제외한 사물들은 단지 영혼이 없는 단순한 물질로 간주하였다는 것은 가히 혁명적이었다고 말할 수 있습니다.

진실성을 신이 보증하고 있기 때문이며 이 보증은 신의 전선성(全善性)으로 인해 가능하다. 신은 내 존재의 능동 원인(Wirkursache)이 되며 이는 스피노자에게도 이어진다. 이 능동 원인은 라이프니츠에게서 충분한 이유(논거)로 역시 이어진다. 변신론자인 그에게 따라서 악은 적극적·능동적 성격이 결여된 탈락과 결핍(deficiens)일 뿐이며 선과 대등하게 대립할 수 없다. "악(Übel)은 본래적 존재가 아닌 것이다"(라이프니츠).

43 데카르트는 이 아리스토텔레스의 영혼을 의식과 동일한 것으로 간주했다. 플라톤은 "사람은 신체를 사용하는 영혼"(『알키비아데스, *Alkibiades*』)이라고 말했다. 이러한 관점은 아우구스티누스를 거쳐 중세 토마스 아퀴나스까지 이어진다.

그런데 데카르트는 정신과 육체가 왜 실체성을 지닌다고 생각했을까요? 인간은 죽으면 사라지는, 무(無)로 돌아가야 하는 일개의 사물이 아니던가요? 실체의 무한한 속성 중에 정신이 있고 물질이 있습니다. 여기서 실체는 완전자, 즉 신과 같습니다. 신은 시간에 갇혀 있지 않은 무한자(無限者)입니다. 그래서 그는 시간의 제약을 함의하는 그 어떤 단어나 개념으로도 묘사할 수는 없습니다. 만약 사용할 수 있다면 영원(永遠)이라는 말을 동원해야 합니다. 이는 시간적으로 무한(無限)한 시간을 나타내기도 하고, 시간과는 관련이 없는 초월(超越)을 나타내기도 합니다.

또한 신은 특정의 공간에 갇혀 있거나 특정의 공간에서만 활동할 수는 없습니다. 그렇다면 그는 전능자이지 못하기 때문입니다. 그는 모든 공간에 존재해야 합니다(遍在, omnipresence). 신은 모르는 것이 있을 수 없으므로 전지하며, 불가능한 일이 없으므로 전능합니다. 그는 모든 것을 앎으로 전지(全知, omniscience)하며 정념에 동요하지 않으니 이성적입니다.

유일 실체인 신을 형용하고 서술하는 말은 이처럼 많습니다. 아마 신에 관한 형용사는 무한할지도 모릅니다. 이는 언어 자체가 경계를 세우고 한계를 긋는 기능을 하기 때문입니다. 따라서 신을 언어로 형용(形容)할 수 없음으로 정의하는 것도 실체인 신에 관한 하나의 묘사가 될 수 있을 것입니다. 따라서 정신 속성인 사유와 물질 속성인 연장은 신의 무한한 속성 중에 단 두 가지 속성만을 말하는 것입니다. 왜냐하면 인간은 이 두 가지 속성밖에는 지각하지 못하기 때문입니다.

이제 데카르트의 대략적인 구도가 이미 나왔습니다. 인간은 정신과 육체를 지녔습니다. 정신의 속성은 사유이며 물질의 속성은 연장입니다. 이 속성들은 유일 실체로부터 비롯한 속성입니다. 인간은 정신을 확실히 지녔으며 정신은 자기의 육체가 존재함을 지각합니다. 유일 실체인 신은 일체의 거짓을 지니지 않은 참 선입니다. 그러므로 신이 보증하는 우리의 사유하는 정신과 연장하는 물질로서의 육체는 확실히 실체의 성격을 지녔다는 것이 데카르트의 논증입니다. 우리는 우리 앞의 무수한 사물들을 육체로 감각합니다. 플라톤을 비롯한 전통 철학자들에게서 감각은 결코 신뢰할 수 없는 인식 방법입니다.

그렇다면 이 의심스러운 감각으로 마주 대하는 사물들의 실재성을 어떻게 보증할 수가 있을까요? 데카르트는 여기서 다시 신을 끌어들입니다. 선 중의 선, 최고의 선, 오로지 선으로 존재하는 실체가 바로 신입니다. 신은 자기의 내부에 거짓을 지닐 수 없으므로 그의 실체성이 분유된 정신이 존재하지 않는 육체, 존재하지 않는 세계의 물질을 거짓으로 우리가 감각하게 할 수는 없습니다. 정신이 존재한다고 합리적으로 추론하는 대상은 마땅히 존재해야 하며, 사유가 거짓이 아니라고 분명히 지각하는 것이 거짓일 수는 없습니다. 데카르트의 철학에서도 여전히 신, 즉 실체는 그의 논증에 결정적인 역할을 하고 있습니다. 정신의 실체성을 신은 보증합니다. 다시 신이 보증한 이 실체로서의 물질을 정신은 다시 지각합니다. 어찌 보면 순환논법(循環論法)처럼 보입니다. 논증되어야 할 신을 다시 논증을 보장하는 개념으로 등장시키니 말입니다.

이런 까닭에 데카르트 철학에서 실체로서의 신은 무한 실체 혹은 제1의 실체가 되며, 정신과 물질은 유한 실체, 제2의 실체가 됩니다. 신은 본래의 실체이며 정신과 물질은 파생된 실체라고 말할 수 있습니다.

History
/
Art
/
Philosophy

스피노자 철학

(1632~1677)

—

실체(實體)와 인간(人間)

「스피노자」, 1665년 작.

데카르트 철학을 조금 더 정리하고 스피노자의 철학에 대해 살펴보겠습니다. 나는 생각한다, 그러므로 존재한다고 했을 때의 생각, 그중에서 사유의 핵심은 이성적 사고라고 말할 수 있습니다. 의심은 감정과 의지로 하는 것이 아니라 이성으로 수행하는 것이니 말입니다.

그래서 데카르트 철학에서 최고의 지위는 의심하고 사유하는, 이성이라고 말할 수 있습니다. 달리 말하면 이성을 신앙의 위에, 최고의 위치에 올려놓기 시작한 철학자가 데카르트입니다.

데카르트 당대에는 실체에 대해 의문을 가지고 탐구하는 시대였습니다. 중세의 스콜라철학에서도 존재론에 대한 탐구가 지배적입니다. 예를 들어 플라톤 철학에서는 이데아로서의 형상이 어떤 현실의 세계보다 더 확실성이 있는 존재자입니다. 데카르트 또한 형이상학으로서의 존재론, 존재하는 것 자체에 대한 탐구를 제1의 철학으로 놓고 그중에서 진정으로 확실히 존재하는 것은 무엇인가를 탐구합니다. 그러면서 그는 사고하는 존재자, 그리고 사고하는 존재자인 주체야말로 확실한 존재성을 담보할 수 있다는 결론을 도출합니다. 이제 데카르트에 이르러 사유하는 나, 사유하는 주체의 문제가 철학에서 중요한 문제로 떠오르게 됩니다.

소크라테스가 외부로 향한 주체의 시선을 자기의 내부로 돌린 철학자라면 데카르트 또한 세계의 최종 근거로서 작동하는 주체의 지위를 다시 발견한 철학자라고 할 수 있습니다. 이제 데카르트로 인해 중세의 형이상학적 존재론(形而上學的 存在論)으로부터 그러한 세계 내의 존재자가 확실히 존재한다는 것을 나라는 주체가 어떻게 확실히 지각하고 알 수 있는가라는 인식론(認識論)의 관점으로 전환하게 됩니다.

실체로서의 신은 더 이상의 큰 것을 생각할 수 없는 존재자입니다. 만약 신이 우리의 사고 속에서만 존재하고 현실적으로 존재하지 않는다면 그 신은 무능력한 신으로서 신으로 불릴 수가 없을 것입니다.[44] 이런 방식은 스콜라철학의 논증 방식입니다. 일례로 신의 속성 중의 '전능'을 언급한 다음, 결핍한 속성은 신의 개념에서 배타적으

---

44 신의 존재에 대한 존재론적 증명의 내용이다. 중세 성 안셀무스(Anselmus Cantu ariensis, 1033~1109)에 의해 주장되었다. 관념상으로만 존재하는 신은 현실에도 존재하는 신보다 열등하다. 그래서 신은 그 개념상 실재(實在)로 존재하지 않으면 안 된다는 것이 이 증명의 내용이다.

로 제거하는 것입니다. 이렇게 데카르트의 논변은 중세적인 사유의 특징도 가지고 있습니다.

데카르트 철학에 의하면 세계 내의 존재자는 정신과 물질로 대별됩니다. 그렇다면 인간을 제외한 모든 존재자가 물질성만을 가지게 되고 일체의 정신성은 그들에게서 제거됩니다. 그렇다면 동물 또한 단지 자동으로 움직이는 기계 정도로 취급됩니다. 오토마타(automata)라고 부릅니다. 사실 데카르트에게서 자연은 기계와 같습니다. 그의 자연론은 기계론입니다.

이런 관점은 오히려 과학 탐구의 영역에서는 장점으로 기능합니다. 물질에서 일체의 정신성이 제거된다는 것은 그것들에서 생명성을 제거한다는 것입니다. 생명이 없는 것을 우리는 물질이라고 부릅니다. 생명성의 대립에 물질성이 있습니다. 물질은 생명이 없으므로 그에 대한 접근에서 일체의 죄책감을 덜어줍니다. 이 시각에서는 물질은 고통받지 않기 때문입니다. 그런데 문제는 자연까지도 이렇게 바라볼 수 있는지 하는 문제일 것입니다. 물질에 대한 과학적 탐구의 영역은 무한히 개방되고 확장됩니다. 육체 또한 어김없는 물질성이라 분해하고 분석할 수 있는 대상으로 먼저 위치지어집니다. 덕분에 근대 의학이 발달할 수 있는 사상적 기초 또한 확립합니다.

존재자에 대한 탐구에서도 중세에는 아리스토텔레스의 정의를 좇아 타자에 의존하지 않고 존재하는 것을 실체로 보고 그것을 규명하려 노력하였습니다. 그러나 데카르트는 아리스토텔레스의 실체에 대한 정의를 비틀어 자기 원인이 실체라고 규정합니다. 타자에 의존하지 않으니 자기 스스로 원인이 되는 것입니다. 그러나 아리스토텔

레스의 정의는 타자와의 관련에서 실체를 규명하려 하고, 데카르트
는 이를 자기와의 관련에서 규명하려 한다는 것에 차이가 있습니다.
이제 실체는 세계와의 관계에서 해명되지 않고, 그 구별의 완전성에
서 해명됩니다.

여기 스피노자의 초상화가 있습니다. 라틴어가 적혀 있습니다.
'유대인이면서 무신론자인 스피노자'라고 적혀 있습니다. 스피노자
를 적대적으로, 혐오스럽게 묘사하고 있습니다. 이 문구가 왜 적대
적이며 혐오감을 표출하는 문구인지 이제 서서히 살펴보도록 하겠
습니다.

유대인이면서 무신론자인 베네딕투스
드 스피노자(Benedictus de Spinoza,
Iudeus et atheista)라고 적혀 있다.

스피노자 입상, 네덜란드 암스테르담(Amsterdam)
의 즈바넨부르크발(Zwanenburgwal) 운하에 서 있
다. 니콜라스 딩스(Nicolas Dings, 1953~)가 제작하였
다. 스피노자의 『신학정치론, Tractatus Theologico-
Politicus』에서 인용한 "국가의 목표는 자유다(The
objective of the state is freedom)"라는 말이 새겨져
있다.

스피노자는 네덜란드에서 활동했던 철학자입니다. 여기 스피노자의 입상(立像)이 있습니다. 네덜란드의 수도 암스테르담에 있는 입상입니다. 그런데 스피노자의 외투에 물고기, 새들, 나무들이 빼곡히 조각되어 있습니다. 그 이유는 무엇일까요? 스피노자의 철학을 알게 되면 그 이유가 자연스레 납득될 것입니다.

스피노자의 유명한 저서로는 『에티카, *Ethica*』(1675)가 있습니다. 국내에는 라틴어 원문 그대로 '에티카'로 번역되어 있기도 하고,[45] '윤리학'으로 번역이 되어 있기도 합니다. 영문으로는 'ethics'로 주로 번역이 되어 있습니다. 보면 라틴어로 적혀 있는데 메그넘 오퍼스(magnum opus), 즉 역작(力作)으로 적혀 있습니다. 책의 부제가 '기하학 질서에 따라 증명된 윤리학(ordine geometrico demonstrata)'입니다. 유클리드(Euclid)의 기하학은 모두 들어보셨을 것입니다. 그리스어로는 에우클레이데스(Εὐκλείδης, B.C. 300경)라고 합니다. 이 유클리드의 『기하학 원론(원제: 에우클레이데스의 원론)』(Στοιχεῖα 스토이케이아)이라는 저서는 수학적인 증명 절차를 따릅니다. 정의(定義)가 있고 증명(證明)이 있고 공리(公理)가

---

45 스피노자는 『에티카』를 라틴어로 저술했다. 그 이유는 식자(識者)만 읽게 하기 위해서다. 그는 이때 파문당한 처지였으며 늘 신변의 위협에 시달렸다. 그래서 대중에게까지 이 책을 읽히게 하고 싶지는 않았다. 당대 대중은 지나치게 정념에 지배당하고 있다고 그는 보았을 것이다. 그래서 그의 주요 저서는 거의 익명으로 간행되었다. 스피노자는 지인들과의 서신에서(특히 스피노자의 책들을 빨리 출판하고 싶어 했던 영국 왕립학술원의 올덴부르크(Heinrich Oldenburg)와의 서신) 자신의 저서의 출판 시기를 앞당기려는 지인들을 만류하고 고심했던 것도 이런 이유였다.

있습니다.

수학자 유클리드가 그의 저서에서 논증한 방식처럼 철학자 스피노자도 에티카를 저술하겠다는 의지를 드러내고, 또 그렇게 기술된 목차(目次)들이 『에티카』에 보입니다. 1부는 신(神) 혹은 실체(實體)에 관하여 논증(論證)을 합니다. 2부는 정신의 본성(本性)과 기원에 대하여, 3부는 정념의 기원과 본성에 대하여, 4부는 인간의 예속(隷屬) 또는 정념의 힘에 대하여, 마지막 5부는 지성(知性)의 능력 또는 인간의 자유(自由)에 대하여 다룹니다.

『에티카』는 저서명이 지시하는 것과는 다르게 단순한 윤리학 서적이 아닙니다. 단순히 윤리학만을 다룬다면 제1부에서 거창하게 신 혹은 실체를 정의하면서 진행할 일이 아닙니다.[46] 이 저서는 스피노자 자신의 형이상학을 기술한 책이며 5부의 명칭이 암시하듯 종국(終局)에는 인간의 해방으로서의 자유를 다룹니다. 최고의 존재자, 혹은 완전한 실체로부터 인간의 존재 조건을 끌어내고 그 조건을 극복하거나 구체화시키는 것을 기술합니다. 그 방법론은 엄격한 연역론이며 수학적 방법론(기하학적 기술)입니다.

스피노자의 의도가 성공하였든 하지 못했든 이 저서가 대단히 이색적인 저서임은 분명합니다. 여기서 이색적이라는 표현은 그 기술

---

46 윤리학(ethics)은 도덕(morality)을 포함한다. 도덕이 행위 규범과 의무를 다룬다면 윤리학은 인간의 실존 조건을 다룬다. 그런 차원에서 윤리학은 도덕을 포함하며 그 폭이 더 넓다. 도덕이 인간의 실천(praxis)에 관계되는 실천학(實踐學)이라면, 윤리학은 존재 조건을 다루는 존재론(存在論, ontology)이다.

방법의 대단함과 논리 정연함의 극치를 표현하는 말입니다. 프랑스의 현대철학자 베르그송(Henri-Louis Bergson, 1859~1941)은 '모든 철학자는 두 가지의 철학을 가지고 있는데 그 하나는 자신의 철학이고 다른 하나는 스피노자 철학'이라고 했습니다. 베르그송의 철학은 서양 전통 철학의 체계를 거부하고 배격하는 입장에 서 있습니다. 자신의 철학으로 하나의 거대한 체계를 구축하려는 철학자에게는 스피노자의 이『에티카』는 과연 모범(模範)이고 전범(典範)이라고 할 수가 있을 것입니다.

스피노자의 다른 저서로는『신학정치론(神學政治論), *Theologico-Political Treatise*』(1670)이 있습니다. 이는 스피노자가 전통적인 유대교의 성서 해석에 대해 자기만의 평론을 전개하는 것입니다. 주로 그동안 수행되었던 성서 해석의 오류에 대해 비판을 합니다. 기존의 해석자들은 역사적인 방식으로 독해하지 않고, 단지 권위와 전통으로서의 도그마(dogma)에 의존해서 해석하였다고 그는 비판합니다. 스피노자가 주로 비판하는 영역은 구약성서(舊約聖書)에 관한 유대교와 랍비(rabbi)들의 해석입니다.

나중에 스피노자는『정치론(政治論), *Tractatus politicus*』(1677)이라는 저서를 추가로 저술합니다. 이 저서를 쓰다가 스피노자는 사망합니다.『정치론』의 목차는 군주정, 귀족정, 민주정 순으로 진행되는데, 민주정을 미처 완성하지 못하고 스피노자는 사망합니다.

스피노자 당대에 시중에 유통되던 논란 많고 유명한 책이 있었습니다. 그리 두껍지 않은 책인데『세 명의 사기꾼』이라는 제목을 달고 있습니다. 이 세 명은 예수(Jesus Christ, B.C. 6 or B.C. 4~A.D.

30 or A.D. 33)와 마호메트(Muhammad, 570~632), 그리고 모세 (Moses)를 말합니다. 실제 저자는 불확실했고 단지 저자가 스피노 자의 정신이라고 적혀 있습니다. 아마 시대 분위기상 익명으로 비판을 했는지 모릅니다. 실제 저자는 스피노자라는 말도 있고 프랑스 계몽사상가인 볼테르(Voltaire, 1694~1778)라는 말도 있습니다. 17세기에 유통되던 괴문서로 아주 악명높은 책입니다. 저자명이 스피 노자의 정신인 이유는 아마도 상당 부분 스피노자의 사상에 영향을 받아서인 듯 보입니다. 실제 저자가 적어도 스피노자의 영향을 받은 익명의 저자일 수도 있을 것입니다. 기독교와 이슬람교, 그리고 유 대교의 3대 종교 지도자들을 여지없이 비판하는 책입니다.

스피노자의 초상을 보면 젊고 잘생긴 청년의 이미지로 등장합니다. 1632년에서 1677년까지 살았으니 만으로 45세에 사망합니다. 시대를 고려해도 이른 죽음입니다. 초기의 다른 저서로 『지성개선론 (知性改善論), *Tractatus de Intellectus Emendatione*』(1662)이 있습니다. 『지성개선론』은 지식 개선론 혹은 이성 개선론 나아가 정신 개 선론이라고 볼 수도 있습니다. 이성을 어떻게 전개하고 개발해야 하는지에 관한 논증이라고 봐도 무방할 것입니다.

중세에 유대인들은 공공연히 많은 박해를 당했습니다. 여기에는 종교적 이유도 있고 경제적 이유도 있습니다. 그래서 유대인은 그들이 주거하거나 경제적인 활동을 하는 데 있어 늘 거주지가 속한 영토의 왕이나 제후로부터 거주와 활동의 허락을 받아야 했습니다. 종교적인 이유로도 대개 많은 경우 추방을 당했고 별도 거주 지역[47]에 살면서 이동의 자유도 제한되었습니다.

정당한 직업도 가질 수 없어 그들은 중세 시대부터 이미 금전업(金錢業)·이자업(利子業)에 종사합니다. 일종의 고리대금업(高利貸金業)이라 대중에게 원한과 증오의 표적(標的)이 되었습니다.[48] 나중에는 왕이나 왕족에게 금전을 대부(貸付)하기도 합니다. 유대인의 도움으로 왕이나 제후가 국가의 큰 건축비나 축제 등의 행사 대금, 혹은 개인적인 목적으로 몰래 벌이는 사업비를 치르는 경우도 생깁니다.

중세 이후 내내 유럽의 국가들은 그들의 필요에 따라 이 유대인들을 강제 추방하거나 거주지를 할당하고 그들의 자유를 옭아매는 일을 벌입니다. 혹은 프로이센의 프리드리히 대제(프리드리히 2세)처럼 대중들의 유대인 추방 요구를 수용하지 않고 자기의 필요에 따라 보호해 주기도 합니다. 유대인의 금전 축적의 노하우와 보관·유통·대부 등의 자본과 세무(稅務)에 관한 경험은 근대 자본주의가 탄생하는 데 지대한 역할을 합니다. 지금도 유대인들이 미국을 비롯한 세계의 금융과 자본에서 차지하는 비중은 막대합니다.

---

47 제2차 세계대전 당시 유대인 거주지역인 게토(ghetto)와 비슷하다. 실제 게토는 10세기에 십자군에 의한 유대인 학살을 방어하기 위한 보호구역이었으나 14세기 이후 유대인의 집단 거주지역으로 그 성격이 변했다.

48 성서는 이자를 받는 것을 죄악으로 여겼다. 이는 시간의 지연(遲延)을 이용해 돈을 불리는 것이기 때문이다. 신약성서에서 예수도 이에 대해 언급한다.

스피노자 또한 유대인입니다. 디아스포라(diaspora)라고 합니다. 자의나 혹은 타의에 의해 강제적으로 세계 각지에 흩어져 사는 민족들입니다. 집시(Gypsy)나 유대인이 대표적입니다. 현대에는 쿠르드족(Kurd族)[49]도 있습니다. 유대인들 또한 세계의 각지에 흩어져 살았고 지금도 그렇습니다. 물론 지금은 이스라엘이라는 그들의 국가가 있지만 말입니다.

중세 시대에 스페인이나 포르투갈 지방에 살던 유대인들이 있었는데 이들을 마라노(Marrano)[50]라 부릅니다. 이들은 왕으로부터 기독교로 개종할 것을 강요받고 불응하면 해외로 추방도 당합니다.[51]

---

49 쿠르드-족(Kurd-族)은 제1차 세계대전에서도 연합군 특히 영국 편에 서서 전쟁을 치렀고, 현대에는 미국의 걸프전에서도 미국을 도와 이라크 사담 후세인 정권을 붕괴시키는 데 많은 도움을 주었다. 4,560만에 달하는 그들은 지금도 이라크, 시리아, 이란 지방에 흩어져 살고 있으며 기껏 자치권 정도만 보장받고 있다. 유대인이 세운 이스라엘과 달리 영국이나 미국은 쿠르드족의 도움의 대가인 국가설립 지원의 약속을 지키지 않았다.

50 스페인어로 '돼지'나 '지저분한 사람'을 가리키는 말이다. 특히 스페인이나 포르투갈에서 가톨릭으로 개종한 유대인을 지칭한다.

51 1492년 알함브라 칙령(Alhambra Decree)으로 스페인에서 기독교로의 개종을 거부한 유대인에 대해 추방령이 내려졌다. 당시 가톨릭 군주 아라곤 왕국의 페르난도 2세와 카스티야 왕국의 이사벨라의 결혼(1469), 그리고 10년 후 두 왕국의 통합으로 오늘날의 스페인은 탄생한다. 이 칙령은 레콩키스타(Reconquista, 스페인 반도의 무슬림 국가 그라나다 정복, 1492) 후 기존 무슬림 국가에 협력하고 비호를 받던 유대인의 제거를 위한 것이었다. 이들의 재산은 몰수되고 기한 내 떠나지 않는 유대인들은 처형되었다. 거짓으로 개종한 유대인도 색출되었다. 이때 약 25만 명에서 80만 명에 달하는 유대인들이 북아프리카와 이탈리아, 그리고 오스만 튀르크로 이주했다. 오스만튀르크에서는 유대인을 환영했기 때문에 테살로니카는

재산은 당연히 몰수입니다. 왕이나 국가가 이들의 재산을 빼앗기 위해 이런 일들을 자주 벌였을지도 모릅니다. 이런 연유로 스피노자의 조부는 포르투갈에서 건너와 당시 네덜란드 지방에 정착을 합니다 (1597). 확실한 이유는 불분명합니다.

네덜란드는 당시 스페인으로부터 독립하기 위한 전쟁 중(네덜란드 독립전쟁, Dutch War of Independence, 1567~1648)이었습니다. 종교적인 이유도 있고 경제적인 이유도 있습니다. 당시 네덜란드는 유대인을 비롯한 외국인에게 상당히 관용적인 사회였으니 이런 면이 아마 이주의 이유도 되었을 것입니다. 독립전쟁의 시작과 함께 네덜란드는 공화정체를 취하는 데 이는 유럽에서 최초입니다.

스피노자는 할아버지의 성이 에스피노자(d'Espinosa)입니다. 라틴어로는 베네딕투스 드 스피노자(Benedictus de Spinoza)라 하고, 히브리어로는 바루흐 드 스피노자(Baruch de Spinoza)라고 부릅니다. 어렸을 때 유대인 공동체 사람들은 그를 벤토 드 스피노자(Bento de Spinosa)라고 불렀습니다. 벤토(Bento)는 '은혜(benediction)'라는 말입니다. 그의 저서를 번역한 사람들은 라틴어와 히브리어 양쪽 중 한 쪽을 쓰는데 제가 볼 때는 유대교로부터 파문을 당했음에도 끝까지 자기 신념을 굽히기 거부한 스피노자를 굳이 유대 언어인 히브리어를 써서 표기할 필요가 있는지 싶습니다. 베네딕투스 드 스피

세파르딤의 중심지가 되었다. 콘베르소, converso 또는 마라노라 불리는 개종한 유대인도 내적으로는 유대교를 버리지 않는 생활을 했으며 이들은 16세기에 포르투갈을 거쳐서 네덜란드로 이주했다. 스피노자의 조부는 이 대열에 합류했을 것이다.

노자라고 표기하는 것이 적어도 그를 위한 배려일 듯합니다.

스피노자는 젊었을 때부터 기존의 권위적인 유대교에 저항했습니다. 『신학 정치론』은 유대교 랍비(Rabbi)들의 전통적인 성서 해석에 대해 공식적으로 항의하고 저항하는 저서입니다. 결국 이것이 유대교로부터 스피노자가 파문당한 주요 이유입니다.

유대인들은 지금도 그렇지만 그들만의 폐쇄적인 생활공동체를 전통적으로 고집합니다. 유대인들의 교회는 시나고그(synagogue)로 부릅니다. 또 결혼도 같은 유대인들끼리만 합니다. 다른 민족과 결혼할지라도 그들의 유대인으로서의 정통성을 고집합니다. 심지어 거주지가 제한받을 경우는 그 내부의 사촌끼리 결혼합니다. 만약 기독교로 개종하면 유대인 공동체에서 탈락하기도 합니다.

유대인 디아스포라의 분포를 보면 서유럽 쪽에 거주하는 유대인을 세파르디(Sefardí, 스파라드)라고 부릅니다. 스페인이나 포르투갈에 주로 거주했던 유대인들입니다. 그리고 동유럽, 특히 독일 지방에 거주하는 유대인을 아슈케나짐(Aschkenasim)으로 부릅니다. 중동 지방에 거주하는 유대인은 달리 미즈라힘(Mizrach, 미즈라흐)으로 구별하여 부르기도 합니다. 따라서 제2차 세계대전 때 희생되었던 유대인들은 주로 아슈케나짐 유대인입니다. 역사적으로 동유럽의 폴란드에서 유대인에 대한 박해가 그리 심하지 않아[52] 많은 유대

---

52 폴란드는 1025년 폴란드 왕국의 건국부터 1569년 폴란드-리투아니아 연방이 성립될 때까지 유럽에서 가장 관대한 나라였다. 역사학자들은 '유대인들의 천국'을 뜻하는 라틴어 '파라다이스'라는 라벨을 사용해 왔다. 폴란드는 다양한 유럽 국

인이 폴란드에 거주하는 탓에 아우슈비츠(Auschwitz) 수용소 등에서 많은 수가 희생되었습니다. 아우슈비츠 수용소도 폴란드 내에 세워졌습니다. 스피노자는 세파르디 유대인으로 분류할 수가 있을 것입니다. 이후 시오니즘(Zionism) 운동을 통해 이스라엘이 건국됩니다.

23살의 청년 스피노자가 당했던 파문(1656년 7월 27일)은 이렇습니다.

'앞으로 누구도 입으로건 글로건 그(스피노자)와 말을 섞어서는 안 되고, 어떤 식으로도 호의를 베풀어서도 안 되며, 지붕 아래 머무는 것도 안 된다. 2미터 이내로 접근해서도 안 되고 그가 생각하거나 글로 쓴 것을 읽어서도 안 된다…'[53]

가에서 박해받고 추방된 유대인의 피난처가 되었고 당시 세계에서 가장 큰 유대인 공동체의 본거지가 되었다. 일부 자료에 따르면, 16세기 중반까지 세계 유대인의 약 4분의 3이 폴란드에 거주했다고 한다. (개신교 개혁과 가톨릭 반종교 개혁으로) 영연방의 약화와 종교 분쟁의 증가와 함께, 폴란드의 전통적인 관용은 17세기부터 약화되기 시작했다(출처: https://ko.wikipedia.org/wiki).

53 『러셀 서양철학사』. 영어 원문을 번역하면 이렇다. '누구든지 말이나 글로 스피노자와 소통해서도 안 되고 어떠한 호의도 보여서는 안 되며, 그와 동일한 지방에 머물러서도 안 되고, 한 지붕 아래 있어서도 안 되며, 또 네 개의 기둥이 있는 내부의 공간에 같이 있어서도 안 되며, 같은 공간에 있어서도 안 된다. 그가 쓴 어떤 것도 읽어서는 안 된다…' 다른 내용의 일부는 이렇다. '천사들의 결의와 성인의 판결에 따라 스피노자를 저주하고 제명하여 영원히 추방한다. 잠잘 때나 깨어 있을 때나 저주받으라. 나갈 때도 들어올 때에도 저주받을 것이다. 주께서는 그를 용서 마옵시고 분노가 이자를 향해 불타게 하소서! 어느 누구도 그와 교제하지 말 것이며

말이 파문이지 종교를 빙자한 가장 강한 유형의 폭력입니다. 더 심각한 것은 정교일치(政敎一致)의 유대 공동체에서 공동체 내의 기본적 사회생활도 영위하지 못할 정도의 강한 제약을 위 파문은 가하고 있다는 것입니다. 미개함이 엿보이기까지 하지만 현대에도 여전히 이런 유(類)의 국가들은 존재하고 그런 국가 내부에서는 이런 비상식적인 규제가 강한 실행력을 가지고 있다는 점이 또한 문제일 것입니다. 근대 이후에는 마치 천부인권(天賦人權)에 대한 가치관이 확립되어 적어도 서양의 합리적 문화가 지배하고 있는 것처럼 보이는 국가들에서는 이러한 실제적 인권 학대(虐待)가 존재하지 않는 듯이 보이지만 법률에 얽매이지 않은 일상의 문화에는 이런 미개(未開)한 인권 학대들이 여전히 벌어지는 중입니다. 자기들만의 공동체를 자의적으로 꾸리고 규약(規約)을 세우며 그것에서 일탈(逸脫)하면 그것이 마치 범죄인 양 단정하고 일탈자를 소외시키는 문화는 어느 나라든지 구석구석 뿌리를 내려 자유롭고자 하는 자를 괴롭히고 있습니다.

도시는 도시대로, 농촌은 농촌대로, 동호회는 동호회대로, 정당은 정당대로 그들만의 규준을 세우고 그 규준이 객관적 합리성을 지니

그와 한 지붕에서 살아서도 안 되며 그의 가까이에 가서도 안 되고 그가 쓴 책을 봐서도 안 된다'(강성률, 『2500년간의 고독과 자유』, 형설출판, 2005, 88, https://ko.wikipedia.org/wiki에서 재인용). 이 파문 요청서는 유대 율법 사회(the Talmud Torah) 지도자 Aboab de Fonseca에 의해 제출되었고 소장의 이유는 단지 '혐오스러운 이설'과 '기괴한 행위'였다. 아직까지도 스피노자에 대한 로마 가톨릭교회와 유대교의 파문은 해제되거나 취소되지 않고 있다.

고 있는지에 대해 일말의 이성적 성찰도 없이 저열(低劣)한 공동체의 명분으로 학대를 자행합니다. 그들에게 이성은 없고 오직 정념으로 연대하고 정념으로 비판하며 정념으로 타자를 억압합니다. 스피노자를 평생 괴롭혔던 이 파문 형식의 억압과 구속은 여전히 현대에도 진행 중입니다.

철학자 스피노자는 이런 공갈(恐喝) 같은 파문에 결코 굴복하지 않았습니다. 이렇게 의연한 스피노자를 암살하려는 시도도 있었습니다. 20대 때 유대인 대학생이 다리 위에서 스피노자를 살해하려고 시도를 합니다. 이 배후에는 물론 유대 교회가 있었습니다. 그러나 다행히 외투만 칼에 베인 체 스피노자는 살아남습니다. 이때의 경험을 잊지 않기 위해 스피노자는 평생 자기의 방 벽 옷걸이에 이 찢어진 외투를 늘 걸어놓았다고 합니다. 사람들이 자기를 해(害)하려 한 경우를 잊지 않기 위해서입니다.

데카르트 당대 프랑스의 철학자 블레즈 파스칼(Blaise Pascal, 1623~1662)도 비슷한 경우를 겪었습니다.[54] '인간은 생각하는 갈대다'[55]라는 유명한 말을 한 철학자입니다. 『팡세, *Pensées*』(1670)라는

---

54 파스칼은 예수회와 로마 교황청에서 이단이라는 소리를 들은 적이 있었는데 파스칼이 예수회와 교황청으로부터 이단으로 지목받아 탄압받던 얀세니즘 성직자들을 변론하며 쓴 책이 『시골 벗에게 부치는 편지』다. 원제목은 『루이 드 몽탈트가 시골의 한 친구와 예수회 신부님들에게 보낸 편지, *Lettres écrites par Louis de Montalte à un provincial*』이다(참고: https://ko.wikipedia.org/wiki).

55 "인간은 자연 가운데서 가장 약한 하나의 갈대에 불과하다. 그러나 그것은 생각하는 갈대다(L'homme n'est qu'un roseau le plus faible de la nature:mais c'est un

그의 유명한 저서에서 한 말입니다. 이성보다는 심정을 중요시해서 주정주의(主情主義, emotionalism)로 분류됩니다. 그는 계산기도 발명하였습니다. '클레오파트라의 코가 조금만 낮았더라도 세계의 역사는 바뀌었을 것'이라고 말한 사람이기도 합니다. 어렸을 때 마차를 타고 다리를 건너다 말고삐가 풀려 마차는 전복됩니다. 구사일생(九死一生)으로 살아남은 후 평생 이 경험을 쪽지에 적어 상의 안쪽 주머니에 꿰매고 틈만 나면 읽었다고 합니다. 이 사고로 그는 수학 등의 세속적 학문을 포기하고 철학과 종교에 더욱 심취합니다.

그는 타고나면서 병약했으며 소아마비로 다리를 절었습니다. 가우스(Johann Carl Friedrich Gauß, 1777~1855)를 능가하는 수학자가 되었을 것이나 31살(1654.11.23.)에 영적이고 신비적인 종교체험을 한 뒤로는 이때의 기도문을 상의 안주머니에 바느질하여 평생 읽을 정도로 절제하고 자기를 성찰하는 생활을 지속해 냅니다.

평생 심한 두통에 시달렸고 40세에 요절한 천재였습니다. 죽은 후 시신을 해부하니 위장과 중요 장기가 심각한 손상을 입었고 뇌에도 외상이 있었다고 합니다. 그래서 그런지 그의 철학은 실존 철학의 기운도 풍깁니다.

상시적인 위험에 시달리고 암살의 위협도 겪었던 스피노자의 좌우명은 그래서 "주의하라(caute)"였습니다. 스피노자는 조부에서부

---

roseau pensant(불), Man is only a reed, the weakest in nature, but he is a thinking reed(영))", 『팡세』, No.200.

터 사업에 종사했던 가문이라 상당한 부잣집이었습니다. 부친도 조부의 가업을 이었습니다. 스피노자는 이복 아들[56]이었습니다. 위로는 배다른 누이가 있었고요. 그런데 이 이복누이[57]가 스피노자의 부친이 죽고 가문의 사업이 영국-네덜란드 전쟁에서의 영국 승리로 인해 망하자, 그 부친이 남긴 막대한 유산은 자기의 것이라고 소송을 걸었습니다. 당시 히브리법에 의하면 그 유산은 스피노자의 상속분입니다. 그러나 스피노자는 정식으로 네덜란드의 사법부에 소송을 걸게 됩니다. 유대인이었던 스피노자가 유대 교회가 아닌 세속 정부의 사법부에 소송을 위탁하는 것을 보면 그가 가진 세속 국가에 대한 신뢰를 알 수가 있습니다.

이는 그의 철학에서도 충분히 이해 가능한 일입니다. 소송에서 스피노자는 승소하게 됩니다. 그러나 스피노자는 승소하였음에도 불구하고 모든 막대한 유산을 이복누이에게 주어버립니다. 자기는 안경렌즈 시공으로 생계를 꾸려갑니다. 스피노자가 살았던 시대가 17세기입니다. 18세기에 조선에서도 이미 왕인 정조도 안경을 쓰고 있습니다. 스피노자가 세공했던 렌즈는 안경뿐만 아니라 현미경도 있습니다. 돋보기뿐 아니라 미세한 사물을 확대시켜 보는 현미경 렌즈를 만들 만큼 당시의 광학 기술이 발달하였다는 말이기도 합니다. 그러니 렌즈 시공은 당대의 첨단 기술이었던 셈입니다. 즉 스피노자

---

56 스피노자의 어머니는 아버지의 두 번째 부인이었으나 스피노자가 6살 때 죽는다. 스피노자는 세 번째 부인에 의해 9살 때까지 키워진다.

57 레베카(Rebekah).

는 당대 첨단 기술을 보유한 일급의 기술자였습니다.

전해지는 말로는 스피노자의 렌즈 가는 기술은 일류급이었다고 합니다. 단골손님도 많았고 사회 고위층으로부터의 주문량도 상당 했다고 합니다. 또 시몬 드 브리스(Simon de Vries)를 비롯한 친구 들로부터 후원이나 귀족으로부터의 연금지원도 있었습니다. 이러니 막대한 유산을 그가 포기했다고 해도 빈한할 정도까지는 아니었다 는 얘기도 됩니다. 당시의 연금은 지금의 증여(贈與)와 비슷하다고 보시면 됩니다. 굳이 친척이나 직계가 아니라도 유서에 남겨 증여할 수 있었습니다.

로마 제국 시대에도 장시간 자기를 보필한 대가로 노예를 해방시 키는 유습(遺習)이 있어 해방 노예라는 계급이 존재했습니다. 이 당 시에도 입양(入養)의 형식을 취해 양자에게 재산을 상속시킨다든 지, 혹은 특정인에게 자기의 재산을 증여하는 관행들이 이미 존재했 습니다.

스피노자는 낮에는 렌즈를 갈고, 밤에는 지인을 만나 토론을 하거 나 저술을 하는 등 부지런하게 삽니다. 결국 렌즈를 갈 때 나오는 유 리 가루가 폐에 쌓여 병으로 일찍 죽습니다. 만으로 44살에 폐렴과 비슷한 규폐증(硅肺症)으로 죽습니다.

당시 독일의 제후국에서 외교관으로 활약하고 있던 라이프니츠 가 영국을 방문하고 돌아가는 길에 3일 동안 스피노자의 집에 머물 러 궁금한 것에 대해 묻고 토의를 하고 갔다고 합니다. 라이프니츠 는 스피노자가 당시 범신론에 무신론의 혐의로 회자(膾炙)되니 스 피노자와의 만남과 그의 영향을 부인하였습니다. 그러나 라이프니츠의 철학을 들여다보면 스피노자 철학의 영향이 상당함을 알아차릴 수 있습니다.

러셀은 그의 철학사에서 스피노자를 철학적으로도 훌륭하지만 도덕적으로는 단연 최고의 철학자라고 언급합니다. 독일 철학자 헤겔은 철학을 한다고 자칭한다면 '스피노자주의자이거나 아니면 철학자가 아니다'고 했습니다. 현대의 프랑스 철학자 질 들뢰즈(Gilles Deleuze, 1925~1995)는 스피노자를 철학자들의 왕자,[58] 철학의 그리스도, 철학의 메시아로 극찬합니다. 근대 독일의 낭만주의 시인 노발리스(Novalis, 1772~1801)는 그를 '신에 취한 철학자'로 평했습니다.[59] 이상한 일입니다. 노발리스는 그를 신에 취해 있다고 하고 스피노자 또한 당시의 그를 향한 무신론자라는 혐의를 극구 부인했습니다. 그런데도 교황청을 비롯한 당대의 식자들은 그를 무신론자이며 유물론자라고 공공연히 비난했습니다. 스피노자에 대한 적개심은 일상적이어서 그는 대개의 그의 서적을 그의 사후에 출간해야 했습니다. 그가 지인들과 나눈 편지를 보면 이런 모습들이 많이 드러납니다. 그의 저서를 출간해야 한다고 말하는 이들에게 출간 후 저서의 진의를 이해하지 못하는 대중들이 그에게 가할 위해의 가능성을 스피노자는 극도로 경계하며 생전의 출간을 거절합니다.

아인슈타인도 자신은 '스피노자의 신'을 믿는다고 말하며 그의 세

---

58 'the prince of philosophers', 질 들뢰즈, 박사학위 논문(1968).
59 "정신의 최고의 선은 신의 인식이며, 정신의 최고의 덕은 신을 인식하는 것이다"(스피노자, 『에티카』, 4부, 정리 28).

계관에 가장 큰 영향을 스피노자가 주었다고 했습니다. 철학자로서는 소크라테스에 비유할 만큼 고결하게 살다 죽었습니다. 결혼은 하지 않은 미혼인 채로 말입니다. 지금의 교육부 장관과 비슷한 지위에 있는 자가 그를 제후의 명에 따라 하이델베르크 대학의 철학 정교수로 임용하고자 스피노자에게 편지를 쓴 일화가 있습니다. 거듭되는 편지를 받은 스피노자는 고민하다가 이를 정중히 거절합니다. 그의 거절 이유는 독립, 평안함, 고독에 방해가 된다는 이유였습니다. 즉 철학할 수 있는 자유에 방해가 된다는 것이었습니다.

당시의 네덜란드는 얀 드 비트(Jan de Witt) 형제가 재상(宰相)으로 있는 공화정이었습니다. 공화정은 당대 유럽에서는 수용이 가능한 정체가 아니었습니다. 일례로 프랑스 혁명이 성공하고 공화정이 선포되자 주변의 유럽 왕정 국가들은 대(對)프랑스연합을 맺어 프랑스를 침공하기 시작합니다. 이를 방어하기 위한 전쟁이 프랑스 혁명 전쟁이며 유명한 나폴레옹 보나파르트(Napoléon Bonaparte, 1769~1821)의 활약 배경이 됩니다.

따라서 그 이전 시대 네덜란드에서 드 비트 형제가 일종의 총리로 활약하는 공화정이 선포되자 주변의 왕국들이 이를 가만둘 리가 없었습니다. 네덜란드를 침공하려 합니다. 네덜란드 국내에는 드 비트 형제를 주축으로 하는 공화파가 있었고 오란녜 공(the Prince of Orange)을 필두로 한 왕당파가 서로 대립하고 있었습니다. 주변국의 침략을 앞둔 어수선한 시기인 데다 왕당파의 선동에 네덜란드의 군중들은 흥분하여 들고 일어났습니다. 그리고 드 비트 형제를 길거리에서 처참하게 죽이고 맙니다.

당시에도 마녀사냥의 유풍은 횡행하여[60] 드 비트 형제 중의 동생은 악마와 손을 잡았다는 구실로, 악수했다는 구실로 그의 오른손이 잘리고 거의 찢겨 죽습니다. 악마와 연합하였다는 구실로 팔을 자르는 것입니다. 그래서 사탄, 즉 악마를 다시는 손짓으로 부르지 못하게 하기 위해 손을 자릅니다. 형도 이를 목격하며 처참하게 군중의 손에 죽어갔습니다. 둘은 이후 불태워집니다. 이런 소식을 접한 스피노자는 군중들의 횡포에 분노하여 길거리로 나가려고 합니다. 다행히 그의 친구들이 제지하였습니다.

스피노자는 『데카르트의 철학 원리, *Descartes' Principles of Philosophy*』(1660)와 『신학 정치론』 최초의 2권을 제외하고는 그의 모든 주요 저서를 익명으로 출간합니다. 『데카르트의 철학 원리』는 그의 생전 간행된 유일한 저서입니다. 파문을 당한 상태인지라 그의 실명으로 책을 간행하면 누가 읽기는 고사(姑捨)하고 안전도 장담할 수 없었을 테니 말입니다.

"내일 지구가 망하더라도 나는 오늘 사과나무 한 그루를 심겠다." 이 말은 스피노자가 한 말로 회자되고 그렇게 많은 사람이 알고 있습니다. 그러나 이 말은 스피노자가 한 말이 아닙니다. 이 말은 꽤 유명한 말임에도 불구하고 북미 지역 사람들은 이 말을 미국의 흑인 인권운동가 마틴 루터 킹 주니어(Martin Luther King Jr, 1929~1968)가 한 말로 알고 있습니다. "나에게는 꿈이 있습니다(I

---

60 스피노자의 친할머니도 이 마녀사냥의 광풍(狂風)에서 마녀로 몰려 죽었다.

have a dream)"[61]라는 유명한 연설을 한 사람입니다. 마틴 루터 킹은 백인우월주의자에게 암살되었습니다. 반면에 유럽에서는 종교개혁가 마르틴 루터가 했던 말로 회자됩니다. 사실 이 말은 마르틴 루터가 한 말입니다. 우리나라에서는 아마 스피노자를 처음 소개한 사람이 잘못 인용하면서 이렇게 와전(訛傳)된 것으로 보입니다.

이 말을 스피노자가 했다고 하더라도 제가 볼 때 이 말은 스피노자의 철학과 어울리는 부분도 있고 그렇지 못한 부분도 있습니다. 부합하지 않는 부분을 보자면 스피노자의 철학에서 결코 지구는 망할 수가 없습니다. 지구라는 자연은 실체인 신의 속성이 구현된 것으로 결코 사멸(死滅)할 수 없습니다. 사멸이 아니라 변화만 가능할 뿐입니다. 스피노자의 용어로 한다면 변용하는 것이지요. 얼음이 수증기가 된다 하여 사멸하는 것은 아닙니다. 실체인 신에게서 사멸이란 있을 수 없는 것과 마찬가지[62]로 실체의 양태인 자연이 사멸하는 일은 그의 철학에서는 논리적으로 불가능합니다.

부합하는 부분은 사과나무를 심겠다는 의지의 부분입니다. 외부의 환경이 어떻게 되었든, 지구가 망하는 것과 망하지 않는 것은 주체의 의지대로 결과되는 것이 아니므로 자기의 본성적 필연대로 살

---

61   1963년 8월 직업과 자유를 위한 워싱턴 행진에서 20만 명의 시민이 운집한 링컨 기념관 앞에서의 연설이다.

62   "그리고 만일 우리들이 이렇게 계속하여 무한히 나아간다면, 우리는 자연 전체가 하나의 개체라는 것을, 그리고 그 부분들, 즉 모든 물체가 전체로서의 개체에는 아무런 변화도 미치지 않고 무한한 방식으로 변화한다는 것을 쉽게 알게 된다"(스피노자, 『에티카』, 2부, 86).

겠다는 부분은 스피노자의 철학과 잘 부합합니다.

『지성개선론』의 서문에 스피노자의 유명한 말이 있습니다. 이는 데카르트와 유사합니다. 데카르트는 라 플레쉬라는 일류의 학교를 졸업했고, 그의 주변에는 많은 지식인 친구가 있었습니다. 그럼에도 불구하고 데카르트는 지금까지 책과 친구를 통해서는 진리를 얻지 못했으므로 앞으로는 세계와 나 자신만을 믿으면서 진리를 추구하겠다는 다짐을 보입니다. 불교적으로 말하면 일종의 발심(發心)입니다.

'일상에 살면서 으레 일어나는 일이라는 것들이 하나같이 무의미하고 무가치하다는 것을 경험으로 깨닫고 난 뒤 나는 마침내 우리가 얻을 수 있는 진정한 선이 존재하는지, 즉 내가 발견하고 도달하는 순간 내게 최고의 지적인 기쁨을 영원히 줄 수 있는 무언가가 존재하는지 탐구해 보기로 했다.'

우리도 가끔 이런 생각을 하지 않나요? 살아가면서 진정으로 가치 있는 일, 가치 있다고 생각하는 일을 하나라도 발견하셨나요? 발견하신 분은 성공하신 분입니다. 가끔 이 일을 내가 여기서 왜 하고 있을까? 이 일의 종국적 결과가 내게 무슨 이익을 주길래 나는 이렇게 죽을 힘을 다해서 이 일을 이루려고 할까? 이런 생각을 해보시지 않았나요? 스피노자는 그 생각을 극단까지 몰고 갑니다. 그래서 그가 내린 결론은 하나같이 일상의 일들이, 우리가 경험하는 많은 것이 따져보면 무가치하고 무의미하다는 것입니다. 그래서 그는 그 가치 있고 의미 있는 무엇을 얻기로, 추구하기로 결심하게 됩니다.

데카르트나 스피노자가 바라는 그 진리는, 감각이나 일회성의 쾌락이 가져다주는 그 허무나 허망이 아니라 진실로 진리로서 말해지는 그 대상이 존재하는지에 관한 의문이고 이는 아주 실존적인 의문입니다. 대개의 사람은 확실한 진리가 존재하지 않는 것 같다는 느낌에, 그 허무함에 사로잡혀 완전한 패배주의자, 염세주의자로 이내 전락하기도 합니다. 그러나 데카르트나 스피노자와 같은 철학자는 강인한 사람이었기에 그들은 끝까지 그것을 추구해 보기로 마음먹습니다.

—

키르케고르

「키르케고르」, 그의 사촌 니엘스 크리스챤 키르케고르(Niels Christian Kierkegaard)가 그린 미완성 스케치이다. 왕립도서관(코펜하겐), 1840년 작.

여기서 우리는 키르케고르 (*Søren Kierkegaard*, 1813~1855)가 떠오릅니다. 예전에는 키에르케고르라고 불렀는데 그가 덴마크 출신인지라 덴마크 원어에는 키르케고르가 좀 더 가까운 표현인가 봅니다. 그는 실존주의 철학자였습니다. 본격적인 실존주의 철학을 전개한 철학자이지요.

그가 말하는 실존에는 3가지의 단계가 있습니다. 미적 실존(美的 實存), 윤리적 실존(倫理的 實存), 종교적 실존(宗敎的 實存)이 그것입니다. 미적 실존은 로마의 네로(Nero, 37~68) 황제가 로마 시내를 불사르고 구경하며 리라(lira)를 켜는 모습, 카사노바(Casanova, 1725~1798)나 키르케고르가 예로 든 돈후안(Don

Juan, 돈 조반니, Don Giovanni)이 여성을 유혹하며 향락에 젖어 있는 모습 등이 그 예입니다. 눈앞의 유한한 쾌락에 의지하니 쾌락의 강도와 종류는 늘 달라야 할 것을 요구하고, 결국 자기는 이 쾌락의 노예가 되고 맙니다. 여기서 아이러니(Irony)가 나타납니다. 자기를 달래고 위로하려 외부의 향락과 쾌락에 의존했지만 결국 자신은 향락과 쾌락의 지속적인 추구에 자기를 잃어버립니다.

윤리적 실존은 미적 실존에서 방기된 자신을 다시 되찾으려 이제는 감각의 쾌락이 아닌 이성의 보편자(普遍者, the universal)를 추구하는 것입니다. 보편적인 도덕을 확립하여 자아를 세우려는 소크라테스가 그 예입니다. 개별자(個別者, the individual)를 버리고 보편자를 추종하니 자신은 사라지고 이제 사회의 도덕과 윤리가 나를 휘어잡습니다. 그러나 윤리가 강요하는 목적(telos)은 나의 것이 아닙니다. 또 외부의 보편자에 순응하려는 내부의 개별자는 자기의 미적 실존이 늘 유혹이 되어 보편과 불협화음(不協和音)을 일으킵니다. 내부적으로 갈등을 일으키는 단계입니다. 결국 보편자와 자기를 일치시키려는 중 자기에 대한 유혹이 늘 죄책감을 불러냅니다. 따라서 이제 마지막 종교적 실존의 단계로 넘어가야 합니다.

종교적 실존은 이성으로 가능한 윤리적 실존의 단계에서도 결코 믿음의 영역인 종교적 실존까지는 다가서지 못함을 말하며 그 이성의 한계를 넘어서서 진입하는 새로운 실존의 영역입니다. 이는 이성의 영역에 진리가 속하지 않음을 자각하는 것이며 이 진리는 절대자인 신에 대한 본질적 믿음으로 인해 획득 가능합니다. 개별자인 주체는 한갓 소외된 자이며, 자기의 사려만으로 더 이상 이성을 전개시킬 수 없음에 좌절해야만 하는 존재자입니다. 이 불안이 인간 존재자의 근원이며 지속적인 절망 중에 얻으려면 버려야 한다는 역설(逆說)을 깨닫습니다. 믿음의 조상 아브라함(Abraham)이 신의 명령에 외아들 이삭(Isaac)을 제물(祭物)로 바치는 모습이 그 예입니다. 아브라함이 이삭을 번제(燔祭)의 제물로 바치려는 순간 신의 사자는 아들에게 손을 대지 말라 명합니다. 아브라함은 뒤편의 숫양으로 제물을 대신합니다. 신은 아브라함에게 축복을 내립니다. 아브라함은 아들을 잃어야 했으나 절대자에 대한 신뢰로 다시 아들을 얻습니다. 아브라함은 '열국(列國)의 아버지'로 신으로부터 보답을 받습니다.[63] 그래서 아브라함은 '믿음의 기사'입니다.

「레기나 올젠」, 1840년 작.

키르케고르가 이러한 문제에 몰두하게 된 계기는 이렇습니다. 그에게는 레기나 올젠(Regine Olsen, 1822~1904)이라는 약혼녀가 있었습니다. 키르케고르는 레기나를 영원히 사랑할 수 있을 것인지 고민합니다. 상투적인 변심이라기보다 사랑의 본질에 몰두합니다. 이것이 그가 실존의 최

63　『구약성서』, 창세기 22장 1~18절, 개역 개정.

고 단계를 종교적 실존으로 본 계기이기도 할 것입니다. 결국 그녀와는 파혼합니다. 그녀는 키르케고르의 친구와 결혼합니다. 그러나 키르케고르는 독신으로 살며 그녀를 죽을 때까지 사랑했습니다. 또 키르케고르는 평생 기성의 전통교회에 저항하며 교단(敎團)과 불화한 철학자이기도 합니다. 그는 살아생전 모든 책을 익명으로 발간했습니다.

이 책 후반에 나오는 철학자 니체가 '신의 죽음'이라는 언명과 저술로 교회를 공격했다면 스피노자와 키르케고르는 그들의 인생을 걸고 교회와 투쟁한 철학자입니다. 이제 실존의 최고 단계는 종교적 실존입니다. 이는 이성의 한계를 깨닫고 그 너머로 진입하는 것입니다. 그 영토는 종교의 영토로 말해지는 것입니다. 이때의 종교란 기성의 교단이 아니며 절대자와의 대면입니다. 이른바 '신 앞에 선 단독자(單獨者)'입니다.

현대 프랑스의 실존주의 철학자로는 장 폴 사르트르(Jean-Paul Sartre, 1905~1980)가 유명합니다. 시몬 드 보부아르(Simone de Beauvoir, 1908~1986)와의 계약 결혼으로도 유명합니다. 이 결혼은 1929년부터 죽을 때까지 유지됩니다. 파리 고등사범학교에 수석 입학하였던 사르트르는 1928년 1급 교원자격시험에 수석으로 합격하고 보부아르가 차석을 합니다. 사르트르는 노벨 아카데미에 의해 1964년 노벨 문학상 수상자로 지명되었으나 수상을 거부한 것으로도 유명합니다. 프랑스에서 수여하려 한 레종 도뇌르 훈장(Ordre national de la Légion d'honneur)과 콜레주 드 프랑스(College De France)의 정교수직을 거절하기도 합니다(1945). 레종 도뇌르 훈장은 나폴레옹 보나파르트가 제정한 훈장으로 각 방면의 최고 실력자에게 오로지 실력만을 보아서 수여한 훈장입니다. 콜레주 드 프랑스는 지식의 확산을 위해 대중에게 개방된 학교로 프랑스의 지식인들 모두가 영예로 아는 자리입니다.

지금 다루는 스피노자는 절대자와 실체에 대한 종교적 믿음이 아니라 이성에의 전적인 신뢰를 가진 대표적인 합리주의자이자 데카르트주의자로서의 스피노자입니다. 그리고 키르케고르나 사르트르와 같은 실존철학자처럼 삶의 도약을 말하는 것이 아니라 우주와 세계의 질서정연함과 그 내부에서 발생하는 모든 사건과 사태의 철저한 인과를 말하는 철학자입니다.

『에티카』는 서양의 철학사를 통해 가장 탁월한 형이상학적 체계 중의 하나입니다. 제목에서 드러난 바와 같이 최대한의 엄격함과 정확성으로 기술되었습니다. 그 난해성과 엄격함에 비해 책의 두께는 그리 두껍지 않습니다, 언급했듯 유클리드의 기하학 원론의 체계를 따라 수학적 증명의 절차로 구성되어 있습니다. 먼저 정의(定義)를 하고 다음에 공리(公理), 그리고 정리(定理), 증명(證明)… 이런 절차를 따르고 있는데 이는 유클리드의 기하학 원론 저서의 절차를 그대로 따르고 있습니다.

먼저 실체를 정의합니다. 그는 데카르트의 실체에 관한 정의를 좇아 실체를 타자에게 의존하지 않는 자기 원인(Causa sui)으로 정의합니다. 스피노자는 실체, 즉 신에 대해 정의를 내리면서 에티카의 서두를 시작합니다. 존재에 대한 탐구가 17세기의 특색이라고 얘기했습니다. 따라서 스피노자는 실체에 대한 정의, 즉 진정으로 존재하는 것이란 무엇인가에 대한 해명으로『에티카』를 전개합니다. 실체는 무한한 속성을 지닌 존재자입니다. 그 무한한 속성 중에 사유와 연장이 속합니다. 사유는 정신의 속성이며 연장은 물질의 속성입니다. 즉 사유와 연장이 양태, 즉 모습을 갖춘 것이 정신과 물질입니다. 이는 데카르트 철학에서도 마찬가지입니다.

『에티카』는 신과 세계를 다루되 종국적으로 인간을 다루고자 합니다. 여기의 인간은 개인과 사회를 모두 포함합니다. 데카르트주의자인 스피노자는 인간이 속한 근원, 사유와 연장이라는 속성이 구현된 정신과 물질의 결합으로서의 인간을 설명하기 위해 신이라는 실체를 먼저 동원합니다.[64] 『에티카』의 목차는 이런 그의 목적이 잘 드러나 있습니다.

먼저 1부에서는 실체, 즉 신을 설명하고, 2부에서는 실체의 속성[65]으로서 인간이 지닌 사유 속성으로서의 정신을 설명하며, 3부는 마찬가지로 실체의 속성으로서 인간이 지닌 연장 속성으로서의 육체가 생산하는 정념을 설명하고 있습니다.

4부는 육체가 생산하는 정념이 진정한 실체의 속성으로서의 활동이 아니며, 이로 인해 정신이 혼동된 인식을 가질 수 있다는 것을 먼

64　"자연 안에는 실체와 그것의 변용 이외에는 아무것도 존재하지 않기 때문이다"(스피노자,『에티카』, 18).

65　"신 또는 각각 영원하고도 무한한 본질을 표현하는 무한한 속성으로 이루어진 실체…"(스피노자,『에티카』, 23).

저 지적합니다. 그 생산되고 지각되는 정념에 대한 인식을 올바르게 하기 위한 방법과 다양한 정념에 대한 정의와 정리가 이루어집니다. 혼동(混同)되고 혼돈(混沌)되어 있는 정신은 결국 인간을 예속된 상태로 만듭니다. 그래서 스피노자는 인간의 예속과 혼동된 정념을 다룹니다.

마지막 5부는 이렇게 옳게 파악된 정신과 육체는 곧 인간 존재자의 해방으로 이루어질 수 있다는 그의 거대한 기획을 드러냅니다. 『에티카』는 단순한 윤리학에 국한된 저서가 아니라 인간 존재자의 근원적 해방과 자유를 의도하는 형이상학 저서임을 알 수 있습니다.

스피노자의 철학은 유럽 대륙의 이성주의에 유대 사회의 헤브라이즘(Hebraism)을 결합한 독특한 사유의 형식을 가지고 있습니다. 이는 그가 전통적으로 최고의 지위를 차지하던 이성의 상위에 직관(直觀)을 위치시킨 것에서도 알 수 있습니다.[66]

---

66 인간의 직관(intuition) 능력을 이성(reason) 능력 위에 위치시킨 철학자로는 스피노자 이외에도 프랑스 철학자 베르그송이 있다. 베르그송은 기존의 서양철학 사조와는 다르게 지속으로서의 시간, 생성과 생명으로서의 세계에 주목했다. 엄밀한 기하학의 구도로 저술한 『에티카』에서 간혹 스피노자는 유대적이고 신비주의적인 독특한 직관에 관한 이론을 표현한다.

사회주의(社會主義)의 붕괴(崩壞)와 새로운 대안(代案)

우리나라에서 스피노자 르네상스라고 하여 그 붐(boom)이 불기 시작한 시기는 1990년대 즈음입니다. 당시 프랑스에서 스피노자를 연구한 유학생들이 귀국하면서 그의 새로운 철학적 면들이 널리 소개되기 시작합니다(프랑스의 스피노자 르네상스).

당시의 프랑스는 소련(蘇聯, 1917~1991), 즉 1917년의 혁명으로 탄생한 소비에트(Soviet) 연방이라는 인류의 사고 실험으로서의 국가가 68년 만에 붕괴했고(1922~1991), 이 사건은 프랑스 내 정치적 좌파이자 마르크스주의자들에게는 큰 절망을 안겨 주었습니다. 소련의 정신을 지탱하였던 것은 헤겔의 맥[67]을 이은 마르크스(Karl

---

67 헤겔의 철학을 수용하는 입장에 따라 청년 헤겔과 장년 헤겔, 정치적 진보와 보수로 나뉘어 수용되었다. 이성(이념)의 현실 우위성을 강조하는 측이 청년 헤겔, 현실의 이념 제약성을 강조하는 측이 장년 헤겔이다. 이는 헤겔의 철학이 이념이 현실에 개화하는 목적론이자 운동론이기 때문에 그 시대적 한계성을 어느 관점에서 관찰하고 강조하는지의 차이이다. 청년 헤겔의 이념에 경도(傾倒)되었던 마르크스에게 있어 그 이념은 당대의 사회가 가지고 있는 모순을 극복할 새로운 공산주의 이념이었다. 냉전 시대 약소 민족의 해방과 열악한 노동 계급의 해방이라는 마르

Marx, 1818~1883)의 정치철학이었으며 마르크스주의자들은 당시 진보 진영의 다수를 차지하고 있었습니다.

자본주의는 자기의 생존을 늘리기 위해 여러 수정된 계획과 제도의 개혁을 동원하지만 그 근본적인 모순은 아직 해결되지 못한 채입니다. 그 주요 모순은 체제가 지속되는 한 해결되기 어렵습니다. 대표적인 모순이 빈익빈 부익부(貧益貧 富益富)입니다. 여러 모순이 체제의 한계로 인해 실제 돌출되어 나타나고 있습니다. 빈익빈 부익부로 말해지는 계층 간의 현격한 차이는 이제 그 차이가 그들 노동능력의 차이라고 말할 수 없는 지경에 진즉 도달했습니다.

소련을 비롯한 사회주의 국가들이 모토(motto)로 삼은 마르크스주의(Marx主義, 마르크시즘, Marxism)가 실제 자본주의의 모순을 해결할 대안이며 이상적인 정체인가는 별도로 다룰 큰 문제입니다. 당대의 세계는 제국주의 국가들의 행태가 점점 해체되는 제2차 세계대전 후의 정세였습니다. 따라서 유럽의 승전국이었던 영국과 프랑스, 패전국이었던 독일과 일본의 많은 식민지는 독립운동을 벌였고 그 내부 투쟁의 결과이든, 외부적 도움의 결과이든 많은 국가가 독립을 이루고 건국되었습니다. 이때 그들의 투쟁 이데올로기(Ideologie)는 주로 민족주의와 마르크스주의였으며 또한 이의 융합이었던 마오주의(Maoism, 모택동주의, 毛澤東主義)였습니다.

크스와 사회주의권의 슬로건(slogan)은 많은 지식인에게 지지를 받았고 그들 스스로 마르크스주의자를 자처하게 했다.

소련을 비롯한 사회주의권은 그들의 이상적 구호에도 불구하고 관료적 폐쇄성에 젖어 있었던 반면 서구의 자유주의적 인권 개념은 점차 확대되고 있었고, 또 계획 경제의 모순이 경제의 하부(下部)로부터 본격적으로 드러나던 시기였습니다. 동유럽 특히 동독(東獨, 1949~1990)의 민주화 요구와 소련 연방 내 국가들의 독립 요구는 거세졌습니다. 결국 베를린 장벽 붕괴(1989.11.)로 동독(東獨)과 서독(西獨)은 통일되고 발트 3국(에스토니아, 라트비아, 리투아니아)의 독립(1991)을 시작으로 소련 연방은 해체되기 시작합니다. 고르바초프(Gorbachev, 1931~2022) 서기장(재임 1985~1991)의 페레스트로이카(재건, Перестройка(러), Perestroika), 글라스노스트(개방, гла́сность(러), Glasnost) 정책은 소련의 난국을 헤쳐 나갈 대안으로 취급되었지만 이마저 뜻대로 이루어지지 못한 채로 말입니다.

마르크스의 철학에 의하면 결국 자본주의는 무너지고 프롤레타리아트(Proletariat, 무산계급, 無産階級)의 독재를 거쳐 공산사회(共産社會)로 이행하는 것은 역사의 결정된 법칙입니다. 이를 사적유물론(史的唯物論)이라고 하며 공산사회로 이행하는 것은 역사결정론(歷史決定論)이 뒷받침하고 있습니다. 따라서 사회주의자들과 좌파 지식인들에게는 이성이 혁명으로 구축한 대표적 국가인 소련의 붕괴로 인해서 충격을 받았을 것입니다. 당시 고르바초프 소련 대통령은 글라스노스트와 페레스트로이카를 통해서 연방을 가급적 유지하면서 서구로의 문호를 개방하고자 하였습니다. 그러나 연방은 해체되고 이후의 옐친(Boris Yeltsin, 1991~1999 러 대통령)과 푸틴(Vladimir Putin, 1999~2008, 2012~현재, 러 대통령)의 러시아

(Russia)를 보면 이러한 정책은 기존의 유토피아론(Utopia論)에 근거한, 마르크스의 유물론에 근거한 국가 경영은 거의 포기한 것으로 보이기도 합니다.

한편 그 이전 프랑스의 낡은 질서에서 비롯된 구체제의 유물들은 사회 곳곳에서 지식인들과 대학생들을 옭아맸습니다. 여기서 비롯된 것이 프랑스의 6.8 혁명(1968)[68]입니다. 프랑스의 지식인들은 마

---

68 프랑스 5월 혁명 또는 프랑스의 6.8 운동은 프랑스 샤를 드골 정부의 실정과 사회의 모순으로 인해 (이에 저항하는) 시민들이 저항운동과 총파업 투쟁을 하며 기존의 가치와 질서에 저항한 사건이다. … 저항자들에게 1968년 5월 혁명은 실패였으나, 사회적으로 엄청나게 큰 영향을 미쳤다. 프랑스에서는 종교, 애국주의, 권위에 대한 복종 등의 보수적인 가치들을 대체하는 평등, 성 해방, 인권, 공동체주의, 생태주의 등의 진보적인 가치들이 사회의 주된 가치로 자리매김하였으며, 이러한 경향이 현재의 프랑스를 주도하고 있다. 물론 이러한 변화가 단 한 달 동안에만 일어난 것은 아니고, 68년 5월 혁명은 이러한 가치의 이동의 대명사가 되었다. 프랑스 공산당으로 대표되는 당시 구좌파들이 시위 주도 세력을 조롱하고 시위 세력들은 프랑스 공산당에게 상당한 적대감을 표시했던 것은 유명하다. 6.8 혁명의 주도 세력의 문제는 그것이 누구냐를 놓고 논란이 아주 없는 것은 아니나 대개 '신좌파', 즉 신사회주의자들이 중심이었다고 할 수 있다. 문제는 이들이 '구좌파'와 어떻게 다르고 무엇이 같은가이다. 일단 신좌파운동을 펼치고 신좌파로 불린 이상 공통점이 앞선다고 할 수 있다. 비판적인 입장에서는 또 다른 시각을 보일 수도 있겠지만 중요한 것은 구좌파나 신좌파나 동일한 목적과 지향점을 가졌다는 사실이다. 마르크스주의적 사회주의는 마르크스가 「공산당선언」에서 각인시켜 놓았듯이 모든 인간의 해방, 즉 자유로운 인간들의 평등한 세상을 건설하는 것이었다. 그러나 현실 사회주의와 구좌파는 만민평등에까지 나아가지 못하고 노동자 해방에서 멈추고 말았다. 스탈린식 공산주의는 비록 무상의료, 무상교육 등 복지제도를 최초로 도입하고 사회적 인권보장에 기여했으나, 관료주의와 자유의 억압으로 사회가 활력을 잃어버렸다. 신좌파가 "굶어 죽을지라도 지루한 건 못 참겠다"고 부르짖을 수밖에 없는 상황이었다. 이는 풍요로운 자본주의에 대한 염증과 권태에도 해당되지

사회주의의 붕괴, 구소련 국가들. (알파벳 순)
1. 아르메니아 2. 아제르바이잔 3. 벨라루스 4. 에스토니아 5. 조지아 6. 카자흐스탄
7. 키르기스스탄 8. 라트비아 9. 리투아니아 10. 몰도바 11. 러시아 12. 타지키스탄
13. 투르크메니스탄 14. 우크라이나 15. 우즈베키스탄

만, 이 해방과 자유 이념은 사회 전역에 걸쳐 퍼져나갈 수밖에 없는 시점에 도달했던 것이다. 신좌파는 이를 발전적으로 계승하기 위해 혁명운동에 앞장섰다. 신좌파는 구좌파와 사실상 마찬가지로 소수 기득권자에 의한 대중의 정치, 경제적 억압과 착취를 단호히 반대했다. 그러나 신좌파는 구좌파와 달리, 억압과 착취의 개념을 더 넓게 해석해서, 문화적 착취, 관료적 억압, 성적 억압, 인종적 착취까지 모두 비판한 것이다. 요컨대 신좌파는 구좌파가 중시했던 경제적·정치적 문제뿐 아니라, 여성 억압, 아동학대, 대중문화 등 일상의 문제에도 관심을 기울였다. 또한 신좌파는 구좌파와 달리 단일대오의 일사불란한 조직적 행동보다는 다양한 대중의 직접행동 정치를 강조했다. 탄압이 심해지면서 소수 전위에 의한 무장투쟁으로 비화되기도 했지만 위가 아닌 아래로부터의 혁명을 추구했던 신좌파는 연좌 농성, 토론 집회, 공공장소 점거 등의 다양한 방식으로 저항하고 대의를 관철시켜 나갔다. 이런 차이는 인적 구성 자체에 기인했다고도 볼 수 있다. 신좌파의 중추 세력은 학생, 청년, 소수자, 다인종, 여성 그리고 룸펜프롤레타리아트였기 때문이다…(출

르크스의 대안으로 다른 철학자들의 사상을 물색하기 시작합니다. 그리고 이성에 대한 순수한 믿음, 그에 기반한 낙관론이 현실과는 괴리가 있음을 깨닫습니다. 그래서 그들은 인간을 다시 새롭게 읽고자 합니다. 여기서 스피노자나 니체의 인간에 대한 이해를 그들은 새롭게 심화하고 다시 읽습니다. 스피노자의 철학, 특히 『에티카』에서 인간의 정념에 대해 서술하고 논증하는 부분은 그들에게 많은 탐구거리를 주었습니다.

소련이 무너진 것은 마르크스가 인간의 정념, 그에 기반한 욕망을 애써 외면하였기 때문이었을까요? 인간의 욕망은 계몽에 기반한 철저한 이성 위주의 삶에 대한 의지를 방해할 만큼 강한 것일까요? 이것들이 이른바 포스트모더니즘(post-modernism)의 문제의식입니다. 모더니즘이라 하면 근대성(近代性)을 말하는 것이고 포스트는 after(이후)를 말합니다.

근대라 하면 무엇보다 철학에서는 이성 위주의 사고방식, 이성의 정신과 계몽의 문화를 말하는 것입니다. 그래서 포스트모더니즘은 '이성의 한계'에 달한 시대에서 '이성의 너머'를 보며 '이성 이외의 것'에서 동기를 얻고 탈출구를 발견하려는 전략입니다. 이성 이외에는 무엇이 있을까요? 그동안 이성에 등한시되었던 정념(정서, 욕동), 직관입니다. 이성주의자인 스피노자에게서 프랑스 철학자들이 정념에 관한 새로운 해석(『에티카』 3부와 4부)을 읽어내려 하고, 마

처: https://ko.wikipedia.org/wiki).

찬가지로 프랑스 철학자인 베르그송이 직관에 비중을 두며, 질 들뢰즈 역시 이성 일변의 관점에서 벗어나 사태를 보고 규정하려는 노력이 이런 문제의식과 해결 방향을 보여주는 일면입니다.

한편 마르크스의 본고장 독일에서는 칸트와 헤겔의 후손답게 이성에 대한 신뢰를 포기하는 것보다는 이성에 대한 고찰을 더 철저히 새롭게 하며 그 결점을 보강하려는 노력이 일어나게 됩니다. 이는 하버마스(Jürgen Habermas, 1929~) 등의 프랑크푸르트학파(Frankfurt學派)[69]가 대안으로 선택한 방법입니다. 이는 포스트모더

---

69 1930년대 이후 등장한 프랑크푸르트암마인 대학교의 사회 연구소를 중심으로 한 신마르크스주의 사회 이론가 집단을 가리키는 말이다. 처음 프랑크푸르트학파는 마르크스의 일부 추종자들이 마르크스 사상을 이해하지도 못하고 일부분만을 반복해 말한다고 비판하던 정통 마르크스주의 학자들로 이뤄져 있었으나, 일부 학자들이 전통적 마르크스 이론으로는 20세기에 자본주의가 예상 밖으로 급격하게 발전한 것을 설명할 수 없다는 것을 깨닫게 되었고, 자본주의와 소련 사회주의에 모두 비판적이던 학자들은 또 다른 사회 발전 과정의 가능성을 지적하는 글들을 펴내기 시작했다. 마르크스의 접근법과 유사한 방식으로 프랑크푸르트학파의 학자들은 사회 변화를 일으킬 요건들이 무엇인지 고민했다. 이들은 칸트의 비판 철학과 이를 계승한 독일 관념론, (특히 헤겔 철학)을 이용해 변증법적 모순이 현실의 본질적 특성이라고 말하며 실증주의와 유물론, 결정론의 한계를 극복하려고 노력했다. 이런 면에서 이들의 이론에서 비판 이론적 특징이 발달하게 되었다. 1960년대부터 프랑크푸르트학파의 비판이론은 위르겐 하버마스의 의사소통적 합리성과 언어적 상호주관성, 하버마스가 "현대성에 대한 철학적 담론"이라 칭한 것들에 대한 연구를 지표로 삼아 발전하기 시작했다. 이 학파의 사상은 1968년 이른바 6.8 혁명이라 일컫는 서방 세계와 일본의 대학가를 강타한 학생 운동의 지적 배경이 됐다. 이 학파의 중심인물은 허버트 마르쿠제(Herbert Marcuse, 1898~1979), 막스 호르크하이머(Max Horkheimer, 1895~1973), 테오도어 아도르노(Theodor Adorno, 1903~1969), 에리히 프롬(Erich Fromm, 1900~1980) 등이었다(참고:

니즘이 아니라 모더니즘을 더 심화시키고 발전시키려는 방법론입니다. 그러기 위하여 칸트와 헤겔, 그리고 마르크스로 이어지는 역사 인식을 이어받고 마르크스주의의 방법론을 더욱 새롭게 발전시킨 모습입니다. 후기 마르크스 사상보다는 보다 인간적이고 실존주의적인 초기의 마르크스 사상을 집중적으로 연구합니다.

---

https://ko.wikipedia.org/wiki).

—

자연(自然)과 자유(自由)

이런 배경지식을 가지고 스피노자를 보면 현재의 스피노자 독해에서 주목받는 부분과 강조되는 부분에 대한 이해를 더 쉽게 할 수 있을 것입니다. 따라서 한국에서 지금 유행하는 스피노자 읽기는 다분히 그의 정치철학에 대한 해석과 연구의 경향이 강합니다. 그리고 강조되기도 합니다. 이는 언급했듯 프랑스 유학파 출신의 스피노자 독해가 최신 스피노자 해석의 주류이기 때문입니다. 저는 그것보다는 스피노자의 의도를 살려 지나치게 정치적이기보다는 형이상학적이고 인간학적으로 그의 철학을 독해하는 것이 또한 수반되어야 하며 그다음으로 그의 정치철학을 해석해야 우리가 그의 철학을 오염 없이 읽어낼 수 있다고 생각합니다.

스피노자가 『에티카』에서 인간과 그 실존을 설명하는 방식은 전통적인 서양 철학자들과는 다른 색채와 관점으로서의 탁월성이 있습니다. 일례로 『에티카』 3부와 4부에서 정념을 분석하면서 정념이 어떻게 다른 대상의 정념을 모방하는지에 관한 설명이 있습니다. 이전의 철학자들은 정념을 단지 이성의 대상 인식과 세계 인식에 장애가 되는 장애물로만 파악했고 이를 지양의 대상으로 여깁니다.

소크라테스와 플라톤 이래 철학자들이 그리도 강조했던 이성과 이성적 인식은 수천 년이 지났지만 여전히 현실에서는 그 지위를 확고히 하지 못하고 있습니다. 우리는 누구나 다 초록불일 때 횡단보도를 건너야 하고, 살인이나 거짓말을 해서는 안 된다는 것을 알고 있습니다. 아는 이상 그릇되게 행위할 수 없다는 소크라테스의 신념은 인간 다중(多衆)의 현실에서는 아직도 요원한 일입니다. 왜 그럴까요?

영국의 근대 철학자 흄(David Hume, 1711~1776)은 회의론자(懷疑論者)답게 그의 『인성론(人性論)』에서 '이성은 정념의 노예일 뿐(Reason is the slave of the Passion)'이라고 했습니다. 우리는 어디로 가야 하는지를 알지만 쉽게 그 길을 가지 못합니다. 그 이유는 우리의 가슴이, 정념이 그 길을 가기를 원치 않기 때문입니다. 즉 정념은 이성이 원하지 않는 다른 길을 원하기 때문입니다. 그리고 이성은 쉬이 정념이 가리키는 방향으로 우리가 가는 것을 묵인(默認)하거나 동조(同調)합니다.[70]

여기 베드로가 있고 바울이 있습니다. 둘은 친구입니다. 베드로는 특정한 사람-예를 들어 요한-을 싫어합니다. 그러면 바울은 요한을

---

70 "이로써 나는 왜 인간이 참다운 이성보다 오히려 의견에 따라 움직이게 되는지, 그리고 왜 선과 악의 참다운 인식이 마음의 동요를 일으키며, 또 흔히 모든 관능적인 욕구에 정복되는지에 대한 원인을 제시하였다고 믿는다. … 그러나 내가 이런 말을 한다고 해서 무지가 앎보다 낫다든가 또는 정서의 제어에서 어리석은 자와 아는 자 사이에 아무런 차이가 없다고 결론지으려는 것이 아니다"(스피노자, 『에티카』, 정리 17, 주석, 224).

전혀 모르는 데도 베드로가 평소에 요한을 싫어한다는 말을 기억한 나머지 요한을 이미 심정적으로 싫어하게 됩니다.[71] 이는 감정이 서로 연대(連帶)하고 연합(聯合)하기 때문입니다. 여기서 바울은 이미 친구 베드로의 정념을 자기의 것으로 모방하고 있으며 베드로의 정념을 자기의 정념으로 생산하고 있습니다.

이는 전혀 이성적으로 구성된 행위가 아니며 합리적인 행위도 전혀 아닙니다. 바울이 요한을 싫어하는 것은 어떠한 이성적이고 합리적 근거도 지니고 있지 않습니다. 정서의 모방에 관한 스피노자의 통찰이 사회 내에서 살아가는 인간 사회에 던지는 파급력과 함의된 의미는 막강합니다.

칸트가 말한 '이성적으로 자유로운 개인'[72]은 군중(스피노자에 의

---

71 스피노자, 『에티카』 3부, 정리 16. 기쁨이나 슬픔이 정신을 자극하는 대상에 다소 유사한 무엇을 갖는 어떤 것을 우리가 표상한다는 이유만으로, 어떤 것이 그 대상과 유사한 점이 그러한 정서를 일으키는 원인이 아닐지라도 우리는 그것을 사랑하거나 증오할 것이다. 또한 『에티카』 4부의 정리 34의 증명과 주석을 참조.

72 칸트는 상황을 단순하고 낙관적으로 보았다. 그러나 쇼펜하우어가 말한 '철학자들의 공화국'이나 '학자들의 공화국'은 인간의 이성이 다수의 정념 앞에서 얼마나 유약한지를 역사의 예를 통해서 반박되었다. 제2차 세계대전의 전범 히틀러와 독일 국민, 패전 후에도 천황을 결사적으로 보호했던 일본을 보라. "1933년 11월 12일에 치러진 독일 총선은… 모든 정당이 해산되고 나치당에 대한 찬반 투표 성격의 선거에서 나치당은 92.11퍼센트의 득표율을 기록함으로써 히틀러는 완벽하게 권력을 장악할 수 있었다"(쓰시마 다쓰오, 『히틀러에 저항한 사람들-반나치 시민의 용기와 양심』, 이문수 역, 바오출판사, 2022, 208, 역자주 08). 일본은 제2차 세계대전 패전 후 천황을 전쟁의 책임과 전범에서 제외시키려는 노력에 필사적이었다. 이는 천황 본인도 마찬가지였고 전시 정부도 패전수습과 강화조약에서 이것이 거

하면 다중, 多衆)이 모인[73] 집단에서는 존재하기가 쉽지 않습니다. 개인의 이성은 집단을 마주하며 왜곡됩니다. 이성주의자인 개인들이 모여 구성된 집합은 이성주의자들의 집합이 아닐 수 있습니다. 다중의 집단은 이성주의자들의 단순한 수적 연합으로 치환(置換)될 수 없습니다.

집단 내부에는 별도의 의사결정 방식과 관계(사귐)의 역학이 존재합니다. 그 의사결정과 관계에서 이성보다 오히려 더 결정에 중요한 작용을 하는 요인은 다중 내부에서 생산되고 전파되는 정념입니다. 개인들은 사회와 공동체를 이루면서 이성보다는 정념으로 그들의 공동체를 왜곡시키고 일탈시킵니다. 이 움직임은 그들의 정념이

의 첫 번째 조건이었다. 이렇게 역사가 보여주듯 이성은 정념 앞에서 부끄러워한다. 정념은 이성 앞에서 의기양양하다. 정념은 스스로 자신의 빈약한 논리가 전혀 부끄러운 줄을 모른다. 정념의 연대가 이성의 연대보다 훨씬 강하다는 것을 근대와 현대의 민주주의가 여실히 보여주고 있다. 또한 이성으로 뭉친 다수가 정념으로 뭉친 소수를 반드시 이기는 것도 아니다. 이성은 명확한 후에야 진영(陣營)을 편성하나 정념은 이미 자기 진영을 편성하고 진영에 대한 찬반으로 명확함을 요구한다.

73 스피노자가 말하는 군중(群衆)은 자유로운 개인의 연합과 연대가 아니다. 오히려 정념과 즉자성의 연대이다. 그는『신학 정치론』에서 이 군중을 언급한다. 이탈리아의 네그리(Antonio Negri, 1933~2023)는 그의 저서『야만적 별종: 스피노자에 있어서 권력과 역능에 관한 연구』,『전복적 스피노자』에서 이를 다중(multitude, 多衆)으로 부른다. 네그리는 이 다중을 긍정적인 의미로 유일성에 매몰되지 않은 소수자로 언급하는 듯하나 실제 스피노자에게서 이 군중은 폭력적이고 정념에 매몰되기 쉬운 다수로서『신학정치론』에서는 우중(愚衆, vulgus)으로 불리며, 부정적으로 언급된다는 것을 기억해야 한다. 반면『정치론』에서는 다중으로 지칭되며 긍정적으로 언급되기도 한다.

서로 전염되기 때문입니다. 친구 바울의 대상에 대한 호의 혹은 증오라는 정념을 베드로는 자기의 정념으로 취합니다. 베드로는 요한을 보며 흥분하고 증오하며, 비방하며 저주합니다.

현대 민주사회에서도 자주 대중은 이런 감정의 모방을 통해 서로 연대하거나 반목(反目)합니다. 자주 이성적으로 연대하기보다는 정서적으로 연대합니다. 길고 긴 토론 끝에 한 정당을 지지하는 것보다는 감정적으로 특정 정당이나 인물을 지지합니다. 특정인을 좋아하거나 싫어하는 점에서 공통점을 찾고 연대하며 그의 이성적 발화보다는 정념의 발화를 보며 더 열광합니다. 혈연이 토론의 결론을 대체하며 학연이 토론의 무용(無用)함을 지지합니다. 이런 예는 수없이 우리가 목격할 수 있습니다.

영화 『존 오브 인터레스트(The Zone of Interest)』(2023, 감독: 조나단 글레이저, Jonathan Glazer)는 이런 예를 보여줍니다. 영화 자체가 난해하게 되어 있고 많은 상징성을 내포하고는 있습니다. 그러나 그것으로 말해 주고자 하는 바는 분명합니다. 사회에는 두 가지의 선(線)이 흐르며 하나의 선은 공식적이고 유효하며 밝음이고 법이며 외부에 공표되는 삶입니다. 그리고 다른 하나의 선은 비공식적이

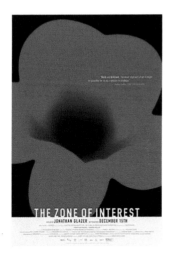

영화 「존 오브 인터레스트, The Zone of Interest」(2023, 감독: 조나단 글레이저, Jonathan Glazer).

고 유효하지 않아야 하지만 발휘되고 있으며 어두운 구석에서 법을 빙자(憑藉)하여 자행되는 철저히 비밀에 부쳐지는 삶입니다.

나치 하에서 백만 명 이상이 살해된 아우슈비츠 수용소(Auschwitz concentration camp)의 소장으로 근무하는 루돌프 회스(Rudolf Höss, 1901~1947)와 그의 가정을 기본 축으로 한, 실화 바탕의 원작을 영화로 만들었습니다. 여기서 한 나치주의자의 충성과 그의 몰이성적 행위, 그리고 마찬가지로 나치의 은혜로 여유로운 시민의 삶을 살고 있는 그 가족의 스토리(story)이지만 그것만으로 영화의 의미는 그치지 않습니다. 아마 그것 이상을 표현하기 위하여 더 상징들과 미장센(Mise-en-Scène)들이 동원되었을 것입니다.

수영장까지 딸린 좋은 집에서 회스와 그 부인, 그리고 그들의 아이들은 행복하게 지냅니다. 그들에게 부역하는 자들은 그들의 말 한마디면 집 담장 너머의 수용소의 사건들처럼 화장장(火葬場)의 잿더미로 소각(燒却)될 수도 있는 유대인 수용자들입니다. 그들이 닦는 수용소장의 가죽구두는 담장 너머에서 죽은 유대인의 것이며, 소장의 부인이 입을 옷도 담장 너머 여성들에서 온 것들입니다. 매일 아침 그들에겐 죽은 유대인의 값나가는 소지품들이 도착하고 소장 부인과 친구들은 그 물품의 원래 주인들에 관한 수다를 떨며 자기가 쓸 것들을 고릅니다.[74]

---

74 실제 유대인들은 죽기 위한 만반의 준비를 해야 했다. 살아서는 그들의 머리카락은 잘려 가발로 변모했고, 의복과 장신구, 금시계에서 그치지 않고 죽어서는 금이빨까지 모조리 나치들에게 독일의 산업발전을 위해 헌납되어야 했다. 시체의 금이

그래도 이곳의 유대인들이 조금이나마 행복한 것은 담장 너머 수없이 비명을 내며 죽어나가는 동료들에 비하면 지금은 살아 있다는 것입니다. 한쪽은 일상을 평화롭게 영위하지만 다른 쪽은 일상이 곧 죽음의 예비(豫備)입니다. 그리고 그들이 온갖 잡일을 해주고 있는 그 주인의 언짢음 하나에 그들 역시 죽어나갈 수 있다는 공포가 그 일상의 분위기입니다. 담장 너머는 어둠이 장악하고 비명이 횡행하며, 시커멓게 타고 있는 굴뚝의 (유대인 시체를 태운) 연기, 수용된 유대인 한 명이 사과 하나를 훔쳤다고 강물에 던져버리라는 회스의 명령과 살려달라 외쳐대는 유대인[75]… 어두운 밤마다 담장 너머 굴뚝에서 피어오르는 시체를 태우는 자욱한 연기, 귀신(鬼神)처럼 달려드는 유대인들의 처절하고 숨 막히는 비명 소리… 이 공포에도 회스 부부는 나란히 누워 농담과 애정을 과시하지만, 사실 그들의 딸아이는 이미 몽유병에 시달리고 장모는 넓은 방에 누웠지만 그 끔찍한 밤을 못 견디고 부리나케 떠납니다. 회스는 더 큰 출세를 위해 애쓰고, 신규 부임지로 떠나야 하는 남편에게 부인은 그 넓은 관사를

빨을 뽑는 자도, 그 시체들을 태우는 자도 모두 가스실에서의 죽음의 순서가 연기된 유대인들이었다. 그들은 존더코만도(Sonderkommando, 특수직무자)였다.

75 사과 하나를 훔쳤다고 죽이는 영화의 장면은 실제 비일비재(非一非再)한 유대인 수용소의 일과였다. 나치가 점령지에 세운 모든 유대인 수용소에는 교수대가 설치되어 있었다. 그리고 배고픈 수감자가 감자 한 알을 주머니에 넣고 훔치자 다음날 아침 교수대에서 교수형 시킨 것을 생존자는 증언하고 있다. 벤저민 제이콥스, 『아우슈비츠의 치과의사-홀로코스트, 신 없는 세계에서의 나날』 김영진 옮김, 서해문집, 2020. 참고.

이후에도 사용케 해달라고 남편의 후임자에게 말해줄 것을 부탁합니다. 이들에겐 담장 너머와 그곳에서의 사건들은 그냥 시시콜콜한 일상으로 보이는 듯합니다.

그리고 이들을 돕는 폴란드의 소녀가 흑백의 암영 속에 등장합니다. 그녀는 죽음을 무릅쓰고 배고픈 수용소 유대인들을 위해 그들이 일하러 나가는 곳곳에 그 사과를 숨겨놓습니다. 하루하루를 죽음과 삶의 가운데에서 버텨내는 유대인들에게 그 사과는 단순한 사과가 아니라 희망일 것입니다. 담장 너머의 삶은 일체의 희망이 사라진 곳입니다. 그래서 지옥입니다. 이런 곳에서 참과 거짓, 선과 악이란 말은 고루한 개념입니다. 담장 밖은 절대 악이며 유효하지 않은 삶이고 공표되지 않은 비밀이며 철저한 가려짐의 세계입니다.

다른 세계는 우리가 겉으로 드러내고자 하는 세계의 이면(裏面)에, 혹은 나란히 늘 있습니다. 같이 진행됩니다. 단지 모른 체할 뿐이고 그럴 리가 있는가 하는 합리적 의심으로 부인해 버리는 세계입니다. 이성을 말하는 자들은 이 다른 세계를 대할 때는 언제 그랬냐는 듯 비-이성적이고 몰-이성적인 태도, 즉 그들의 정념에 기반한 폭력적 태도를 이내 합리화시키거나 결코 없었던 것으로 치부합니다.

이성주의자를 참칭(僭稱)하는 자들은 주변에 무수합니다. 민주주의는 무엇보다 혈연이나 정서, 각종의 근거 없는 관계로 지배되는 체제가 아닌 오로지 이성과 그 이성들의 합의로 유지된다고 현대의 민주주의자들은 단언하고 자부합니다. 그러나 하나의 거대한 정념의 소용돌이 앞에서 이 이성을 내세우는 자들의 토대가 얼마나 허약하고 공허한지를 이 역사를 기반으로 한 영화는 보여주고 있습니다.

아우슈비츠 생존자인 이탈리아의 유대인 화학자 프리모 레비 (Primo Levi, 1919~1987)가 저술한 회고록 『가라앉은 자와 구조된 자』[76]를 읽으면 수용소에서의 그의 경험을 절제하면서 냉정하게 잘 기술하고 있습니다. 아우슈비츠에서 살아남은 자를 구조된 자로, 그곳에서 죽은 자를 가라앉은 자로 비유하여 말하고 있습니다. 인간으로서의 존엄은 결코 그곳에는 존재하지 않습니다. 그럼에도 불구하고 인간임을 잊지 않으려는 자들은 예외 없이 그곳에서 먼저 죽었습니다. 수용소 내의 사람들에겐 일단 살아남는 것이 최대의 목표가 되었고 어떻게 살아남는가는 부차적이었습니다. 나치들은 유대인을 비롯한 수용자들을 단지 인간 이하로 취급한 것에 그치지 않고 최대한 모멸감을 주고 예정된 죽음을 그들에게 제시하는 면모에서 단연 절대 악이었습니다. 우리는 사물을 사물 이하로 취급하지 않습니다. 지우개에게 칼의 능력이 없다고 던지지 않고 삽에게 낫의 능력이 없다고 부러뜨리지 않습니다. 그러나 인간에게 사물의 효용(삽의 노동, 취사의 노동, 걸레의 닦는 노동)을 요구하는 데서 그치지 않고 그 이상의 요구(너의 동료를 삽으로 묻을 것, 고기는 절대 국물에 넣지 말 것, 네 동료들이 죽어나간 가스실을 내일 다시 사용해야 하니 깨끗이 닦을 것)를 하는 것에 인간들은 더 이상 스스로 인간임을 버티지 못합니다. 즉 인간인 자는 모두 자의로, 타의로 죽었고 왜 살아야 하는지도 모르는 자들만이 최후에 구조됩니다. 이를 비유한 말입

---

76   프리모 레비, 『가라앉은 자와 구조된 자』, 이소영 옮김, 돌베개, 2014.

니다.

　레비의 고통을 이해한다고 편지를 보내서 그렇지 않은 독일인들도 존재하였으며 죽은 자들과 사건을 겪은 자들의 마음을 이해한다고 어느 독일인이 말했을 때 레비는 분노합니다. 그의 결론은 간단합니다. 모른 체한다면 공범이란 말이고, 이해한다면 행동했어야 한다는 말입니다. 그들이 몰랐다고 변명하고 가담하지 않았다고 변명하여 법의 처벌은 피했겠지만 그들이 만약 알고 있었다면 그들의 죄책감은 평생 이어질 것입니다. 이것이 마지막 인간됨이기 때문입니다. 레비는 이 저서를 간행하고 활동을 하다가 끝내 마음의 짐을 못 이기고 자살합니다.

　이렇게 강한 힘을 지닌 정념에 대해, 이성의 무소불위(無所不爲)가 사실은 토대가 부실한 모래성에 불과함을 서양의 전통철학을 이어받으면서도 스피노자는 이미 경고하고 있는 것입니다. 그가 말하는 정념은 양날의 칼입니다. 이성 또한 그렇지만 정념은 그 전염이 순식간이고 근거를 구하지 않으므로 더 위협적입니다. 이를 우리는 역사를 통해 무수히 보았고, 나치의 광란(狂亂)은 그 한 예이며, 스피노자도 그 희생을 치렀으므로 특히 경고를 하였을 것입니다.

　근대의 니체처럼 정념의 생동(生動)과 긍정(肯定)을 말하는 철학자들이 있지만 이는 이성의 보충(補充)으로 제공되고 긍정되어야 하지 그것이 이성을 대체한 주권적(主權的)인 지위를 차지하면 안 되는 이유는 무엇보다 이성이 인간을 인간답게 만들어주는 기능이기 때문입니다. 정신을 차리지 못하면 사고가 나고 사태는 악화됩니다. 정념이 긍정되기만 하면 생명이 긍정되고 한계에 달한 이성이 돌파구를 찾을 것이라는 확신은 생활과 역사를 살피지 못한 공허한 선언입니다. 그 예를 나치하의 독일이 여실히 보여주고 있습니다.

칸트가 역설하는 시민 모두의 '계몽(啓蒙, enlightenment, Aufklärung)'이 중요한 이유입니다. 자기의 이성을 사용하지 못하고 대중의 정념만 발동시키는 자들이 정치를 하고, 또 그들에게 마찬가지로 이성을 사용하지 못하는 자들이, 그들의 발동한 정념이 내키는 대로 자극받고 호응하기만 한다면 사태는 벌어지고 악화되며 참사를 맞습니다. 그런데 이런 사태는 지금도 여전히 세계 곳곳에서 진행이 되는 듯합니다.

대륙의 근대 합리주의자로 데카르트, 스피노자, 라이프니츠가 꼽히고 있습니다. 데카르트로부터 비롯된 실체에 대한 정의를 세 명의 합리주의자들은 공유하고 있습니다. 데카르트에게서 실체는 신, 정신, 물질입니다. 언급한 대로 신은 무한 실체, 혹은 제1의 실체이며, 정신과 물질은 무한 실체로부터 파생된 유한 실체입니다. 제2의 실체라고 말할 수도 있습니다. 무한 실체는 직접적 실체이며 유한 실체는 간접적 실체라고도 말할 수 있습니다.

그럼에도 불구하고 데카르트의 철학을 자세히 살펴보면 오직 실체는 무한 실체로서 신밖에 없다는 것을 알 수 있습니다. 사유와 연장의 속성을 가지고 있는 정신과 육체는 그 존재를 신에게 전적으로 의존하고 있으니 말입니다. 이는 실체란 자기 원인이라는 데카르트의 정의와도 모순됩니다. 즉 정신은 그 진리성을 전적으로 신의 속성인 사유에 의존하고 있는 것이며, 물질(인간에게는 육체) 또한 그 진리성을 전적으로 신의 선함에 의존하고 있기 때문입니다. 만약 신이 없거나, 거짓된 존재자라면 정신과 물질은 그 진리성을 결코 보증받을 수 없습니다.

신이 사유와 연장을 그 속성으로 가지고 있다는 것이 그 사유와 연장으로 구성된 정신과 물질(육체)이 바로 실체라고는 말할 수 없습니다. 이는 데카르트도 인식했기 때문에 제1의 실체와 제2의 실체를 구분했을 것입니다. 신의 한 가지 술어에 불과한 속성이 결코 신과 동일할 수는 없습니다. 논리적으로도 동치(同値)가 아닙니다. '국수는 밀가루 음식이다'고 해서 모든 '밀가루 음식'이 '국수'일 수 없는 것과 같습니다. 스피노자는 바로 이 점을 비판합니다.

따라서 스피노자의 철학에서 실체는 오직 신밖에 존재하지 않습니다. 데카르트의 철학을 일관되게 정리한다고 볼 수 있습니다. 그렇다면 스피노자는 오직 실체를 신만으로 상정하였는데 어떻게 정신과 육체의 진리성이 보증될 수 있을까요? 사유와 연장은 신의 속성입니다. 그렇다면 신의 속성은 사유와 연장밖에 존재하지 않는 것일까요? 아닙니다. 신은 그 본성상 무한한 존재자이며 완전자입니다. 완전자이므로 조금의 결핍도 없습니다. 이런 정의는 데카르트를 계승한 것이고 멀리는 중세의 신에 대한 정의로서의 스콜라철학을 계승한 것입니다. 본성상 무한한 존재자인 신은 그 속성 또한 무한할 수밖에 없습니다. 여기서 속성은 술어라고 앞에서 설명했습니다. 속성은 그 주어를 풀어주는 술어입니다. 주어를 설명해 주고 보충해 주는 역할을 합니다. 그렇다면 신의 속성은 결국 무한할 수밖에 없습니다. 단지 유한한 인간이 지각할 수 있는 신의 속성이 사유와 연장에 국한된 것일 뿐입니다. 이는 인간이 단지 정신과 물질(육체)로서만 결합된 존재자이기 때문입니다.

정신은 사유를 그 본질로 합니다. 사유가 곧 정신입니다. 정신은 생각하고자 합니다. 만약 정신이 생각하지 않는다면 그 정신은 존재하지 않는 것입니다. 뇌사(腦死)상태의 환자는 생각하지 못한다고 가정됩니다. 그래서 죽었다고 가정됩니다. 육체의 속성은 연장입니다. 연장은 부피를 가지고 있다는 말입니다. 부피를 가지고 있으면 특정한 공간을 점하게 됩니다. 이는 연장이 물체성을 지니고 있다는 말입니다. 또 부피를 지니고 있으므로 감관(感官)으로 지각할 수 있습니다. 이 두 가지 이외의 속성을 인간은 가지고 있지 않습니다.

그래서 인간은 신의 속성 중 단 두 가지만 지각할 수가 있습니다. 속성들은 결합합니다. 그리고 그 모양이 양태입니다. 양태(樣態, modus, mode)란 모양이라고 생각하면 됩니다. 다시 말하면 양태는 실체가 변화를 일으켜 구성한 모양입니다. 이 실체의 변화는 변양(變樣, modification) 혹은 변용(affectio, affections)이라고 합니다. 변용은 '실체의 변화함'을 말함이며 변양은 '변화된 양태'를 말함입니다. 이때 실체의 신이 무한한 속성을 가지고 있다는 것은 경험적으로 알 수 있는 것이 아니라 신에 대한 정의로부터 파생되는 논리적 귀결입니다.

인간에 관한 정의는 다양합니다. 호모 사피엔스(Homo sapiens, 지혜인, 智惠人)는 슬기로운 인간, 사유하는 인간을 말합니다. 호모 에렉투스(Homo erectus, 直立人)는 발로 서 있는 인간, 호보 파베르(Homo faber, 道具人)는 도구를 사용할 줄 아는 인간이라는 말이고, 호모 로쿠엔스(Homo loquens, 言語人)는 언어를 사용하는 인간이라는 말입니다. 호모 섹스쿠스(Homo sexcus)는 교감하는 인간, 호모 루덴스(Homo ludens)는 유희(遊戲)하는 인간을 말합니다. 이 밖에도 아리스토텔레스는 인간을 '이성적(理性的) 동물'과 '사회적(社會的) 동물'로 정의합니다.

그러나 이러한 정의 이전에 그 근원적 정의는 인간이 정신과 육체를 가지고 있다는 정의입니다. 위에 열거한 정의는 이 근원적 정의로부터 단지 파생된 것에 불과합니다. 그 기준이 사고나 도구, 발, 언어, 신체 등의 특수한 기능과 관점에 의존할 뿐입니다. 인간만이 섹스를 유희로 합니다. 이 또한 인간에 대한 하나의 관점에서 나온 정의입니다. 인간들만이 유희를 그 존재성의 일부로 가지고 있다는 관점에서 호모 루덴스가 나옵니다. 다만 이러한 정의들이 실제로 사실인지는 동물 등의 지구 내 다른 존재자를 다루는 학문의 발달 정도에 달렸을 것입니다.[77]

그들끼리의 축제를 벌이는 동물의 종이 있을 수 있으며 짝짓기의 정도가 인간들과 같이 유희의 단계에 도달하는 종이 발견될 수도 있을 것입니다.[78] 위에서 말한 정의들은 제가 보기에 아직 철학적으로

---

77 세계의 생물종 수는 1천만에서 1억 종 범위에 있을 것으로 추정된다. 대개 1,500만 종을 꼽는다. 이 가운데 현재 기록된 종은 170~180만 종에 불과하다. 아는 종보다 모르는 종이 10배쯤 많은 셈이다(한겨레신문, 2019.9.18. https://www.hani.co.kr/arti/society/environment/377476.html).

78 이제 동물에서도 일부 고등한 동물이 죽음에 대한 약간의 의식과 의례(儀禮)를 가지고 있다는 것은 상식에 속한다. 유인원, 침팬지, 범고래, 코끼리 등은 자식이나 동료, 어미가 죽었을 때 인간과 유사한 슬픔의 감정을 보여주며, 죽은 자식을 업고

확실한 정의의 단계는 아닌 듯 보입니다. 그러나 정신과 육체의 결합으로서의 인간에 관한 정의는 그 어떤 학문도 부인할 수가 없습니다. 단지 육감(식스 센스, sixth senses, 직감) 혹은 직관력 등이 정신

오랜 시일 동안 지낸다거나(범고래의 경우), 특별한 행위나 공동체 성원의 죽음에 대한 애도의 의례를 한다(코끼리의 경우). 또는 자신의 임박한 죽음에 인간과 포옹을 한다(침팬지의 경우). 인간만이 발달한 고등의 종교를 가지고 있다고 우리는 말한다. 죽음에 대한 의식은 내세와 운명에 대한 조야한 의식이다. 동물의 체감(體感)이 인간 정도까지는 아니더라도 말이다. 그들의 죽음에 대한 의식을 보면 그들이 동료나 가족의 죽음으로 인해 고통받고 있음을 우리는 추론할 수 있다. 따라서 동물들이 받는 '고통'으로 그들의 '(대우받을) 권리'를 도출한 1975년 피터 싱어의 『동물의 권리』에서의 주장은 그것이 고통이라는 감각에 관한 한 스피노자에게서도 타당해 보인다. 그러나 스피노자는 피터 싱어와 달리 그들이 고통당하는 존재자라는 것에서 인간과의 동질감을 찾지는 않았다. 무엇보다 인간과 동물의 본성과 정서는 다르기 때문이다. 한편 스피노자의 철학이 범신론이 아님은 그가 '신 즉 자연'을 말하고 동물 또한 그 신의 '자연'에 포함되는 것이 당연해 보이는 데도, 인간이 동물을 식용(食用)하는 것을 그 자연의 질서에 반하지 않은 것으로 본 점이다. 다음의 구절을 보자. "그러나 나는 짐승이 감각하는 것을 부정하지는 않는다, 오히려 나는 그 때문에 우리들의 이익을 도모하고, 짐승을 마음대로 이용하며 또한 우리에게 가장 편리하도록 그것들을 취급하는 것이 허용되지 않는다는 점을 부정한다. 왜냐하면 짐승은 본성상 우리들과 일치하지 않으며, 그것들의 정서는 본성상 인간의 정서와 다르기 때문이다"(스피노자, 『에티카』, 4부, 정리 37의 주석1, 241). 만약 범신론이었다면 동물의 식용은 인간이 자연의 실체성에 가하는 위해와 반항이 될 것이다. 이는 식물에게도 타당할 것이다. 동물과 식물의 차별성은 그 생명성이 아니라 시간에 거주하고 공간을 선택하는 생존력과 적응력에 달려 있을 것이다(베르그송의 논지(論旨)에 의하면). 만약 식물들 또한 고통의 감각을 갖는다면, 채식주의라고 해서 특별히 동물 식용과의 차별성은 어디에 두어야 할지 의문이다. 일례로 고무나무의 줄기나 잎을 자르면 하얀 유액이 흘러나온다. 그것은 식물도 외부의 자극에 반응한다는 명백한 증거이다. 그런데 그것이 고통의 증거로서 흡사 피인지 아닌지가 중요할 것이다. 그 입증은 학문의 발달에 달려 있다.

혹은 육체, 아니면 이 양자 모두의 역량인지 그 발생처를 정하는 논쟁은 있을 수 있습니다.

가끔 위에서 열거한 정의들에 무언가 부족한 것이 있지 않을까 생각합니다. 언어적 인간을 예로 들어볼 때 동물들은 그들이 의사소통할 수 있는 언어가 진정 없는 것일까요? 동물들은 단지 그들의 본능으로만 소통하는 것일까요? 도대체 어떻게, 어떤 방법으로 그들은 소통하는 것일까요? 개구리는 모든 언어가 그냥 '개굴' 하는 소리로 통일되어 있을까요? 개구리도 주변에 닥치는 뱀 등의 위협을 분명히 동료 개구리들에게 알려줄 텐데요. 또 매년 처마 밑에 새끼들의 둥지를 지으려 하는 제비는 그들의 의사소통 수단이 진정 없는 것일까요?

우리 집의 마루 위에는 매년 제비들이 어김없이 찾아옵니다. 제비들은 작년에 지었던 그들의 둥지를 다시 사용하기도 하지만 매번 새로 짓기도 합니다. 어떤 때는 제비들이 필요 이상으로 많은 둥지를 짓는 것이 아닌가 의심할 때도 있습니다. 아마 둥지를 뺏길지 모른다는 그들의 본능적 불안 때문일까요? 부인과 저는 제비들이 둥지를 지으면서 너무나 소란스럽기도 하고 마루가 지저분해지기도 하니 가급적 새로운 둥지를 못 짓게 훼방을 놓습니다. 그럼에도 불구하고 제비들은 그들의 본능 탓인지 아니면 다른 무엇 때문인지 계속 둥지를 짓는 수고를 지속합니다.

이런 제비들을 보고 있노라면 그들의 의지가 웬만한 인간들의 의지보다 더 강하다는 생각도 듭니다. 이른 아침부터 제비들은 집짓기 공사를 시작합니다. 그러다가 제가 마루 쪽으로 문을 열고 나가면 얼른 주변의 바지랑대 등에 걸터앉아 저를 예의주시합니다. 제가 사라지면 다시 마루 위 처마에 달라붙습니다. 지푸라기 등을 물어와 처마 밑에 붙이는 작업을 최소 열흘이 넘게 계속합니다. 대개 2마리 혹은 3마리 정도가 협업을 하는데 대개 암수 한쌍이 작업하는 것으로 보이기도 합니다.

한 번은 둥지에서 새끼 제비가 떨어져 부인이 다시 주워 치료를 해 둥지에 넣어준 적도 있습니다. 그녀는 왜 제비를 치료해 줬는데 박씨를 안 가져다주는지 농담 삼아 투덜대기도 했습니다. 제가 하고픈 말은 둥지를 짓는 제비는, 울어젖히는 개구리는 과연 그들만의 언어가 없는지의 의문입니다. 혹시 인간이 그들의 섬세한 소리를 알아듣지 못하고 그냥 개구리는 '개굴' 하고 우는 것으로, 제비는 '쩩쩩' 하는 것으로 쉽게 간주하는 것은 아닐까요? 미국 개구리는 한국 개구리와 달라서 '리빗(Ribbit)' 하고 우는 것일까요?

이렇게 본다면 언어적 인간으로서의 인간에 대한 정의도 제가 볼 때는 그리 완벽한 정의는 아닌 듯합니다. 물론 인간의 언어는 그 정교함이 동물에 비할 바 없는 것으로 현재까지는 인간들은 자신하지만 말입니다. 그런데 생각해 보면 우리의 언어가 얼마나 표현 못 하는 상황과 대상들이 많은지 언어의 한계를 금방 알 수 있습니다. 또 굳이 표현한다고 해도 옳고 적합하게 표현한 경우들이 얼마나 많이 있는지 생각해 보시기 바랍니다.

혹시 왜 근대철학자들이 실체를 신으로 의제하는지 불만에 차거나 궁금해하는 분들이 있을지 모르겠습니다. 특히 무신론자들, 그중에서도 신을 사이비 개념으로 보거나 유신론을 혐오하는 사람들이 있다면 말입니다. 그러나 이때의 실체로서의 신은 의제된 최고 개념으로서의 신이라는 것을 기억해야 합니다. 신이 존재하는지 존재하지 않는지에 관한 논의는 별도의 신에 관한 존재 증명 차원의 얘기입니다. 이성적으로 그 존재의 '현실적 있음'을 증명할 수 있는지, 증명할 수 없는지에 관한 논의입니다. 아직은 논리적 증명만 가능하기는 합니다만 말입니다.

근대철학자들이 말하는 신은 실체로서의 신이며, 이 실체라는 것은 자기의 존재를 타자에 의존하지 않는 존재자로서 의제된 존재자입니다.[79] 중세에서의 신은 존재론적으로 가장 완전한 자로 의제되는 것이고요, 철학적 의제로서의, 실체로서의 신과 실제 존재하는지, 존재하지 않는지의 증명으로서의 신을 구별해야 합니다. 이성은 논리를 요구합니다. 논리란 그것이 실제로 완전한 것인지 불완전한 것인지의 문제를 제외한다면 하나의 흠결 없는 귀결을 향해 나아가는 성격을 지녔습니다. 흠결 없는 귀결이란 완전함이며 그 완전함이 존재해야 한다는 것은 이성의 요구입니다. 이 이성의 요구는 그것이 진리일 것을 요구하는 것입니다. 불완전한 토대에서 지은 건축물은 결국 무너지기 마련입니다. 그래서 신 혹은 실체는 이 건축물의 토대이자 목적입니다. 하나의 기저(基底)이자 기체(基體)입니다.

그래서 근대 초의 철학자들은 실체에 매달렸습니다. 우리는 그것

---

79 "실체의 본성은 실체의 본질과 전혀 다른 것이 아니다(스피노자, 『에티카』, 26), 그리고 이 실체로서의 신의 본질은 곧 신의 능력이기도 하다." "신의 능력은 신의 본질 자체이다"(스피노자, 『에티카』, 정리 34, 54).

을 이해해야 합니다. 예를 들어 니체의 '신은 죽었다'는 명제는 이제 신이 존재하지 않으므로 기독교는 무너진다거나 실제로 신이 죽었으므로 기독교나 여타의 종교가 필요 없다는 단순한 차원을 넘어섭니다. 니체는 신으로서 완전자를 의미하며 이 신은 인간의 모든 삶과 문화, 정신적 활동과 신체적 행동의 배후자이자 지지 기반입니다. 땅이 흔들리면 건축물은 무너집니다. 심장이 멈추면 죽음입니다. 이러한 뉘앙스(nuance)와 은유를 잘 살펴야 합니다.

이제 스피노자의 체계에서는 실체로서의 신이 그 무한한 속성 중에도 인간에게 그들이 지각할 수 있는 단 두 가지의 양태로 자신을 드러냅니다. 그것이 정신과 물질이라는 말은 이미 언급했습니다. 물질이란 우리가 세계를 대할 때 마주 대하는 많은 모습입니다. 가까이 보면 내가 딛고 있는 땅도 있고 산도 있으며, 멀리 보면 이 지구를 포함한 우주의 많은 드러남이 물질의 양태를 취하고 있습니다. 아니 우리가 그 많은 드러남을 단지 물질로 지각하고 있을 뿐인지도 모릅니다. 우리의 불가항력(不可抗力)입니다. 스피노자에 의하면 내가 세계를 대할 때 그 세계가 드러내는 많은 모습은 실체로서의 신이 자기를 물질로 드러낸 양태입니다. 아마 인간이 아니라면 그들이 대하는 세계를 물질이 아닌 다른 양태로 지각하고 있는지도 모릅니다.

분명 동물이 보는 세계는 인간이 보는 세계와 다를 것입니다. 개는 색맹이라 세계를 흑백으로 본다고 합니다. 그런데 그 색맹이라는 것도 지극히 인간적인 관점에서 바라본 표현이자 단어입니다. 개는 우리가 지각하지 못하는 다른 색을 지각할 가능성도 있습니다. 개의 들을 수 있는 능력, 즉 청력은 인간보다 혹자는 4배, 혹자는 50배까지 이른다고 합니다. 그렇다면 인간이 듣고 취합하는 소리의 양과 질은 분명히 개보다 열등합니다. 그렇다면 아마 이 개에게 소리로서 드러나는 세계와의 마주침은 인간과는 그 성질이 확연히 다를 것입니다.

'신 즉 자연(Deus sive Natura)'이라는 스피노자의 테제에 대해 우리가 자연을 이른바 물리적 자연 등으로 범위를 좁혀 바라보면 그가 말하는 진의를 이해하기 힘듭니다. 신은 자연이며 세계입니다. 신은 단순히 기독교에서 바라보는 인격을 갖춘 신이 아니라 우주와 지구, 자연과 세계 그 자체로서 자신을 드러내고 같이 움직이는 존재자입니다. 자연이 곧 신이고, 세계가 곧 신입니다.

우리도 자신을 드러낼 때 하루는 청바지 입은 모습으로, 하루는 정장 입은 모습으로, 아침에는 우울함으로, 저녁에는 즐거움으로 우리를 바꿔서 드러내곤 합니다. 오전 11시에는 배고픔으로 자신을 표현하고, 오후 2시에는 배부름으로 자신을 표현합니다. 그러나 이것은 동일한 나의 드러남이지 배고픈 나와 배부른 나, 청바지의 나와 정장의 나가 다른 존재자는 아닙니다. 이것이 흡사 실체가 변용하여 드러난 양태들입니다.

그렇지만 만약 내가 하루는 영수로 다음 날은 철수로 자신을 착각하고 다른 인격으로 여긴다면, 그리고 그렇게 자부한다면 나는 올바른 영수로 존재하는 것이 아닙니다. 정신 착란을 일으키고 있는 것입니다. 알려진 바에 의하면 무려 24개의 인격을 가진 다중인격자도 있었다고 합니다. 그러나 분명한 것은 이 다중인격자는 자신의 정신이 자신의 정체성을 바로 형성하지 못한 정신의 장애 상태에 처해있는 것이지 그것이 모든 인간들의 다중인격성을 말해 주는 것은 아닙니다. 자기 안에서 서로 다른 인격들이 충돌하고 있음은 자기의 정신이 이를 바로 조율하지 못하고 인격의 형성에 실패했다는 말과 다른 말이 아닙니다. 그래서 그 모든 다른 양태에도 불구하고 그 세계의 내부에는 동일한 신이 다른 표현으로 활동을 하고 있는 것입니다.

이 활동의 주체가 신이며, 이 활동이 신의 힘이자 역능(力能, potentia)[80]입니다. 그리고 이 힘은 신의 적극성이자 능산성(能産性)입니다. 그렇게 드러나고 있는 세계, 움직이고 있는 세계가 능산적 자연(能産的 自然)입니다. 실체의 속성이 모습을 갖춘 것이 양태이며 이 양태의 변화가 변양입니다.[81] 꽃이나 나무는 봄에는 새싹으로 존재하고 여름에는 꽃을 피우며 가을에는 잎을 떨구고 겨울에는 땅밑으로 모습을 숨깁니다. 우리의 상식에 의하면 물은 섭씨 100도 이하에는 액체로서 존재하고 100도 이상에서는 기체로, 0도 아래에서는 고체로 존재합니다. 다시 온도가 변화함에 따라 액체로, 기체로, 고체로 그 모습을 바꿉니다. 그렇다고 물로서의 본질이 변화하는 것은 아닙니다. 물을 실체라고 한다면 그 실체가 기체나 액체, 고체로 그 모습을 바꾼다고 해서 그 물이라는 것이 물의 본성을 잃지는 않

---

80 '역능'은 안토니오 네그리가 스피노자 철학을 해석하면서 고안한 용어이다.

81 "실체의 변용들(affections)에 관해 말하자면 저(스피노자)는 그것들을 양태라고 명명합니다"(스피노자, 『스피노자 서간집』, 76, 괄호 필자).

습니다.

달이 보름달에서 반달로, 다시 초승달로 그 모습을 변화한다고 해서 우리가 그것을 달이 아닌 것으로 지각하거나 정의할 수 없는 것과 같은 이치입니다. 여기서 스피노자는 이미 실체와 그 양태들이 하나에서 다른 하나로, 이 양태에서 저 양태로 변화하고 그렇게 운동한다는 것을 이미 전제하고 있습니다. 이를 통해서 스피노자는 세계의 변화와 사물의 변화를 설명하고자 한 것으로 생각됩니다.

한편 '신 즉 자연(神 卽 自然, Deus sive Natura)'이라는 스피노자의 테제(These)는 참으로 많은 오해를 일으키고 현실적으로 스피노자를 '무신론자(atheist)'로 간주하며 그의 철학을 '범신론(pantheism)'으로 간주하게 하는 지점입니다. 세계는 물질로 가득한 사물의 세계입니다.[82] 여기서 신이 정신으로서의 자연뿐만 아니

---

82 '신 즉 자연'이라는 테제에서 이 자연을 물리적 자연(nature)과 동일시하면 여기서 스피노자의 철학은 범신론과 더불어 유물론으로 이해되기까지 한다. 이는 인간이 실체를 파악하는 방법이 두 가지 속성, 즉 정신(사유)과 물질(연장)에 국한되기 때문이다. 정신은 잴 수 없으며 물질은 그 공간성으로 측정이 가능하다. 그래서 우리는 자연 또한 이 물질적이고 공간적인 특성으로 파악한다. 그러나 필자가 볼 때 스피노자는 분명히 이 자연을 물리적 자연만으로 한정하여 보지 않았다. 그가 볼 때 자연은 존재하는 모든 것이며, 그래서 자연은 곧 세계이다. 따라서 신은 존재하는 모든 것이며, 존재자 모두이다. 그렇다면 지금 눈앞에 보이는 책, 책상 등의 무기물도 자연인가? 백합과 코끼리, 반쯤 차오른 밤의 달과 검은 구름, 그리고 지금은 숨어 있는 저 별도 모두 같은 부류의 자연인가? 그렇다. 그런데 스피노자를 말하는 사람들은 가끔 '신 즉 자연'에서 '자연 즉 신'을 도출한다. 신과 자연은 완전한 동치인가? 자연이 신이라면 무기물도 백합도 코끼리도 반달도 모두 신인가? 사람들은 스피노자의 '신 즉 자연'에서 '신'과 '신성(神性)'을 구분하지 않는 오류를 자주 범

라 물질로서의 자연으로 간주되는 지점이 기독교의 교리와 충돌합니다. 전통적 기독교에서는 신을 물질성으로 간주하지 않습니다. 물질은 부패하고 사멸하므로 신의 본성에 맞지 않는다는 관점입니다. 그래서 물질은 정신의 반대 끝에 위치해 있으며 일체의 진리와 선을 그 안에 함유하지 않습니다.

중세의 토마스 아퀴나스도 신은 물질성이 아니라고 정의를 내렸습니다. 만약 신이 물질성이라면, 물질로서의 우리의 육체가 생산하는 많은 탐욕과 욕망도 실체로서의 신의 산물임이 분명합니다. 욕망을 통제하고자 하고 그 욕망을 대개 악으로 규정하는 정통 기독교에서 이러한 신에 대한 해석을 용인할 리는 결코 없습니다.

또 물질은 부피를 점하고 있으므로 나눌 수가 있습니다. 만약 물질이 실체라면 실체가 둘 이상으로 나누어진다는 얘기이고 그렇다면 신이 둘 이상이 됩니다. 그런데 무한자로서의 신이 분리가 되어 둘 이상이 된다는 것은 논리적으로 불가능합니다. 무한은 경계를 가

한다. 자연이 신이라면 범신론의 혐의에서 스피노자의 철학은 벗어날 수 없다. 그러나 스피노자는 『에티카』에서 실체와 속성을 분명히 구분한다. 실체의 속성은 무한하다. 우리의 의식으로서의 정신은 분명히 실체(신)의 속성이지만 정신이 곧 신(의 유일한 전부)은 아니다. 그리고 정신은 자주 오류를 일으킨다. 『에티카』는 분명히 많은 부분을 정신이 오류를 일으키지 않는 방법과 그 길을 안내하는 데 할애한다. (신체의) 정서 또한 정신으로 하여금 오류를 일으키게 하는 주요 원인이다. 그래서 스피노자는 우리의 정신이 신체의 정서를 오류 없이 읽어내는 법을 길고 친절하게 설명해 주고 있다. 즉 존재하는 모든 것은 신의 속성이지만 그것이 곧 신은 아니다. 이런 차원에서 스피노자는 소산적 자연과 능산적 자연을 구분하고 있다.

지고 있지 않기 때문입니다. 토마스 아퀴나스도 이 점을 지적합니다. 언급했듯 근대의 초입에 이탈리아 철학자 브루노가 그의 철학이 유물론과 범신론의 색채를 지니고 있다고 하여 마녀사냥에 걸려 화형을 당했습니다. 그래서 스피노자의 철학은 공공연하게 철학자들이 지지하기에는 매우 조심스럽고 위험했습니다. 그의 철학은 종교적으로는 무신론(Atheism)으로 간주되었습니다.

그러나 그의 철학을 전적으로 유물론과 무신론으로 단언하기는 조심스럽습니다. 언급했듯 스피노자는 능산적 자연(natura naturans)과 소산적 자연(所産的自然, natura naturata)을 구분합니다. 능산적 자연이라 함은 생산하는 자연, 능동적 자연이며, 소산적 자연은 생산된 자연, 수동적 자연입니다. 스피노자는 소산적 자연의 예로 '전 우주의 얼굴'을 말합니다. 능산적 자연은 Natura Naturans, 소산적 자연은 Natura Naturata라고 스피노자는 칭하는데 이는 스콜라철학의 영향입니다.

그는 능산적 자연의 예로써 직접적 무한양태를 말하는바, 이는 직접적으로 실체의 무한성이 드러난 양태를 말합니다. 스피노자는 이를 '운동'과 '정지'로 말합니다. 반면 소산적 자연의 예로써 간접적 무한양태를 말하는데 이를 위의 '전 우주의 얼굴(facies totius universi)'로 부릅니다. 좀 신비스러운 용어이긴 합니다.

능산적 자연은 드러날 수 있는 잠재력이며 가지고 있는 힘이자 진행하고 있는 운동입니다. 겨울에는 땅의 표면은 모두 얼어 있으며 우리의 눈이 보기에는 일체의 없음이며 비생명입니다. 그러나 표면 아래로 한 삽만 파보면 그곳에는 여전히 생명이 꿈틀대고 있음을 바로 압니다. 스피노자의 용어로 한다면 땅 아래에서 생명체들은 그들의 삶을 변용시키고 양태를 바꿀 뿐입니다. 봄이 되어 얼어붙은 땅이 조금이라도 녹기 시작하면, 식물은 자기의 생명을 표면에서 드러냅니다. 그 표면을 견고한 콘크리트로 덮었다고 해서 그 생명체들이 사라진 것일까요? 아닙니다. 한 해도 채 못 지나서 콘크리트에 조금의 균열이라도 생기면 그 틈새로 이 생명들은 어김없이 자기를 드러냅니다. 그래서 풀을 이길 농부는 있을 수 없으며, 풀은 없애는 것이 아니라 관리하는 것일 뿐입니다.

백합(百合, lily)을 비롯한 구근(球根, rhizome) 식물은 그 꽃을 피워내기까지 수년이 걸리기도 하며 작약(芍藥) 같은 경우는 오 년을 넘게 그 꽃을 보이지 않기도 합니다. 그런데 이 꽃을 피워내는 것이 순전히 태양이나 비, 바람 등의 외부에서 닥치는 운(運)이라 생각하십니까? 운을 극복하는 것이 바로 생명이며 생명의 힘입니다. 스피노자는 그것을 얘기하고 있으며 이 생명의 힘이 곧 능산적 자연일 것입니다.

반면 소산적 자연은 그냥 드러나 있는 것, 존재하는 것, 현재 관찰되는 것입니다. 사실은 우리가 그 아래의 힘을 보지 못하고, 잠재력을 보지 못하고 지금의 것을 자연의 전부라 착각하는 것입니다. 그런 차원에서 존재하는 모든 것은 소산적 자연이며 스피노자가 '전 우주의 얼굴'이라고 부르는 것입니다. 제가 볼 때 스피노자가 말하는 자연을 '능산적 자연'이 아니라 단지 '소산적 자연'으로만 해석할 때 오류가 생깁니다. 그런 차원에서 그의 철학은 범신론이 아니라 '범내재신론(凡內在神論, panentheism)'입니다.

실체 배후의 실체성, 신 내부의 신성(神性)을 먼저 읽어야 합니다. 우리가 존재하는 곳은 자연이며 지구입니다. 나아가 우주입니다. 그러나 우리는 아직 우주의 티끌밖에 알지 못하며 그것을 우주라고 칭할 뿐 그 크기와 모양도, 탄생과 죽음도 알 수가 없습니다. 하물며 우리는 자연이라 말을 하지만 그 자연에 존재하는 존재자도, 그 자연의 형성과 운동도, 그 자연의 종국도, 그 자연의 운동법칙도 아직 모릅니다. 우리는 과학의 힘을 빌려 그것을 안다고 자부하지만 그 과학도 기껏 근대부터 자신을 첨단의 학문이라 불렀습니다. 자연에 대한 하나의 해석(解釋)이 그 자연을 규명(糾明)한다고 착각해서는 안 될 것입니다. 과학의 발전 자체가 자연에 대한 중세의 해석을 극복하면서 이루어지니 말입니다. 지금도 진행중입니다.

인간도 자연의 부분입니다. 인간이 자연을 극복했다고 자부하는 자는 마치 기상위성이 비구름을 보고 날씨를 극복하고 통제했다고 허언(虛言)하는 것과 같습니다. 자연은 극복의 대상이 아니라 동반과 이해의 대상입니다. 이러한 관점이 그 자연을 다스리겠다고 허풍치는 자들의 관점보다 더 쓸모 있고, 솔직하고, 유용한 관점입니다. 아직도 지구 옆 화성이 살 만한 땅인지 아닌지도 모르는 게 이 시대의 수준입니다. 인간은 자연에 속하고 그것과 운명을 같이해야 할 존재자입니다. 존재하는 자연이 곧 신이 아니고 자연의 변화를 이끄는 것이 신입니다. 그렇다고 자연과 이별하여 따로 하늘 위에 거주하는 신은 스피노자의 신은 분명히 아닙니다. 신은 세계와 더불어 진행하되, 그 세계의 변화하는 모습은 신의 힘이 내재(內在)한 모습일 뿐이지 그 모습을 즉자적으로 신으로 간주해서는 안 됩니다.

그의 철학을 유물론으로 간주하는 것도 비슷한 오류일 것입니다. 그가 말하는 자연에는 물질성뿐 아니라 정신성과 이 이외의 무한한 속성들도 분명히 포함된다고 스피노자는 말하고 있는데 어찌 된 일인지 그의 자연을 물리적 자연만으로 읽는 오류를 흔히 범합니다.

스피노자는 『에티카』에서 우리의 정신이 인식하는 대상은 우리의 육체라고 말하고 있습니다. 따라서 인식의 대상인 육체가 활발할 때 정신 또한 활발하며 육체가 침울할 경우 정신 또한 침울합니다.[83] 이를 평행론(平行論, parallelism)이라고 합니다. 신체가 능동적 상태일 때 정신 또한 능동적 상태이며 정신이 소극적 상태일 때 신체 또한 소극적 상태입니다. 더불어 아직도 우리는 육체가 무엇을 할 수 있는지 알지 못한다고 말합니다.[84] 속성들은 상호 간섭하거나 침해하지 못합니다. 따라서 사유 속성과 연장 속성은 서로 간섭하지도 못하고 제어하지도 못합니다. 만약 다른 종(種)이 지각 가능한 속성이

---

83 "우리 신체의 능동과 수동의 질서는 본성상 정신의 능동과 수동의 질서와 일치한다"(스피노자, 『에티카』, 제3부, 정리 2, 주석, 133~134).

84 "왜냐하면 신체가 무엇을 할 수 있는지에 대해서는 지금까지 아직 아무도 규정하지 않았기 때문이다. 즉 신체가 물체적인 것으로 고찰되는 한에서 오로지 자연법칙에 의해서만은 무엇을 할 수 없는지를 그리고 정신에 의하여 결정되지 않는 신체가 무엇을 할 수 있는지 지금까지 아무도 경험적으로 확정하지 않았기 때문이다. 왜냐하면 지금까지 아무도 신체 기능을 설명할 수 있을 정도로 정확하게 신체 구조를 알지 못했기 때문이다. 인간의 지혜를 훨씬 능가하는 많은 것이 동물에서 관찰되고… 이것은 신체가 스스로 본성의 단순한 법칙에 의해서 정신을 놀라게 하는 많은 것을 할 수 있음을 충분히 나타낸다…. 즉 신체의 이 활동이나 저 활동은 신체의 지배자인 정신에서 생긴다고 말하는 사람들은 자기들이 말하는 것을 이해하지 못한다"(스피노자, 『에티카』, 정리 2, 주석, 134~135).

있다면 그 속성들도 서로 간섭하거나 제어하지 못합니다.

단 실체가 확장하고 뻗어나가는 과정에서, 그 실체가 운동하거나 변화하는 과정에서 각 속성이 처하는 지점은 나란합니다. 실체에서 자극이 주어지면 각 속성은 그의 방식대로 그 자극을 반영합니다. 실체나 실체의 속성에서 변용이 일어나면 그 변용된 속성은 그 변용된 양태를 취합니다. 이 양태는 그들이 외부에서 주어진 자극을 그 양태에 각자의 방식대로 반영하지만 그 반영되는 방식은 동일합니다.

어려운 설명이지만 풀어보자면 이렇습니다. 육체가 외부에서 주어지는 자극을 슬픔으로 인식합니다. 그렇다면 정신도 그 자극을 슬픔으로 인식합니다. 육체의 슬픔은 정신의 슬픔과 서로 마주 보고 있습니다. 이 슬픔은 상호 간섭하지 않으나 서로 나란히 있는 하나의 슬픔입니다. 육체는 자기의 표면 혹은 내부에 이 자극이 가한 흔적을 가지고 있습니다. 정신도 마찬가지로 자신의 내부(표면이 없으므로)에 이 자극의 흔적을 가지고 있습니다. 정신의 인식 대상은 육체일 뿐이므로 이 육체의 흔적을 정신은 그대로 바라보고 자신도 지니고 있습니다.

한편 스피노자의 철학이 범신론이라면 곰이나 호랑이를 신으로 섬기는 토테미즘(totemism), 성황당(城隍堂) 나무를 신령(神靈)으로 아는 애니미즘 등과 결합하게 됩니다. 애니미즘은 모든 사물에 신령스러운 정신이 들어가 있다는 말입니다. anima는 영(靈), 영혼을 뜻합니다. 그러나 이러한 사물은 그의 철학에서는 단지 소극적 자연의 위치에 불과합니다. 실체로서의 신은 능산적 자연에서 활동합니다. 용암을 예로 든다면 분출된 용암이 굳어서 된 용암석이나 화산석은 신의 흔적에 불과합니다. 신은 지하의 마그마(magma)로 활동합니다.

꽃을 예로 든다면 드러내어진 꽃은 신의 흔적일 뿐입니다. 그 아래에서 꽃대를 올라오게 하는 힘, 겨울이면 뿌리에 보전시키는 생명의 힘, 그것이 신의 본래적 능산성입니다. 토테미즘이나 애니미즘, 통칭하여 범신론은 드러난 양태들에 직접적으로 신성을 부여하는 것입니다. 범신론은 스피노자의 소산적 자연과 신을 동일시합니다. 그 배후의 능산적 자연의 힘을 범신론은 지니고 있지 않습니다. 이 점을 구별해야 합니다.

정통 기독교에서는 물질을 신성과 결부시키는 것을 한사코 반대합니다. 또한 기독교의 이런 주장은 전통 철학자들의 이론적 지지를 받기에 충분했습니다. 그래서 상권에서 설명한 플라톤 철학의 경우 기독교를 옹호하는 철학자들은 플라톤의 철학을 기독교적으로 이원론화시켜 이데아를 현실에서 동떨어진 저편의 천국 비슷한 초월의 세계에 위치시켜 놓았습니다. 이는 이론을 체계화시키는 과정에서의 창조적 오류도 아니고 원래의 플라톤 철학과는 거리가 있는 명백한 오류입니다.

한편 아리스토텔레스의 철학의 경우 상대적으로 초월론적 세계관이 부재하고 지금의 이 세계의 물질을 중요시하는 경향을 띠므로 중세 기독교의 교리에 플라톤 철학처럼 일찍이 수용이 어려웠습니다. 아리스토텔레스가 공헌한 중세철학의 분야는 결국 오늘날의 자연과학과 비슷한 자연(철)학에도 그 영향이 미치게 됩니다.

성서에서도 신이 만물을 창조한 것으로 나옵니다. 만물에는 자연과 그 자연에 속한 식물, 동물, 인간 등 세계에 존재하는 모두가 포함됩니다. 시간과 공간도, 빛과 어둠도 포함됩니다. 그런데 신이 창조한 피조물에 결함이 있음에도 불구하고 왜 신은 완전자로 인정을 받아야 하는 것일까요? 신이 창조하였다는 것은 그 신의 작업이 원인이 되었으며 자연이 그의 창작품인 결과로 나타났다는 말입니다.

그런데 신은 완전하며, 전지전능하고, 모든 것의 상위에 있으며 실수를 그 본질에 지니지 않은 존재자입니다. 그렇다면 그가 창조한 자연이 신의 실체성을 이어받는 것은 논리적으로 타당한 말이 아닌가요? 또 신이 완전하므로 그 신이 창조한 자연에 결핍이 있다는 것은 논리적으로 부당하며 건전하지(sound) 못한 논증이 되는 것 아닌가요?

만약 논리적 일관성의 면에 선다면 스피노자의 논증이 기독교의 논증보다는 더 정밀하며 건전하고 타당합니다. 여기서 기독교의 초월적인 면을 논하지 않는다면 말입니다. 따라서 세계의 물질성을 부정하지 않는다면 이 물질이 타락할 수 있다는, 반드시 타락한다는 서양의 전통 철학자들의 논증과 기독교의 주장은 불합리하게 됩니다. 왜 굳이 전통 철학자나 기독교는 사유, 즉 정신만을 신성으로 간주하고 물질, 즉 육체나 세계에 존재하는 많은 양태들, 자연이나 생명체는 신성이 결여된 것으로 간주하는 것일까요? 탁월한 이성주의자인 스피노자가 볼 때는 이런 주장들은 정말 이상하고 기괴하지 않을 수 없었을 것입니다.

정신 역시 마찬가지입니다. 신의 속성인 사유가 양태를 취한 것이 정신입니다. 따라서 정신은 신의 속성이 결과한 것이니 그 본성대로 사유한다면 우리는 신의 역량의 발현으로서인 진리를 발견할 수 있을 것입니다. 그 정신을 이유 있고 질서 있게 펼치는 방법이 스피노자가 동원한 기하학적(수학적) 방법임은 의심의 여지가 없습니다. 이 방법이 철학자들에게서 인정받는 최고의 이성적 논증 절차이니 말입니다.

여기서 자유의지(自由意志, free will)의 여부가 문제 됩니다. 자유의지란 주체의 선택을 전제로 합니다. 이것과 저것, A와 B 중 선택한다는 것은 자유로운 의지가 존재한다는 것을 말합니다. 그런데 스피노자는 자유의지의 존재를 부정합니다. 인간은 마치 그들이 일상의 상황에서 선택할 수 있다고 믿고 그 자유의지를 실재하는 것으로 착각하지만 선택하는 것은 필연성(必然性, necessity)의 산물에 불과한 것임을 고려하면 자유의지의 존재는 불가능하다는 얘기입니다.[85]

필연이란 우연(偶然)의 대립 말입니다. 필연성은 인과가 지배하고 있으며 인과관계에서 벗어나는 것은 필연에는 존재하지 않습니다. 반대로 우연성이란 인과관계에서 일탈한 것이라 원인과 결과가 질서 있게 이어지고 배열되지 않습니다. 기하학적 고리로 『에티카』의 체계를 저술한 스피노자의 사상에서 마땅하고 당연하게 우연이란 배제됩니다. 따라서 존재자의 자의성을 내포하는 자유로운 의지라는 개념도 배제되어야 합니다. 선택 가능하다는 말도 그의 철학에

---

85 "의지는 지성과 마찬가지로 단지 사유의 어떤 양태이다"(스피노자, 『에티카』, 49).

서는 성립하지 않습니다.

1의 다음 수열(數列)은 반드시 2이지 3이나 10이 나타날 수 없습니다. 일상의 상황에서 '선택(選擇)하였다'라는 말을 살피면 그 선행의 원인이 반드시 존재하기 마련입니다. 단지 우리의 사려(思慮), 이성 능력이 그 원인을 파악할 정도로 충분히 발달하지 못했을 뿐입니다. 종교에서의 기적(奇蹟)도 당연히 성립이 불가능한 말이 됩니다. 기적으로 우리가 착시할 뿐이지 헤아리면 그 기적은 특정한 원인에서 유발된 하나의 결과일 뿐입니다.

실체가 필연적으로 전개하는 것이 자연이며 정신입니다. 원인이 있는 이상 결과가 있어야 할 것이고, 결과가 드러난 이상 그 원인은 반드시 존재해야 합니다. 그 원인을 찾기 힘들지라도 말입니다. 필연적으로 전개하는데, 즉 원인이 있어 움직이며 그 결과는 원인의 정해진 결과일 뿐인데, 어떻게 도중에 이 필연의 방향을 우연이라는 다른 선(線)으로 변경하는 선택이 가능한 것일까요? 그럴 수는 없습니다. 물론 데카르트나 같은 데카르트주의자였던 라이프니츠는 자유의지가 가능하다고 보았습니다. 즉 선택이 가능하다는 말이지요.

그런데 여기서 만약 인간에게 자유의지가 부재하다면 그 도덕적 책임의 존재가 문제 됩니다. 나는 선택을 할 수 없는 상황인데, 내 행위는 선택 가능성을 넘어선 필연의 부산물일 뿐인데 어떻게 내 존재하지도 않는 선택에 나의 책임을 물을 수가 있나요?

스피노자의 철학은 결정론(決定論, determinism)입니다. 우연은 존재하지 않으며 모든 사태의 발생과 진행은 필연적으로 진행되므로 이는 모든 세계 내의 사건과 사태의 진행과 결과는 이미 결정되어 있다는 결정론과 다름없습니다. 모든 사태에는 그 원인이 있고 그 원인이 있는 이상 결과 또한 정해져 있을 수밖에 없습니다. 콩 심은 데 콩이 나지 팥이 날 수는 없습니다.

자연과학이나 수학은 결정론적 사고가 토대인 대표적 학문입니다. 과학에서 말하는 실험과 검증은 원인을 찾아 밝히는 과정입니다. 특정한 현상을 일으키는 원인을 찾아 그것을 제어하는 방법입니다. 예를 들어 감기의 원인이 무엇인지 알아야 그 원인을 제거하거나 억제할 수 있는 약을 개발할 수 있는 것과 같은 이치입니다. 수학도 수열(數列)을 따라 논리를 전개합니다. 1에다 1을 더하면 2가 되지 해(解)로 3을 선택할 수는 없습니다. 그런 선택은 자의(恣意)와 우연(偶然)입니다.

이를 결정론과 대비되는 용어로 우유성(偶有性, Accident)이라 합니다. 인과 없이 우연히 존재한다는 말입니다. 본질과는 연관 없이 우연히 획득한 성질입니다. 본질을 통해 이해할 수 없으니 인과에서 배제됩니다. 그러나 스피노자의 철학은 그 가능성을 배제합니다. 정해진 운명(運命), 정해진 숙명(宿命)을 피할 방법은 없습니다. 운명이라는 개념이 니체 철학에서는 결정론적인 뉘앙스에서 벗어나 전혀 다른 의미로 쓰입니다만 이는 이후의 니체 철학에서 다루겠습니다. 우리는 운명 혹은 숙명을 말할 때 이것이 정해진 삶의 절차라는 의미에서 이렇게 표현합니다. 숙명을 벗어났다는 것은 스스로의 힘으로 정해진 삶의 경로를 탈출했다는 말입니다. 이는 결정되어 있는 인과의 연쇄에서 탈출하였다는 말이며, 결정에서의 탈출은 자유를 말합니다. 따라서 결정론과 자유의 문제는 서로 모순되고 충돌하는 개념입니다.

물질계는 철저한 결정론이 지배하고 있습니다. 따라서 원인과 결과가 분명합니다. 원인 없는 현상이 나타날 수 없고, 나타나는 모든 현상은 그 현상을 일으키는 선행의 원인이 있습니다. 원인 불명이라는 것은 단지 그 원인을 찾지 못했다는 말 이외에 다른 말이 아닙니다. 그러나 정신에는 자유의지를 인정하는 것이 종교 철학자, 이성주의자들의 학문 풍조였습니다.

특히 기독교에서는 자유의지로 인해 최초의 인간인 아담(Adam)의 죄가 지금의 우리에게 원초적으로 유전됩니다. 아담은 신의 명령을 어기고 자신의 선택으로 선악과〔善惡果, the fruit of the Tree of Knowledge(of Good and Evil)〕를 따 먹습니다. 선악과는 선과 악을 헤아리는, 분별을 갖게 하는 과일입니다. 그로 인해 아담과 하와(Eve)는 자신들의 벌거벗음이 부끄러움인 줄 알았습니다. 그리고 무화과 나뭇잎으로 그들의 치부(恥部)를 가립니다. 그들은 금지시킨 과일을 따 먹은 이유를 묻는 신에게 아담은 하와 탓을, 하와는 뱀의 탓을 합니다.

그러나 뱀은 하와를 유혹했고, 하와는 아담을 유혹했습니다. 그들은 자신의 의지로 신의 명령을 어기고 과일을 따서 먹었는데도 불구하고 상대에게 불복종과 책임을 뒤집어씌우고 자신들은 죄가 없음을 강변합니다. 최초의 인간은 믿음보다는 분별(分別)을 선택했고, 복종보다는 자유를 중시했습니다.

분별과 자유, 선과 악을 알게 하는 과일이라면 분명 우리 인간에게 좋을 듯한데 왜 신은 그 과일을 먹는 것을 금지했을까요? 이에 대해서는 많은 신학자가 오랜 기간 논했을 것이지만, 스피노자는 이에 대해 다음과 같은 해석을 내놓습니다. 금지된 과일, 즉 선악과는 인간의 신체에 해로운 것이었다. 그리고 신은 그 해로움(害)에 대한 상세한 이유를 알려주지는 않았지만 이를 단지 '금지(禁)'로서 아담에게 전했다. 아담은 이를 단지 '명령과 금기'로 이해했지만 이는 '아담의 신체가 해체될 것에 대한 염려로 전한 정보'였을 뿐이라고 말입니다.[86]

결정론의 세계에는 도약(跳躍)이란 없습니다. 결정된 세계는 질서와 수열(數列), 법과 법칙, 의무와 규범, 필연과 체계의 세계이며, 꼭 짜인 촘촘한 그물망의 세계입니다. 1 다음에 등장해야 할 2는 자신의 뒤에 있는 3을 자신 앞에 세울 수 없으며, 4가 바쁘다 하여 5를 3 다음에 세울 수는 없는 노릇입니다. 원인에서 나타나는 결과는 다른 방향을 잡을 수 없으며, 원인을 알면 결과는 순순히 자신을 드러낼 수밖에 없습니다.[87]

아담은 선악과를 따서 먹는 것이 자신의 선택에 달려 있다고 착각했지만 신은 그 선택은 아담의 파멸을 불러올 것이라고 경고만 했을 뿐입니다. 파멸과 해체를 선택할 이는 없으며 이는 선택의 범주

---

86 질 들뢰즈, 『스피노자와 표현의 문제』, 356.
87 근대 이전까지도 원인은 그 결과를 이미 내부에 내포하고 있다고 보았다. 그렇다면 연기는 불에 포함되며, 낮과 밤은 시간에 포함된다. 불은 성냥에 포함되고 시간은 변화에 포함된다. 노여움은 불화에 포함되고, 기쁨은 화합에 포함된다. 불화는 존재자의 대립에, 화합은 존재자의 일치에 포함된다. 따라서 모든 자연은 실체인 신에 포함되며 포함될 수밖에 없다. 실체가 자연의 원인이니 말이다.

에 들어가지 않습니다. 스피노자가 볼 때 세계 내의 어느 존재자도 자신의 파멸을 의욕할 수는 없습니다. 설사 의욕했다고 하더라도 그것은 선택이 아니라 무지일 뿐입니다.

뱀은 신의 명령에서 인과를 읽을 능력이 없었으므로 이를 신의 위계(僞計)로만 해석합니다. 자신을 보는 방식대로 신을 보고, 자신의 무능력대로 신의 능력을 봅니다. 그러니 신이 위계할 수 있다는 망상(妄想)을 합니다.

하와는 신의 말보다 뱀의 말을 더 믿는 어리석음을 저질렀는데 이는 신의 말이 자신을 살릴 것임을 모르고, 뱀의 말이 자신에게 이득을 줄 것으로 판단했기 때문입니다. 아담 또한 신의 음성을 듣고도 자신의 분별만을 믿고 거짓을 말하는 어리석음을 범했습니다. 이들 모두는 신의 경고를 금지로 해석하고, 그들 자신에게 신의 말과 뱀의 말 중 어떤 것이 진정한 이익인지 헤아릴 줄 몰랐기 때문입니다. 지식이 분별하는 것일지라도 뱀의 분별과 인간의 분별은 신의 분별에 결코 미치지 못합니다.[88] 경고를 금지로 해석하고 비판을 적대로 해석하는 습관은 아담의 후손인 우리가 여전히 지니고 있는 버

---

88 이 부분에 대한 스피노자의 해석을 보자. "즉 신은 자유로운 인간에게 선과 악을 인식할 수 있는 나무 열매를 먹는 것을 금하였다. 그리고 인간은 그것을 먹자마자 살기를 욕구하는 것보다는 오히려 죽음을 두려워하였다. 다음으로 인간은 자기의 본성과 완전히 일치하는 여성을 발견하고 자연 안에서 자기에게 그녀보다 더 유익한 것은 있을 수 없음을 알았다. 그러나 그는 짐승이 자기와 유사하다고 믿은 이후 곧 짐승의 정서를 모방하기 시작하여 자기의 자유를 잃기 시작하였다"(스피노자, 『에티카』, 제4부, 정리 68의 증명, 267~268).

릇입니다.

사건과 사물의 인과관계를 이성은 완전히 헤아릴 수 없습니다. 이 것이 결정론이 주는 또 하나의 메시지입니다. '나'라는 존재자가 무 엇인지도 모르는데 '나의 행위'를 내가 알 수는 없습니다. 이는 한 행위의 주인이 되기 위해서 나는 먼저 나를 장악해야만 한다는 말 입니다. 내 행위의 진정한 주인이 되어야 합니다. 이는 칸트가 말한 '(자기) 자율(自律)로서의 자유(自由)'에 가깝습니다.

스피노자가 말하는 것도 이와 유사합니다. 나는 진정으로 자유로 운 존재자가 아닌데 나는 마치 내가 자유로운 것처럼 나를 기망(欺 罔)하고 있습니다. 스피노자는 '자유'에 관해 한 서신에서 다음과 같 이 예를 듭니다. '날아가는 돌은 자기 스스로의 힘으로 날아가는 줄 안다.'[89] 돌멩이를 던져 날게 한 주체는 돌멩이가 아닌 타자인데 돌 멩이는 자기 스스로의 힘으로, 자기의 자유의지로 자유롭게 나는 줄 착각하는 것입니다.[90]

현재의 원인은 애초에 과거에 있었고, 지금의 원인은 이미 이전에 있었는데 현재와 지금이 내 의지의 소관이고 내 선택의 결과물인 줄 착각합니다. 여기 베드로가 길을 가고 있습니다. 어느 골목에서 지

---

89   스피노자, 『스피노자 서간집』

90   "젖 먹이는 자유의지로 젖을 욕구한다고 믿으며, 성난 소년은 자유의지에 따라 복 수를 원한다고 믿고, 겁쟁이는 자유의지로 도망친다고 믿는다. 다음으로 술주정뱅 이는 나중에 술이 깨면 공연히 말했다고 후회할지라도 그 당시에는 정신의 자유 로운 결단에 의하여 지껄인다고 믿는다"(스피노자, 『에티카』, 3부, 정리 2, 주석, 136).

붕 위 돌이 떨어져 머리를 다칩니다. 다친 베드로는 생각합니다. 내가 이쪽 골목으로 들어서지 않았더라면, 내가 조금 더 일찍 집을 나섰더라면, 내가 지인과 전화 통화를 하지 않았더라면, 아니면 도로 신호등을 지켜 조금 더 늦게 이 골목에 들어섰더라면… 하고 말입니다.

후회(後悔)입니다. 후회란 과거를 향한 현재의 가치 판단으로 과거의 내 행위가 선택의 오류였음을 자책하는 것입니다. 그러나 스피노자의 관점에서는 베드로가 선택했어야 할 옳은 다른 행위, 가령 지붕 위에서 떨어지는 돌을 피할 수 있었을 과거의 선택과 이 선택에 기반한 행위는 결코 가능하지 않습니다. 베드로는 그날 일찍 집을 못 나섰던 이유가 있었는데 그때 마침 부인이 그를 불러세웠고 그날 시장 장보기를 부탁했기 때문입니다. 평상시에는 이쪽 골목으로 들어서는데 굳이 다른 골목으로 들어설 이유는 없었습니다. 그가 지나갔던 골목이 마침 그가 잘 아는 길목인 데다가 시장의 채소 가게로 가는 가장 빠른 길이었기 때문이기도 합니다.

그에게 걸려 오는 전화 통화를 특별히 거부할 이유도 없었는데 그 전화는 바로 오늘 가야 하는 다른 목적지의 고객이 그에게 건 전화였기 때입니다. 또 신호등의 신호를 지키지 못한 이유는 이미 고객이 전화상으로 그를 기다리고 있다고 말했기 때문입니다. 즉 베드로가 지붕 위의 돌을 피할 선택의 경우의 수는 없었습니다. 베드로의 자유로운 의지대로 세계가 흘러가는 것은 아니며 그의 의지대로 그의 운명이 정해지는 것도 아닙니다.

세계는 꽉 짜인 그물처럼, 빈틈없이 누벼진 옷의 실처럼 그렇게 엮어져 있고 그 엮임대로 펼쳐집니다. 그물의 코가 하나 풀어지면 전체 그물이 곧 풀리고 그물은 그물이기를 그칩니다. 옷소매의 한 올이 풀리면 전체의 올이 풀어져 옷은 버립니다. 이것이 결정론이 설명하는 세계의 양태입니다. 옷의 한 올은 자기 스스로는 풀어지지 않을 것이라 다짐하지만 다른 올이 풀리면서 자기의 다짐도 소용없음을 목격합니다.

따라서 결정론의 양태에서는 과거에 왜 일이 그리되어 지금의 이 지경으로 전개되었는가에 관한 논의는 그것이 교정(矯正)의 가능과 시행착오의 예방을 목표로 하는 한 무용합니다. 그것이 후회와 가책의 정념을 우리가 갖게 할지라도 실제로 과거를 대상으로 현재의 우리가 선택하는 행위의 대안은 존재하지 않습니다. 자책(自責)은 무용하고 후회는 이루는 게 없습니다.[91] 현재에서는 인과의 양태에서 바라보는 이해만 가능하지 그 인과를 개선할 수 있었다는 논의는 불가능합니다.

이제 스피노자가 정념을 분석한 것을 살펴보기로 하겠습니다. 정서(情緖)는 정동(情動), 정념(情念), 욕동(欲動)으로 불리기도 합니다. 모두 크게는 동일한 의미입니다. 스피노자가 보기에 정념의 발생도 특정한 인과 고리를 가지고 있습니다. 정념은 물질적 육체가 생산해 내는 것입니다. 이 정념에는 육체가 생산해 내는 정념과 정신이 그 정념에 대해 부르는 이름이 있습니다.[92] 예를 들어 유쾌함이

---

91 "후회는 덕이 아니다. 즉 이성에서 생기지 않는다. 오히려 어떤 행위를 후회하는 자는 이중으로 비참하거나 무능하다"(스피노자, 『에티카』, 4부, 정리 54, 255).

92 "정서가 어떻게 정신 안에 생기는지…"(스피노자, 『에티카』, 20).

육체가 생산해 낸 정념이라면 이 유쾌함을 바라보는 정신은 이 유쾌함을 즐거움으로 이름 지을 수 있습니다. 즉 동일한 정념의 양태를 육체는 유쾌함으로, 정신은 즐거움으로 부릅니다.

육체가 생산한 정념은 물질의 인과를 따라 그 발생의 순서가 매겨지며 그 순서를 벗어날 수는 없습니다. 육체가 특정 대상과 조우(遭遇)하여 생산한 정념이 번갈아 차례로 전개되다가 어느 지점에서 특정한 유쾌함으로 불리는 정념에 도달하는 방식입니다. 따라서 스피노자는 이러한 정념들의 발생과 그 원인을 아는 것을 주요한 과제로 설정합니다. 그는 이 작업이 가능하다고 생각했습니다. 그것이 『에티카』 3부, 정념의 기원과 본성에 대한 분석입니다.

이러한 논의를 발전시켜 나가 보면 지금의 내 기분이, 현재의 내가, 최근의 내 상황이 왜 슬픈 상태[93]에 도달하였는가에 대한 이해가 가능하게 됩니다. 나의 지금, 나의 현재, 나의 최근의 상태를 도출시킨 내 조금 전, 내 과거, 내 최근에 대해 그 매듭을 풀고 원인을 해명해 나가면 내가 지금 왜 이 상태로 존재하는지 그 이유를 알 수가 있습니다. 내 상태에 대한 이성적 탐구는 마침내 내 존재 상태에 대한

---

93 스피노자에 의하면 모든 존재자는 자기를 보존하려고 하며, 이 '자기 보존'의 힘을 덕(德)이라고 부른다. 이 '자기 보존'을 선대의 홉스는 '코나투스(conatus)'로 정의하였다. 이 개념을 스피노자는 발전시킨다. 스피노자에 의하면 이 코나투스가 하강하는 것이 덕의 하강이며 곧 슬픔의 상태가 된다. 이는 존재 능력의 하강이라고 해도 무방하다. 반대로 코나투스가 상승하는 것이 덕의 상승이며 곧 기쁨의 상태이다. 스피노자는 아리스토텔레스가 분류한 8가지의 정서를 3가지로 단순화시켜 줄인다. 기쁨과 슬픔, 그리고 욕망(desire)이 그것이다.

최대한의 이성적 앎과 해명을 가능하게 합니다.

여기서 스피노자는 다시 정념의 전환을 통한 존재자의 전환을 얘기합니다. 정념의 전환은 정념에 관한 철저한 인식으로 인해 가능합니다. 나를 휘어잡고 있는 정념의 원인을 내가 알 수 있다면 그 정념은 그 상태로서의 정념이기를 그치고 다른 정념으로 전환합니다. 만약 지금의 나를 억누르고 있는 슬픔의 원인을 내가 제대로 알기만한다면 이 슬픔은 더 이상 내게 슬픔이 아니게 됩니다. 오히려 이 슬픔은 기쁨으로의 적극적인 전화(轉化)도 가능하게 됩니다. 이러한 지점이 스피노자를 다른 이성주의자와의 섬세한 차별성에도 불구하고 명백한 이성주의자이면서 주지주의자(主知主義者)로 특징지을 수 있는 지점입니다.

상태의 원인으로서의 정념을 그 원인과 그것이 발생할 수밖에 없었던 상황을 파악해 나간다면 존재자를 위협하는 공포나 그를 침울케 하는 슬픔의 상태에서 그 존재자는 드디어 벗어나게 됩니다. 그런 후에 슬픔의 정서는 기쁨으로 변하고, 절망으로 파악되던 상태는 희망[94]이게 됩니다. 이런 면은 불교(佛敎)에서 곧 고(苦, 존재자의 고통)의 원인을 밝히거나 깨우치려는 노력과 상통합니다.

---

[94] 희망은 존재하지 않는 것을 희구하는 정념이므로 스피노자의 철학에서는 긍정적인 것으로 존재할 수 없다. 스피노자의 철학은 일체 초월과 그것과 유사한 비존재를 거부하는 일원론이다. 따라서 존재하지 않는 대상에 대해 그릇되게 투사한 정념, 그리고 대상과 조응하지 않는 인간만의 허구적 상상력의 산물은 그릇된 것이다. "희망과 공포의 정서는 그 자체로는 선일 수 없다"(스피노자, 『에티카』, 4부, 정리 47, 251).

그런데 어떻게 방금 전까지 슬픔이자 고통이었던 정념이 기쁨이자 희망으로 변할 수 있는 것일까요? 혹시 스피노자의 이런 논법은 단지 자기최면(自己催眠)이나 종교적 유사 빙의(憑依)의 상태로 현재를 부정하거나 왜곡하는 해법은 아닐까요? 그렇지 않습니다. 한 사태를 볼 때는 여러 시각이나 다양한 각도에서 관찰해 보아야 합니다. 영화에서만 보았던 코끼리는 밀림의 코끼리가 아닙니다. 스피노자가 예를 든 것처럼 별자리의 개를 보고 그것이 실제의 개라고 착각하는 모양새입니다. 별자리의 개는 실제의 개와 조금의 유사성도 지니고 있지 않습니다. 영화에서 보는 코끼리가 실제의 코끼리라고 말하는 것은 갓난아기가 인생을 안다고 말하는 것과 같습니다.

사태(事態)는 사건(事件, 일)과 모양(模樣, 모습)입니다. 사태는 특정한 시간과 공간에 처하면서 자신을 드러냅니다. 한글 창제(創製)는 서기 1443년의 서울 경복궁 내 집현전에서 이루어졌으며 반포(頒布)는 1446년입니다. 이 1443년이라는 해(年)는 세종이 재위한 지 25년째의 해입니다. 이를 중국 연호로 하면 정통(正統) 8년입니다. 명(明)나라의 정통제 등극 후 8년이 지난 때입니다. 즉 한글은 조선 세종 때를 시간으로 삼고 한양의 궁궐 집현전을 공간으로 삼아 자신을 드러내기 시작한 것입니다. 백합이나 장미는 일 년 중의 늦봄을 자신의 최고의 시간으로 삼아 꽃을 드러냅니다. 물론 인간이 볼 때 꽃나무의 절정이 그 개화를 기준으로 삼는 것이지 실제 꽃나무가 자신을 성찰할 수 있다면 어쩌면 백합이나 장미의 절정은 자신의 씨를 땅에 뿌리는 여름이나 그 씨를 잉태하는 초봄이 되어야 할 것입니다.

인간은 자신의 정념을 마구잡이로 사물에 투사하여 그 사물을 재단(裁斷)하고 그 정념을 표준으로 삼기도 합니다. 그렇다고 위의 꽃들이 자신들의 개화를 추운 겨울로 하지는 않을 것입니다. 또 콘크리트 위나 물 위를 자기의 공간으로 삼지는 않을 것입니다. 즉 백합이나 장미가 자신의 꽃을 드러내는 시간과 공간은 위와 같이 특정되어 있습니다. 세계 내의 모든 존재자가 자신을 드러내는 것도 이처럼 특정한 시간과 공간을 취하면서입니다.

존재자의 토양은 시간과 공간입니다. 그 활동도 마찬가지입니다. 봄꽃은 겨울을 무대로 활동하지 못하고 어린 아기가 성인의 시간에 살 수는 없습니다. 또 성인이 유년이 되어 활동할 수는 없으며 유년의 아이가 성인의 실제를 누릴 수는 없습니다. 성인과 아이의 공간은 구분되어 있습니다. 아이에겐 엄마의 주방 기구도 장난감에 불과합니다. 아이에겐 집조차 놀이터이며 새로운 놀이를 시작하는 곳이기도 하고 자기의 놀이를 구상하는 곳이기도 합니다.

아이에게 엄마는 엄마이자 친구이고 언니이자 동생입니다. 엄마는 밥을 주기도 하고 장난감을 같이 가지고 노는 친구이며 병원을 찾아온 아픈 환자이기도 하고 아이의 계획을 충실히 따라주는 말 잘 듣는 하인이기도 합니다. 즉 아이의 시간은 고정된 것이 아니라 매 시간의 단위로 성인과 유년의 시간, 역할과 본분(本分)을 오락가락하며 삽니다. 마당은 놀이터가 되고 안방은 병원이 되며 자기 방은 출입금지 구역이 되었다가 다시 침대로 변합니다. 자기가 정한 시간에 시간과 장소는 이내 다른 시간과 장소로 변합니다.

아이가 어른이 되어 간다는 것은 필자가 볼 때 자기의 것인 시간과 공간을 점점 더 타자와 공존하는 시간과 공간으로 맞추어 간다는 뜻이기도 할 것입니다. 아이가 어른이 되는 것은 자기의 시간과 공간을 타자의 것으로 점점 내어줄 줄 아는 것을 배우는 것입니다. 자기의 시간에 타자가 들어오는 것을 요구하는 것이 우정이며 사랑이고, 타자가 들어오지 못하게 막는 것이 소유를 자각하는 것입니다.

반대로 갈수록 어른이 된다는 것은 타자가 온통 점령한 나의 시간과 공간을 점점 순전히 나의 것으로 되돌리는 과정일 수 있습니다. 점점 내가 아닌 것을 외부로 밀어내고 참으로 나이고자 했던 것으로만 나의 시간과 공간을 채울 때 이것이 진정한 성숙일 것입니다. 어른은 자라서도 이것을 다시 배웁니다. 그런 의미에서 어른이란 아이로 돌아가는 것이고 아이를 지향하는 것일 겁니다.

아이가 자기의 시간과 공간을 자기의 것으로 드러내지 못할 때 아이는 놀지를 못합니다. 아이가 자기의 시간과 공간을 마저 타자의 것으로, 어른들의 것으로 내어줄 때 아이는 창조하기를 그칩니다. 아이에게서 놀이가 창조인 이유입니다. 아이가 왜라는 말을 삼가기 시작할 때, 묻지 않고 외울 때, 아이는 생각하기를 그친 것입니다. 생각하지 않고 외우는 것은 모두 어른들의 건축물이고 그들의 습관입니다. 왜냐하면 그들도 생각할 수 없었으니 그전에 세운 건축물만 받아들이고 외웠기 때문입니다. 그래서 아이가 생각할 수 없게 만드는 어른은 아이가 창조하지 못하게 합니다.

이제 스피노자는 정념의 기원을 따져봅니다. 정념이 어디서부터 시작되고 그 정념의 성격은 무엇인지, 논리적으로 기하학적으로 나열해 보고 증명을 합니다. 그래서 이 정념의 본성은 사실 통념적으로 그것을 부르는 것이 아니라 전혀 다른 생산물에 불과하다는 것을 알게 됩니다. 즉 정신이 그것을 잘못 규정하고 착오하는 것일 뿐입니다.[95] 이렇듯 스피노자는 육체가 생산하는 정념을 철저히 이성으로 이해한다면 그것을 다시 교정하여 진행 방향을 바꿀 수 있다는 가능성[96]까지 말합니다. 그리고 이것이 그가 정념의 기원과 본성을 말하면서 그로부터의 해방을 동시에 말하는 것입니다.

우리가 정념의 본성을 제대로 파악하지 못하면서 우리는 그 정념에 예속되어 있는 처지입니다. 기쁨이 순전한 기쁨이 아니라 사이비 기쁨일 뿐인데 우리는 그 기쁨을 좇아 자기를 낭비하고, 슬픔이 순전히 슬픔이 아닌 데도 이 슬픔에 젖어 우리는 절망하고 자기를 놓아버립니다. 정념의 올바른 파악이란 이런 것입니다. 진정한 기쁨과 슬픔을 밝히고 나라는 존재자의 진정한 상승과 하강을 밝혀내는 것

---

95 "…모든 정서들은 기쁨, 슬픔, 또는 욕망으로 환원되며, 또한 욕망은 활동하려고 하는 노력 자체일 뿐이다"(스피노자, 『에티카』, 260).

96 엄밀히 말해 여기에서의 '가능성'이라는 개념은 스피노자 철학에서는 존재하지 않는다. 가능성이란 미래의 일이며 존재하지 않는 일을 존재하는 것으로 만들 여지이자 굳이 말하면 확률(確率, probability)이다. 그러나 스피노자의 철학에서 존재하지 않는 것이 존재할 수는 없는 노릇이다. 또 존재하는 것들은 반드시 자신을 드러내기 마련이다. 모든 존재자가 자신의 전부를 특정한 시간과 공간에 전부 드러낼 수는 없을 것이다. 이는 꽃이 그 뿌리부터 꽃망울까지 한꺼번에 보여주지 못하는 것과 같다. 스피노자 철학에서는 모든 존재자가 자신이 소유하고 있지 않은 것들을 새롭게 드러내는 것이 아니라 이미 소유하고 있으나 드러나고 있지 않은 것들을 드러내는 것이다. 이는 '잠재성'으로 표현해야 한다. '가능성(可能性, possibility)'은 현실화되어 있지 않은 비-실재적 개념이나 '잠재성(潛在性, potentiality)'은 내부에 현실화되어 있는 실재적 개념이다.

입니다. 정념의 올바른 파악이 곧 해방을 낳습니다. 이 말은 추상적이고 이상적인 원칙이 아니라 구체적이고 실용적인 방법입니다.

따라서 3부의 제목이 '정념의 기원과 본성에 대하여'라면 4부는 이러한 정념으로 한계 지워진 '인간의 예속 또는 정념의 힘에 대하여'로 붙여집니다. 마지막 5부는 이렇게 밝혀진 정념을 극복하는 '지성의 능력 또는 인간의 자유에 대하여' 서술합니다. 이런 체계로 짜인 저서가 『에티카』입니다.

언급했듯 스피노자의 철학에서 이해해야 할 또 하나의 개념은 '코나투스(conatus)'입니다. 이는 홉스의 『리바이어던』에서 나오는 말입니다. 코나투스는 자기를 보전하는 힘입니다.[97] 존재하고자 하는 힘이며, 존재의 역량(力量)이라고 말해도 되겠습니다.[98] 스피노자는 이 힘을 포텐시아(potentia)로 부릅니다.

존재하려 하지 않는 존재자는 존재하지 않습니다. 비-존재(非-存在)를 자기의 목표로 삼는 존재자는 없습니다. 자기의 보존이 아닌 파괴(破壞)를 목표로 삼기 때문입니다. 자기의 존립이 아닌 파괴와 비-존재를 목적으로 하는 존재자는 존재하는 것이 모순(矛盾)입니다. 그렇다면 이미 그 존재자는 오래전부터 존재하지 않을 것이기

---

97 "덕의 첫 번째 기초는 자신의 유를 유지하는 것, 그것도 이성의 명령에 따라서 유지하는 것이다. 그러므로 자기 자신을 모르는 자는 모든 덕의 기초를 모르는 자이며, 따라서 모든 덕을 모르는 자이다"(스피노자, 『에티카』, 4부, 256).

98 "존재할 수 없는 것은 무능력이고, 반대로 존재할 수 있는 것은 능력이다"(스피노자, 『에티카』, 25).

때문입니다. 존재자는 존재하고자 하며 존재하기 위해 활동하고자 합니다. 먹어야 하며 자야 하고 잠을 자야 하며 날씨 좋은 곳에서 거주해야 하고 물 맑은 곳에서 살아야 합니다.

내가 살아가지 못할 곳에서는 자식이 살 수 없으며 자식이 살 수 없다면 부모도 살 수 없는 곳입니다. 모든 존재자가 똑같습니다. 그래서 번식하고자 하며 먹이를 획득하고자 합니다. 가축 먹일 곳을 찾아 유목민이 이주하고 기름진 땅을 위해 정주민이 거름을 주는 것이 이 같은 이치입니다. 초식동물이 철마다 목초지를 찾아 이동하고, 육식동물이 이들의 뒤를 따르고 철새가 이동하는 이유가 그렇습니다. 존재하려 그들은 이동합니다. 식물은 존재하기 위해 땅의 아래로 숨고, 더 좋은 땅을 찾아 곤충과 새, 바람을 이용하여 그들의 후손을 퍼뜨립니다. 이것이 세계 내 모든 존재자들의 사는 이치입니다. 그리고 이것이 코나투스이며 존재하고자 하는 힘이며, 존재의 역량이고 포텐시아입니다.

동물에겐 이 코나투스가 본능으로 체화되어 있으며 인간에겐 본능에 더해 이성으로 주어져 있습니다. 식물은 자기에게 주어진 시간을 완만한 거주(居住)로 택하여 오랜 시간을 더디게 움직이며 자기의 삶을 그곳에 뿌리박습니다. 반대로 동물은 그 시간을 신속한 움직임으로 선택하여 생을 영위합니다. 동물과 인간은, 아니 동물 중의 인간은 그 시간을 육체의 운동으로만 수용하지 않고 그 시간에서 생존하기 위해 그 시간을 정신으로 관찰하는 능력을 지녔습니다. 그래서 과거와 현재, 미래라는 시간에 대한 감각을 발달시켰습니다. 세계 내의 존재자를 분할하여 바라볼 줄 아는 공간 감각도 발달시켰습니다. 분할하여 바라보는 것은 정신에 질서와 통일을 주기 위함일 것입니다. 열을 일로 나누어 생각하듯 분할하여 바라보는 지능(知能, intelligence)은 어쩌면 생존을 위한 것일 수 있습니다.

자살(自殺)의 경우는 어떻게 말을 해야 합니까? 자살은 스피노자의 관점으로 해석해 보면 외부(外部, 타자, 他者)에 의해 강요된 죽음이라고 말할 수 있습니다. 그에 의하면 스스로 존속(存續)을 파괴할 존재자는 없습니다. 자살은 명백히 자기 파괴인바 이 자기 파괴의 동력은 내부가 아닌 외부의 강요일 수밖에 없습니다. 타자의 위협이나 강요, 강압에 존재자가 굴복한 것입니다. 여기에서의 타자는 외부로부터 발생하고 다가오는 모든 종류의 힘입니다. 자살은 자기를 존속하려는 힘이 자기를 제거하고자 하는 외부의 힘에 압도된 경우일 뿐입니다. 이때 코나투스는 사라진 것이 아니라 코나투스가 제대로 작동을 못 하고 좌절된 것으로 볼 수 있습니다.

그렇다면 코나투스를 어떻게 올바르고 강하게 작동시킬 수 있을까요? 학교나 사회, 여하한 공동체 생활을 하다 보면 타자들이 혹자(或者)를 소외시키고 괴롭히는 것을 목격할 수 있습니다. 정신과 육체가 원하지 않는 특정의 강요된 상태 아래 처할 때 정념은 슬픔의 상태에 빠집니다. 슬픔의 상태란 코나투스의 하락 상태이기도 합니다. 따라서 존재를 지속하려는 힘, 존재의 역량이 좌절되고 꺾입니다.

그의 철학에 의하면 코나투스가 상승하면 그것은 기쁨의 상태이며, 하강하면 슬픔의 상태이므로 위의 경우는 코나투스가 아래로 하강하는 상태라고 말할 수 있습니다. 그렇다면 코나투스를 상승시키려는 전략은 무엇이어야 할까요? 코나투스가, 정신과 육체가 기쁜 상태로 옮겨가는 활동을 하고 코나투스가 상승하는 타자들과의 모임을 조직화하는 것이 중요하게 됩니다.

이 말은 즉자적(卽自的) 기분에 따라 타자와의 모임이나 우정을 지속하거나 아니면 단절하라는 말이 아닙니다. 먼저 정신이나 육체가 진정으로 기쁜 상태란 무엇인지를 알아야 합니다. 기쁨이란 정신과 육체가 보다 더 나은 상태로 발전하는 것을 말합니다. 그러기 위해서 정신은 육체를 보다 잘 이해해야 합니다. 무엇이 육체에 부합하고 내가 그것을 진정으로 기뻐하는지를 알아야 합니다.

선천적으로 병을 앓는 자가 올림픽 육상 선수의 실력을 자기 역량의 목표로 삼아서는 안 됩니다. 그러면서 그는 더욱 자기의 육체를 악화시키거나 심지어 소멸시킬 수도 있습니다. 그렇다면 병자에게 지나친 운동은 코나투스의 증진이 아니라 하강으로 작용할 것입니다. 아니면 코나투스를 파괴할 수도 있습니다. 그래서 먼저 자기의 육체를 잘 이해해야 합니다. 그 육체를 이해하는 능력을 정신이 확대시킬수록 정신은 발전하고 우등하다고 말할 수 있습니다. 이때 그의 육체와 정신은 상승하였다 혹은 그의 코나투스는 상승하였다고도 말할 수 있습니다.

나의 육체를 정확히 알고 있으니 나의 정신은 나를 보다 잘 이해합니다. 그럼에도 불구하고 스피노자는 우리는 우리의 육체가 할 수 있는 것을 아직도 잘 모르고 있다고 언급하였습니다. 내 육체의 한계를 나는 잘 모릅니다. 팔과 다리가 없다고 수영이 불가능하지는 않습니다. 장애인 올림픽 경기에서 몸통으로 수영하는 선수를 실제 목격할 수 있습니다. 한계를 그어놓고 지레 포기하는 겁(怯)과 한계를 모른 채 오만하거나 교만한 것은 모두 똑같이 악덕(惡德)으로 불립니다. 달리 말하면 이 경우 정신과 육체는 서로 제대로 조응(照應)하지 못했다 볼 수도 있습니다. 육체는 부산에 있는데 정신은 육체를 서울에 있는 것으로 착각하는 경우는 없어야 합니다.

스피노자의 철학에 있어서 육체와 정신의 관계를 살펴보겠습니다. 이 부분을 이해한다면 위에서 언급한 정신이 육체를 이해할수록 더욱 자기의 완성에 다가선다는 필자의 말이 이해가 갈 것입니다. 그리고 이는 스피노자 철학의 말이기도 합니다. 예를 들어 문학을 꿈꾸는 한 소녀가 공대생만이 있는 소모임에 가입했습니다. 이 소녀는 공대생들이 서로 주고받는 공학(工學)과 역학(力學) 이야기에 전혀 가담할 수 없습니다. 이내 그들과 주고받는 대화가 줄어들고 어느새 공대생들도 이 소녀에게 말을 거는 횟수가 줄어듭니다. 이 소녀는 자책감에 빠집니다. 스스로 무능한 것은 아닌지 하고 말입니다.

그러나 소녀는 신체가 잘 활동할 수 없는 모임에 다니면서 슬픈 상태에 신체가 처한 상태입니다. 그녀는 신체의 역량을 가장 잘 발휘할 문학 모임에 가담해야 했는데 말입니다. 이때 우리는 이 소녀의 코나투스가 하강의 상태이고, 하강하고 있다고 말할 수 있으며, 존재 역량이 훼손되었다고 말할 수 있습니다.

마약을 하거나 술을 마시면 코나투스가 증진되는 것으로 일부 사람들은 착각합니다. 아마 그 순간에는 육체나 정신이 최고의 상태라 믿는 사람도 있습니다. 그래서 이내 그 약물에의 도취(陶醉)를 코나투스의 증진으로 착각하면서 습관적으로 약물에 중독(中毒)됩니다.

그러나 짐작하듯 사실 약물은 그 사람의 신체를 분해하고 훼손하고 있습니다. 그의 신체가 할 수 있는 것으로부터 그를 분리시키고 이윽고 신체, 즉 정신과 육체 모두를 슬픔에 젖게 하고 맙니다.

약물로 자기의 존재를 고양(高揚)하게 할 수는 없습니다. 신체, 즉 정신과 육체는 파괴되고 있고 결국 최종적으로 파괴될 것입니다. 육체는 해체될 것이며, 정신은 슬픔의 극한에 처할 것입니다. 파괴된 육체로서 그의 정신은 육체를 이해하지 못합니다. 마약과 독물은 육체를 분해할 것이고 분해되어 가는 육체를 정신은 제대로 바라보아야 했는데 정신은 그것을 지각하지 못했습니다. 결국 정신은 육체를 이해하는 데 실패했습니다.

대개 사람들은 어느 정도의 중독에 처해 있습니다. 문제는 그 신체를 중독시키는 종류와 중독의 정도입니다. 워커홀릭(workaholic)은 회사의 일에 자기의 매일을 바치는 자입니다. 그것이 그의 육체와 정신에 진정한 기쁨을 주는 것일까요? 특정 취미에 중독된 자들은 시간만 있으면, 주말만 되면 짐을 챙겨 떠납니다. 그러나 일정 정도의 중독은 피할 수 없더라도 그것이 육체와 정신을 파괴할 정도의 중독이라면 그것은 악(惡)이자 악덕(惡德)입니다.

또 타자의 신체가 즐기고 향유(享有)하는 것이라고 해도, 그리고 타자에게 좋더라도 나의 신체에도 그대로 좋을 것이라는 보장은 없습니다. 인간은 타자와 이성적으로 연대할 수 있지만[99] 신체의 생산

---

99 이성은 정념을 소유하지 않으며, 논리로 대화한다. 이성적이지 않은 것은 정념이

물인 정념은 다르고, 다를 수 있으므로 타자의 신체에 부응하는 정념과 그 정념의 방향을 바꾸려는 시도는 자기와 다를 것입니다. 이렇게 많은 중독에서 예외가 있다면 그것은 실체인 신에 대한 이성적 갈구와 탐구입니다. 신을 아는 것은 세계를 아는 것이고 세계를 아는 것은 자기를 아는 것입니다. '신 즉 자연'이며 '신 즉 세계'입니다. 그래서 이는 지나침이 없습니다. 실체에 관한 앎(지식, 知識)은 인간의 최고의 덕(德)이며 행복(幸福)입니다. 그래서 지고(至高)의 복(至福)입니다.

정신은 육체가 침울해하고 슬픔에 잠겨 있을 때조차 마치 육체가 즐겁고 기쁜 상태에 있는 것으로 자주 그릇되게 바라보고 표상합니다. 사실은 육체가 그들이 할 수 있는 것으로부터 분리되어 있음에도 불구하고 정신은 육체가 마치 최고의 역량을 발휘하는 것으로 착각합니다. 정신은 자주 육체를 잘못 바라보고 그릇되게 이해합니다.

스피노자에게서는 정신과 육체는 서로 바라보며 조응합니다. 이것이 평행론(平行論, parallelism, 심신평행론, psychophysical parallelism)입니다. 육체가 슬픔에 처하면 정신도 슬픔에 처하고, 정신이 기쁨에 처하면 육체도 기쁨에 처합니다. 이 둘은 인과의 관계

개입하기 때문이다. 이성적인 한 올바른 진리의 도출은 가능하다. 타자 또한 마찬가지다. 그래서 이성을 소유하는 자들은 그들이 판단할 때 상호 일치할 수 있다. 스피노자에게서 나와 타자의 이성은 일치한다. 이를 '공통관념'이라 그는 부른다. 1종의 인식이 실체, 즉 신에 대한 인식으로서 직관지라면 2종의 인식이 바로 이 공통관념의 판단, 즉 이성적 인식으로서 이성지이다. 이는 후술한다.

에 있지 않습니다. 그들은 동시에 움직입니다. 정신의 대상은 육체이며 육체가 생산해 낸 정념의 변용을 정신은 자기의 것으로 지각합니다. 둘은 같이 걷고 있으나 서로 손을 잡지도 말을 하지도 못합니다. 그러나 그들이 각각 자기의 것으로 하는 대상은 그 둘 모두에게 동일한 것입니다. 단지 육체가 부르는 자기의 생산물인 정념에 대한 용어, 정신이 부르는 자기의 생산물인 개념에 대한 용어들이 서로 다를 뿐, 그 둘은 서로를 똑같이 비추고 조응하고 있습니다.

육체가 학대당하고 훼손당하고 있는데 정신이 즐겁고 명랑할 리는 없습니다. 데카르트는 육체가 분주할 때 정신은 자신의 사유 활동을 비교적 멈추고 열등해지며, 육체가 한가할 때 정신의 사유 능력이 분주하며 우등하다고 말했는데 이와는 정반대로 스피노자는 말합니다.

데카르트의 철학에서 정신과 육체는 분리되어 있습니다. 이를 심신이원론(心身二元論)이라고 합니다. 그러나 우리가 알고 있듯 육체와 정신은 어쨌든 서로 교통하고 있습니다. 데카르트는 이 정신과 육체의 교류를 앞서 언급했던 송과선이라는 기관이 담당하는 것으로 설명합니다. 송과선은 데카르트가 두뇌의 내부에 있다고 말한 기관인데 설명을 위해 그가 창조한 기관이라 보아도 무방할 것입니다. 그의 철학을 살피면 정신과 육체는 철저히 구분되어 있는 속성입니다. 서로 교통할 수 없습니다. 스피노자는 이를 더욱 철저히 합니다. 스피노자는 송과선이라는 상호 소통의 역할을 하는 억지스러운 기관을 삭제하고 정신과 육체는 서로 조응(照應)하는 관계로 설명합니다.

이때 사유 속성이 구성하는 정신과 연장 속성이 구성하는 육체는 실체의 다른 두 속성이 구성한 양태입니다. 철저한 일원론입니다. 육체와 정신은 나란히 진행하는 두 속성의 양태입니다. 서로 마주 보며 진행합니다. 똑같은 춤을 추고 있는 쌍둥이라고 할까요? 여기서 조응(照應)이라는 개념이 어려운 말이긴 합니다.

데카르트주의자인 말브랑슈(Nicolas Malebranche, 1638~1715)는 이를 바닷가 모래사장 위에 있는 두 시계의 모습으로 비유합니다. 두 시계는 메이커도 서로 다르며 둘의 관련은 전혀 없습니다. 그런데도 두 시계가 가리키는 시침과 분침, 나아가 초침까지도 서로 정확히 일치합니다.[100] 정신과 육체의 움직임에 관한 한 비유입니다. 이를 기회원인론(Occasionalismus)이라 합니다. 지금은 타계하셨지만 미국 브라운 대학교의 분석철학자 김재권 교수(金在權, 1934~2019)가 이 정신과 육체의 관계, 심신의 문제에 관한 심리철학(心理哲學)의 권위자였습니다. 그는 수반설(隨伴說)을 내세웠습니다. 정신과 뇌의 관계가 수반관계로서 뇌의 물리적 속성이 고정되어 있다면 정신은 이에 수반한다는 설입니다.

정신과 육체의 관계에서 만약 육체가 발현하는 모든 현상들이 정신이 동기를 제공하고 지배한다고 말한다면 이는 관념론(觀念論)이며 정신주의(精神主義)가 됩니다. 반면 정신의, 즉 두뇌의 작용도 육

---

100   기회원인론을 주장하는 말브랑슈(Nicolas Malebranche, 1638~1715)에게서 이 두 일치하는 시계(정신과 육체)의 제작자는 신적인 장인(Werkneister)이다. 그리고 이 장인은 신(神)이다.

체 작용의 부산물에 불과하다고 말한다면 이것은 유물론(唯物論)이며 물리주의(物理主義)가 됩니다. 얼핏 보면 뇌수술도 하는 시대이니 우리가 생산하는 정신도 뇌 활동의 부수현상이니 유물론이 타당한 것 아니냐고 의문을 가질 것입니다. 그러나 그리 단순히 말하기에는 정신 현상은 대단히 복잡하고 신비롭습니다. X-레이를 찍은 폐(肺)의 사진과 그 폐의 실제 운동은 차원이 다릅니다.

현상을 외부에서 '정지'로 포착하는 것과 그 현상이 내부에서 발현되어 '운동'하는 것으로 말하는 것은 전혀 다른 내러티브(narrative)입니다. 스피노자는 정신과 물질 각자의 영역을 훼손하지 않고 본래대로 두었습니다. 정신의 지위를 높여 정신 위주로 세계를 파악한 데카르트에 비해, 물질을 정신으로부터 독립시켜 그 위치와 중요성을 더욱 높인 것에도 그의 철학은 공헌하고 기여했습니다.

스피노자의 인식론을 살펴보겠습니다. 그의 철학은 주지주의(主知主義)입니다. 그의 전략처럼 실체의 속성인 정신과 물질에 대해 제대로 인과관계를 알고 해명한다면 그의 말대로 인간은 자유롭고 해방될 수 있을지 모릅니다. 따라서 데카르트가 과학을 향해 물질의 연구 가능성을 주고 종교나 사상의 빗장을 풀고 문을 열어주었듯이, 스피노자 또한 과학의 탐구 욕망을 물질에 관해 최대한 허용한 것입니다. 그 물질계는 실체의 속성을 간직한, 사물과 세계의 진리가 담긴 토양입니다. 스피노자가 물질을 해명하기 위해 선택한 방법론이 여전히 데카르트와 같은 수학적이고 기하학적 방식이었지만 그 방식을 그가 최고로 삼은 것은 언급한 대로 아닙니다. 물질에 대한 이성적인 연구 방식으로 그가 제안한 하나의 방법론으로 보아야 합니다. 이러한 방법론 또한 사물을 기술하는 많은 다양한 방법 중의 하나일 뿐이니 말입니다.

스피노자에게서는 앞절에서 언급한 세 종류의 지식(知識, 인식, 認識)이 있습니다. 이를 삼종지(三鐘知)라고 합니다. 최초에는 여기에 소문(所聞)에 의한 지식까지 포함을 시켰다가 나중에는 제거합니다. 소문이란 남의 입을 통해 들은 것입니다. 풍문(風聞)입니다. 간접적으로 들은 것이므로 이는 지식이라고 말할 수 없습니다.

그래서 그가 정리한 최초의 지식은 상상지(想像知)입니다. 상상이라 함은 Imagination입니다. 그가 말하는 상상은 육체가 생산해 낸 정념입니다. 감관(感官)이 대상을 만나면 그 대상의 이미지(image)가 육체에 흔적을 남깁니다. 이 이미지가 그가 말하는 상상입니다. 감각지(感覺知), 감관지(感官知)라고도 합니다. 인상(印象)이라고도 할 수 있습니다.

이때의 '인' 자는 도장 인(印) 자인데 도장을 찍는 것처럼 감각에 찍히는 것입니다. 즉 비-존재자를 상상함이 아닌 육체의 감각이 작동하여 건설한 이미지를 말합니다. 따라서 이 이미지는 객관적이지 않습니다. 오히려 관찰자의 주관에 기인한 착오와 오류의 이미지를 남길 수 있습니다. 우리가 어떤 이의 이미지에 관해 누군가에게 물어볼 때 이는 특정한 그이에 관해 객관적인 자료를 평가하고자 하는 것이 아닙니다. 이는 단지 상대방의 주관적 감흥을 알고자 할 때의 용법입니다.

또 이는 각자의 신체 상태에 따라 동일한 사물이 달리 보일 수 있는 상황도 함의합니다. 일례로 몸이 아픈 이는 단맛을 쓴맛으로 느낄 수 있고, 황달(黃疸)에 걸린 이는 사물이 노랗게 보일 수도 있습니다. 그래서 스피노자는 상상지를 올바른 지식으로 분류하지 않습니다. 혼돈스러운 의견일 뿐입니다.

두 번째는 이성지(理性知)입니다. 이는 공통관념(共通觀念), 공통개념(共通槪念)으로 불립니다. common notion입니다. 지성지(知性知)라고도 합니다. 이성과 지성의 용례는 철학자에 따라 같게도, 다르게도 쓰입니다. 이성지는 수학적·기하학적 인식처럼 엄밀하며 타당하고, 확실한 근거를 가진 지식입니다. 인간은 이성을 누구나 지니므로 이성지는 모두 가지고 있고, 가질 수 있는 지식입니다. 단지 그 개발이 문제입니다. 따라서 각자는 그들의 이성으로 연대할 수 있습니다.[101] 많은 개인으로 나누어졌다고 해도 이성은 진리를 발견하는 능력이므로 하나의 이성으로 통일될 수 있습니다. 수학의 진리는 서로 간 다툼과 오해가 없습니다. 진리를 발견하는 길이 옳다면 그 길은 모두가 긍정하는 길입니다.

common sense, 상식입니다. 이성주의자답게 그는 공통관념을 중시합니다. 이는 근대적 국가에 대한 그의 신뢰로 이어집니다. 그가 네덜란드의 세속 법정에 상속 소송을 걸었던 이유도, 생애의 마지막에 『정치론』을 집필하고자 한 것도, 드 비트 형제의 암살 소식을 듣고 직접 나서려 했던 것도 이성에 대한 그의 신뢰에 있습니다. 그는

---

101 "…인간은 이성의 지도에 따라 생활하는 한 서로 간에도 역시 필연적으로 언제나 일치한다"(스피노자, 『에티카』, 4부, 237).

사회의 동력으로서 이성과 이성적 연대를 중요하게 여겼습니다. 이성으로 움직이는 사회가 그가 꿈꾸었던 사회입니다.

마지막으로 직관지(直觀知)입니다. 약간 신비스럽기도 한 용어입니다. 전통적으로 서양 철학자는 직관을 이성의 하위에 위치시켰습니다. 그러나 스피노자는 직관을 이성의 상위에 위치시키는데 여기서 그의 사상에 유대 사회의 헤브라이즘(Hebraism)이 영향을 주었음을 짐작할 수 있습니다. 직관을 강조한 현대 철학자로는 프랑스의 베르그송이 있습니다. 그 탓인지 베르그송도 나중에는 가톨릭으로 귀의하고 약간의 신비주의적 경향을 철학에서 나타내 보입니다.

직관에는 감성적 직관이 있고, 이성적 직관이 있습니다. 감성적 직관은 일례로 동물에서 볼 수 있는 능력이며 흡사 그들의 본능적 직관입니다. 동물은 본능적으로 포식자(捕食者)가 오면 재빨리 도망칩니다. 순발력은 그들의 본능입니다. 순간적으로 적대자를 알아차립니다. 물을 마시다가도 언제든지 달려갑니다. 여기 소개팅을 하고 있습니다. 상대가 내게 호의를 가지고 있는지 아닌지, 상대가 내 맘에 드는지 안 드는지는 상대방이나 내 머릿속을 일일이 헤집고 말로 설명하지 않아도 대개 단박에 알아차릴 수 있습니다. 일종의 통찰력(洞察力)입니다. 사물의 본성을 이성적으로 파악하려 해도 잘 안 되다가 순간의 번뜩임에 의해 간파하는 것, 일종의 직관력이라 할 수 있습니다.

철학은 메타(meta)에 관한 탐구입니다. 사물의 배후(behind)에 숨어 있는 것을 드러내고 밝히는 학문입니다. 데카르트의 의심을 이 글을 쓰는 필자에 적용한다면 과연 내가 로봇이나 AI(Artificial

Intelligence)가 아니라고 독자 중의 누구도 자신할 수는 없습니다. 로봇 혹은 AI가 짜깁기한 저서를 읽고 있는 것이 아니라는 것을, 실제의 정영수라는 인간이 쓴 책을 읽고 있다는 것을 증명하는 것이 철학의 역할입니다.

내가 타이핑(typing)하는 이 키보드가, 만지작거리는 볼펜이 실제 존재하는 키보드와 볼펜인지 의심하면서, 그것이 실재라는 것을 증명해 나가면서 철학은 발전합니다. 무-조건적인 당연함은 없습니다. 우리가 살아왔고 살아가는 각 시대의 역사는 그 시대의 사람이 의심의 여지 없이 당연히 여기는 것을 의심하면서 그 시대를 지배하고 있는 편견, 그것을 뒷받침하는 이데올로기들이 파괴되고 변하는 역사였습니다. 관습과 편견으로부터의 자유로움, 그것 또한 철학이 목표하는 지점입니다.

한계를 가지고 진행하는 운동이 역사입니다. 역사는 시대를 포함하고 시대는 그 한계를 그 시대에 또한 지닙니다. 지금의 시대 또한 그렇습니다. 지금을 사는 사람의 인식, 그 사람이 가지고 생활하는 도구, 과학으로 증명되며 갱신되는 이론, 그 이론을 입증하는 실천, 모두 '지금의 시대'라는 한계 내의 인식이자 도구이며, 이론이자 실천입니다. 따라서 철학이 그 정체성으로 영원한 진리를 추구한다고 주장한다면, 마땅히 시대로부터 벗어나야 하며 그래야 합니다. 영원하지 않은 것은 이미 진리가 아니기 때문입니다. 영원한 것이 존재하느냐 마느냐는 다른 차원의 논의입니다. 진리가 존재하느냐 마느냐는 이미 진리에 관한 논의이기 때문이며, 이 자체가 영원에 관한 논의이기 때문입니다. 이 논의에서 시대가 개입할 여지는 별로 없습니다.

그래서 스피노자는 세계를 볼 때 영원의 눈을, 영원의 시각(視角)을 말합니다.[102] 국한된 시각으로는 사물에서 불완전만을 목격합니다. 그러나 스피노자는 존재하는 모든 것에서 완전함을 목격합니다. 그에게서 실재(實在)와 완전(完全)은 동일한 의미입니다. 우리는 지금 벌어지고 있는 사태의 원인을 정확히 알지 못합니다. 그래서 엉뚱한 사물(事物)이 지금 벌어지는 사태의 원인이라 강변(强辯)하고 그 책임을 지웁니다. 그리고 존재할 뿐인 사태들에 인간의 감흥(感興)이 생산한 목적을 부여합니다.

그러나 사물과 사태에 목적을 부여함은 충동일 뿐입니다.[103] 잘못된 인식은 다양한 미신을 낳고 편견을 갖게 하며 이것들은 관습으로 굳어집니다. 미신과 편견, 관습은 종교의 계율이나 사회의 제도에 뿌리를 박고 이내 사회를 규정하고 구속합니다. 이렇게 경직된 사회에서 인간은 구속받고 학대받습니다. 그러나 나무 한 그루가 아닌 전체 숲의 눈으로 관찰한 세계는 이 악습으로부터 인간을 해방하고야 맙니다. 이 숲의 눈이 영원의 눈입니다. 영원은 시간을 확장합니다. 다른 말로 하면 영원은 시간의 구속에서 모든 사물을 해방합니다.

시간을 초월해서 파악한 인과관계는 그 물질적 질서와 흐름을 결국 밝혀냅니다. 제비가 오니 봄이 온 것이 아니라 봄이 오니 제비가 온 것입니다. 제비를 보고 겨울을 알 수는 없습니다. 시간에 제비가

---

102 "나는 존재가 영원한 것에 대한 단순한 정의에서 나온다고 생각하는 한, 영원성을 통하여 존재 자체를 이해한다"(스피노자, 『에티카』, 18).
103 "목적인… 인간의 충동"(스피노자, 『에티카』, 4부, 209).

구속된 것이지 제비가 시간을 규정하는 것이 아닙니다. 봄이 제비에게 거처를 내주는 것이지 그 역이 아닙니다.

중세인의 믿음처럼 유대인이 물에 독을 타 흑사병(黑死病, 페스트, pest)이 창궐한 것이 아니라 쥐벼룩의 균이 공동 우물과 그 접촉을 통해 번져나가는 것입니다. 즉 현재가 무엇인지 밝혀내는 것은 현재의 인식이 아닙니다. 현재를 알려면 현재를 벗어나야 합니다. 그것이 과거로 불리든, 미래로 불리든 그 인식은 전혀 현재의 것이 아닙니다.

그렇다고 과거에 대한 심판이 미래에서만 이루어지는 것은 아닙니다. 과거와 미래는 모두 시간이라는 주인에 구속된 노예입니다. 과거와 현재, 현재와 미래, 그리고 이 선(線)에서 이루어지는 모든 인과와 시간의 의미는 스피노자가 말한 영원으로부터만 올바르게 파악될 수 있습니다. 시간은 죽음의 원인을 삶이라고 오도(誤導)합니다. 사실 삶의 결과는 죽음이 아닌데 시간에서 사는 자들이 자주 삶의 뒤에 오는 죽음을 그 결과라고 호도(糊塗)합니다. 삶은 죽음과 완전히 다른 어떤 것입니다. 그래서 스피노자는 '현자(賢者)의 사유는 죽음이 아니라 삶'이라고 말합니다. 시간을 떠난 인식이 영원입니다. 그래서 '우리는 우리가 영원하다는 것을 알고 경험한다'[104]고 스피노자는 역시 주장합니다.

물질적 질서에서 인간의 주관적 감흥은 사라집니다. 스피노자가

---

104 "…영원성은 시간에 의하여 정의되지 않으며 시간과 아무런 관계도 가질 수 없기 때문이다. 그럼에도 불구하고 우리는 우리들이 영원하다는 것을 느끼며 경험한다". (스피노자, 『에티카』, 307.)

바라본 세계는 인간의 주관적 감흥과 정서로부터 자유로운 세계입니다. 인간의 주관으로부터 자유로우니 세계는 인간의 것이 아닌 실체의 차분한 구현일 뿐입니다. 실체의 구현인 세계이니 이는 진정 필연으로서의 세계입니다. 스피노자가 영원의 눈으로 세계를 바라볼 것을 권할 수밖에 없는 이유입니다.[105]

두 가지의 영원이 있습니다. 영원은 시간과 관계하거나 관계하지 않습니다. 관계하는 하나는 '무한(無限)한 시간'입니다. 시간이 계속(영원히!) 지속됩니다. 시간은 끝을 가지지만 무한은 그렇지 않습니다. 시작도 없고 끝도 없습니다. 한계가 없으므로 무한입니다.

반면 시간은 변화를 내포하기도 합니다. 그래서 영원의 한 의미는 무한한 시간에서의 무한한 변화입니다. 일례로 니체의 영원회귀(永遠回歸) 사상에서 찾아볼 수 있습니다.

관계하지 않는 다른 하나는 '시간에서 벗어남'입니다. 시간을 초월합니다. 시간을 초월하니 그것과 관계 맺지 않고, 그래서 변화하지 않습니다. 종교에서의 시간관이 대개 이렇습니다. 고통이 없는 천국(天國)이나 극락(極樂)이 이 시간관을 말해 줍니다. 고통은 살아 있음에서 오고 살아 있음의 고통은 결국 시간의 변화로부터 오니 말입니다. 이 시간관을 가진 철학자가 스피노자입니다. 그가 영원의 눈으로 세계를 바라볼 것을 말할 때 이 시간은 변화하는 시간에서

---

105 "정신은 이성의 지도에 따라서 파악하는 모든 것을 동일하게 영원의 상이나 필연의 상 아래에서 파악하며…"(스피노자, 『에티카』, 262).

벗어난 신의 눈입니다. 신의 시각에서 미세한 변화는 차지하는 의미가 없습니다. 영원한 시간에서 사건이나 사고는 무의미합니다.

영원에서 지금을 본다면, 지금의 구체적 사물은 꽉 짜인 거대한 그물의 아주 조그만 그물코에 불과합니다.[106] 결정된 세계에서 한 개의 사건은 넓은 그물의 조그만 그물코에 불과합니다. 스피노자가 결정론자인 한 이유입니다. 그렇다면 세계는 구체적인 것까지 결정되어 있으니 내가 할 수 있는 것은 아무것도 없지 않나요? 모든 것은 결정되어 있고 무엇을 한들 운명은 정해져 있으니 선택은 전적으로 무의미한 것 아닌가요? 이는 스피노자의 참뜻이 아닙니다.

나는 세계라는 기계의 조그마한 나사일 뿐이라고 한다면 위의 말이 옳을 수도 있습니다. 그런데 만약 내가 나사의 역할인 것을 세계라는 큰 시야에서 알고 있다면 말의 함의는 다릅니다. 내가 내 실재를 영원의 눈으로 바라볼 수 있다면 나는 세계에서 차지하는 나의 중요한 역할을 알게 됩니다. 더불어 세계를 알고 있는 작은 나사는 그 세계의 핵심이기도 합니다.

자신이 누구인지 알고 있는 사물과 자신이 누구인지 모르는 사물의 차이는 인간과 돌멩이의 차이만큼이나 큽니다. 온전하게 파악된 세계 내의 나는 자유로운 모습입니다. 엄격한 필연론과 결정론에 처한 주체지만 그 필연과 결정의 구조를 온전히 파악한 주체는 더 이

---

106   "…영원 안에는 언제라는 것이 없고, 이전도 이후도 없으므로…"(스피노자, 『에티카』, 52).

상 세계의 우연한 전개로 착시되는 모습에 결코 속지 않습니다. 그래서 세계를 그 결정의 구조에서, 필연적으로 닥치는 지금의 사건에서 늘 의연하게 대처할 수 있습니다.[107]

이것이 스피노자가 말하는 자유입니다. 필연에서, 결정론에서 도출된 자유입니다. 기나긴 수열이 있고 내가 지금 어디쯤에 위치하는지 모르지만 내가 속한 수열을 파악하려 노력하면서 나는 수열의 시작과 끝을 알게 되고 내가 어디로 나아가고자 하는지도 드디어 알 수 있게 됩니다.

---

107 "신 안에는 가능적 지성은 아무것도 존재하지 않고 현실적 지성만이 존재한다는 것을 인정한다"(스피노자, 『에티카』, 54).

History
/
Art
/
Philosophy

칸트 철학

(1724~1804)

—

7년 전쟁

칸트 생존 시 유럽은 7년 전쟁(Seven Years' War, 1756~1763)이 벌어지는 시기였습니다. 7년 전쟁의 조금 위 시기는 30년 전쟁으로 데카르트가 살았던 시기입니다. 30년 전쟁은 구교인 가톨릭과 신교인 개신교가 30여 년 동안 벌였던 전쟁입니다. 그 밑바닥에는 기존의 봉건제도를 유지하고 기득권을 지키려는 구교 세력과 새롭게 등장하고 있는 부르주아지(bourgeoisie)나 상공업자들이 자신들의 이

작자미상, 「콜린 전투, Schlacht bei Kolin」, 1756년 작.
7년 전쟁 중 1757년의 콜린 전투를 묘사한 그림이다. 콜린은 지금의 체코 공화국에 위치한다.

익을 획득하고 옹호하기 위해 기존 가톨릭 위주의 사회제도에 도전하고 있는 형국이었습니다. 국왕이나 독립 제후들도 합스부르크 가문이 내리 차지하고 있는 신성로마제국이라는 기존 질서로부터 자국이나 봉토(封土), 자민족과 주민들의 이익을 도모하려고 시도합니다. 구질서는 너무 낡았고 이제 신질서를 향한 열망이 유럽 여기저기서 서서히 등장하고 있었습니다.

클라우제비츠(Clausewitz, 1780~1831)가 말했듯 전쟁은 정치의 연장선에 불과합니다. 종교적 측면에서 분출된 것이 30년 전쟁이라면, 7년 전쟁은 오스트리아 제국의 왕위 계승을 둘러싼 정치적 분쟁이 원인입니다.

신성로마제국의 황제인 합스부르크의 카를 6세(Karl VI, 1685~1740)는 후사(後嗣)를 이어야 할 아들을 얻지 못했고 형제들도 모두 이미 요절하여 남자가 가문에 없었습니다. 불행히도 게르만 족은 살리카 법(Lex Salica)에 의하여 여성이 왕이 될 수는 없었습니다. 이 법은 유럽의 여러 국가들에도 영향을 줍니다. 그래서 대개 남성이 왕위를 이었고 여성은 왕이 될 수 없었습니다.

카를 6세는 생전에 이를 걱정하여 미리 딸일지라도 자기를 이어 황제가 될 수 있도록 국사 조칙(國事詔勅, Pragmatic Sanction, 1713)[105]을 발표합니다. 그리고 주변국들에 이를 양해받고 그 대

---

105 오스트리아 대공국, 그와 연합을 이루고 있는 영토들을 상속받을 남자 상속인이 없을 경우, 통치자의 딸이 상속하며, 딸도 없을 경우에는 누이가, 누이도 없을 경우엔 고모가 상속하도록 하는 등 살리카 법을 폐지하고, 준 살리카법으로의 전환

가를 기꺼이 지불합니다. 신성로마제국의 황제가 아닐지라도 황제가 이미 소유한 세속의 영토는 광대했습니다. 황제는 이 영토를 딸인 마리아 테레지아(Maria Theresia, 1717~1780)에게 주고자 했습니다. 이 영토 중 오스트리아의 왕위가 분쟁의 대상에 오릅니다. 그녀는 왕위에 오르기 위해 프로이센에 어쩔 수 없이 슐레지엔(Schlesien) 지방을 내주었습니다. 그러나 마리아 테레지아는 곧 이 영토를 다시 찾고자 합니다. 그러자 주변국들의 왕들까지 다시 자기들이 오스트리아 왕위를 가질 정통성이 있음을 주장하게 됩니다.

이제 다시 유럽 전체가 전쟁에 휩싸이게 됩니다. 신성로마제국의 황제인 카를 6세는 제국의 황제이기도 했지만 오스트리아-합스부르크 제국의 왕이기도 했습니다. 마리아 테레지아의 황제 등극을 옹호하는 오스트리아와 이를 지지하는 국가들이 한편에 서고, 이 왕위 계승의 부적합성을 주장하는 나라들이 반대편에 섭니다. 결국은 그녀가 왕위를 유지하는 것으로 전쟁은 종결됩니다. 마리아 테레지아의 막내딸은 마리 앙투아네트(Marie Antoinette, 1755~1793)입니다. 프랑스 혁명(France 革命, 1789~1799) 당시의 왕인 루이 16세(Louis XVI, 1754~1793)의 왕비였습니다. 또 모차르트(Wolfgang Amadeus Mozart, 1756~1791)가 6살 때 쇤브룬(Schönbrunn) 궁전

을 규정한 법령이다. 신성로마제국 내에 여러 공작, 후작, 선제후들이 이에 반발하였으나 카를 6세의 무력에 의해서 국사 조칙을 승인하게 되고, 그의 장녀인 마리아 테레지아 여대공이 추정상속인이 되었다. 이는 나중에 오스트리아 왕위 계승 전쟁의 원인이 된다(출처: https://ko.wikipedia.org/wiki).

휴고 웅에비터(Hugo Ungewitter), 7년 전쟁, 『루텐에서의 프리드리히 대제와 참모들, Frederick the Great and staff at Leuthen』, 이 그림은 프리드리히 대제 (1712~1786)가 그의 동생의 동료인 프린스 헨리(Prince Henry), 그리고 장군들과 함께 있는 것을 묘사한 그림이다. 1922년 작.

을 두 공주의 소개로 구경하다가 넘어지자 막내 공주 마리 앙투아네트가 와서 일으켜줍니다. 이 친절함에 모차르트가 공주에게 청혼했던 일이 유명합니다.

7년 전쟁 당시 프로이센의 왕은 프리드리히 1세(Friedrich I, 1657~1713)로 근대 독일의 초석을 놓은 유능한 계몽 군주입니다. 원래 독일 지방은 게르만족이라는 야만족이 살던 땅이었습니다. 영화 『글래디에이터(Gladiator)』(2000, 감독: 리들리 스콧, Ridley Scott)의 첫 장면은 로마 군단이 이 게르만족과 전투를 벌이는 장면입니다. 유럽 대륙 동북쪽의 게르만족이 겨울이 닥치고 마땅히 먹을 것이 떨어져 로마 제국의 영토 내로 쳐들어가 약탈을 일삼습니다.

로마 제국의 각 변방에 있는 군단은 이 게르만족을 비롯한 이민족의 침입을 방어하며 점령지를 넓혀가거나 방어하여 제국의 안정을 꾀합니다. 영화에 등장했던 황제는 로마 제국 오현제(伍賢帝) 중의 마지막 한 명으로 마르쿠스 아우렐리우스(Marcus Aurelius, 121~180)입니다. 그는 평생 전쟁터에서 살다 죽었지만 스토아철학자 황제로도 유명합니다. 타고난 무인은 아니었지만 훌륭한 정치를 베풀어 후대 제국의 황제들이 그를 늘 본받고자 본인의 이름에도 그의 아우렐리우스(Aurelius)를 넣을 만큼 존경을 받았던 황제입니다. 그의 『명상록(瞑想錄)』은 유명한 저서입니다.

로마 제국은 그 방대한 영토 때문에 야만족의 침입을 늘 겪어야 했고 대비를 해야 했습니다. 북쪽으로는 브리타니아(Britannia)의 켈트족(Celts族), 동북쪽에는 라인강(Rhein江)이나 다뉴브강(Danube江) 유역의 게르만족의 하위 종족들과 경계를 접했고, 지중해를 건너 남쪽으로는 북아프리카의 베르베르인(Berber人), 동쪽으로는 페르시아(Persia)인 파르티아(Parthia)나 이후의 사산조 페르시아(Sasan朝Persia)에 접했습니다. 그래서 넓은 영토를 방어하기 위해 변경에 군단을 상주시키고, 황제는 방어용 방벽(防壁)을 쌓았습니다(브리타니아의 하드리아누스 방벽(Hadrian's Wall), 게르만의 리메스 게르마니쿠스(Limes Germanicus)). 또한 황제는 제국의 영토를 지키는 것이 일차적인 책임이라 직접 전쟁에 나가 전장을 지휘하는 것이 그 의무였습니다. 물론 군사에 능하지 않아 후방에서 지휘만 한 황제도 있었고, 아예 전장에 출전하지 않은 황제도 있었으나 그래도 주요 관심은 전쟁터에 있었고, 대개는 늘 전장에 나가 실제 군의 지휘를 하고는 했습니다.

이것이 로마 제국의 몰락기에 숱한 군인 황제들이 출현하게 된 배경이기도 합니다. 그만큼 넓은 영토를 지키는 군이 중요했고 그 군은 로마 시민권을 가진 자들로 이루어졌기 때문입니다. 시민권이 없는 자들은 군을 지원하는 보조 병력에 그쳐야 했습니다. 후기에는 세입의 증대를 위해 로마시민과 속주민의 차별을 없애고 시민권을 개방합니다. 곧 속주민 출신 황제들이 등장하기도 합니다.

변경 방어의 효율을 위해 제국 후기에 디오클레티아누스 황제 (Gaius Aurelius Valerius Diocletianus, 244~311)가 동방과 서방을 각각 정제(正帝, 아우구스투스, Augustus)와 부제(副帝, 케사르, Caesar)로 나누어 제국을 사분(四分)하고(사두정치, 四頭政治, Tetrarchia) 해당 지역을 각자에게 맡겨 통치하고 방어하기도 합니다. 이렇게 방어의 효율성을 위해 분할된 제국이 알력과 반란에 의해 삼분(三分)되기도 합니다. 그러다 결국은 서로마제국(Western Roman Empire, 395~476)과 동로마제국(Eastern Roman Empire, Byzantine Empire, 395~1453)으로 분할되고 서로마제국이 먼저 멸망합니다.

동양의 중국에서도 흉노족을 비롯한 북방의 유목민들이 중국 본토를 주기적으로 침략하고는 했습니다. 식량이 떨어지는 겨울철이나 가을의 수확기가 되면 이들의 침략은 거세졌습니다. 이들을 방어하기 위해 세운 건축물이 한(漢, B.C. 202~220) 시대의 만리장성(萬里長城)입니다.

한편 마리아 테레지아의 오스트리아는 인접한 헝가리와 연합을 이루어 오스트리아-헝가리 제국을 이룹니다. 그녀도 넓은 제국의 통치에는 수완이 있었습니다. 오스트리아-헝가리 제국은 그녀의 치세에 더욱 부강해졌습니다. 주변국들도 더 이상 오스트리아-헝가리 제국을 쉽게 넘보지 못했습니다. 당시는 유럽의 주요 국가들이 근대 국가 체제에 들어서는 시기입니다. 계몽 군주의 시대입니다. 프로이센의 프리드리히 1세, 오스트리아-헝가리 제국의 마리아 테레지아, 그리고 러시아의 표트르 대제(Peter the Great, 표트르 1세, 재위 1682~1725)도 모두 계몽 군주의 면모를 지니고 있었습니다. 표트르 1세는 서구 유럽 국가의 문물을 수용하기 위하여 직접 시찰단의 일원으로 신분을 위장하여 프로이센, 영국, 네덜란드 등을 견문하여 기술과 학문을 배웁니다.

—

절제(節制)와 사유(思惟)

요한 고트리프 베커(Johann Gottlieb Becker),
「칸트」, 1768년 작.

칸트는 만으로 80세까지 장수한 철학자입니다. 당시 유럽 사람의 평균 수명이 대략 40세 정도였으니 그들보다 두 배를 더 산 셈입니다. 그의 역작 『순수이성비판(純粹理性批判), *Kritik der reinen Vernunft*』 (1781 초판)은 그가 당대인의 평균 수명대로만 살았다면 존재하지 않았을 저서입니다. 그

가 50대 중반에 출간한 책입니다. 물론 평균의 함정이란 것이 있습니다. 근대에도 유아 사망률[106]은 상당하여 평균 수명을 끌어내렸

---

106   아동 사망률은 5세 이전까지 1천 명당 사망 수로 나타낸다. 현재도 아프리카의
       많은 나라들이 1백 명대를 나타내고 있다(참조: https://ko.wikipedia.org/wiki/).

을 것이니 그 이전에는 더 말할 나위 없습니다. 그래도 남들보다 현저히 장수하는 사람들은 종종 있었습니다. 조선시대의 영조(英祖, 1694~1776)가 대표적입니다. 고구려의 장수왕(長壽王, 394~491)은 오래 살아서 그리 불립니다. 르네상스기의 이탈리아 화가인 미켈란젤로(Michelangelo Buonarroti, 1475~1564)도 병약했음에도 불구하고 86세까지 장수했던 사람입니다. 인명재천(人命在天)이라는 말이 맞는 듯합니다.

칸트는 오후 두 시만 되면 산책을 한 일화로 유명합니다.[107] 당시 마을 사람들이 칸트가 산책하는 것을 보고 시계를 맞추었다고 합니다. 당시 서민들은 여전히 가난했을 텐데 당시로서는 고가품인 시계를 가구마다 가지고 있었는지는 모르겠습니다.[108] 대략 칸트가 산책하는 것을 보고 시간을 짐작했을 것이라고 하는 것이 맞는 표현일 것입니다.

칸트가 이렇게 매일 빼먹지 않고 규칙적으로 수행하기 좋아했던 산책도 두 번의 예외가 있었다고 합니다. 한 경우는 루소(Jean-Jacques Rousseau, 1712~1778)의 책 『에밀, Émile』(1762)을 읽을 때였고 다른 경우는 프랑스 혁명이 일어났다는 잡지의 기사를 보

---

107 혹자는 이 산책 시간을 오후 3시 30분으로 보는 이도 있다.
108 최초의 시계 장인들은 대포를 만드는 장인들이었다. 이는 시계 역시 금속을 다루는 능력을 요구하기 때문이다. 30년 전쟁이나 7년 전쟁 후 많은 대포 장인들이 전쟁을 피해 영국이나 스위스의 제네바로 이주했다. 18세기가 되면 런던이나 제네바가 시계 제조업의 중심지가 된다. 이것이 아직도 여전히 스위스 시계가 유명한 한 이유일 것이다.

고 있을 때였다고 합니다. 너무 심취해서 산책을 까먹은 경우일 것입니다.

칸트는 어렸을 때부터 병약했습니다. 지금 찾아볼 수 있는 삽화에서의 칸트도 과연 자그마한 체구에 마른 형색입니다. 이렇게 유약하니 그의 부모도 걱정을 많이 했다고 합니다. 그런데 칸트는 스스로 유약하다는 것을 어릴 때부터 잘 알고 있었습니다. 그래서 외출을 다녀오면 반드시 손을 잘 씻었다고 합니다. 당시는 공중보건학(公衆保健學)이나 공중위생학(公衆衛生學) 같은 위생학은 말할 필요 없고 위생 개념도 빈약했을 시대인데도 말입니다. 역시 철학자다운 일화입니다.

에밀 도어스틸링(Emil Doerstling), 「식탁 위의 칸트와 그의 친구들, Kant and Friends at Table」, 1892~1893년 작.
: 여기 있는 그의 친구들의 이름은 크리스천 야콥 크라우스(Christian Jakob Kraus), 요한 게오르그 하만(Johann Georg Hamann), 테오도르 고트리프 폰 히펠(Theodor Gottlieb von Hippel), 칼 고트프리드 하겐(Karl Gottfried Hagen)이다.

당시 철학자들이 칸트처럼 가난하기도 쉽지 않을 것입니다. 스피
노자 같으면 자발적으로 선택한 가난이라고 해야 할 것입니다. 그렇
다고 스피노자가 끼니를 걱정할 정도의 가난은 아니었습니다. 스스로
검소하게 생활을 했고 물욕(物慾)이 별로 없었다고 봐야 할 것입니다.

칸트의 부친은 가죽세공업자였습니다. 부모 모두 경건한 루터교
신자였습니다. 경건한 루터파 교리의 영향은 이후 칸트의 사상에도
상당한 영향을 끼친 것으로 보입니다. 칸트의 나이 열두 살에 어머
니가 사망하고 스물두 살에 아버지도 사망합니다. 어머니는 가난한
형편에 장난감을 사줄 형편이 안 되어서 밤에 어린 칸트를 데리고
나가 별을 보면서 얘기를 하고는 했습니다. 이런 어머니와의 기억은
제가 볼 때 칸트의 철학에 고스란히 남아 있습니다.

칸트가 『실천이성비판(實踐理性批判), *Kritik der praktischen
Vernunft*』(1788)에서 '하늘에는 별이 빛나는 하늘, 내 마음에는 도
덕 법칙…'[109]이라고 표현한 것도 어릴 적 어머니와의 경험이 반영되
지 않았나 생각합니다.

칸트의 철학을 엄숙주의(嚴肅主義, rigorism) 혹은 경건주의(敬虔
主義, pietism)라고도 합니다. 루터파 청교도(淸敎徒, Puritans)의 신

---

109 여태껏 새롭고 커져 가는 경탄과 경외로 내 마음을 채우는 두 가지가 있으니,
     내 위의 별이 빛나는 하늘과 내 안의 도덕 법칙이 그것이다(Two things fill my
     mind with ever new and increasing admiration and reverence … : the starry
     heavens above me and the moral law within me)(칸트, 『실천이성비판』, 5장, 출처:
     https://en.wikipedia.org/wiki/Immanuel_Kant).

앙과 생활에 관한 이론적 · 실제적 경험들이 그의 사상 내부에 녹여져 있다고 보입니다. 그의 철학은 형식주의적이고 엄격한 면이 강합니다. 칸트는 1724년 독일, 당대로 말하면 프로이센(Preußen)에서 출생합니다. 영어식 표기로는 프러시아(Prussia)라고 합니다. 이곳의 도시 쾨니헤스베르크(Königsberg)가 그의 고향입니다. 지금은 러시아의 도시 칼리닌그라드(Kaliningrad)입니다.

제2차 세계대전 종전 후에 포츠담협정(Potsdam協定, 1945)에 의해 승전국 소련에 발트해 연안의 독일 북동부 땅이 귀속되는데 이때 귀속된 곳입니다. 러시아 본토와는 떨어져 있습니다. 프로이센이 발흥한 지역이라 독일이 양차 세계대전 중에도 사수했던 유서 깊은 지역입니다. 결국 독일은 패전하여 프로이센의 북부는 소련에, 남부는 폴란드에 귀속됩니다. 이후 쾨니헤스베르크는 칼리닌그라드로 불립니다.

칸트는 평생 고향인 쾨니헤스베르크를 떠나지 않았다고 합니다. 실제 칸트가 이곳을 정말 벗어나지 않았는지 학자들이 연구를 하기도 합니다. 쾨니헤스베르크 북쪽으로 한 40킬로미터 정도 떨어져 북해(北海)가 있는데 칸트가 생전에 이 바다를 보았는지 보지 않았는지도 논쟁거리일 정도입니다. 설혹 바다를 보았더라도 40킬로미터 정도이니 그가 평생 고향 쾨니헤스베르크를 떠나지 않았다고 간주해도 무방해 보입니다.

칸트는 상당히 절제하는 삶을 살았습니다. 그의 규칙적인 일과는 이렇습니다. 매일 새벽 5시 정도 기상해서 독서를 합니다. 아침에는 대학교에 가서 강의합니다. 귀가해서 점심을 먹고, 2시경 산책을 합니다. 이후 친구들을 초대해서 담소(談笑)하곤 합니다. 철학자 하면 흔히 고독이 떠오르는데 칸트는 그리 혼자 고독하게만 지낸 것은 아닙니다. 친구들과 담소(談笑)도 즐겨 했습니다. 맥주를 좋아했으나 포도주는 싫어했다고 합니다. 초상화를 보면 체구가 작습니다. 형제들은 많았지만 어려서 많이 사망합니다.

당시만 해도 그리 위생 개념이 발달하지 않은 시대라고 언급했습니다. 나이팅게일(Florence Nightingale, 1820~1910)이 등장한 시대가 남진하는 러시아와 오스만 · 영국 · 프랑스 연합군의 크림 전쟁(Crimean War, 1853~1856) 발발 즈음입니다. 이 즈음부터 위생 개념이 등장하고 발달합니다. 그녀가 전시에서 부상한 군인들을 치료하면서 치료 환경의 위생이 중요함을 발견하게 됩니다.

불과 2년 전 우리에게도 코로나(COVID-19)가 닥치고 번창했었습니다. 전염병인데, 지금은 감염병으로 부릅니다. 감염병이 번지기 시작하면 전통적으로 격리가 최우선입니다. 균(菌)이 확산을 못 하게 숙주(宿主)가 있는 환자를 분리시키고 고립시킵니다. 일종의 거리 두기입니다.

중세인 14세기에 번창했던 흑사병은 전염되면 삼 일 안에 죽습니다. 현대에도 흑사병은 잔존합니다. 단지 지금의 발달한 예방의학이 흑사병의 전염을 제어할 뿐입니다. 코로나도 스페인 독감(Spanish flu, 1918)의 변종입니다. 칸트는 당시 위생 개념이 발달하지 않은 시대임에도 불구하고 어렴풋이 그 관념을 가지고 있었던 것으로 보입니다. 외출에서 다녀오면 손을 씻고 규칙적으로 산책을 한 것은 자신의 유약함을 잘 알고 있었던 것으로 생각됩니다. 일종의 자기관리입니다. 생활에서도 모범적입니다.

—

프랑스 혁명

프랑스 혁명에 관해 상권에서 잠깐 언급했습니다. 이 책에서도 이 부분 외에 간혹 서술되어 있으니 그런 부분들도 참고하면 됩니다. 중세에서 근대를 이끄는 기점으로 작용하는 몇 가지 사건이나 흐름들이 있습니다. 경제적으로는 영국의 산업혁명(産業革命, industrial revolution, 1760~1840), 종교적으로는 북유럽에서 시작된 루터 등의 종교개혁(宗敎改革, the Reformation, 16~17세기), 문화적으로는 이탈리아 르네상스(the Renaissance, 14~16세기), 그리고 정치적으로는 프랑스 혁명(the French Revolution, 1789)입니다. 이 사건이나 사건의 흐름들은 서로 상당한 기간의 차이를 두고 진행합니다.

루이 14세(Louis XIV, 1638~1715)는 태양왕(Le Roi Soleil)이라 불릴 만큼 절대왕정의 극치를 이룹니다. '짐이 곧 국가(L'État, c'est moi)'라고 말했던 왕입니다. 오랜 프랑스의 중심지 파리를 떠나 베르사유에 궁전을 짓기도 합니다(Palace of Versailles). 태양을 상징하는 그리스 신화의 아폴론을 그린 회화나 분수를 궁전 곳곳에 배치하기도 합니다. 이후 귀족들을 파리에서 베르사유로 불러들이고 그곳에서 살게 하며 그곳을 프랑스 통치의 근거지로 삼습니다. 그러나 그가 강력한 왕권을 행사하는 이면에는 막대한 재정의 수요가 있었습니다. 그의 사망 후 그 재정의 적자는 그대로 증손자 루이 15세(Louis XV, 1710~1774)에게 이전됩니다. 루이 15세도 성품은 착했지만 특별히 이 재정의 적자를 메꾸어 세입을 보충할 방법은 없었습니다. 왕실의 사치도 여전히 지속되었습니다.

그의 이후 이제 루이 16세(Louis XVI, 1754~1793)가 등장합니다. 프랑스 혁명을 살필 때 루이 16세나 그의 왕비 마리 앙투아네트(Marie Antoinette d'Autriche, 1755~1793)에 대한 잘못된 편견을 교정할 필요가 있습니다. 예를 들어 실제의 루이 16세가 자물통과 열쇠를 만드는 취미에 몰입은 하였으나 그것이 그가 국정을 등한시할 정도는 아니었다는 것을 알아야 합니다. 또 상권에서 언급하였지만 기요틴(guillotine, 단두대, 斷頭臺)의 초승달형 날을 사선 날로 바꾸는 제안도 그가 할 만큼 그는 실용적인 분야에까지 관심을 두었습니다.

또 왕비 마리 앙투아네트는 오스트리아의 여왕 마리아 테레지아의 막내딸입니다. 프랑스 왕에게 시집을 온 것입니다. 천재 음악가인 6살의 모차르트(Wolfgang Amadeus Mozart, 1756~1791)가 초청을 받아 쇤브룬(Schönbrunn) 궁전에서 놀다 넘어졌는데 이를 일으켜준 공주가 막내 공주인 마리 앙투아네트였고 그녀의 친절에 어린 모차르트가 청혼했다는 얘기는 유명합니다.

혁명의 기운이 거세지면서 그녀는 국정을 망가뜨리는 주범이자 일종의 마녀로 취급을 받습니다. 여기에 나중에 프랑스 혁명정부와 전쟁을 치르는 프로이센-오스트리아 연합에 대한 민중들의 적대감도 그런 소문의 확산에 하나의 원인으로 작용하기도 합니다. 연합군은 발미전투(Bataille de Valmy, 1792)에서 프랑스의 의용군에게 패배합니다. 또 그녀의 사치가 회자되기도 하는데 실제 그녀는 프랑스 왕실의 왕비치고는 검소한 편이었습니다. '빵이 없으면 케이크를 먹으면 된다'고 했던 그녀의 말은 근거가 없습니다. 이를 민중의 관점에서 보면 프랑스 왕실에 대한 반감, 특히 연합하여 프랑스의 혁명을 와해시키려는 외국에 대한 적대감과 왕실이 이들과 내통하고 있다는 의심, 그리고 적대국 출신 왕비인 마리 앙투아네트 개인에 이 반감이 투사된 것이라 볼 수도 있을 것입니다.

대략 혁명의 경과를 살펴볼까 합니다. 프랑스에서는 이 혁명 이전에도 크고 작은 부르주아지[110] 혁명들이 있어 왔습니다. 그래서 이전의 혁명들과 차별하여 대혁명(大革命)이라고 부릅니다. 그 혁명의 도화선은 1789년 7월 14일에 벌어진 바스티유 감옥 습격(prise de la Bastille)입니다. 이날은 현재 프랑스의 국경일이기도 합니다. 혁명의 본격적인 서막을 알리는 사건입니다. 이로 인해 구체제(앙시앵 레짐, ancien régime)가 타도되고 공화제로의 서막을 여는 사건입니다.

루이 16세는 프랑스의 재정 악화를 타개하기 위해 여러 가지 방책을 내놓고자 합니다. 가장 문제는 당시 제1신분과 제2신분이었

---

110 부르주아지(bourgeoisie, 有産 市民)의 어원은 프랑스어로 성(城)이 bourg인바, 이는 성안에 안전하게 사는 사람들이란 말이다.

장 피에르 루이스 로렌 홀(Jean Pierre Louis-Laurent Houel), 「바스티유 감옥 습격, Prise de la Bastille」, 1789년 작. 프랑스 혁명의 서곡이 된 바스티유 감옥 습격.

던 성직자와 귀족이 일체의 세금을 내지 않는 면세층이었다는 것에 문제가 있습니다. 왕조차도 드칼론(de Calonne), 튀르고(Jacques Turgot), 네케르(Jacques Necker)를 순차로 재무총감으로 임명하여 특권계층에 세금을 부과하려고 했습니다. 당시의 사법제도는 왕과는 상당히 독립된 세습층인, 제2신분이었던 법복귀족(法服貴族, Noblesse de robe)이라 불리는 자들이 고등법원이나 하급법원들을 장악하는 형식이었습니다.

법원은 왕의 명령을 추인하거나, 이를 포고하는 형식을 통해 자신들의 권한을 행사하였습니다. 그러나 이 법복 귀족들 또한 특권층이었고, 기득권을 유지하려는 노력을 하는 것에 또 문제가 있었습니다. 결국 법원은 삼부회(三部會, États généraux)를 통해 증세하는 형

『부르주아지』, 제1신분인 성직자와 제2신분인 귀족을 등에 지고 있는 제3신분인 부르주아지의 캐리커처 "이 게임은 곧 끝날 것이라고 기대해도 좋아."라고 하단에 써 있다.

장 프랑수아 밀레(Jean-François Millet, 1814~1875), 『이삭줍기, The Gleaners』, 오르세 미술관(파리), 1857년 작.
: 밀레는 『이삭줍기』에서 농가의 여인들을 마치 대지의 여신처럼 표현했지만, 당시 농민들의 삶은 아주 비참했다. 게다가 이삭을 줍는 일은 농민 중에서도 몹시 가난한 계층의 여성들이 도맡았다. 온종일 허리 한번 펴지 못하고 일해도 이삭 한 줌 값을 겨우 벌 수 있었다. 양민영 저, 『서양 미술사를 보다 2』, ㈜리베르스쿨, 2013, 61쪽 참조. 추수하고 떨어진 이삭을 줍게 하는 것은 사회 최하층 계급의 사람들을 위한 일종의 은혜였다.

식을 왕에게 제시하게 되고, 이에 왕은 삼부회를 소집하게 됩니다. 이때 루이 16세는 제3신분인 부르주아지들의 인원을 3백 명에서 6백 명으로 증원시켜 놓습니다. 그런데 이 삼부회는 전통적으로 각 신분, 즉 귀족과 성직자, 부르주아지 각각 동일한 표를 행사하는 것으로 되어 있습니다. 즉 신분계급당 1표의 행사입니다.

그리된다면 특권층에게 유리하고 제3신분인 부르주아지에게는 불리합니다. 부르주아지는 자신들에게 유리한 인원수 투표를 주장합니다. 특권층과 부르주아지, 그리고 이 부르주아지를 지지하는 시민들의 대립이 갈수록 격화됩니다. 그리고 재정 문제는 갈수록 어려워지고 시민들의 생활은 곤궁하기 이를 데 없어집니다. 이로 말미암아 삼부회는 해산됩니다.

그러나 부르주아지들은 자신들의 요구가 관철되고 이익이 보호되지 않는 한 해산하지 않겠다고 선언하며 국민의회(Assemblée

자크 루이 다비드(Jacques Louis David, 1748~1825), 「테니스 코트 선언, Le Serment du Jeu de paume」, 테니스 코트의 맹세를 묘사하고 있다. 1790년 작.

nationale, 1789)를 결성합니다. 이 선언이 테니스 코트 선언입니다 (Tennis Court Oath, 1789.6.20.). 이 의회에는 지방의 몰락한 성직자 일부와 납세의 필요성을 수긍한 일부 귀족 또한 합세합니다.

당시의 교회제도는 지방 말단의 교회로부터 거두어들인 헌금 등의 재정수입이 상부의 교회까지 올라갔다가 다시 배분되는 구조를 취했습니다. 따라서 지방 말단의 수도원이나 교회까지 그들이 필요로 하는 재정은 내려오지 않기 일쑤였습니다.

혼란스러운 프랑스의 상황은 루이 16세에게 영국 왕 찰스 1세 (Charles I)를 떠올리게 합니다. 그는 신하이자 나중에 호국경(護國卿)이 된 올리버 크롬웰(Oliver Cromwell)에게 처형되었습니다 (1649). 루이 16세는 국경의 군대를 파리 인근으로 불러 진주하게 하고, 재정개혁안을 내세웠던 재무총감 네케르를 파면합니다. 그러나 이런 결정은 왕의 실책이었으니 파리 시민들은 군대가 자신들을 해(害)할 것으로 오해하였으며 네케르를 다시 불러올 것을 요구하며 소요(騷擾)를 일으킵니다.

혁명의 도화선은 이미 당겨졌습니다. 군대로부터 자신들을 보호할 무기를 얻기 위해 시민들은 파리 교외의 바스티유감옥을 습격합니다. 그리고 저항하는 사령관(드 로네이)과 군인들을 죽이고 죄수들을 석방시킨 후,[111] 사령관의 잘린 목을 창에 꽂고 파리 시내를 행

---

111 이때 감옥에 수감된 죄수는 총 7명이었고 모두 석방되었다. 이 중에 사디즘 (sadism)의 어원이 된 사드 후작(Donatien Alphonse François, marquis de Sade, 1740~1814)과 루이 15세의 암살 시도자가 있었다. 이 암살 시도자가 누구인

진합니다. 파리 시장도 같은 운명을 맞이합니다. 이제 민중의 감정이 극도로 격앙된 사태를 맞이한 것입니다. 이에 동조하는 혁명의 기운이 전국으로 번지고 소요가 일어납니다. 귀족들은 살해되고 토지대장은 불탑니다. 왕은 이에 굴복해 네케르를 복직시킵니다. 이제 권력은 국민의회로 넘어가고 의회가 정국을 주도합니다. 「인간과 시민의 권리선언, Déclaration des droits de l'Homme et du citoyen」이 귀족 출신 라파예트(La Fayette, 1757~1834)와 성직자 출신 시에예스(Sieyès, 1748~1836)의 기초로 의회에서 통과됩니다(1789.8.26.). 그러나 군대의 진압이 있을 것이라는 횡행한 소문과 파리의 극도로 부족한 생필품 문제 등은 주부들이 베르사유로 행진하여 왕의 파리 귀환을 요구하는 사태까지 이릅니다. 그리고 이들의 압력에 못 이겨 왕과 왕비는 파리 튈르리 궁(Palais des Tuileries)으로 복귀합니다 (1789.10.6.).

국민의회의 재정위기 타개책은 바로 구체제 특권층의 재산 몰수였습니다. 탈레랑(Talleyrand, 1754~1838) 주교의 제안으로 성직자들의 재산은 몰수되고 교회는 국가에 속하게 됩니다. 이제 성직자는 교황이 아닌 국가에 충성해야 합니다. 이에 반대하는 성직자들은 기요틴에서 처형됩니다. 이에 가톨릭의 신앙이 굳건했던 서부의 방

지는 파악하지 못했다. 참고로 이전에 루이 15세에 대해 암살을 시도한 다미앵 (Robert-François Damiens)은 처형되었다(1757). 이 다미앵에 대한 잔인한 처벌 과정은 프랑스 철학자 미셸 푸코(Paul-Michel Foucault, 1926~1984)가 그의 『감시와 처벌, Discipline and Punish』(1975) 서두에 자세히 기술한 바 있다.

데 지방에서 반란이 일어나 오래 지속됩니다(Rébellion Vendéenne, 1793~1801). 섬멸을 지시한 정부에 의해 수십만이 죽었고, 이로 인해 단절되었던 프랑스 정부와 교황과의 관계는 나폴레옹 이후에야 회복됩니다.

입헌군주제를 주장했던 국민의회 인물인 미라보(Mirabeau, 1749~1791)가 사망합니다(1791.4월). 그는 의회 내에서 왕과 왕비를 보호하고 변호했던 인물이었으니 루이 16세의 불안은 점점 커져갑니다. 결국 자신의 처가이자 왕비에게는 친정인 오스트리아로의 탈출을 계획하게 됩니다. 탈출하던 중 변방 바렌(Varennes)에서 혁명군에 의해 밤중에 체포됩니다(1791.6.20.). 이 소식은 더욱더 민중들에게 왕실에 대한 적대감을 심어주게 됩니다. 국왕이 백성을 버리고 외국으로 탈출을 감행했으니 배신감이 이루 말할 수 없었을 것입니다. 더불어 재정 악화가 왕실의 사치로 인한 것이라는 소문은 익히 번져 있었습니다. 물론 과장된 것이지만 말입니다. 이제 서서히 왕실을 폐지해야 한다는 주장이 시민들 사이에서, 그리고 자코뱅 당원들 사이에서 터져나옵니다.

한편 혁명기의 정파는 초기의 클럽 데 자코뱅(Club des jacobins)이라는 클럽에서 시작합니다(1789). 다양한 사상을 가진 시민들의 결합체였습니다. 이후 혁명이 진행되면서 차츰 분화되고 분열됩니다. 입헌군주파였던 푀양파(Club des Feuillants, 1791)에는 귀족 출신인 라파예트가 대표적입니다. 중도 우파입니다. 지롱드(Girondins)파는 온건공화주의자들입니다. 자크 피에르 브리소(Jacques Pierre Brissot, 1754~1793), 마담 롤랑(Marie-Jeanne

"Manon" Roland de la Platière, 1754~1793) 등이 대표적입니다. 몽테뉴파(La Montagne, 산악파, 山岳波)는 급진공화주의자들이며 이들이 나중에 혁명의 진행을 주도합니다.

몽테뉴파, 이른바 자코뱅파에서는 장 폴 마라(Jean-Paul Marat, 1743~1793), 조르주 당통(Georges Jacques Danton, 1759~1794), 막시밀리앙 드 로베스피에르(Maximilien François Marie Isidore de Robespierre, 1758~1794) 등이 자코뱅의 세 거두입니다. 이후 급진 좌파인 에베르파, 우파이며 관용파로 불린 당통파, 급진공화파이지 만 중도를 취하고 평등을 강조했던 로베스피에르파, 급진적 평등주 의자들의 네오자코뱅, 상대적으로 보수적 색깔을 지녔던 지롱드파 등이 있습니다. 산악파와 대비되어 붙여진 평원파(La Plaine, 소택파, Le Marais)는 지롱드와 자코뱅의 중간 입장을 견지합니다. 이후 국 민의회는 헌법을 수립하고 입법의회(立法議會, Assemblée nationale législative)로 바뀝니다(1791.10.1.).

이 혁명의 와중에 처세로 출세하고 몸을 보호하는 이들도 물론 있었습니다. 조제프 푸셰(Joseph Fouché, 1759~1820)가 대표적입 니다. 그는 프랑스 대혁명에서 나폴레옹 시기를 거쳐 복고(復古)된 부르봉 왕정(Restauration, 1814~1830)까지 늘 옷을 갈아입고 신변 을 세탁한 처세(處世)의 대가였습니다. 수도회 수도자에서 자코뱅 으로, 이후 지롱드에서 산악파로, 그리고 로베스피에르를 죽이는 테 르미도르 반동을 일으키고 다시 나폴레옹 치하 경찰국장으로, 다시 부르봉 왕가에 협력합니다. 물론 말년에는 망명길에 오르면서 쓸쓸 했고, 로베스피에르나 나폴레옹도 생전 이런 그의 간사함을 잘 알고

있었습니다.[112]

프랑스의 혁명은 이웃 독일에도 영향을 주어 혁명의 기운이 그곳에도 번집니다. 이에 불안을 느낀 프로이센과 오스트리아는 위에 언급했듯 연합하여 프랑스를 침공합니다. 이른바 혁명전쟁의 시작입니다. 입법의회가 소집한 10만의 국민군은 이들에 대항하여 싸우지만 연전연패합니다. 파리 시민의 대표들은 코뮌(commune)을 수립하고 적과 내통했다고 생각하여 튈르리궁의 루이 16세에게 퇴위(處世)를 요구합니다. 그는 거부하고, 호위를 맡은 스위스 용병(傭兵)들과 시민들의 전투 끝에 용병들은 몰사(沒死)합니다. 결국 의회는 왕의 신병(身柄)을 코뮌에 넘깁니다(1792.8.9.).

불안에 떠는 시민들은 반(反)-혁명용의자들을 학살합니다(1792.9.). 프랑스군이 발미전투에서 프로이센-오스트리아 연합군을 격퇴합니다(1792.9.20.). 프랑스 제1공화국(1792~1795)이 세워지며 국민공회(國民公會, Convention nationale)가 수립됩니다(1792.9.20.). 이제 의회에서는 지롱드파와 산악파가 대립합니다.

이때의 주요 문제는 퇴위된 루이 16세의 처리 문제였습니다. 지롱드파는 왕을 살려두려는 반면, 산악파는 단두대에 세우려 했습니다. 로베스피에르의 '왕이 무죄라면 혁명이 유죄란 말인가?'라는 연설은 유명합니다. 국민공회는 이를 의회 투표에 부쳤는데 그 결과는

---

112   슈테판 츠바이크, 『나쁜 정치가는 어떻게 세상을 망치는가 (조제프 푸셰: 어느 기회주의자의 초상)』 강희영 옮김, 바오, 2019.

총 721명 중 즉시 처형 361표, 사형 판결에는 찬성하되 집행유예 23 표, 처형 반대-종신 금고형 319표, 기권 18표였습니다. 루이 16세는 기요틴에서 처형됩니다(1793.1.21.). 그는 단두대에 올라서도 두 손을 뒤로 묶으려는 집행자의 부탁을 거절하고 옷의 목 부분 칼라도 뒤로 젖히지 못하게 합니다. 집행자가 이리 부탁한 이유는 집행 시의 불상사와 칼날의 미끄러짐을 방지하려는 목적입니다. 그러나 왕은 자기의 위신을 세우려는 것이지요. 그러나 형장에 올라온 사제의 눈물 어린 부탁으로 이를 수긍합니다. 그는 자신은 결백하며 프랑스 국민을 용서한다는 말을 끝으로 목이 잘립니다. 왕비도 몇 달 있다 뒤를 따라 처형됩니다(1793.10월).

기요틴은 사형 집행자의 죄책감을 덜어주고 그 수고로움을 덜어 주었습니다. 기존 방식의 형 집행에서는 예기치 못한 일들이 형장에서 많이 발생합니다. 집행인의 힘도 많이 들고 죽어야 할 사형수의 저항도 예측하기 힘듭니다. 또 칼날이 무디어 실제의 참수에서는 한 번의 칼질로 끝나지 않은 경우들이 많았습니다. 이는 사형수나 집행인이나 아니면 이를 바라보는 관중에게도 힘든 일이었지요. 그래서 으레 사형수의 가족들은 집행인에게 사형수의 고통을 덜어주라는 의미에서 돈을 얹어주고는 했습니다. 동양에서도 그러했으니 이는 충분히 이해 가능한 일입니다.

기요틴은 이런 어려움들을 일거에 해결해 주었습니다. 또 혁명기에 밀려드는 사형수들을 간단히 줄만 끊으면 칼날이 내려와 목이 잘리니 많은 인원을 하루에 처리할 수 있었습니다. 그전에는 고작 하루 5~6건이었다면 2백 건이 넘는 집행도 가능했습니다. 그것도 연

이지도르 스타니슬라스 헬만(Isidore Stanislas Helman, 1743~1809), 샤를 모네(Charles Monnet, 1732~1819), 「루이 16세의 처형, Execution of Louis XVI」, 1794년 작.

일 말입니다.[113]

지롱드 계열의 뒤므리에 장군의 쿠데타 음모가 적발되며 지롱드 당의 위세는 약해집니다. 급기야 지롱드를 지지하는 샤를로트 코르데(Charlotte de Corday)라는 여인에 의해 자코뱅의 강경파 마라가 그의 집 목욕탕에서 암살됩니다(1793.7.13.). 마라는 혁명시 쫓겨 다니면서 파리의 하수도로 피했고 이때의 생활로 인해 피부병을 앓고 있었습니다. 물집이 생길 정도의 고통이었습니다. 그 고통 때문에 그의 연설이 더 잔인했다는 말도 있습니다. 그래서 늘 의회가 파(罷)하면 집으로 직행해 욕조에 몸을 담그고 업무를 보았습니다. 샤

---

113   아디치 마사카쓰, 『왕의 목을 친 남자』, 최재혁 옮김, 한권의책, 2012. 참조.

를로트 코르데는 이를 이용해 그에게 청원할 것이 있다며 그를 찾았고, 집안 가족들이 거부하였으나 마라는 그녀를 집에 들입니다. 그리고 소지하던 칼에 의해 가슴을 찔리고 즉사합니다.

프랑스의 고전주의 화가이자 자코뱅 당원으로서 마라의 장례위원이기도 했던 자크 루이 다비드(Jacques-Louis David, 1748~1825)

폴 자크 에메 보드리(Paul Jacques Aimé Baudry, 1828~1886), 「샤를로트 코르데, Charlotte Corday」, 1860년 작.

는 이 상황을 그림 『마라의 죽음』을 통해 묘사합니다(상권 318쪽 참고). 여기서 마라의 이미지는 십자가에서 돌아가신 예수의 이미지와 중첩됩니다. 순교자의 모습과도 중첩됩니다. 이 그림을 그의 장례식의 시내 행진 때 앞에 세웁니다. 파리 시민들의 분노와 애통함이 대단했을 것입니다.

지롱드는 공회 내에 12인 위원회를 두어 자코뱅의 지지자들인 파리코뮌(Paris Commune)을 탄압합니다. 이에 자코뱅은 공안위원회를 만듭니다(1793.4.6.). 파리 시민들이 12인 위원회의 해체를 요구하며 공회를 둘러싸고(1793.5.31.), 지롱드의 의원 29명은 체포됩니다(1793.6.2.). 그리고 마라가 암살당한 후 로베스피에르가 그 위원장이 됩니다(1793.7.13.).

로베스피에르의 공포정치(恐怖政治, la Terreur, 1793년 6월 2일
~1794년 7월 27일)가 시작됩니다. 테러리즘(terrorism, 공포주의)
이란 말의 어원이 여기서 나옵니다. 과격파 에베르(1794.3월), 관용
파 당통(1794.4월)이 연이어 처형됩니다. 과격파의 처형은 로베스
피에르를 지지했던 민중계급 상퀼로트[114]의 지지도 잃게 만듭니다.
관용파의 부재도 그렇고요. 이제 로베스피에르가 정치적으로 고립
된 것입니다. 이는 그가 자초한 면도 있습니다. 로베스피에르를 절
대적으로 신뢰하고 같이 처형되었던 상퀼로트의 대변자 생쥐스트
(Saint-Just, 1767~1794)도 그와 더불어 공포정치를 주도합니다.

변호사 출신이었던 지식인 로베스피에르는 가톨릭과 무신론을
모두 배격하고자 기독교의 신이 아닌 이성신(reason神)을 세웁니다.
그리고 '최고존재의 대전(La fête de l'Être suprême)'이라는 축제도
벌입니다. 본인이 직접 제관(祭官)으로 출현합니다.

로베스피에르가 또 다른 공회 연설에서 혐의자를 밝히지 않은

---

114 프랑스 혁명은 부르주아지가 주(主)가 되어 일으킨 혁명인데, 부르주아지 계급
    아래에 상퀼로트(Sans-culotte)라는 하층민이 있다. 퀼로트는 승마바지이다. 무
    릎 정도 길이로 지금의 레깅스(leggings)와 유사하다. 상퀼로트라는 말은 퀼로트
    를 입지 않았다는 말이다. 발목까지 오는 긴바지인데, 프랑스 혁명 당시의 회화를
    보면 귀족은 누구나 이 퀼로트를 입고 있는 것을 볼 수 있다. 그 위에 치마 비슷한
    것을 둘러서 입기도 했다. 혹 치마가 여성 고유의 의복이라고 착각해서는 안 된
    다. 남자 귀족들은 레깅스를 입고 멋진 가발을 쓰며 부츠를 신기도 했다. 루이 14
    세 같은 왕들도 예외 없이 퀼로트를 입고 가발을 썼다. 영국의 법관들은 지금도
    재판할 때 가발을 쓰고 재판한다. 그러나 상퀼로트는 일하기 편하게 긴바지를 입
    었다.(상권 312쪽 참조).

채 반혁명파를 거론하자 이에 위협을 느낀 장랑베르 탈리앵(Jean-Lambert Tallien, 1767~1820)의 외침으로 로베스피에르를 체포하자는 안건이 만장일치(滿場一致)로 통과됩니다. 그는 파리코뮌에 도피해 도움을 요청했고 코뮌의 의견이 일치되지 않는 사이 체포됩니다. 샤를 앙드레 메르다(Charles-Andre Merda)라는 헌병대원의 권총 발사에 턱이 너덜해진 채로 말입니다. 그는 나폴레옹 치세에 준장(准將)까지 추서(追敍)되며 출세합니다. 로베스피에르는 이때까지도 독신이었으며 하숙집에서 월세를 내며 생활했습니다. 그의 약혼녀는 하숙집 딸이었습니다. 파리코뮌이 그를 구출하고자 시도했으나 실패합니다. 그는 동생, 생쥐스트, 쿠통(Georges Auguste Couthon, 1755~1794)과 더불어 다음 날 바로 재판 없이 단두대에서 처형됩니다(1794.7.27. 테르미도르의 반동, Convention thermidorienne).

그는 엄격하고 청렴했으며 검소했습니다. 규범과 의무에 어긋나는 일이 없었습니다.[115] 차를 마실 때 설탕도 넣지 않았으며, 몇 가지 되지 않는 옷이지만 늘 깔끔히 입고 얼굴에 분칠도 했습니다. 그의 별명은 '부패할 수 없는 자(incorruptible)'였습니다. 그는 지도자이자 수반이었지만 공식적인 직책은 하나도 없었던, 단지 공안위원회 위원이었을 뿐입니다. 사실 그의 권력은 인민(人民, people)의 지

---

115 "…로베스피에르 일당의 엄격한 도덕적 규범…"(앨리스테어 혼, 『나폴레옹의 시대』, 37).

지이자 민중(民衆)의 지지였습니다. 그리고 인민이 개혁에 싫증을 내고 그에게서 등을 돌릴 때 그는 너무 쉽게 길로틴으로 끌려갔습니다.

반동한 자들은 그 반대였습니다. 또 공안위원회는 로베스피에르만의 조직이 아니었습니다. 반동을 일으킨 자들도 일부 공안위원회 출신이었습니다. 로베스피에르를 탄핵하고 반동을 주도한 바라스(Barras, 1755~1829), 부르동(Bourdon, 1758~1797), 푸셰, 탈리앵, 비요바렌(Billaud-Varenne, 1756~1819) 등은 본래 자코뱅 산악파의 일원으로 로베스피에르가 벌인 공포정치의 선봉 역할을 자처한

작자미상, 「로베스피에르의 처형, The execution of Maximilien Robespierre」
: 이 그림에서 방금 길로틴에서 처형을 당한 이는 쿠통(Georges Couthon)이다. 로베스피에르는 '10'이라고 표시된 사형수 호송차에 있는데 그의 부서진 턱을 손수건으로 감싸고 있는 모습이다. 로베스피에르와 그 추종자들의 형 집행은 1794년 7월 28일에 시행되었다.
목이 잘려 있는 남자(6)는 로베스피에르가 아닌 쿠통임을 유의할 것. 막시밀리안 로베스 피에르(10)는 갈색 옷을 입고 모자를 쓴 채 입을 손수건으로 감싸며 수레에 앉아 있는 모습이다. 그의 동생 오귀스탱(8)은 길로틴으로 끌려가는 중이다.

인물들이었습니다. 자기들의 행적(行跡)이 노출될까 봐 미리 그를 제거한 것입니다. 이 반동에는 당시 민중들도 가담하였습니다. 그들도 공포정치의 지속이 너무 힘들었던 것입니다. 민중의 환호 속에 로베스피에르를 포함한 22명은 머리가 잘리고, 나무관에 머리가 담긴 채 공동묘지에 묻히고 그 위에는 석회가 뿌려집니다.

혁명가 로베스피에르에 대한 평가는 긍정과 부정으로 나뉩니다. 마르크스주의의 입장에서는 그를 긍정하며 또 이것이 그를 연구하는 정통적인 입장인 듯합니다. 프랑스에서는 현재 로베스피에르 학회도 있다고 합니다. 반면 부정적으로 평가하는 입장도 만만치 않은 듯한데, 일례로 '자유를 위해 자유를 없애는' 전체주의적 경향을 가졌으며 이것이 스탈린(Stalin, Iosif Vissarionovich, 1879~1953)의 굴라크(gulag, 강제노동(의 대명사로 쓰인다)) 등의 전체주의에 역시 영향을 주었다는 철학자 한나 아렌트의 입장도 있습니다. 그녀는 공화주의적 자유가 궁핍(窮乏)의 자유로 이어졌다고 프랑스 혁명의 긍정적 의미를 애써 평가 절하합니다. 그리고 혁명이 동반했던 폭력과 전제(專制) 등을 강하게 비판합니다. 빈민(貧民)의 혁명에로의 결합이 이런 경향을 촉발시킵니다. 이에 대비 미국의 공화정으로의 독립을 혁명의 위치에서 긍정적으로 평가합니다. 그녀에게서 혁명은 단순한 공화정 수립의 의미로 축소됩니다. 또 혹자는 혁명을 잘못 이끌어 나폴레옹이라는 새로운 독재를 출현시켰다고 비판하기도 합니다.

그러나 이는 하늘이 화창하고 해가 청명하다 하여 그 아래 땅의 존재자들이 모두 화목하고 평화롭다 착각하는 것과 같습니다. 평화라는 이념은 그것을 이루기 위해 전쟁을 포함하며, 자유라는 이념 또한 그것을 얻거나 지키기 위하여 피를 요구합니다. 역사에서 한 국가와 계급의 자유가 그냥 얻어진 경우는 없고, 평화조약 전에 전쟁이 선행되지 않은 경우는 거의 없습니다.

현실의 역사에서 보편적 자유라는 이념이 얼마나 실제적인 효력이 있었는지 의문을 가져야 하며, 이는 현대에서도 여지없이 드러납니다. 현실에서의 누군가의 자유는 누군가의 억압을 토대로 누려지

테오도르 제리코(Théodore Géricault, 1791~1824), 「메두사의 뗏목, The Raft of the Medusa」, 루브르 박물관(파리), 1819년 작.
: 1816년 군함 메두사호는 첫 출항에 침몰했다. 승선인원은 선장, 장교, 사병 총 147명. 난파하자 보트 수는 제한되어 있었고, 난파된 배를 뜯어 뗏목을 만들고 탄다. 그러나 보트에 탄 선장과 장교들은 보트로 뗏목을 더 이상 끌 수 없자 줄을 끊고 달아난다. 13일간의 표류 끝에 승선인원 중 15명만이 살고 그 가운데도 5명은 이송 중 죽는다. 이들은 오줌을 마시고 피를 빨고 인육을 먹으며 버텼다고 한다. 이 사건은 혁명 후 복구된 프랑스 왕정의 무능을 상징하는 듯해서 정치적 논란이 벌어졌다고 한다.

고 있지 않은지 생각해 보아야 하며, 누군가의 부당한 대우를 전제로 누군가가 특혜를 받고 있지는 않은지 살펴보아야 합니다. 이념을 지향한다는 것은 언제나 그 이념으로 인해 피해를 볼 누군가를 예상하고 상정(上程)해야 합니다.

특정한 이념은 그것이 보편성을 얼마나 내포하는지 먼저 걸러져야 합니다. 왕정과 계급제도 아래에서 희생을 강요당하던 프랑스의 신흥부르주아지, 특히 상퀼로트로 대변되는 피지배층의 고통은 그들에겐 자유 이상의 생존의 문제였을 것입니다. 자유가 아니면 죽음을 달라는 구호는 이해 가능하나 자유가 아니면 빵을 달라는 구호는 자기모순입니다. 배고픈 소크라테스가 배부른 돼지보다야 낫겠지만 만약 굶어 죽을 지경이 되면 그 자유가 무슨 의미가 있는지 그것도 생각해 봐야 합니다. 따라서 구체적으로 적용된 이념만이 이성적인 사유입니다. 허망한 자유가 구속된 실존보다 낫다는 말은 그 자유라는 것이 실제성을 상실하였으므로 의미가 없는 비교입니다. 감옥에 갇힌 자가 머릿속으로 그려내는 자유는 자유가 아닙니다. 자신의 존재를 달래는 자기 위로일 뿐입니다.

실재에서 사유하고 실재를 사유하는 것이 구체적 사유이며 이를 건너뛴 가공의 세계를 사유하는 것은 추상적 사유입니다. 추상적 사유는 가공과 상상 이상이 아닙니다. 이런 차원에서 구체적 사유만이 진리를 산출하며, 진리는 늘 구체적인 사유에서 나타납니다.

이를 역사에 적용하면 역사에서의 진리는 역사 과정에서 출현한다는 말이며 그 역사란 추상적인 개념의 역사가 아니라 구체적인 인간들의 역사입니다. 그렇다면 전쟁과 투쟁은 그 역사라는 것의 일상일 것입니다. 민중들의 자유는 민중들의 생존을 위한 것이기도 하며, 그들의 생존이 보장되어야 그들의 자유가 어떻게든 구현이 될 것입니다. 이러한 그들의 입장을 로베스피에르가 아니면 누가 철저히 실제적으로 대변할 수 있었을지를 우리는 생각해 보아야 합니다. 만약 로베스피에르가 특정한 자유를 위해 다른 자유를 희생했다면, 전자의 자유는 부르주아지와 상퀼로트를 포함한 프랑스 민중의 자유였으며, 후자의 자유는 왕과 귀족, 그리고 성직자의 자유였습니다. 그런데 후자의 자유는 전자에 구애되지 않고 지속적으로 보장되어야 옳은 것이었을까요? 그렇지 않다는 것은 역사를 이해한다면 쉽게 알 수 있는 문제입니다.

그를 테르미도르의 반동을 거쳐 길로틴으로 몰고 갔던 푸세는 기회주의자의 전형이었으며, 바라스는 부패로 얼룩져 그 별명이 '악덕의 사자'였습니다. 나폴레옹의 부인이었던 조세핀은 바로 이 남편의 상관 바라스의 정부였으며 바라스는 부하 나폴레옹에게 이가 검고 아이가 딸린 이혼녀이자 자신의 정부(情婦)를 소개시킨 자였습니다. 그럼에도 나폴레옹은 그녀를 많이 사랑했습니다. 그가 그녀에게 이집트 원정 중 보낸 장문의 편지는 유명합니다. 그는 전쟁이 끝나면 그녀가 있는 말메종성(城)으로 먼저 달려갔습니다. 푸세나 바라스 같은 이는 로베스피에르의 역할을 결코 할 수도 없으며 할 의지도, 능력도, 민중의 지지도 없습니다. 자기관리에 철저했던 로베스피에르였으니 그에게서 흠을 잡으려야 잡을 수 없는 자들은 끌려가기 마련일 것입니다.

당통이나 마담 롤랑 같은 과거의 동료를 오늘 고발하고 기요틴으로 보내기는 어렵습니다. 그러나 인민과 혁명을 위한다면 그것을 행해야 한다는 것이 로베스피에르의 실제 말이었습니다. 완고하니 맑은 물에서 살고자 했고, 맑으니 처세에 신경을 많이 써야 했을 것입니다. 그러나 맑은 물에서는 물고기가 살 수 없다는 세간의 현명한 말은 맑은 물에서의 물고기는 자기를 안전하게 숨기고자 하지 않는다는 혁명가의 비장한 자세를 이해하지 못합니다.

역사는 이념과 구호가 아니라 실제입니다. 이 이념과 구호 아래에서 고통을 받았던 피억압자와 소수자로서의 유대인이었던 한나 아렌트가 전체주의를 비판하는 것은 일단 마땅하고 타당한 것으로 보입니다. 그러나 이 글을 쓰는 지금도 네타냐후(Benjamin Netanyahu)가 이끄는 중동의 패자(覇者) 이스라엘(Israel, 1948~)

프란시스코 고야(Francisco Goya, 1746~1828), 「마드리드, 1808년 5월 3일: 프린시페 피오 언덕에서의 처형, El Tres de Mayo(The Third of May)」, 프라도 미술관(마드리드), 1814년 작.
: 나폴레옹 1세의 군대가 스페인을 점령하고 양민들을 학살한 사건을 소재로 삼은 작품이다. 마네의 「막시밀리안의 처형」과 피카소의 「한국에서의 학살」에 영향을 미쳤다. 양민영, 「서양 미술사를 보다 2」, 42쪽 참조.

은 하마스와의 전쟁(Israel-Hamas war)을 명분으로 2023년 가자지구를 점령하고 헤즈볼라(Hezbollah) 제거를 목표로 레바논(Lebanon, 1944~)을 침공하며(2024) 그 와중에 관련 없는 무수한 인명들이 희생을 당하고 있는 형국입니다. 이스라엘은 자위를 주장하나 그 자기보호가 관련 없는 타자를 해하는 것에 근거한다면 그 자기보호는 위선입니다. 상대가 칼을 뽑았다고 주장하나 그 칼을 뽑은 상대는 어른이지 아이가 아닙니다. 어른이 아이의 아버지라고 할지라도 이 복수는 서양에선 고대에나 가능한 연좌제입니다.

히틀러(Adolf Hitler, 1889~1945)가 유대인 모두를 몰살하여야 독일과 유럽의 번영이 약속된다고 말할 때 그 사실의 진위는 둘째치고라도 그는 그 사태와 전혀 무관한 핏줄로서의 유대인 전체를 박멸의 목표로 삼았기에 오류이며 나치즘은 전체주의인 것입니다. 그러나 로베스피에르가 왕과 귀족들의 지배계급을 혁파하고 프랑스를 시민들의 것으로 만들자 했을 때, 그리고 일부 귀족과 성직자뿐만 아니라 그의 동지까지 겨냥했을 때 이는 전체주의의 구현을 내포하고 있었으나, 그는 앙시앵 레짐의 혁파를 내걸었지 프랑스의 모든 귀족이나 성직자의 제거와 박멸을 목표로 하지 않았으므로 이는 히틀러나 스탈린의 전체주의와는 다른 것입니다.

또한 이후의 나폴레옹의 독재와 그의 황제 취임이 중세기의 왕정과는 그 작동방식과 토대하는 이념이 확연히 다른 것임을 감안할 때 이는 외부의 형식만 보고 그 내용을 미리 짐작하는 오류를 범하는 것입니다. 이는 영국에 엘리자베스 여왕(Elizabeth II, 1926~2022)이 있다고 해서 현대를 중세 엘리자베스 여왕(Elizabeth

I, 1533~1603) 치세의 연장으로 비유하는 것과 같습니다. 또 히틀러의 체제가 공화정이라 해서 지금의 독일의 공화정을 당대의 연장으로 감안하는 것과도 같은 오류입니다. 왕정의 끝에서 중세를 끝내고 새롭게 부르주아지와 상퀼로트라는 시민들을 정치의 전면에 등장시켜 평등이라는 이념을 역사에 본격적으로 개시한 것만으로도 프랑스 혁명의 의의는 거대하며 이를 철저히 제도로 굳히고자 한 로베스피에르의 업적과 실천 또한 클 것입니다.

그의 공포정치 방식이 급진적이었던 것은 분명하고, 과격했던 것도 사실입니다. 종교에 대한 이해도 부족했던 듯 보입니다. 그러나 좌파의 극단성에도, 우파의 우유부단함에도 흔들리지 않고 기존의 왕정제와 그 잔해를 철저히 없애려고 한 그의 이념과 흔들리지 않는 의지, 그리고 그 추진력은 인정을 받아야 할 것입니다. 루소의 정신을 흠모하고 그에 투철했던 로베스피에르에게 혁명의 준거는 바로 인민이었을 것입니다. 그리고 프랑스 혁명은 철저히 루소의 정신을 토대로 삼고 일어난 사건입니다. 피지배층과의 연대와 그들과 일체성을 보인 그의 정신과 실제 덕분에 혁명 내내 그의 실천력은 프랑스의 시민들로부터 보증되고 후원되었던 것입니다. 아니 시민들을 직접 혁명의 현장으로 늘 불렀던 것입니다. 당시에 프랑스의 여성을 포함한 모든 국민들은 서로 '시투아엔(citoyenne, 시민, 市民)'으로 불렀습니다.

이 정도가 프랑스 대혁명의 구체적인 사건들의 대략적인 기록입니다. 와중에 혁명전쟁을 수행하며, 코르시카(Corsica) 출신의 일개 포병 소위에 불과했던 나폴레옹 보나파르트(Napoléon Bonaparte,

1769~1821)의 등장이 시작됩니다. 자코뱅 출신인[116] 그는 일개 포병 소위에 불과했습니다. 이후 툴롱 포위전(Siege of Toulon)에서 영국과 연합한 왕당파의 반란을 대포로 격퇴(1793)하고, 이은 그들의 파리 시내에서의 반란을 포도탄을 이용해 무력진압하며(1795) 장군이 됩니다. 이후 이탈리아 원정(1796), 이집트 원정(1797)을 거쳐 시에예스와 같이 쿠데타를 일으키고 통령이 됩니다(1799.11.9., 브뤼메르 18일, 18 Brumaire). 이후 종신 통령을 거쳐 황제가 됩니다 (1804).

나폴레옹은 로베스피에르의 동생 오귀스탱(Augustin)과도 친분이 있었습니다. 오귀스탱은 로베스피에르의 체포안이 공회에서 통과되자 형과 같이 운명을 같이하겠다고 하여 형과 같은 날 길로틴에서 처형됩니다. 생쥐스트도 같은 날 처형됩니다. 인접한 국가들은 프랑스 혁명의 기운이 자국 내로 전파될까 전전긍긍(戰戰兢兢)합니다. 공화제란 자기들의 왕실과 왕정을 혁파하는 것이니 말입니다.

이후의 사정은 나폴레옹이 프랑스의 징집된 국민군으로 연일 이대(對)프랑스 연합국들을 격파하는 장면들입니다. 프랑스는 군인의 국민 징집제를 실시(1793)하여 가용 병력을 획기적으로 늘립니다. 다른 나라들은 당시 용병의 비율이 높았습니다. 그러나 징집된 프랑스군은 혁명으로 인해 국가에 대한 충성도가 아주 높았습니

---

116 로베스피에르 동생의 후원으로 승승장구하는 나폴레옹은 테르미도르 반동 때 그와의 관련을 철저히 부인하여 살아남는다.

다. 탈영(脫營) 등 이탈률도 적었습니다. 이제 영국을 제외한 유럽 전역이 그의 발아래 무릎을 꿇습니다. 신성로마제국(神聖Roma帝 國, 962~1806)은 해체되어 라인연방(Confederation of the Rhine. 1806~1815)으로 바뀌고 프로이센과 오스트리아는 겨우 명맥만 유 지합니다.

이탈리아반도의 나폴리왕국과 시칠리아는 프랑스의 치하가 되 고, 스페인에는 그의 형 조제프(Joseph-Napoléon Bonaparte, 재위 1806~1808)를 왕으로 앉힙니다. 이제 교황령에서도 나폴레옹의 호 출에 교황 비오 7세(Pio VII, 재위 1800~1823)는 직접 달려와 황제 대관식을 거행해 주어야 했습니다. 이때도 교황으로부터 황제의 관 을 받는 것이 아닌 자기 손으로 직접 황제의 월계수 관을 쓰고 왕비

자크 루이 다비드(Jacques Louis David, 1748~1825) & 조르주 루제(Georges Rouget, 1783~1869), 「12월 2일 파리 노트르담 성당에서의 황제 나폴레옹 1세와 황비 조세핀의 대관식, Coronation of Emperor Napoleon I and Coronation of the Empress Josephine in Notre-Dame de Paris, December 2」, 조세핀이 노트르담 성당에서 나폴레옹의 대관식 중에 그의 앞 에 무릎을 꿇고 있다. 나폴레옹 뒤에는 교황 비오 7세가 앉아 있다. 1804년 작.

조세핀에게 황후관을 씌워줍니다. 전통적으로 로마 황제의 왕관은 동방과 달리 월계수 관이었습니다. 이를 나폴레옹을 여러 차례 그린 자크 루이 다비드가 그림을 통해 잘 묘사합니다.

나폴레옹이 황제가 되었다고 해서 프랑스의 혁명정신이 사그라 든 것은 아닙니다. 오히려 그와 프랑스 국민군의 점령을 통해 인접 국가들에 혁명의 기운이 퍼지기 시작합니다. 인접한 프로이센의 철 학자 헤겔과 음악가 베토벤(Ludwig van Beethoven, 1770~1827)은 이를 각각 '말 위에 앉은 절대정신, the world-soul on horseback, die Weltseele zu Pferde'과 '영웅 교향곡, Sinfonia Eroica'(1806)의 작곡 으로 그를 환영했으니 말입니다. 비록 베토벤은 이 곡의 헌정을 나 폴레옹이 황제에 취임한다는 소식을 듣고 취소하기도 합니다. 원래 의 제목은 '보나파르트(Buonaparte)'였으나 베토벤이 이 글자를 칼 로 긁어냅니다. 한편으로는 피히테가 프랑스군에게 저항할 것을 '독 일 국민에게 고함, Reden an die deutsche Nation'(1808)이라는 연 속된 강연를 통해 민족정신을 일깨우기도 합니다. 이를 서적으로 출 판한 출판업자 파름은 반프랑스 서적을 출간했다는 이유로 프랑스 에 의해서 총살당하기도 합니다.

나폴레옹의 휘하 장군들은 평민 출신들도 있습니다. 그들은 일개 병사에서 원수(元帥)까지 진출합니다. 혁명의 와중에 원래 귀족 출 신이던 장교의 많은 수가 망명을 선택해서 그 수가 부족한 것에도 원인이 있습니다만 나폴레옹이 철저히 능력 위주로 그의 장군을 뽑 고 군대를 운용해서 그런 면이 더 많다고 보아야 합니다. 반면 프로 이센 군대의 장군들은 전부 귀족입니다. 프랑스를 제외한 유럽 전체의 나라가 그랬습니다. 그래서 머리가 하얀 백발의 귀족 장군들이 전방이 아닌 후방에서 작전 지휘를 합니다. 러시아도 마찬가지입니다. 전투에서 돌격은 온전히 서민 병사들의 몫이었고, 장교는 그 뒤에서 안전하게 있습니다. 이는 제1차 세계대전에도 마찬가지였습니다. 이런 면에서 맥아더(Douglas MacArthur, 1880~1964)가 전장터에서 부하들을 이끌고 늘 먼저 돌격했다는 것이 그의 영웅담으로 지금도 회자됩니다. 생각하면 당연한 일을 굳이 미화시키는 이유는 무엇일까요. 장교는 고급인력이라 아무래도 그 손실을 두려워한 것일까요? 이런 면에서 고대 알렉산드로스 대왕이 늘 젊은 혈기에 선봉으로 그의 애마와 함께 돌격해서 부하 장군들이 만류하기도 했다는 말이 이해는 갑니다만.

프로이센의 노장들에 비해 나폴레옹의 장군들은 전장에서 뼈가 굵은 병사 출신이라 현장을 잘 알고 있었습니다. 더욱이 나폴레옹은 자기의 군에 군단을 편성하여 일종의 자립체제를 갖추고 장군에게 전시 상황의 재량권까지 부여합니다. 또 한 개의 사단을 포병, 기병, 보병의 체제로 운영합니다. 병참에서 우월한 프랑스군이 이러한 근대적인 사단제도를 통해서 기동성을 극대화한 것입니다. 이런 면이 빛을 발한 대표적인 전투가 프로이센과의 예나·아우어슈테트 전투(Schlacht bei Jena und Auerstedt, 1806.10.14.)입니다. 두 개의 전장에서 동시에 대승을 거둔 전투입니다. 프로이센이 괴멸당해 거의 전 영토를 상실한 전투입니다. 특히 아우어슈테트 전투는 나폴레옹의 참가 없이 치러진 전투입니다. 다부(Louis Nicolas Davout) 원수가 직접 지휘하였고 열세한 병력으로 프로이센의 왕까지 참전한

영화 『나폴레옹, Napoleon』(2023, 감독:
리들리 스콧, Ridley Scott).

군대를 패퇴시켰습니다. 이전의 7년 전쟁의 군제를 유지하고 있던 낡아 빠진 프로이센을 비롯한 유럽의 군대는 이 근대적 프랑스군의 기동과 그 공격을 당해낼 수가 없었습니다.

또한 전장에 늘 나가 있었고 귀국하면 조세핀(Joséphine)이 있는 말메종성(Malmaison城)에 종일 쳐박혀 있었다고 영국 사가(史家)들에 의해 기록되고 비판[117]되기도 하지만 이는 대륙의 나폴레옹을 늘 폄하하려는 영국 사가(史家)의 특징이라고 보면 될 듯합니다. 영화 『나폴레옹』이 2023년에 개봉되었을 때에도 프랑스의 사가나 시민들은 나폴레옹의 실제가 폄하되었다고 비난했으니 말입니다. 이 영화를 감독한 리들리 스콧(Ridley Scott)도 우연찮게 영국인입니다. 제가 볼 때 그런 면이 없지는 않아 보였습니다. 영웅을 너무 사소하고 우습게 표현했다고나 할까요? 영웅에겐 일상의 흠결이 없을 것이라는 생각은 처녀가 이슬만을 먹고 살 것이라는 추측만큼 근거 없는 추측입니다. 그래서 로베스피에르의 엄격한 도덕성이 돋보이는 것이기도 합니다. 중요한 것은 그

---

117 "보나파르트는 전투지를 제외하면 〔조세핀(Joséphine)이 있는〕 말메종 성(Malmaison城)의 정원에만 만족"했다. 앨리스테어 혼, 『나폴레옹의 시대』, 48, 괄호필자.

일상을 영웅이 어떻게 극복하고 그가 추구하는 이상을 어떻게 구현하는가를 보여주어야 할 것입니다. 나폴레옹이 알 수 없는 복통과 치질에 시달렸다지만 그에도 불구하고 위대한 전투들을 치르고 승전했다는 것을 설명해야지 복통과 치질을 앓는 환자의 신경질에만 초점을 맞추면 영웅을 설명했다고 볼 수 없습니다.

사실 나폴레옹은 내치(內治)에도 훌륭했습니다. 이른바 나폴레

CODE CIVIL
DES FRANÇAIS.

TITRE PRÉLIMINAIRE.

*DE LA PUBLICATION, DES EFFETS
ET DE L'APPLICATION DES LOIS
EN GÉNÉRAL.*

Décrété le 14 Ven-
tôse an XI.
Promulgué le 24 du
même mois.

ARTICLE I.er

Les lois sont exécutoires dans tout le territoire français, en vertu de la promulgation qui en est faite par le Premier Consul.

Elles seront exécutées dans chaque partie de la République, du moment où la promulgation en pourra être connue.

La promulgation faite par le Premier Consul sera réputée connue dans le département où siégera le Gouvernement, un jour après celui de la promulgation ; et dans chacun des autres départemens, après l'expiration du même délai, augmenté d'autant de jours qu'il y aura de fois dix myriamètres [environ vingt lieues anciennes] entre la ville où la

A

「프랑스 민법전 원문의 첫 장, Français: 'Code Civil des Français」 1804년, 원래의 판본.

옹 법전(Code Napoléon, 1804)으로 칭해지는 민법(民法)의 편찬 시 그는 거의 모든 회의에 참석하였고 직접 문구들을 살피며 토의 하였습니다. 이후 현대까지 이어지는 근대 민법의 모체(母體)가 됩니다. 그의 수학 실력은 학자들과도 토론하는 실력이었습니다. 비록 약탈이라고 보아야 하겠지만 전장에 늘 지식인과 학자들을 대동하여 정복지의 문물을 수집하였습니다. 그와 동반한 샹폴리옹 (Jean-François Champollion, 1790~1832)이 이집트에서 로제타석 (Rosetta Stone)의 상형문자(象形文字)를 해독한 것은 유명합니다. 이렇게 약탈한 수많은 문화재가 이후 루이 14세의 베르사유 이전으로 왕실 수집품의 보관소가 된 루브르궁을 루브르 박물관(Musée du Louvre)으로 개조시키고 그곳에 전시하게 만든 양적 기반이 됩니다.

일백여 년 후 1894년 우리나라 조선에서는 동학혁명(東學革命)이 일어납니다. 이 혁명은 전라도에서 주축이 되었습니다. 동학군은 구시대의 폐정(弊政)을 개혁할 것을 요구하면서 봉기(蜂起)했고, 이에 고종은 청나라에 파병을 요청합니다. 이에 청군이 아산만에 상륙하고 이에 조선을 노리던 일본군은 톈진조약(天津條約, 1858)을 구실로 제물포(濟物浦, 인천)에 상륙하면서 본격적으로 이 사태에 개입하게 됩니다.

당시 남접(南接)의 동학군은 고부(古阜)에서 조병갑(趙秉甲)의 학정(虐政)을 원인으로 봉기(1894)하면서 1차 기포(起包)에서 전라감사 김문현(金文鉉)의 관군과 안핵사 이용태(按覈使 李容泰)의 관군도 격파했으나 한성(漢城)에서 내려온 초토사 홍계훈(招討使 洪

啓薰)의 신식 군대에 의해 전주 완산(完山)에서 패하고 저지됩니다. 이후 장성 황룡촌(黃龍村) 전투에서 관군을 대패시킵니다(1894.4 월). 이 시점에서 고종이 청에 원병을 요청합니다. 그리고 동학군은 전주에 입성합니다.

1차 기포는 남접의 동학군으로만 진행되었습니다. 녹두장군(綠豆將軍)으로 유명한 전봉준(全琫準, 1855~1895)이 있습니다. 손화중(孫華仲, 1861~1895), 김개남(金開南, 1853~1894) 장군이 전봉준 장군을 보좌했습니다. 청뿐만 아니라 일본이 본격적으로 이 사태에 개입하려는 기미를 보이자 정부는 전라감사 김학진(金鶴鎭)에게 전권을 위임하고 그의 주도 아래 전봉준 장군과 전주화약(全州和約, 1894.5월)을 맺어 내분을 끝내고자 했습니다. 동학은 이로써 일종의 자치권(自治權)을 얻었고, 이를 전라도 내에서 시행하는 중이었습니다.

1차 봉기까지는 봉건제도의 개혁을 요구하는 남접만이 실제적인 행동을 취했고 동학의 종교적 자유만 얻으려는 북접(北接)은 개입하지 않으려 했습니다. 충청도에서는 동학의 2세 교조인 최시형(崔時亨, 1827~1898)이 북접을 이끌고 있었습니다. 한편 조선을 노리는 일본은 군국기무처(軍國機務處)를 설치하고 친일적인 개혁을 실시토록 하였으며 이는 갑오개혁(甲吾改革, 1894.7~1896.2)에까지 이릅니다. 그리고 군대로 경복궁을 점령하고 고종에게 청과의 관계를 끊으라고 협박하는 중이었습니다. 이에 동학의 남접과 북접이 보국안민(輔國安民), 척양척왜(斥洋斥倭)의 기치를 들고 연합하여 들고 일어납니다.

공주지방은 충청감사가 있고, 곡물창고(穀倉)가 있어 반드시 확보해야 하는 지역이었습니다. 이는 공주지방을 막아 동학군의 한성 (漢城)으로의 진출을 막으려 하는 정부도 마찬가지였습니다. 한성으로의 우회로도 불가능했으며 이를 시도하려는 동학군의 공격도 관군에 의해 격퇴되거나 지지부진하였습니다.

이에 전봉준 장군은 남접의 휘하에게 공주로의 집결을 명령하고 손병희는 통령(統領)이 되어 북접군을 논산을 거쳐 공주로 이동합니다. 전주의 김개남은 휘하 병력을 보내고 광주의 손화중 부대도 공주로 집결합니다. 그리고 우금치에서 동학군과 일본군의 협조를 얻은 관군의 최대 전투가 시작됩니다. 우금치 고개는 남쪽으로만 입구가 트이고 삼면이 막힌 계곡이었습니다. 이미 산의 정상에는 관군과 일본군이 점령하고 있었습니다. 지세의 불리함을 알고 있었던 동학군 지휘부는 주변 능선으로의 접근을 시도했으나 이마저도 일본군과 관군의 막강한 화력 앞에 속수무책이 됩니다.

일대 결전에서 구식 무기가 전부인 동학군은 신식 대포, 기관총의 연사(連射)와 소총의 원거리 사격을 당할 수가 없었습니다. 그들이 지닌 무기는 독일제 쿠르프 야포, 캐틀링 기관총, 영국제 스나이더 소총, 일본이 자체 개발한 무라타 소총 등이었습니다. 소총이나 대포 또한 후장식(後裝式) 장전이라 그 편리함도 있었고 무엇보다 접근하려는 동학군을 원거리에서 살상할 수 있었습니다. 기관총의 연사는 좁은 계곡을 밀집 대형으로 오르는 동학군으로서는 속수무책이었습니다. 더구나 낡은 화승총을 가지고는 적의 제압을 위해 밀집 대형을 유지할 수밖에 없는 형편이었습니다.

반면 동학군에게는 1분에 기껏해야 2발 정도 발사할 수 있는 화승총(火繩銃)과 죽창이 고작이었으며 이마저도 날씨가 좋지 않으면 사용에 장애가 생겼습니다. 그리고 관군에서 노획한 대포 2문과 약간의 총기류, 그중에는 기관총도 있었으나 이의 운용 방법도 잘 알지 못했습니다. 동학군의 사기를 높이려 총탄을 피한다는 '궁궁을을(弓弓乙乙)'이라는 부적을 옷에 붙이고, 태워 먹으며 정상에 오르려 했지만 무수한 인명만 손실됩니다. 망태기를 굴리며 숨어서 나아가고자 하였으나 그것도 아래로부터 위로 오르기는 쉽지 않았습니다. 그렇게 제파공격(梯波攻擊)을 50여 회 한 후에 동학군 태반의 전력은 전사합니다. 조선 관군은 1,300여 명 정도였고 일본군은 600여 명 남짓이었습니다. 조선 관군은 일본군의 지휘를 받았습니다. 그리고 이들에게 남접과 북접 2만 명이 대패하고 3천여 명만이 생존하게 됩니다. 이후 대세는 기울고 동학군은 패잔병이 되어 흩어지고 이후 각지에서 산발적으로 저항하는 전투들은 큰 소용이 없었습니다.

전봉준은 전라도 순창의 피노리에서 은거 중 김경천의 밀고로 잡히고 김개남은 태인에서 임병찬의 밀고로 잡힙니다. 그리고 김개남은 서울로 압송되다가 전라감사 이도재(李道宰)의 독단으로 아래에서 설명하듯 전주에서 처형됩니다. 손화중도 잡혀 서울로 압송되고 전봉준과 같은 날 교수형 됩니다. 최시형도 몇 년 후 원주에서 은거 중 잡혀 한성으로 압송되어 교수형을 당하고, 손병희는 일본으로 도피합니다.

전봉준 장군의 측근 김개남 장군은 남접에서도 과격파입니다. 그는 전봉준 장군의 휘하였지만 그와 대등하게 전라도의 동부지역을 관할로 두었습니다. 그는 우금치 전투가 끝나고 청주성 공략에 실패한 후 정읍 산내에 숨어지내다 밀고로 체포되어 한성으로 압송됩니다. 압송되는 도중 그의 명성에 두려움을 느낀 전라 감사에 의해 지금의 전주 숲정이 성당 터[118]에서 참수되고(1894.12.), 머리만 서울로 보내집니다. 향반(鄉班)들의 원한을 많이 사 죽을 때에도 험한 꼴을 많이 당했다고 합니다. 전봉준과 손화중이 상대적으로 보수적이고 온건주의자라면 왕제(王制) 개혁과 봉건 정부 타도를 외치는 진보적 면을 지녔습니다.

전봉준 장군이 일본군에 의해 서울로 압송되는 사진이 현재 남아있습니다. 밀고 후 체포되는 과정에서 담을 넘다 던져진 돌에 맞아 떨어지면서 다리가 부러집니다. 다리가 부러진 채 감옥에 갇힌 장군은 일본의 온갖 회유에도 굴하지 않고 종로 네거리에서 당당한 죽음을 맞습니다. 여전히 장군의 눈매는 서늘하고 매섭기 그지없습니다.

118 이와 달리 김개남이 즉결 처분된 장소를 전주시의 현 초록 바위라고 하는 기록도 있고 혹자는 현 서문교회 앞이라고 하기도 한다.

—

이성(理性)과 실천(實踐)

칸트의 첫 저술은 『살아 있는 힘의 참된 측정에 관한 사상, *Gedanken von der wahren Schätzung der lebendigen Kräfte*』(1749)[119]입니다. 칸트는 초기에 자연과학 분야의 탐구를 많이 합니다. 당시 스웨덴에서 스베덴보리(Emanuel Swedenborg, 1688~1772)라는 자가 있었는데 특이한 영적 능력을 지녔던 것으로 전해집니다. 칸트는 이 자를 비판하는 저서를 쓰기도 합니다.[120]

당대 힘에 대한 두 가지의 해석 경향이 있었는데 그 하나는 뉴턴(Isaac Newton, 1643~1727)이 언급한 기계적 힘이고 다른 하나는 라이프니츠가 주장한 생기(生起, vitality)적 힘입니다. 사물의 배후에 존재하는 힘의 성격에 대한 규정은 그 내포하는 의미가 무척 큽니다. 데카르트는 세계 자체에서 힘을 사유하지는 않았습니다. 굳이 말한다면 그의 세계는 생산하는 힘이 제거된 물리적 기계로서의 세계

---

119   Thoughts on the True Estimation of Living Forces.

120   『시령자(視靈者)의 꿈, *Dreams of a Spirit-Seer*』(1766).

입니다. 그러나 세계는 분명히 움직이고 있으며 생산하고 있습니다.

철학자들이 규정하지 못한다고 해서 세계에 힘이 존재하지 않는 것은 아닙니다. 무언가 정의할 수 없는 힘으로 여전히 세계는 지금도 지속적으로 움직이고 운동하고 있습니다. 또한 변화하고 있습니다. 그래서 세계의 운동을 설명하기 위해 데카르트가 취한 방편은 바로 신의 지속적인 세계 창조입니다. 이른바 연속창조론(連屬創造論)입니다.

방금 전의 내가 존재한다고 해서 지금의 내가 인과적으로 반드시 존재해야 하는 것은 아닙니다. 세계 내의 다른 사물도 그렇습니다. 그렇다면 신의 창조 활동이 과거부터 미래까지 무한히 개입하지 않으면 안 됩니다. 신은 세계를 운동하게 하기 위하여 무한히 연속적으로 개입해야 합니다.

데카르트는 결국 기계로서의 세계를 움직이는 최종의 동력을 다시 신에게 의존하고 있습니다. 그에게서의 신은 어쩔 수 없이 그가 창조한 피조물의 세계에 간섭해야 합니다. 이를 파스칼은 『팡세』에서 다음과 같이 비판합니다.

> 나는 데카르트를 용서할 수 없다. 그는 그의 철학 전체에 있어서 가능하면 신(神) 없이 지내려고 생각하였던 것 같다. 그러나 그는 세계를 운동시키기 위해서 신으로 하여금 한 손가락을 움직이지 않을 수 없게 하였다. 그다음 그는 신을 필요로 하지 않는다.[121]

---

121 파스칼, 『믿음의 팡세』, 손정수 옮김, 배재서관, 1994, 40.

반면 라이프니츠가 바라본 세계는 내부에 실재의 힘이 작동하고 있습니다. 그에게서 신은 지구를 포함한 우주를 창조하였습니다. 신의 피조물인 지구는 내부에 신의 힘을 지니고 있으며 그 힘으로 움직입니다. 그 힘을 라이프니츠는 생기적 힘으로 보았습니다.

뉴턴은 우주 전체의 신비스러운 생기적 힘을 인정하기는 하지만 지구를 포함한 태양계 내에서는 오직 기계적 힘만을 인정하였습니다. 여기서 뉴턴이 말한 만유인력(萬有引力)[122]은 기계론적 힘입니다. 이 힘은 인력(引力)과 척력(斥力)으로서 중력(重力)의 일종입니다. 반면 라이프니츠가 말한 힘은 우주에서 움직이고 있는 생기로서의 힘입니다. 생산하고 있으며 생산되고 있는 힘입니다. 만유인력은 특정한 태양계 내부에서만 작동하고 있는 힘인 것에 비해 라이프니츠가 말한 힘은 전 우주에 작용하고 있는 힘입니다.

칸트는 라이프니츠나 볼프(Christian Wolff, 1679~1754)의 합리주의 철학의 영향을 받습니다. 대륙의 이성적이고 합리적인 철학적 사조입니다. 언급했듯 우주에 관한 뉴턴의 새로운 시각이 등장하는 시대이면서도, 여전히 중세의 유풍이 당대의 가치와 문화에 잔존하고 있던 시대이기도 합니다. 일례로 뉴턴은 만유인력을 주장하여 과학의 눈으로 세계를 해석하기 위한 근대라는 시대를 예비하는 과학자이자 수학자이기도 하지만 여전히 중세의 유풍에 젖어 있는 연금

---

122 뉴턴이 만유인력을 주장한 저술은 『자연철학의 수학적 원리, *Philosophiæ Naturalis Principia Mathematica*』(1687)이다. 혹은 그냥 『프린키피아, *Principia*』로도 불린다.

술사이기도 했습니다.

연금술(鍊金術)이란 지상의 질료들을 인위적으로 조합해 금을 만들어내겠다는 전통의 학문으로 비록 미신적이지만 이런 사고방식과 실제 실험들은 연관 학문의 발전을 이끕니다. 당대의 연금술은 현대로 비유하자면 자연과학의 하나로서 어엿이 학문의 반열에 있었습니다. 실제로 다른 질료들을 조합하여 금을 만들어내는 과정에서 화학이 발달합니다.

라부아지에(Antoine-Laurent de Lavoisier, 1743~1794)도 중세 연금술사들의 실험 결과를 합리적이고 이성적인 관점으로 바라보고 해석하여 산소의 존재를 발견한 화학자입니다. 케플러 또한 천문학이 점성술(占星術)에서 분리하여 발전하는 지점에서 활동하였습니다. 그는 어머니가 마녀사냥으로 몰려 죽기까지 합니다. 우주와 천체, 세계 내의 사물들과 그 진행 현상을 합리적이고 이성적 관점으로 독해하는지 아니면 중세의 유풍인 상상과 미신적 방법으로 독해하는지의 차이에 따라 이렇듯 세계 해석은 달라졌고 과학의 발전이 가로막히거나 근대적 학문으로 우뚝 서기도 했습니다.

칸트가 영혼의 신비스러운 힘을 말한 스베덴보리에 호기심을 가졌던 것도 이런 이유일 것입니다. 칸트는 초기에 상당 기간 자연과학을 탐구하였으며 관련 저술도 상당했습니다.[123] 당시의 한계상 정

---

123 칸트는 1755년 쾨니헤스베르크 대학에서 강의 자격을 획득한 이후, 물리학, 논리학, 형이상학을 포함한 다양한 과목을 강의하기 시작했다. 1756년에는 바람(風) 이론에 관한 에세이에서 코리올리 힘(Coriolis force, 지구 자전의 영향에 의하여

확히 설명할 수 없지만 특정한 힘의 존재를 당시의 학자들도 분명히 알고 있었고 그들은 이를 설명하고자 노력했습니다. 칸트는 6년 정도 사강사 생활을 합니다. 장남인 그는 부친으로부터 받은 유산도 정리해 보니 거의 없었습니다. 칸트는 무엇보다 우선 생계를 걱정해야 했습니다. 사강사란 독일에서 지금도 존재하는 제도인데 대학에 소속된 강사이긴 하되, 급여를 수강생들의 수에 따라서 수강생이 낸 학비로 받는 강사입니다. 그럼에도 불구하고 그의 초기 자연과학에 관한 논문들은 사강사 시절에 간행하거나 발행한 것들입니다.

칸트는 또 최초의 지리학 교수였습니다. 그는 쾨니히스베르크를 평생 떠나지 않았음에도 지리를 가르쳤으니 놀랍습니다. 이후 다양한 분야의 강의를 합니다. 왕립 도서관 사서도 역임합니다. 1776년 46세라는 늦은 나이에 드디어 칸트는 대학교수가 됩니다. 그리고 1804년 2월 12일에 사망합니다. 그의 마지막 말은 'Es ist Gut(좋다)'입니다.

예수의 마지막 말씀과 유사하기도 합니다. 예수가 십자가 위에서

지구 위에서 운동하는 물체에 작용하는 겉보기 힘)에 관한 최초의 통찰을 보이기도 한다. 마찬가지로 1756년에는 이전 해인 1755년에 발생한 리스본 지진(상권 325~326쪽 참조)에 관해 3쪽의 보고서를 간행하기도 한다. 1757년에는 세계 최초로 지리학을 강의하기도 한다. 그의 강의는 1770년 칸트가 지리학 교수가 된 이후 물리 지리학(Physical Geography)으로 출판된다. 칸트는 자연법, 윤리학, 인류학, 그리고 다른 주제들에도 그의 강의 주제를 확장시켰다. 『우주 자연사, Universal Natural History』에서는 네불라 가설(nebular hypothesis), 태양계의 형성에 관해 주장하기도 했으며 은하수(Milky Way)는 거대한 별들의 집합이라고 정확히 역연하기도 했다(참고: https://en.wikipedia.org/wiki/Immanuel_Kant).

죽음을 맞기 전 마지막 말은 복음서마다 약간 다릅니다. 그러나 다음의 두 가지로 요약됩니다. 그 하나는 '엘리 엘리 라마 사박다니[124] (אלי אלי למה עזבתני)(히브리어), 나의 하나님 나의 하나님 어찌하여 나를 버리시나이까)'이고, 다른 하나는 '다 이루었다'[125]입니다.

칸트는 최초로 철학을 직업으로 영위한 철학자입니다. 그 역시 결혼을 하고자 합니다. 그러나 아직은 안정된 생활을 하지 못하였던지라, 세 번 정도 여성을 소개받기도 하였으나 이내 포기합니다.

철학자들은 결혼을 안 한 사람들이 종종 있습니다. 일종의 편견일지는 모르겠지만 유명한 철학자가 결혼하지 않고 독신을 유지했다는 것을 보면 의미심장하기는 합니다. 플라톤, 데카르트, 스피노자, 칸트, 니체, 키르케고르, 애덤 스미스(Adam Smith, 1723~1790)… 모두 결혼하지 않았던 철학자들입니다. 데카르트는 사생아는 있었습니다. 반면 소크라테스나 아리스토텔레스, 헤겔, 마르크스 등은 결혼을 하였습니다.

칸트의 역작인 세 권의 비판서 중『순수이성비판(純粹理性批判), *Kritik der praktischen Vernunft*』(1781)은 그가 56세 때 출간됩니다.

124　"제 구시쯤에 예수께서 크게 소리 질러 이르시되 엘리 엘리 라마 사박다니 하시니 이는 곧 나의 하나님, 나의 하나님, 어찌하여 나를 버리셨나이까 하는 뜻이라"(『마태복음』 2장 49절, 개역 개정), "제 구시에 예수께서 크게 소리 지르시되 엘리 엘리 라마 사박다니 하시니 이를 번역하면 나의 하나님, 나의 하나님 어찌하여 나를 버리셨나이까 하는 뜻이라"(『마가복음』, 15장 34절, 개역 개정).

125　"예수께서 신 포도주를 받으신 후에 이르시되 다 이루었다 하시고 머리를 숙이니 영혼이 떠나가시니라"(『요한복음』, 19장 30절, 개역 개정).

『실천이성비판(實踐理性批判), *Kritik der praktischen Vernunft*』(1788)
은 64살, 『판단력 비판(判斷力批判), *Kritik der Urteilskraft*』(1790)
은 66살에 출간됩니다. 62세에 『미래의 형이상학 서언, *Prolegomena*
zu einer jeden künftigen Metaphysik』(1783), 『도덕 형이상학 기초,
Grundlegung zur Metaphysik der Sitten』(1785)는 64세에 출간됩니다.

칸트의 3 비판서, 즉 『순수이성비판』, 『실천이성비판』, 『판단력 비
판』에서의 비판은 비난이나 비평하다, 비판하다(criticize)의 의미가
아니라 검증한다(examine)는 의미입니다. 순수이성과 실천이성, 판
단력의 적용 범위와 사용 범위를 확증하고 검증한다는 의미입니다.

저서 『이성의 한계 안에서의 종교, *Die Religion innerhalb der*
Grenzen der bloßen Vernunft』(1793)는 그 제목에서 드러나듯 종교적
인 이념이나 행위의 계율 또한 이성의 합리성 안에서 이루어져야 한
다는 뉘앙스(nuance)를 담고 있습니다. 이미 칸트는 이성으로 종교
와 종교 현상을 해석하는 진보성을 지니고 있습니다. 그렇지만 당대
가 아직 종교로부터 완전히 자유로운 시대는 아니었습니다. 칸트의
계보를 잇는 철학자 피히테(Johann Gottlieb Fichte, 1762~1814)도
무신론의 혐의를 받아 학생들이 그의 연구실 창문에 돌을 던지기도
하였던 시대입니다.

칸트 또한 위의 저서를 발간하면서 기독교를 모독하며 무신론적
인 혐의가 있다 해서 이미 당시 프로이센의 왕으로부터 정식으로 경
고를 받기도 합니다. 앞으로 그렇게 불경한 저서를 발간하여 기독교
를 모독한다면 가만두지 않겠다고 말입니다. 칸트 또한 왕의 요구에
응하겠다고 약속하고 그 약속을 지킵니다. 단 왕과의 약속이니 왕이

살아 있을 때까지만 충실히 지킵니다. 이성주의 철학자인 칸트가 결코 종교를 완전하다거나 그 계율에 절대적으로 복종해야 한다고 말할 리는 없었을 것입니다. 그렇다고 당시의 분위기를 감지하지 못하고 기독교를 폄하하지도 못했을 것입니다. 살아야 무엇을 해도 할 수 있기 때문이지요. 아마 학문의 이론을 핑계로 돌려서 기독교나 일반 종교를 비판했을 것입니다. 유사하게 데카르트의 저서들도 발간된 지가 한참 지나서 기독교계에서 반박하기 시작합니다. 더불어 금서 목록으로 지정도 합니다.

데카르트가 '나는 생각한다 그러므로 존재한다'는 명제를 제시하자 가상디(Pierre Gassendi, 1592~1655)라는 사람은 길에서 돌을 힘껏 발로 차면서 데카르트를 반박했다고 합니다. 가상디는 에피쿠로스(Epicurus, B.C. 341~B.C. 271)의 원자론을 지지하는 가톨릭 신부였습니다. 돌덩이를 찬 발은 아픔을 느낄 수밖에 없고 그 고통이 바로 내가 존재한다는 실재의 증거라고요. 아픈 발의 감각이 데카르트의 견해에 대한 직접적 반박이었던 셈이지요. 데카르트와 그는 6년에 걸쳐 논쟁합니다.

이제 칸트 철학의 개념을 좀 정리해 보겠습니다. 칸트 철학에서 라틴어 '아 프리오리(a priori)'라는 말은 선험적(先驗的) 혹은 선천적(先天的)이라는 말로 번역합니다. '아 포스테리오리(a posteriori)'라는 말은 후험적(後驗的), 후천적(後天的)이라는 말로 번역합니다. 선험적이라는 말은 '경험 이전의'라는 말입니다. 경험에 앞서 있다는 말입니다. 선천적이라고도 합니다. '선천적'이라는 말은 타고난 것을 강조하는 말입니다. 후천적이라는 말이 반대어입니다. 선천적

이라는 말은 최초의 타고난 것을 강조하는 말이고, 선험적이라는 말
은 경험을 강조하여 그 이전이라는 말입니다. 그런데 경험은 주체로
서의 의식을 지니고 난 이후에 새겨집니다. 즉 선험적이라는 말은
내가 갖는 의식 이전이라는 말일 것입니다.

칸트 철학의 번역어가 일제시대의 번역 투라 자못 어렵습니다. 우
리나라의 법체계는 대륙법 체계입니다. 철학에서도 최초에는 대륙
철학이 주로 수입됩니다. 독일과 일본은 이탈리아와 베를린에서 삼
국동맹(三國同盟, Tripartite Pact, 1940)을 맺은 시기 수년 전부터
친한 사이였습니다. 이후로 독일의 법체계, 철학들이 일본에 수입되
면서 지금도 일본의 법체계는 대륙의 독일법 체계이고 철학도 독일
철학이 주로 들어와 있습니다. 그 영향일 것입니다.

칸트 철학에서 유명한 개념이 물자체(物自體, Ding an sich)입니
다. 물자체란 말은 '사물 자체'란 말입니다. 그런데 이것을 칸트가
얘기할 때는 그냥 '그것', '그와 같은 것'이었습니다. 원어는 'Ding
an Sich'로 'such thing'이란 말입니다. 프로이트(Sigmund Freud,
1856~1939)의 정신분석학에서 'Es'가 단지 '그것'이란 말인데 그
번역이 어려운 것에 비견됩니다. 'Es'는 프로이트에서는 근원적인
무엇으로서 '무의식'인 '이드(Id)'를 말합니다.

물자체라는 말은 사물을 사물로서 나타나게 하는, 현상(懸象)
의 배후에 존재하는 근원입니다. 그래서 사물의 근원, 근원으로서
의 사물이라는 말입니다. 사물의 본질, 기체(基體)입니다. 누메논
(Noumenon)이라고 합니다. 물자체라 표현하면 이해가 어렵습니
다. 그러나 '사물 자체'라고 하면 이해가 좀 쉽습니다. 현상은 감각

으로 지각하는 것입니다. 이 감각 가능한 것의 배후에 존재하지만 감각으로 지각할 수 없는, 감각 불가능한 것이 물자체입니다.

현상을 페노메나(phenomena)라 부릅니다. 그리고 그것들을 나타나게 하는 물자체는 인간의 입장에서는 인식이 불가능합니다. 일례로 자유나 도덕, 책임의 문제는 현상의 문제들이 아닙니다. 감각이 지각하는 현상계와 물질계는 결정론의 법칙들이 지배하고 있습니다. 반면 물자체는 현상계가 아니므로 결정론의 인과론이 적용되지도 않습니다. 위의 자유나 도덕 그리고 책임의 문제는 자유의지의 문제를 전제합니다.

범죄인이 범죄를 저지른 후에 나는 단지 내 감각, 육체의 욕망이 시키고 지시하는 대로 했을 뿐 나에게는 책임이 없다고 주장을 할 수 있습니다. 그 주장을 반박하지 못한다면 그의 책임을 입증하지 못하므로 처벌도 불가능합니다. 이렇듯 (법적) 책임의 문제에서 단순한 결정론은 배제되어야 하며, 개인의 자유의지가 전제되어야만 선택으로서의 책임과 공과(功過)의 문제가 해결됩니다. 만약 사회와 국가의 모든 문제를 결정론의 영향 아래에 둔다면 자유로운 개인들의 연합으로서의 사회라는 말 자체는 성립 불가능합니다.

분석명제(分析命題)란 하나의 개념에 그 개념을 설명하는 술어들이 모두 들어가 있는 것입니다. 예를 들어 총각이라는 말에는 결혼하지 않은 남자라는 말이 이미 내포(內包)되어 있습니다. 처녀라는 말도 마찬가지입니다. 그래서 개념에 이미 개념을 설명하는 술어가 모두 포함되어 있으므로 그 개념을 분석하기만 하면 그 의미를 알 수 있습니다.

수학의 명제, 예를 들어 숫자 3에는 1도 있고 2도 있습니다. 또는 4 빼기 1도 있고 6 나누기 2도 있습니다. 그래서 수학의 수(數)가 대표적인 분석명제입니다. 연역(演繹)이라는 말은 명제 자체를 이성적으로 분석만 제대로 하면 그 명제의 진리치(眞理値, Truth Value)를 발견할 수 있다는 말입니다.

반면 관찰을 하면서, 즉 경험을 통해 데이터(data, 자료)를 도출하고 이를 취합하는 것은 귀납(歸納)이라고 합니다. 데이터를 종합하므로 종합명제(綜合命題)라고 합니다. 예를 들어 백조(白鳥, 고니, swan)라는 새의 고유명사는 이 새가 색깔이 하얗다는 것을 전제로 합니다. 흰 백(白) 자를 씁니다. 그런데 1697년 실제로 검은 백조가 발견되었습니다.[126] 그렇다면 백조라는 보통명사는 아무리 분석해도 모든 백조가 흰 색깔이라는 것이 검증이 안 되므로 분석명제일 수가 없습니다. 이런 명제는 많이 있습니다.

생물학(生物學)을 살펴보면 우리가 현재의 관찰과 지식 수준으로는 알 수 없는 미지의 생물들이 많이 있습니다. 지구 땅 깊은 곳이나 심해(深海)에 얼마든지 많이 있습니다. 돌연변이종도 있고 새로운 종도 있습니다. 돌연변이나 신종(新種)이란 명칭도 다분히 인간

126　흑고니 이론(black swan theory)은 전혀 예상할 수 없던 일들이 실제로 나타나는 경우를 뜻하며, 블랙스완 이론이나 흑조 이론, 검은 백조 이론이라고도 불린다. 1697년 네덜란드 탐험가 윌리엄 드 블라밍(Willem de Vlamingh)이 서부 오스트레일리아에서 기존에 없었던 '흑고니'를 발견한 것에서 착안하여 전혀 예상할 수 없었던 일이 실제로 나타나는 경우를 '블랙스완'이라고 부르게 되었다.

들의 주관으로 붙이는 명칭이긴 합니다. 우리는 그 종들에 대해 새로운 이름을 짓고 그리 부를 뿐입니다. 그 명칭을 분석해 본들 그 생물의 본질과 명칭은 전혀 일치하지 않습니다. 돼지라는 말을 분석해서 그 돼지가 다리가 네 개고 콧구멍이 크다는 것을 알 수는 없습니다. 돼지 소리를 흉내 내어 옛사람들이 그냥 붙인 관습적 명칭일 뿐입니다.

인간이 붙인 사물의 이름이 그 사물의 본질을 반영한다고 말할 수는 없습니다. 새로운 생물이나 사물이 발견된다면 더더욱 그 외부의 명칭이 제대로 그 생물이나 사물의 본질이나 본성을 반영하지는 못할 것입니다. '도도도도…' 하는 소리로 돼지(도야지)라고 옛사람들이 이름을 붙였는데 지금의 돼지는 '꿀꿀꿀…' 하고 시대를 달리하여 새롭게 우는 것은 아닐 것입니다. 아이들이 돼지를 꿀돼지나 꿀꿀돼지라고 부르는 것이 더 정확한 돼지의 명칭이지 않나 싶습니다.

콜럼버스(Christopher Columbus, 1451~1506)가 아메리카 신대륙을 발견(1492)했다고 하고, 아문센(Roald Engelbregt Gravning Amundsen, 1872~1928)이 남극점에 최초로 도달(1911)한 데다 최초로 북극점 상공을 비행(1926)했다고 합니다. 그런데 과연 이것이 엄밀히 말해 맞는 말인가 싶습니다. 아메리카에는 이미 원주민이 거주하고 있었고 그들은 국가까지 이루어 살고 있었습니다. 또한 북극점 주변에는 이미 에스키모들이 거주하고 있었고 아문센은 남극을 정복하러 갈 때 이들의 조언을 듣고 순록(馴鹿)의 가죽으로 방한복을 입기도 했으니 말입니다. 개 썰매를 타고 갔으니 개도 정복자가 아닌가 싶습니다.

에베레스트산(Everest山, 8,848m)을 정복하는 데 무거운 짐을 지고 산을 안내하는 셰르파(Sherpa)의 이름은 덜 중요시됩니다. 1953년 영국인 힐러리(Edmund Persival Hillary)와 셰르파 텐징(Tenzing Norgay) 중에 누가 먼저 정상에 도착했을까요? 힐러리는 정상 아래에서 자신에게 영광을 주기 위해 텐징이 자신을 기다리고 있었다고 합니다. 물론 이들이 서양인이라고 할지라도 그 탐험의 정열과 노고를 모르는 것은 아니지만 적어도 이들의 관점에서 기술하는 역사가 인류의 정확한 세계사가 아닌 것은 알고 있어야 합니다. 아메리카 대륙에는 백인들이 들어가기 전부터 본래 이 땅에 거주하던 인디언이 살고 있었습니다. 이 인디언들이 이제 서양인이 그들을 중심으로 기술한 지식의 역사에 포획이 됩니다. 백인들에 의해서 이들의 존재가 발견되는 것으로 말입니다.

새로운 발견에 의한 지식은 종합명제로 분류될 수 있습니다. 그러나 이러한 지식 또한 스피노자나 라이프니츠 같은 일부의 이성주의자들은 분석명제로 분류하기도 합니다. 라이프니츠는 나아가 모든 명제를 분석명제로 환원합니다. 반면 로크(John Locke, 1632~1704) 같은 일부 경험주의자들은 이런 분석명제의 성격을 거부하고 다시 모든 지식을 종합명제로 분류하기도 합니다.

세계는 사물(事物)의 총합입니다. 사건(事件)과 물건(物件)의 총합입니다. 우리가 마주 대하는 사물들이 곧 세계입니다. 그런데 칸트는 분석명제와 종합명제의 구분에 대해 의문을 제기합니다. 분석명제는 선험적 혹은 선천적으로 지닌 능력, 특히 이성에 그 기반을 둡니다.[127] 종합명제는 후험적, 혹은 후천적으로 관찰과 실험 등의 경험에 의해 성립되고 그에 기반한 명제입니다. 여기서 칸트는 선험적이면서도 종합명제인 것들이 존재한다는 것을 주장합니다. 그러면서 첨예하게 당대에 대립하여 논쟁 중인 합리론과 경험론의 종합을 시도합니다.

그런데 경험은 확실함을 도출하지 못합니다. 경험은 완전하지 못합니다. 즉 경험은 새로운 것을 겪을 수 있는 가능성을 내포하고 있습니다. 같은 경험을 하는 인간은 존재하지 않고 동일한 사건이나 사물에 대한 경험도 각기 서로 다릅니다. 과거에 내가 특정한 사물을 만났기 때문에 그 사물이 오늘도 그전과 동일한 인상(印象)을 내게 주리라는 보장은 없습니다. 참고한 데이터는 더 확장되고 수집될 수 있습니다. 또 그동안의 데이터에 대한 나의 해석 또한 잘못되었을 수 있습니다.

삶에서도 새로운 경험들이 얼마든지 나타날 수 있습니다. 과거에 그렇게 존재하고 있었고, 지금까지도 그렇게 변함없이 존재하고 있었으니 앞으로도 계속 그렇게 존재할 것이라고 우리는 생각합니다. 그러나 아마 그럴 것이라는 개연성(蓋然性, probability)이 반드시 그럴 것이라는 필연성은 아닙니다. 그렇게 존재할 것이라는 우리의 믿음은 경험의 집합이지만 이는 하나의 확률(probability)일 뿐입니

---

127 일례로 이성주의자 데카르트는 '신(神)'에 대한 관념을 인간은 선천적으로 가지고 있다고 보았으며 이를 '생득관념(生得觀念)' 혹은 '본유관념(本有觀念)'이라 칭했다.

다. 0.1퍼센트의 예외라도 있다면 확실하다고 말할 수는 없습니다. 확실하지 않으니 보장되지 않습니다. 즉 진리가 아닙니다.

이것이 종합명제의 한계입니다. 확실함과 완전함을 말할 수 없습니다. 시간에 좌우되고 공간에 좌우됩니다. 감각과 그 감각을 산출하는 감관은 의심스러울 수밖에 없습니다. 인간 수천 명의 후각이 개 한 마리의 후각을 능가할 수는 없습니다. 돌고래는 초음파로 의사소통을 합니다.[128] 의사소통이 오감을 벗어난 다른 차원의 감각에

---

128 [기자] "돌고래는 보통 2천에서 최대 20만 헤르츠에 가까운 음파를 사용하는데요, 보통 2만 헤르츠 이상의 진동수를 가진 소리를 초음파라고 하니까 돌고래는 초음파를 이용한다고 볼 수 있겠죠. 돌고래의 뇌 앞부분에는 '멜론'이라는 일종의 기름 주머니가 있는데요, 여기에서 초음파를 발사하고 반사되어 돌아오는 신호를 아래턱뼈로 흡수해서 앞에 있는 물체의 종류와 크기, 위치 등을 파악합니다… 또 돌고래는 이 초음파를 이용해서 의사소통하기도 하죠. 실제로 돌고래는 특히 지능이 높아서 언어 체계가 아주 발달한 것으로 알려졌는데요, 사람이 지역에 따라 다른 말을 쓰는 것처럼 돌고래도 살고 있는 바다에 따라 사용하는 언어가 다릅니다. 하지만 우리도 다른 지역에 오래 살다 보면 그곳 말을 배우게 되잖아요? 돌고래도 마찬가지라고 합니다. 러시아 연구팀이 흰고래인 벨루가를 병코돌고래들이 사는 수족관에 넣고 관찰해 봤는데, 2달째쯤 되자 벨루가가 원래 자기가 내던 소리가 아니라 병코돌고래의 울음소리를 따라 하기 시작한 것입니다. 특히 병코돌고래는 주로 휘파람 소리로 동료와 의사소통하는데, 벨루가도 함께 소통하기 위해서 같은 소리를 내게 된 것입니다"(출처: YTN 사이언스 https://m.science.ytn.co.kr/program/view_today.php?s_mcd=0082&key=202403201630122373).

2000년을 전후해서, 과학자들은 인간이 인간다운 조건으로서 갖는 감성과 지성으로 인해 인격체로 여겨지는 것처럼 돌고래의 지능에 대해 연구한 결과 돌고래들도 이와 같은 감성과 지성을 갖춘 법인격체로서 여겨져야 한다는 것을 확인할 수 있었다고 지속적으로 보고하고 있다. 2013년 5월, 인도 중앙정부는 공식적으

관한 것인 한, 인간의 감각은 무능력합니다. 인간의 언어는 그것이 초음파로 가능한 대화의 수준인 한 돌고래보다도 열등합니다. 물론 이것이 의사소통의 수단으로서의 인간의 언어가 돌고래보다 열등하다는 것을 말하는 것은 아닙니다.

벼룩은 자기 몸길이의 이백 배까지 뛴다고 합니다.[129] 높이 뛰어오르는 능력으로 본다면 벼룩은 인간보다 우등합니다. 인간은 그 열등함을 극복하기 위해 도구를 사용하여 벼룩을 능가합니다만, 본래의 신체 능력은 높이뛰기의 경우만 비교한다면 벼룩보다 열등한 것은 사실입니다. 만약 어떠한 도구도 갖지 않고 태생의 상태 그대로 야생의 동물을 대한다면 인간은 많은 경우 마주친 동물의 경쟁 상대가 되지 못할 것입니다. 반신(半神)의 경지인 헤라클레스(Hercules)나 되어야 맨손으로 사자를 때려잡습니다.[130]

로 돌고래를 인위적으로 처우하는 행위에 대해 금지하는 발표를 한 바가 있다…. 미국과학진흥협회(the American Association for the Advancement of Science)는 2010년 2월 21일 협회지 『사이언스 나우』를 발행하면서 '돌고래를 인격체로 볼 수 있는가?'라는 이슈를 제기한 바가 있다…. 칠레, 코스타리카, 헝가리, 인도의 4개국은 돌고래를 "인간이 아닌 사람(non-human persons)"으로 선언했으며 엔터테인먼트를 위한 돌고래의 포획 및 수입을 금지하고 있다(출처: https://ko.wikipedia.org/wiki).

129   …벼룩은 몸길이의 약 200배 이상까지 뛸 수 있는데, 몸길이에 대한 비율로 치면 모든 동물 중 거품벌레 다음으로 점프력이 뛰어나다. 높이 18cm, 너비 33cm까지 점프한 기록이 남아 있다(출처: https://ko.wikipedia.org/wiki).

130   헤라클레스는 광기로 처자식을 죽인 후 자책의 벌로 에우리스테우스 왕 아래에서 노역을 하게 된다. 그 12가지 과업 중의 첫 번째가 네메아의 사자를 잡는 것이었다. 사자 가죽은 두꺼워 칼과 창도 들어가지 않으니 헤라클레스는 사자를 목 졸

이런 부족함을 인간은 이성으로 상쇄합니다. 인간은 분업하여 창(槍)을 만들고, 계략(計略)을 세워 함정(陷穽)을 파며, 거짓으로 유인(誘引)하고 서로 연합(聯合)하고 포위(包圍)하여 맹수(猛獸) 사자를 잡습니다. 달려오는 사자에게 거리를 계산(計算)하여 창을 던지고 그물을 던집니다. 인간의 가장 강한 무기는 그래서 이성(理性)입니다.

인간에게는 생각하는 능력이 있습니다. 생각하는 것은 상황을 분석(分析)하는 것입니다. 상황(狀況, situation)이란 시간과 공간에 관한 감각이 절대적입니다. 마주한 대상이 어떤 대상인지 사려해 보는 것이고, 처해 있는 조건이 어떠한 조건인지 파악해 봅니다. 따라서 분석할 수 있는 능력을 필요로 합니다. 이러한 모든 기능을 수행하는 것이 이성입니다. 이성은 계산할 수 있는 능력이며, 이로부터 도구를 만들고 타인과 연대를 하고, 작전을 세워서 적을 무너뜨립니다. 자기의 이익과 타자의 이익을 계산할 수 있고 그래서 공동의 이익이라면 작은 불이익은 포기할 줄도 아는 능력입니다.

그렇게 본다면 앞서 말한 인간에 대한 정의 중 호모 사피엔스, 즉 현명한 사람이라는 인간의 이름은 적절합니다. 의식은 단지 물질과 대비한 반대 개념만이 아닙니다. 의식이 있으므로, 이성이 있으므로 인간은 육체의 유약함을 상쇄하는 무기들을 발명합니다. 그리고 자기에게 유리한 경우를 의식적으로 생산합니다. 이것이 동물과 다른

라 죽인다. 이후 사자 발톱으로 가죽을 벗긴 후 자기가 입는다.

인류 발전의 역사입니다.

그러나 칸트가 볼 때 합리론자들의 문제점은 그들이 이성의 사용 능력, 그리고 그 사용의 한계에 대해서 문제 삼지 않았다는 것입니다. 합리론자들은 순전히 머릿속으로만 세계에 존재하는 모든 사물을 재단하고 파악하고 이내 정의(定義)까지 합니다. 합리론자들이 말하는 이성은 감각과 독립해서 작용하는 순수한 이성의 능력입니다. 이는 감각이 취합한 데이터를 분석하고 종합하는 능력으로서의 이성이 아닙니다.

그래서 칸트가 이 이성의 독자적인 사용 능력과 이성을 사용하도록 허용하는 범위를 분석하고 검증하는 저서가 『순수이성비판』입니다. 경험으로 많은 새로운 데이터를 우리는 직면합니다. 그리고 이러한 데이터들로 기반을 삼아 전통적으로 이성이 미리 규정한 사물의 정의에 의문을 제기할 때 합리론자들이 정의한 사물의 정의는 종종 어긋나기 마련입니다.

따라서 합리론자들이 어떠한 권리로 이성이 특정한 사물을 가정하여 세우고, 그 사물과 인과적으로 이어지는 다른 사물을 필연이라는 개념으로 다시 구성할 수 있는 것인지에 관해 칸트는 의문을 제기하고 숙고합니다. 이것이 철학자들이 구성하는 개념 정립의 과정인데 그것이 과연 타당한 것인지 살핍니다.

칸트가 이런 문제의식을 지닌 발단은 흄(David Hume, 1711~1776)이 합리론자들에게 가하는 비판을 접하게 되면서입니다. 흄은 철학자들이 주장하는 인과, 즉 원인과 결과 개념은 그 내부에 반드시 필연성을 내포하고 있지는 않다고 주장합니다. 그는 이성이 선천적으로 어떤 경험과도 상관없이 오직 개념을 분석하기만 하면 우리가 올바른 사물에 대한 지식을 가질 수 있다는 주장을 철저히 논박합니다.

칸트는 흄의 『인성론(人性論), *A Treatise of Human Nature*』(1739)을 읽고 '독단(獨斷)의 잠(dogmatic slumber)'에서 깨어났다고 표현합니다. 칸트는 감각의 지식과 이성의 지식은 분명히 그 확립과정이 다른데 이 지식들이 어떻게 서로 교통하고 정리되는지 고민하다 흄의 저서를 읽습니다. 이후 그가 종교와 자연철학(自然哲學, natural philosophy)의 견해들을 마저 의문의 여지 없이 수용한 것에 대해 독단의 잠에서 깨어났다고 표현합니다.

그동안 칸트는 라이프니츠 철학의 영향을 받은 스승 볼프 아래서 공부를 했습니다. 그래서 자기도 모르는 사이에 이성주의적 합리론의 사유 방향과 방법론을 따르고 있었던 것입니다. 독단이란 일체의 대립을 허용하지 않는다는 말입니다. 말 자체에 절대성과 필연성을 가정합니다. 따라서 예외를 허용하지 않습니다.

흄에 의하면 우리가 특정한 사물을 볼 때 먼저 그 사물에 관한 인상(印象, impression)이 우리에게 다가옵니다. 인상이 우리의 내부에(im) 찍힙니다(press). 이 인상은 감각기관이 받아들여 산출한 인상입니다. 그리고 이 인상들이 결합(結合, bond)하여 관념(觀念, notion)을 만듭니다. 흄은 이 인상의 결합과 관념의 결합이 과연 신뢰할 수 있는지 의문을 제기합니다.

이는 나아가 특정한 사태에 대한 원인과 결과에 대한 설명이 과연 타당하며 이성적인지에 대한 의문입니다. 경험은 제한적입니다.

사람마다 그 경험의 내용이 다르고, 동일 사태를 경험하였다 하더라도 각기의 개인은 그 사태를 다르게 경험합니다. 다르게 경험한다는 것은 그 사태가 각 개인에게 주는 인상과 관념이 서로 다르다는 것입니다. 그 인상과 관념이 다르기에 이를 기반으로 한 인상과 관념의 결합이 또 다를 것입니다.

그렇다면 그 결합이 표현한 명제 역시 개인마다 다르게 생산될 것입니다. 따라서 동일한 원인과 동일한 결과라는 개념은 결국 허상(虛像)이 됩니다. 즉 산출된 원인과 결과라는 개념을 감각과 독립하여 선천적으로 사유하는 것이 가능한지, 그리고 그 개념이 과연 인정될 수 있는지가 흄의 도전에 직면한 칸트의 문제의식입니다.

이성주의자의 사유 방식은 중세 스콜라철학의 영향을 받아 결과는 그 원인에 포함되어 있다고 사유합니다. 원인은 결과를 내포하고 있습니다. 연기가 나는 굴뚝은 굴뚝에서 무엇을 태우고 있다는 사태와 결합합니다. 아니 땐 굴뚝에 연기는 나지 않습니다. 불로 태우면 반드시 연기가 납니다. 즉 소각(燒却)은 연기(煙氣)를 포함합니다. 따라서 이들의 사고방식에서는 세계의 만물은 곧 절대자인 신의 피조물이자 창조물과 다른 것이 아니므로 곧 최초의 원인은 신이 됩니다.

이 신은 원인 없는 원인이며 스스로 원인이 된 자입니다. 타자가 원인이 아니므로 자기가 원인이며 타자와 관련하지 않으므로 절대적 독립자입니다. 그로부터 모든 것이 산출되므로 원인을 거슬러 올라가면 결국 그에게까지 이릅니다. 이는 그들의 사고방식에서 이미 미루어 짐작할 수 있는 결론이기도 합니다.

그러나 이 원인 중의 원인이 우리의 감각 너머에 있다는 것이 문제입니다. 이성적으로는 존재하고 존재해야 하지만 감각으로는 확증할 수 없는 대상입니다. 따라서 흄의 공격은 감각으로 확증할 수 없는 경험 너머에 뙈리를 튼 형이상학이 과연 존립할 수 있는지에 대한 공격입니다. 이는 형이상학으로 단단히 무장한 당시의 합리론자에게는 큰 위기였습니다. 칸트는 그의 방식으로 이를 해결하고 경험론자의 비판을 수용하면서도 합리론자들의 형이상학 또한 무사히 보전합니다.

칸트는 이성이 사유하는 인과론과 그 인과적 결합이라는 개념은 오성이 그러한 사물의 결합을 선천적으로 사고할 수 있게 하는 하나의 개념이 아니라 오히려 형이상학 자체가 이러한 개념들로 함께 이루어졌음을 말합니다. 다시 말하면 인과의 결합을 포함한 형이상학적인 개념은 그 개념이 무수히 많은 선천적인 개념들로 구성된다는 말이 아니라 그것만으로는 충분히 밝힐 수 없는 다른 개념들이 함께 포함하고 구성하여 이루어졌다는 말입니다.

따라서 칸트는 그러한 형이상학적 개념들의 수를 확인하고자 노력하게 됩니다. 그리고 칸트는 이 형이상학적 개념들은 흄이 말하듯 경험으로부터 유래하는 것들이 아니라 오히려 순전히 순수 오성으로부터 도출되고 생산된 것으로 주장합니다. 만약 경험으로부터 그 경험들 전부를 삭제하고 제거하더라도 여전히 살아남을 수 있는 개념들을 칸트는 살피고자 했습니다. 이 개념들은 경험과는 직접적 연관이 없는 선천적이고 선험적인 개념이며 그것들의 수를 칸트는 확인하고자 했습니다. 달리 말하면 칸트의 이런 발상은 의식에서 순수하게 살아남는 선험적인 형이상학적 개념들이 실제로 존재한다는 말입니다.

형이상학의 일부 명제들은 경험할 수 없고, 따라서 검증할 수 없습니다. 위의 신이나 자유, 도덕 등이 그 예입니다. 따라서 모든 관념은 경험으로 구성된다는 경험주의의 주장은 이러한 명제들을 결코 설명할 수가 없습니다. 이 명제들은 경험의 대상이 되지도 않을 뿐더러 그것이 가능하지도 않습니다. 따라서 이 명제들은 종합명제일 수 없습니다. 그러기에 후천적으로 획득 가능한 지식도 아닙니다.

반대로 순수한 분석명제는, 오직 이성으로만 분석할 수 있기에 현실적으로 존재하는 것에 대해서는 어떠한 지식도 제공하지 못합니다. 존재하는 것에 대해서 관찰하거나 이 관찰을 포함하는 것이 경험입니다. 감각할 수 있음이 경험입니다. 그러나 감각할 수도 없고, 경험할 수도 없는 분석명제는 이내 실제적인 지식이 되지 못하는 것은 자명합니다. 감관에 어떠한 지식도 제공해 주지 못하므로 그 본질이나 본성, 그것들을 지닌 존재자에 대한 일체 사변적 지식을 무용하게 하는 것처럼 보입니다. 그렇다면 위에서 열거한 형이상학의 사례에 대한 이성의 지식은 단지 무용한 것일까요? 칸트는 여기에 대답합니다.

이 명제들은 존재하는 현상으로서의 세계가 아니라 그 세계가 존재하는 근거로서의 본질에 관한 명제입니다. 이 명제는 경험하는 현상의 본질적 구조에 대한 지식과 그 현상에 관해 우리의 지식이 토대로 삼는 본질에 관한 지식을 제공해 주고자 합니다. 그리고 그 본질에 관한 지식은 그 지식의 논리를 산출하는 정신의 구조에 관한 지식이기도 합니다. 정신의 구조, 즉 이른바 스키마(schema)에 관한 문제들입니다.

물자체(ding an sich)는 세계의 현상(pheonomena)이 드러나게끔 하는 사물 자체입니다. 현상의 배후에는 물자체가 있으며, 이 물자체가 현상이 나타나는 구조를 움직이고 있습니다. 그리고 정신을 지배하는 형이상학의 지식은 이 물자체를 대상으로 합니다.

다시 꽃을 비유로 설명합니다. 꽃은 현상입니다. 그 꽃은 사계절 내내 피어 있지 못합니다. 화무십일홍(花無十日紅), 즉 열흘 붉은 꽃은 없습니다. 계절이 바뀌면 꽃은 떨어지고, 다시 계절이 바뀌면 꽃대는 다시 올라옵니다. 현상은 늘 변합니다. 솟아 올라오는 꽃대, 우거지는 잎과 만개(滿開)한 꽃, 시들고 떨어지는 꽃과 잎, 그리고 땅 아래로 자취를 감추는 줄기… 모두 현상입니다.

비단 꽃만 그런 것이 아니라 우리의 삶 또한 한 현상에 불과합니다. 어제와 오늘이 다르고 내일과 모레가 다릅니다. 지금과 나중이 다르고 어제에 관한 기억과 그제에 관한 기억이 다릅니다. 세계에서 변하지 않고 지속되는 것은 거의 없으며 지속되는 현상 중에 영원한 것은 없습니다. 매일 되풀이되는 아침도 어제의 아침과 오늘의 아침은 다릅니다. 내일의 아침도 분명 오늘의 아침과는 다를 것입니다. 우리는 동일한 아침이라고 반박하지만 사실은 늘 다른 아침을 우리의 의식이 동일하다고 거짓으로 가상(假想)하는 것일 뿐입니다. 변화하는 시간에 처한 그 무엇도 변화하는 것을 멈추지 못합니다.

세계 내에 존재하는 존재자 역시 모두 변화합니다. 감각과 경험은 모두 이 변화하는 세계를 대상으로 합니다. 현상만을 경험하므로 그렇습니다. 도저히 감각으로 물자체를 지각할 수는 없으며 그 방법도 없습니다. 사물과 사건의 본질을 감각으로 분석할 수는 없습니다. 언급했듯 이 감각 너머의 무엇을 칸트는 끄집어내어 물자체라고 부릅니다.

그럼에도 불구하고 칸트는 물자체를 실재하는 것으로 여기고 남겨두어야 한다고 말합니다. 감각할 수 없다고 해서 존재하지 않는 것은 아닙니다. 알 수 없다고 해서 존재하지 않는 것은 아닙니다. 일례로 종교가 신에 대한 물질적 증거를 제시하지 못하는데 믿음을 강요하고 절대적인 신앙을 요구하는 것을 우리는 봅니다. 그럴지라도 물질적 증거 없는, 감각할 수 없는 대상에 대한 믿음을 완전히 그릇된 것으로 단정 지어 주장할 수는 없습니다.

이런 형이상학적 명제에 대한 칸트의 인정은 종교나 윤리, 법의 문제에서 일정 부분 자율의 여지를 남겨두고 있습니다. 물자체는 현상을 벗어나 있는 것이므로 이를 경험하는 것은 불가능하며 그에 대한 지식을 후천적으로 획득하는 것도 가능하지 않습니다. 수학적 수(數) 또한 순수한 분석명제로서 우리는 이것들을 현실에서 발견할 수가 없습니다. 수는 우리의 머릿속에서만 구성되고 존재합니다. 그래서 우리는 수를 현실에서 존재하는 것으로 의제(擬製)할 어떠한 수단도 없으며 그것이 가능하지도 않습니다.

현상계(現象界, phenomena) 또는 현상에 관한 지식에 대립되는 것은 예지계(叡智界, noumena) 또는 현상 배후에 관한 지식으로서 주로 이성적 사유만으로 발견할 수 있는 영역입니다. 그러나 종교조차도 이성적으로 우선 설명이 되어야 합니다. '불합리하기 때문에

믿어'야 하는 영역이 중세 시대의 종교에 관한 가치관이라면 이제 칸트에게서 비로소 종교는 이성적 사유의 대상으로서 자리하게 됩니다. 이성적으로 설명이 되지 않는 한 종교일지라도 그 존립이 위태로운 시대가 근대입니다. 우리는 이를 이성적 사유의 한계 내에서의 종교라고 부를 수도 있을 것입니다.[131] 그래서 그가 말하는 이성은 계몽(啓蒙, enlightenment)으로서의 이성이 됩니다.

칸트에게서 이성적이라는 것은 합리적(合理的)이라는 것이고 이는 도덕적(道德的)이라는 말입니다. 여기의 도덕은 이성적 도덕입니다. 칸트 이전에는 이성과 도덕이 그리 긴밀한 관계가 아니었습니다. 비로소 칸트에 이르러 도덕은 실천이성으로 포섭됩니다. 그리고 이 실천이성이야말로 칸트 철학에서는 순수이성까지도 거느리는 최고 이성이며 그 자격입니다.

도덕을 관장하는 실천이성이 합리를 관장하는 순수이성의 상위에 위치하게 됩니다. 야만의 관습은 칸트에게 도덕이 아닙니다. 우리는 무수히 '도덕'과 '도덕적'이라는 용어를 일상에서 사용합니다. 개인적으로는 나의 이익을 도덕으로 위장하기도 하고, 실제로는 내 이익에 종사하는 행위를 도덕적이라는 용어로 치장합니다. 사회적으로는 자본주의 사회에서 금전을 추구하는 것과 그것을 보장한 사

---

131 "데카르트가 신을 이성에 의해 정립된 존재로 격하시켰다면 칸트는 신을 다시금 놀랍게도 '규제적 이념(regulative Idee)'으로 축소시켰다"(뤼디거 자프란스키, 『쇼펜하우어 전기-쇼펜하우어와 철학의 격동시대』, 정상원 옮김, 꿈결, 2018. 205).

회제도는 합법적인 것을 넘어 도덕적인 것으로 강변하기도 합니다.

개인 사이의 일상적 약속은 쉽게 파기하면서 금전이 결부된 약속은 되갚지 않은 채무에 자의적인 최고의 이자를 붙여 채무자를 괴롭히기도 합니다. 그러면서 이런 행위를 관습에서 끌어올려 도덕적으로도 하자 없다 강변합니다. 그러나 칸트가 볼 때 이러한 행위는 도덕적인 옳고 그름의 논쟁을 떠난 '악'의 문제입니다. 심지어 자기 이익을 추구하는 탐욕을 감추고 그것을 도덕이나 도덕적 선으로 강변하는 행위는 명백한 비-도덕이며, 교통신호를 위반하는 예와 같은 부류보다 훨씬 더 악합니다. 즉 '악덕'입니다. 그 이유는 바로 행위자의 '동기(動機, motive)'가 '순수(純粹, purity)'하지 못하고 '불순(不純, impurity)'하기 때문입니다.

보편적(普遍的) 도덕만이 도덕의 범주에 포섭됩니다. 예를 들어 '살인하지 말라'는 명령은 보편적인 명령입니다. 보편적 도덕에 근거하기 때문에 명령으로서 영원히 유효합니다. 보편적이므로 누구든지, 어떠한 경우든지 살인해서는 안 된다는 것입니다. 그렇다고 칸트가 사형 폐지론자는 아니었습니다. 선인(善人)에게는 선한 과실(果實)이, 악인(惡人)에게는 악한 과실이 주어져야 정당한 도덕입니다. 그리고 이는 이성적이며, 따라서 도덕적인 요청입니다. 그래서 악인에게 그 과실로 주어지는 사형(死刑) 제도를 칸트는 반대하지 않았습니다.

마찬가지로 선인은 선한 행위에 대한 과실을 받지 못하고 오히려 고통을 받기도 합니다. 그래서 삶이 이 세계, 단 한 번에 그친다면 선행을 하고도 보답받지 못한 자와 악행을 하고도 처벌받지 않은 자들의 공과(功過, 공로와 허물) 문제가 제기됩니다. 따라서 육신은 사라져도 개인의 고유성과 정체성으로서의 영혼은 죽지 않아야 합니다. 그래서 그는 영혼불멸설(靈魂不滅說)을 주장합니다.

『순수이성비판』 2판이 나왔을 때(1787) 가르베(Christian Garve, 1742~1798)라는 철학자에게 칸트는 서평을 부탁합니다. 서평에서 가르베는 '고백하건대 세상에서 이렇게 읽기 힘든 책은 이제껏 없었다'고 말했다고 합니다. 어려운 저서임에는 분명합니다. 혹자들은 하이데거(Martin Heidegger, 1889~1976)의 『존재와 시간, Sein und Zeit』(1927),[132] 아리스토텔레스의 『형이상학(形而上學), Metaphysica』과 더불어 난해한 3대 철학서에 칸트의 이 저서를 포함합니다.

칸트는 의식이란 경험과 덕으로 시작된다는 것을 인정하는 정도까지는 그의 견해가 경험론자들의 견해와 일치하며 그에 동의합니다. 사물의 본성과 본질을 알기 위해서는 그 사물을 겪어보고 경험해야 합니다. 즉 실험하고 검증하고 관찰해야 합니다. 이것들은 모두 경험주의자들이 주장하는 진리에의 접근 방법으로 귀납법의 수단이며 방법론입니다. 실험이나 관찰을 하려면 대상으로서의 사물을 감관으로 지각하고 의식으로 분석해야 합니다. 지각하고 분석하기 위하여 그 사물을 마주 대해야 합니다. 그 사물과 교통해야 하며

---

132 하이데거의 『존재와 시간』은 워낙 난해하여 독일어로 쓰여 있음에도 불구하고 '아직도 『존재와 시간』이 독일어로 번역이 안 되었느냐'고 독일인들이 불평했다는 얘기가 전한다.

나아가 소통해야 합니다.

우리는 그 사물과 관계를 맺습니다. 우리는 사물을 알기 위해 사물과 만납니다. 이성주의자처럼 마저 연구실 의자에 앉아서 공상으로 탑을 쌓고, 신념으로 건설을 하는 것이 아닙니다. 공상으로 설명은 하겠으나 그것은 철학이 아닌 소설이 되는 것이고, 신념으로 체계를 만들 수는 있을 것이나 그리 만든 체계는 모래 위 성과도 같은 것이 되기 마련입니다.

소설은 상상력이 주(主)이므로 사실과 허구의 구분이 불분명합니다. 허구를 사실처럼 적어내기도 합니다. 그러나 모래로 성(成)은 고사하고 지팡이 하나 제대로 세우기도 힘듭니다. 모든 것이 다 설명되니 그들은 다 알았으며 다 알고 있다고 짐짓 자랑을 하나 그 허풍은 학문도 아니고 유머도 아니고 더군다나 재미있는 만담(漫談, gag)도 아니게 됩니다. 소설이라 해도 재미가 없으니 읽어주지를 않고, 지팡이를 넘겨버리는 약간의 바람의 힘도 모른 체하며 연신 모래로 덮어주기만 하는 꼴입니다.

다른 한편 모든 것이 경험에서 생겨난다는 경험론자들의 주장 또한 칸트가 볼 때는 맹점(盲點)을 가지고 있습니다. 예를 들어 이성주의자가 볼 때는 분명히 선천적이고 선험적인 이성의 능력이 있습니다. 이를 데카르트는 생득관념(生得觀念, innate ideas), 본유관념(本有觀念)이라고 부릅니다. 이는 플라톤의 상기설(想起說, anamnesis)에서 그 맥(脈)을 취한 것으로서 중세를 풍미하고 있던 아리스토텔레스의 철학에서 벗어나려는 동기를 데카르트는 플라톤의 철학에서 취하고 있는 모양새입니다.

상기설은 다음의 것들을 함의하고 있습니다. 우리는 불완전함에서 지속적으로 완전함을 향합니다. 그러나 경험하지 못한 완전함은 허상(虛像)일 뿐입니다. 자동차를 만드는 기술은 지금도 꾸준히 발전하고 있습니다. 자동차가 인간에게 주는 유익함은 많습니다. 그리고 더 나은 기술로 유익함을 더 주기 위해 나날이 발전하고 있습니다. 예를 들어 먼 거리를 힘들이지 않고 짧은 시간에 주파하게 합니다. 즉 속도를 올리고 그 속력을 유연히 버티는 기술입니다. 또 주행 중에 최대한의 안락(安樂)을 오너(owner)와 탑승자에게 제공해야 합니다. 예기치 못한 사고나 사고의 위험에 대응하는 기술도 필요합니다. 만약 사고가 났다면 탑승자를 최대한 보호하는 기술도 필요합니다. 외형이 주는 미학(美學)도 고려해야 합니다. 그런데 만약 우리가 자동차의 완전함을 미리 알고 있다면 갑작스러운 차량 사고와 기술의 부족을 겪으면서 시행착오를 겪을 일은 거의 없을 것입니다. 처음에 그러한 자동차를 만들면 되니 말입니다.

이미 특정한 무엇을 알고 있다면 그것을 얻거나 만드는 데 더 유능할 것은 분명합니다. 상기할 수 있다는 것은 기억할 수 있다는 것이며, 기억한다는 것은 외부에 의존하지 않고 스스로 떠올리기만 하면 된다는 말입니다. 나의 기억에 이미 나는 완전한 무엇을 보았습니다. 내가 지금 보고 있는 사물의 완전함을 미리 나는 보았습니다. 그것을 떠올리면서 나는 지금 그리고 있는 사물을 교정합니다.

내 기억에 이미 그 사물의 모범(模範, model)과 전범(典範, standard), 원형(原形, archetype)은 들어와 있습니다. 사랑에 목이 마른 자가 부지런히 세계 곳곳을 연인을 찾아 누비는 형국입니다.

그나 그녀의 이상형이 특정한 수치의 키, 몸무게, 특정한 액수의 재산, 특정한 생김새라면 요행으로라도 찾을 수 있겠지만 그나 그녀는 무엇을 정하고 그 대상을 찾아 떠난 것일까요? 찾는다 해도 둘의 마음이 일치된다는 것은 전혀 다른 차원입니다. 결국 그나 그녀의 마음에 구체적인 수치가 아닌 다른 이상이 이미 내재해 있어야 찾을 수 있습니다. 경험주의자들의 단점은 흡사 이런 것입니다.

과거와 그 시간의 것을 지속하여 기억해 내는 능력, 지금의 이전에서 지금의 완전함을 생산해 내는 능력, 형상(形相, form, idea)을 보았던 기억에서 사물의 모범과 표준을 다시 구하려는 플라톤의 시각은 근원적이고 본질적인 이성의 능력을 철저히 긍정하고 있습니다. 이성은 회상(回想)할 수 있으므로 다시 조립할 수 있고 원형에 맞추어 다시 생산할 수 있습니다.

이성주의자 데카르트는 플라톤의 상기설에 영향을 받아 그 역시 이러한 이성적 능력을 철저히 긍정하고 있습니다. 데카르트에게 이성은 완전자인 신에게 견줄 수 있는 고도의 능력입니다. 생각하므로 존재한다는 의미는 이성이 있으므로 존재한다는 말과 동일합니다. 생각은 나의 이성적 사려입니다. 이 부분이 합리주의와 경험주의가 대립하는 전선(戰線)을 파악하는 중요한 지점입니다. 이성의 선험적 능력을 강조하는지, 아니면 부정하는지가 양대 사조(思潮)의 진영(陣營)을 재편(再編)합니다. 경험주의자들은 이성의 이러한 능력을 부정합니다. 대표적으로 로크가 인간의 정신을 백지서판(白紙書板, Tabula rasa)에 비유한 것이 그 예입니다.

칸트가 『순수이성비판』에서 목표로 하는 것은 선험적 종합 능력이 인간에게 존재한다는 것을 증명하는 것입니다. 선험적이면서도 새롭게, 즉 후천적으로 지식을 더해 주는 것들이 실제로 존재하는 것을 보여주기 위함입니다. 이러한 것은 단순히 개념을 분석하거나 논리적 연역을 통해서 끌어낼 수는 없습니다. 또 경험주의자들이 주장하는 바와 같은 귀납적 일반화를 말하는 것도 아닙니다. 선험적이자 후험적이며, 선천적이자 후천적입니다. 수학의 판단은 단순히 이성으로 사물의 본질을 분석하는 것에만 그치는 것이 아닙니다. 칸트의 주장으로는 분석이 진행되면서 우리에게 경험적 지식을 더해 줍니다.

1+1=2는 산수의 기초입니다. 어린아이도 이 정도는 압니다. 일(1, 一)이라는 개념을 알면 하나라는 개념을 또한 알게 됩니다. 하나라는 개념을 알면 다시 그것에 하나를 더하면 하나가 두 개가 된다는 것, 즉 둘이라는 개념 또한 알게 됩니다. 둘과 2를 알기 위한 전제는 하나와 1이며, 하나와 1을 알면 곧 더 큰 수를 알게 됩니다. 또 사과 두 개만이 2가 아니라 사과와 배를 더한 것 또한 2라는 것을 알게 됩니다.

만약 그렇다면 2,541에 305를 곱한 것(2,541×305)은 이성이 자연스럽게 연역할 수 있을까요? 답은 775,005라는 수인데 칸트는 이를 이성적으로 자족(自足)한 답이 아니라 이성이 수고(受苦)로 계산해야 하는 수로 간주합니다. 즉 경험적으로 계산한 후 후천적으로 얻어지는 지식이라고 보았습니다. 이는 계산을 하여 새로운 답을 얻어내는 것이며 이는 자족하고 선험적인 분석판단이 아닌 종합판단으로 보았습니다. 그러나 칸트가 제시한 이 예가 적절한지는 의문입니다.

이렇듯 전적으로 분석적이라고 여겨졌던 수학이라는 학문도 칸트가 보기에는 온전히 분석적일 수만은 없다는 말입니다. 이는 자연과학의 근본 명제에 대해서도 타당합니다. 당대에는 눈부시게 자연과학이 발전하고 있었으며 칸트 또한 초기에 자연과학의 탐구에 10여 년을 매진하기도 하였습니다.

자연과학의 기본 명제에는 물질과 에너지 보존의 법칙이 있습니다. 또 세계의 모든 현상을 원인과 결과의 구조로 봅니다. 이는 과학적 탐구의 대상입니다. 그런데 칸트는 이런 문제를 인간의 기본적논리 구조로 인한 것으로 봅니다. 즉 선천적인 것으로 봅니다. 에너지 보존의 법칙(law of conservation of energy, 열역학 제1법칙)이나 인과의 법칙 등은 현상을 관찰하여 얻어낸 과학적 탐구의 결과가 아니라 애초에 인간이 본래부터 지닌 논리적 의식 구조로부터 기인한다는 말입니다. 그 법칙을 생산하는 구조가 본래 뇌에 존재한다는말입니다. 세계에 관한 데이터를 우리는 감관으로 모읍니다. 그러나 그렇게 취합된 데이터를 질서정연하게 위치시키는 역할은 오성이수행합니다.

오성은 그 데이터의 상당량을 외부 세계로부터 수용합니다. 데이터를 수용하는 기관은 감관입니다. 눈은 세계를 봅니다. 이 눈이 다양한 색깔로 감각한 외부 세계와 그 세계에 관한 질료를 이성은 분석합니다. 여기에는 예를 들어 빨강과 파랑 등의 색깔이 있을 것입니다. 이때 분석하는 이성은 외부 세계에서 주어진 데이터를 가공합니다. 가공(加工)은 일정 부분을 기존의 것에 첨가하여 새롭게 만들어낸다는 말입니다. 따라서 이성은 세계에 관한 데이터를, 육체의 감관으로 수용한 데이터를 단지 무차별적으로 받아들이기만 하는 것이 아니라 일종의 거름망(필터, filter)을 가지고 걸러낸다고 볼 수 있습니다.

이때 칸트의 유명한 '직관 없는 개념은 공허하며 개념 없는 직관은 맹목적이다'[133]는 말이 나옵니다. 개념은 선천적 의식 구조가 생산(生産)한 것입니다. 이 개념은 의식 구조에 맞게 사물을 받아들입니다. 그리고 다시 해석합니다. 개념은 분류된 재료(材料)이고 직관은 이 재료를 담을 그릇입니다. 즉 인간은 재료를 분석하기 이전에 이미 그것을 분류하여 담을 그릇을 준비합니다. 그리고 막연히 적당한 그릇 없이 던져지는 재료들인 직관은 그 어떤 것도 제대로 의식에 수용하지 못합니다. 맹목(盲目, blindness)이라는 말은 눈앞을 보지 못한다는 말입니다. 일체의 어둠에 갇혀 있는 세계입니다. 그러니 분별하고 구별할 수가 없습니다.

정신은 풀은 풀대로, 과일은 과일대로, 껍질이 있는 것과 없는 것, 껍질이 거친 것과 부드러운 것, 잎이 얇은 침엽수와 넓은 활엽수… 이렇게 일목요연(一目瞭然)하게 분류를 합니다. 이렇게 분류할 수 있음은 정신의 고유한 능력입니다. 정신은 애초에 마주 선 대상들의, 세계와 그 세계 내에 존재하는 대상들의 잡다(雜多)함을 질서정

---

133 "Thoughts without content are empty, intuitions without concepts are blind", 칸트, 『실천이성비판』 중.

연하게 분류할 수 있는 능력을 갖고 있습니다.

선천적으로 가지고 있는 이 분류의 경계를 범주라고 합니다. 양말장, 속옷장, 양복장, 이불장 등…. 정신은 이렇게 자신의 서랍장, 범주(範疇)를 가지고 세계 내 존재자들을 구분하여 차곡차곡 쟁여놓습니다. 범주는 카테고리(category)입니다. 4가지의 범주들이 각기 3가지씩의 하위 범주들을 가지고 있으니 칸트에서는 그 범주가 총 12가지입니다.

칸트의 유명한 말이 또 있습니다. "깊이 생각하면 할수록 감탄과 경외심이 점점 더 새롭게 커지며 마음을 채우는 두 가지가 있다. 내 머리 위에 별이 총총한 하늘, 그리고 내 마음에 도덕 법칙이 바로 그것이다."[134] 이는 『실천이성비판』에서 칸트가 한 말입니다.

칸트에게는 형제들이 많았습니다. 그는 아홉 자녀 중 넷째로 태어났는데 형제 중 세 명이 죽습니다. 어머니는 40대에 돌아가시고 아버지도 그리 오래 살지를 못합니다. 언급했듯 그의 어머니는 칸트가 어릴 때부터 저녁이면 밖으로 데리고 나가 하늘의 별을 보여주며 울고 보채는 칸트를 달래주고는 했습니다. 제가 볼 때는 이런 어머니의 영향이 그의 위대한 저서 『실천이성비판』 서문의 문구로 남아 있는 것으로 보입니다. 실천이성비판은 그의 철학의 주요 목적입니다. 하늘의 별과 동일한 위치를 점하는 내 마음에 별이 도덕법칙입니다.

---

134   "Two things fill my mind with ever new and increasing admiration and reverence …
       : the starry heavens above me and the moral law within me."

어쩌면 이것이 그가 먼저 이성의 능력을 탄탄히 세우면서도 그것을 넘어선 튼튼한 도덕의 기반을 세울 결심을 짧게 표현해 주는 말인지도 모릅니다.

'당위(當爲, ought to)는 가능(可能, can)을 함축한다.' 이는 칸트의 말입니다. 당위는 의무(義務)입니다. 우리 생각에는 가능해야만 할 수 있는 것으로 보입니다. 즉 칸트의 말과 반대로 가능이 당위를 함축하는 것이 옳지 않을까 생각합니다. 그러나 칸트는 이를 뒤집어 오히려 당위가 가능을 함축한다고 말합니다.

'해야 한다'면 '할 수 있'습니다. 내가 할 수 있어서 해야 하는 것이 아닙니다. 할 수도 있다면 안 할 수도 있습니다. 그러나 의무는 자의(恣意)에 맡겨지지 않습니다. 의무는 선택을 말하는 것이 아닙니다. 의무이므로 실천해야 합니다. 그것이 도덕이므로 실천을 전제합니다. 도덕적인 행위를 선택하고 말고는 가능하지 않습니다. 그것이 도덕적이므로 실천해야 합니다. 의무이므로 그 행위를 할 수밖에 없으며 해야만 합니다. 칸트는 윤리적인 당위 안에서 예지적인 성격과 그에 바탕을 둔 자유를 말합니다. 그리고 이는 원인과 결과로서 인과적입니다.

자유(自由)는 '스스로 자(自)'에 '말미암을 유(由)'입니다. 스스로 원인이 됨을 말합니다. 칸트에게서 자유란 'autonomy'입니다. 스스로(auto) 규범(norm)을 세우는 것입니다. 나 스스로 법과 규범이 되는 것, 이것이 칸트가 말하는 자유입니다. 일반적으로 자유는 freedom, 혹은 liberty라고 부릅니다. 전자는 주로 인간의 본원적 자유를 말하며, 후자는 주로 공동체의 시민으로서의 권리상의 자유를 말합니다.

스스로 법을 세우고 규범을 세우는 칸트의 윤리학에서는 따라서 책임(責任, responsibility)의 문제가 중시됩니다. 일반적인 자유의 개념에서는 이 책임의 문제를 해소할 수가 없습니다. 그 자유가 개인의 일탈 혹은 제도나 권력에 저항하는 자유로서만 정의된다면 말입니다.

칸트의 가장 큰 업적은 윤리학에 대한 그의 공헌입니다. 그는 영국 경험론의 행복주의(幸福主義, eudaemonism)와 공리주의(功利主義, utilitarianism)에 대항했던 철학자입니다. 공리주의의 토대는 더 나은 이익을 위해 도덕 법칙을 세우는 것입니다. 도덕을 세우기 위해 이익을 계산하는 바, 계산되는 이익만이 도덕적입니다. 그리고 계산으로 더 많은 이익이 도출되면 그 행위가 더 도덕적이라고 말할 수 있습니다. 이익이 나타나고 도출되는 바를 중요하게 생각하기 때문에 결과주의(結果主義, consequentialism)로서의 입장입니다.

반면 칸트는 의무주의(義務主義, Deontology) 입장입니다. 의무론적(義務論的) 윤리에서는 도덕적인 의무 때문에 특정한 행위를 합니다. 의무 때문에 도덕을 세우는 것입니다. 도덕적이므로 그렇게 행위해야 하고, 그 행위는 마땅히 해야 하는 의무로서의 행위입니다.

칸트의 윤리학은 동기주의(動機主義)라고도 합니다. 특정한 행위를 시작하게 되는 동기(motive)를 중요시하게 됩니다. 도덕은 원하는 특정한 결과를 얻기 위함이 아닙니다. 칸트가 볼 때 특정한 도덕이나 도덕적 행위가 우리에게 특정한 이익을 주므로 그 도덕이나 도덕적 행위를 우리가 준수하고 행해야 하는 것이 아닙니다. 그렇다면 우리의 행위는 동물의 행위와 별로 다를 것이 없게 됩니다. 동물들도 자식을 위해서 희생하고 동료를 위해서 모험을 합니다. 누(Gnu) 한마리가 사자에게 습격을 받으면 누 떼의 수컷들은 사자를 공격합니다. 그 행위들은 인간적 관점에서 보면 일종의 '동료를 위한 복수(復讐)'로 보이기도 합니다. 인간의 동물적인 부분, 그것은 도덕과 관련하지 않습니다. 칸트는 이를 경향성(傾向性, propensity)이라고 합니다.

칸트가 볼 때 특정한 이익을 얻기 위해 행하는 도덕은 계산하는 행위이며 그 행위의 목표는 도덕적 행위나 도덕으로서의 행위가 아니라 이익을 계산한 도덕적 행위이므로 이는 결코 도덕적 행위가 아닙니다. 계산하는 이성(오성)은 자기의 이익을 고려하고, 결국 자기 이익에 불과한 행위를 도덕으로 가장(假裝, disguise)합니다. 그러나 도덕을 가장한 행위는 결코 도덕이 아닙니다. 나아가 자기 이익을 얻기 위해 외면적으로 가장한 도덕적 행위는 순전한 비(非)-도덕보다 더 비-도덕적이기까지 합니다.

특정한 이익을 얻기 위해 하는 행위, 또는 특정한 결과를 불러들인 행위의 도덕성은 모두 도덕과 무관합니다. 설령 그 이익이나 결과가 종국적으로는 최선의 결과였다고 해도 마찬가지입니다. 인간인 이상 우리는 절대로 인간의 존엄을 훼손하는 행위를 하면 안 됩니다. 이것은 의무이자 지상 명령입니다. 칸트 철학의 용어로는 조건적(條件的)인 명령(가언명령, 假言命令, hypothetical imperative)이 아니라 무조건적(無條件的)인 명령(정언명령, 定言命

令, categorical imperative)입니다.

가언명령은 무엇을 위해서 행위를 하는 것입니다. 만약 ~을 원한다면 ~을 하라, 또는 만약 ~이라면 ~을 하라는 말입니다. If~, then의 용법입니다. 이때의 이성은 이익을 헤아리는 이성이며, 도덕을 이익을 위한 도구로 활용하는 이성입니다. 계산하는 이성이며 진정한 최상의 이성이 아닙니다. 위선적이고 가짜의 이성이며 탈을 쓴 이성입니다.

반면 정언명령은 ~을 위해서, ~이 조건 지워진 다음에 행위하는 것이 아니라 오직 그 자체의 행위를 목적으로 합니다. 그래서 무조건적입니다. 만약(if)이라는 가설이 필요하지 않습니다. 도덕의 목적은 인간입니다. 도덕의 목적은 이익을 얻기 위한 것도 아니고, 돈을 버는 것도 아니고 인간이기 때문에 마땅히 행해야 합니다. 그리고 그 대상도 인간입니다.

인간은 거래의 대상도 아니고 이익 창출의 대상도 아닙니다. 인간은 단지 도덕의 대상 전부입니다. 그러므로 인간을 비-인간으로 대하는 행위, 인간을 그 지위에서 추락시키는 행위, 이런 행위를 옹호하거나 고안하려는 이성은 비도덕적입니다. 그에게서 동기도 이 원칙에서 벗어나면 안 됩니다. 벗어나는 동기는 모두 불순하며 사안에 따라 '악(惡)'합니다. 이런 의지만이 비로소 도덕적으로 선(善)하다고 칭함을 받으며 오로지 선합니다. 그런 의지가 선한 의지로서 '선의지(善意志, good will)'입니다.

이는 흡사 『신약성서(新約聖書)』에서 예수가 산상수훈(山上垂訓)에서 말한 황금률(黃金律, the golden rule)과도 같습니다. 예수의 말씀은 이렇습니다.

> "그러므로 무엇이든지 남에게 대접을 받고자 하는 대로 너희도 남을 대접하라 이것이 율법이요 선지자니라" 『마태복음』 7장 12절, 개역 개정.
> "남에게 대접을 받고자 하는 대로 너희도 남을 대접하라" 『누가복음』 6장 31절, 개역 개정.

　예를 들어 한 척의 그리 크지 않은 배가 항해를 하고 있습니다. 그 배에는 선장, 노인, 어린이, 군인, 공무원, 법관, 여성 그리고 다리를 잃은 장애인이 타고 있습니다. 그런데 배가 폭풍우를 만나게 됩니다. 선장은 있는 짐을 모두 던져 배를 가볍게 하고자 합니다. 그럼에도 배는 점점 기웁니다. 선장은 배의 무게를 더 줄여야만 침몰을 면할 수 있다고 판단합니다. 그러나 이미 짐은 모두 바다로 던져졌고 남은 것은 사람들뿐입니다. 두 명이 내려야만 나머지 인원이 살아남을 수 있습니다. 그렇다면 그 두 명은 누가 되어야 할까요?

　모두 가족이 있는데 노인과 어린이는 가족이 없으니 이 둘이 희생되어야 하는가요? 법관과 공무원, 군인은 사회에서 중요한 역할을 수행하니 이들은 2명의 선발 후보군에서 면제(免除)가 되어야 할까요? 힘도 없고 기력(氣力)이 없으니 노인과 여성, 어린이는 1순위의 후보군인가요? 선장은 배를 책임지는 사람이니 배의 남은 항해를 위해 살아남아야 할까요? 아니면 해사(海事)의 전통에 따라 '선장은 배와 운명을 함께한다(The captain goes down with the ship)'며 1순위의 후보가 되어야 할까요? 노인은 삶의 경험이 풍부하니 이 난관(難關)을 헤쳐나갈 지혜를 제공하지 않을까요? 여성은 출산해야 할 몸이니 남성보다 사회에 더 유익한 사람이 아닌가요? 그리고 어린이는 앞으로 살아야 할 날이 많으니 이미 태반을 살아왔던 어른에 비해 우선적으로 살아남아야 하지 않을까요?

이 중에서 사회에 가장 유익한 자는 누구인가요? 사회 제도와 안전을 유지하는 법관, 공무원, 군인이 노인과 어린이보다 훨씬 더 사회에 유익한가요? 아니면 경험 많은 노인이나 삶이 창창(蒼蒼)한 어린이, 출산의 가능성을 가진 여성이 더 사회에 유익한가요? 그러나 칸트는 이러한 관점들을 절대적으로 거부합니다.

공리주의는 인간의 경향을 긍정합니다. 경향은 감성이며 본능(本能)이 토대입니다. 이 경향을 근거 짓는 것은 경험주의(經驗主義)와 심리주의(心理主義)입니다. 이는 쾌락주의의 연장선입니다. 칸트가 말하는 도덕은 시간의 흐름에 기반을 두지 않습니다. 시간의 흐름에 근거하지 않아서 보편적입니다. 보편적이라는 말은 시대의 풍조나 관습에 근거를 두지 않는다는 말이기도 합니다. 시대가 바뀌고 상황이 바뀌었으니 이제 도덕도 바뀌어야 한다는 말은 칸트의 윤리에서 성립하지 않습니다.

따라서 그가 보기에 보편적인 도덕은 시대의 흐름과는 상관없는 초(超)-시간적인 명령에 근거해야 하는 것인데 공리주의적 윤리관은 도덕의 토대를 변화하는 시간, 즉 시대의 생성(生成)과 마저 흐르는 시간에 근거하였다는 것입니다. 도덕은 시대의 흐름과 그 변화와는 선(線)을 그어야 하는데, 이러한 시대의 흐름에 그냥 흘러가는 대로 그 정체성을 맡기면서 도덕적 명령(命令)이 단지 시대의 사회적 관습(慣習)으로 바뀌게 됩니다. 그리고 정의와 올바름을 거론하는 윤리학(倫理學)이 단지 사회적 풍습과 현상을 설명하는 사회학(社會學)이 되도록 방치했다는 말입니다.

칸트에게서 선(善)이란 오직 그 자체만을 위해서 추구되어야만 합니다. 그 자체만을 위한다는 것은 외부의 것을 위한 소용(所用)으로서의, 즉 수단(手段)으로서의 선은 배격한다는 말입니다. 수단으로서의 선은 선이 아니게 됩니다. 언급했듯 자기 이익을 관철시키기 위한 선, 변장(變裝)된 선은 오히려 악(惡)입니다. 설령 방법으로서의 선이 뜻하지 않게(!) 좋은 결과를 낳았더라도 이는 선이라고 부를 수가 없습니다. 공리주의와는 전적으로 상반된 입장입니다.

공리주의에서는 비록 방법이나 수단으로서는 악을 택할지라도 그것이 선한 결과를 낳는다면 그 수단이나 방법은 수긍(首肯)되어야 한다는 입장도 가능합니다. 칸트에게서 선은 그 자체이며 목적이자, 수단을 헤아리는 목표가 아닌 전부로서의 목적 자체입니다. 일차적이어야 하지만 이는 이차적으로 다른 것을 의도한다는 말이 아니라 의도하거나 헤아림 없는 완전성입니다. 그래서 지상 명령이며 무조건적 명령이고 예수의 산상수훈에 비유되는 황금률입니다.

그리고 이러한 선을 의욕하거나 의지하는 동기, 이를 선의지(善意志, eguter Wille, good will)라고 하는데 이 의지만이 최고의 의지입니다. 부수적 효과나 이차적 효과로서 생산된 선은 선이 아닌 것에 더해 나의 의지가 그 선을 의욕하지 않았다면, 그 선에 대한 경외(敬畏)로 선 그 자체를 위한 동기가 아니었다면 그 행위는 결코 선하다고 부를 수가 없습니다. 노숙자를 돌보거나 사회봉사를 통해 자신을 홍보하여 이로부터 이익을 얻으려는 행위, 이를 통해서 정치적 명예를 취하려는 행위, 장래 자기 이익을 이로부터 창출(創出)하려는 의도 등은 모두 선하지 않습니다. 그 의지가 선하지 않기 때문입니다. 선은 도구일 수가 없습니다. 이는 순수한 선의지가 아닙니다.

순수하게 선한 의지이므로 선의지가 비롯되는 것은 인간으로서의 나의 자각, 인간으로서의 의무입니다. 예를 들어 동양에서, 중국의 전국시대(戰國時代)에 맹자(孟子, B.C. 372?~B.C. 289?)가 저술한 『맹자(孟子)』에 사단(四端)이 있습니다. 『맹자』는 유교의 기본 경전으로서 사서오경에 속해 있습니다. 사서오경(四書伍經)은 유교의 경전인 『논어(論語)』, 『맹자(孟子)』, 『중용(中庸)』, 『대학(大學)』과 다섯 가지 경서인 『시경(詩經)』, 『서경(書經)』, 『주역(周易)』, 『예기(禮記)』, 『춘추(春秋)』를 아울러 이르는 말입니다. 사단이란 4가지의 씨앗, 단서(端緒)라는 말입니다.

맹자는 측은지심(惻隱之心), 수오지심(羞惡之心), 사양지심(辭讓之心), 시비지심(是非之心)을 말합니다. 이는 인간의 본성으로서의 4가지 단서입니다. 각각 측은해하는 마음으로서의 인(仁), 의로움을 찾는 마음으로서의 의(義), 사양할 줄 아는 예의로서의 마음인 예(禮), 옳고 그름을 가리고자 하는 마음인 지(智)를 말합니다. 칠정(七情)은 희(喜)·노(怒)·애(哀)·구(懼)·애(愛)·오(惡)·욕(欲)의 일곱 가지인 바 기쁨, 노여움, 슬픔, 두려움, 사랑, 미움, 욕심을 말합니다.[135] 사단은 원리(原理)와 본질(本質)을 중요하게 여기고 칠정은 감성(感性)과 기질(氣質)을 중요하게 여깁니다. 조선시대에 사단과 칠정 중 무엇이 보다 근원적이고 우선적인가에 관한 논쟁들이 벌어졌습니다. 이를 사단칠정론(四端七情論)이라고 합니다.

주리론(主理論)은 사단을 우선에 두고, 주기론(主氣論)은 칠정을 우선에 둡니다. 조선시대의 퇴계 이황(退溪 李滉, 1501~1570)은 주리론의 입장에 서고 율곡 이이(栗谷 李珥, 1536~1584) 등은 주기론(主氣論)의 입장에 섭니다. 이황은 이이의 계통인 고봉 기대승(高峰 奇大升, 1527~1572)과 이에 관한 논쟁을 7년여 동안 영남과 호남 그 먼 거리를 서로 서신을 왕래하면서 논쟁한 것으로 유명합니다. 국가의 거대한 노학자(老學者)와 젊은 신진학자의 오랜 사상적 논의가 이루어질 정도로 조선의 성리학과 그 유풍은 대단한 것으로 봐야 할 것입니다. 청년 사대부의 발의에 성심껏 임하는 노학자나 자신이 옳다고 간주하는 이론을 서슴없이 제기하는 청년의 결기(결-氣)도 훌륭합니다.

맹자가 측은지심(惻隱之心)의 예로 든 것을 살펴볼까요? 우물에 한 아이가 기어가고 있습니다. 아기를 이대로 두었다간 아기는 빠지고야 말 것입니다. 이황은 말하길 이 상황에서 인간이라면 누구인들 달려가서 이 아이를 끌어안고 말리지 않겠느냐고 말합니다. 인간이면 누구나 예외 없이 이 상황에서 기어가는 아이를 말릴 측은한 마

---

135   『예기(禮記)』 예운편(禮運篇).

음을 가지고 있다는 말입니다. 맹자가 말한 이 인(仁)의 단서로서의 측은지심이 칸트가 말한 선의지와 유사한 점이 있습니다.

칸트는 감정적 동인이나 특수한 상황, 혹은 한 개인이나 집단의 유익함이나 문화적이고 관습적인 특성 등, 이러한 일체 것들에 대한 고려가 없이 오직 윤리와 도덕 그 자체만을 위해서 자신의 윤리학을 세우려고 했습니다. 인간의 타고난 경향이나 개인의 취미, 정서 이런 것들은 물론이고 흔히 회자되는 개인의 행복이나 복지, 사회나 국가를 위한 위대한 목적 등 이런 것들에 대한 고려는 일체 없습니다. 따져보면 이런 것들은 주관주의적이며 상대주의적이라는 의심을 피할 수가 없습니다. 객관성을 담보하기가 힘듭니다.

우리가 유전적으로 가지고 있는 본능, 이런 것이 경향입니다. 배가 고프면 먹을 것을 찾고 배부르면 쉬고 놀고 싶어 하는 것 등입니다.

예를 들자면 이것입니다. 쇼펜하우어는 삶을 두 종류로 나누었습니다. 부지런히 목숨을 영위하기 위해, 먹을 것을 얻기 위해 노동하며 고군분투(孤軍奮鬪)하는 자가 그 한 종류이며, 이렇게 목숨이 영위된 후에는 그 한가한 권태(倦怠)를 이기지 못해 타자들과 사교하거나 관계하려는 이들이 그 다른 종류입니다. 삶을 마저 흐르게 하는 것, 지속하여 종(種)의 욕구와 습관에 얽매이게 하고 그것을 추구하게 하는 것, 그것이 경향입니다.

경향은 우리를 단순한 삶에서 초월하지 못하게 합니다. 우리를 진보하지 못하게 하고 나아가지 못하게 합니다. 이러한 경향성으로부터 도덕의 요구와 도덕성을 도출하려는 것을 칸트는 거부합니다. 오히려 규범이 지닌 자체로서의 주권과 이 법칙에 대한 의무로서의 존경으로부터 도덕을 기대하는 것이 칸트가 바라보는 윤리학의 정당성이자 과제입니다. 그래서 의무론적 윤리학입니다.

의무론적 윤리는 절대적이고 자발적입니다. 이 윤리는 인간이 내부에 지닌 원리에 토대를 두고 있습니다. 그렇다면 선은 우리의 행복과 관련이 있는 것일까요? 또 선은 우리가 그토록 좋아하는 금전과는 어떤 관계에 있을까요? 그리 관련이 없습니다. 돈과 명예, 재산이 많으면 행복 지수는 아마 올라갈지 모릅니다. 아마 쾌락 지수는 올라갈 것입니다.

그러나 이것들이 그 자체적으로 칸트가 말하는 선일 수는 없으며 그 선과 관련하지도 않습니다. 니체 철학에서도 일부 연구자들은 니체가 강조한 덕목을 나열하여 가능한 행복의 조건을 구성하려는 시도를 하고는 합니다. 그러나 필자는 이러한 경향들이 오히려 니체 철학의 진의를 왜곡시킬 우려도 있다고 봅니다.

행복은 정체불명의 개념입니다. 그 정체불명의 행복이란 것을 개념화시키고, 다시 그것을 누리기 위한 조건들을 나열하면서 행복은 대상화됩니다. 이 말은 행복이 대상물로 존재하게 되면서 나는 그 행복을 획득하거나 얻으려고 노력해야 하는 존재자가 됩니다. 그 조건을 지니지 못하면 그 행복이라는 것은 내게는 요원(遙遠)한 대상이 됩니다.

나는 행복을 획득하기 위해 노력해야 하는 주체가 되고, 행복은 나라는 주체가 추구해야 하는 목적인 동시에 그 조건들을 지닌 객관적 대상물이 됩니다. 그렇더라도 예를 들어 금전이나 사회적 지위 등이 행복해지기 위한 충분조건은 아니지만 꼭 필요한 필요조건이라고요? 건강해야 행복할 수 있다고요?

　동의하지 않습니다. 이 말은 시한부 삶은 행복이 없으며 노숙자
에는 행복이 존재하지 않는다는 말과 같습니다. 그러나 시한부 삶
은 시한부로 인해서 그 남아 있는 삶이 더 소중하고 그래서 더 행복
할 수 있는 것이며, 노숙자는 금전의 속박(束縛)으로부터의 자유가
그에게는 행복일 수 있습니다. 비자발적인 선택이었다고요? 모두가
그러지는 않을 것입니다. 따라서 양적으로는 물론이고 질적으로도
측정하기 힘든 행복이란 개념을 무턱대고 측정하기 위해 그 조건을
측량하고 개념을 재단하는 것은 니체주의자에게는 어울리지 않는
노고입니다. 이는 칸트 철학에서도 마찬가지입니다.

　아울러 지금의 우리가 추상하는 이 '행복'이란 개념이 지금의 자
본주의의 생활방식에서 일정 부분 이염(移染)된 개념이 아닌지 생
각해 봐야 합니다. 고대 스파르타인에게는 전장에서 적의 손에 죽는
것이 최고의 행복이었으며 중세 유럽인에게는 평생을 준비하여 성
지 순례를 하는 것이 최고의 행복이었습니다. 지금의 눈으로 보면
둘 다 '고통'의 범주에 들 것입니다.

　그런데 니체는 칸트를 '쾨니히스베르크의 원숭이'라고 쏘아붙였
습니다. 이 비판의 핵심은 칸트가 인간을 지나치게 좁은 안목에서
살피고 정의했다는 것입니다. 이러한 비판은 헤겔이 그 이전의 철
학을 비판하는 관점과 동일합니다. 헤겔은 그 자신이 소크라테스를
비판할 때 소크라테스가 인간의 시야(視野)를 천상(天上)에서 지상
(地上)으로 끌어내렸다고 비판합니다. 니체가 볼 때 칸트 또한 인간
을 그 전체적인 안목에서 살피지 않고 윤리적인 면, 이성적인 면만

강조하여 인간이 지닌 다른 영역과 그 가능성을 살피지 않은 면이 분명히 있습니다. 예를 들어 철학자들이 말하는 대개의 행복론은 고통을 제거해야 하는 것으로만 살핍니다. 그래서 고통은 없을수록 좋은 삶이 되고, 따라서 고통은 부정적 의미로 통합니다. 이들은 고통을 없어야 하는 것으로, 추방되어야 하는 것으로만 간주합니다. 그들에게는 고통이 무(無)인 상태, 영(零)인 상태가 좋은 상태이며 최고의 존재 조건입니다. 그러나 니체가 볼 때는 오히려 고통은 긍정적인 기제(機制)입니다. 고통으로 인해 인간은 성장하며 발전합니다. 나아가 고통은 삶에서 반드시 필요한 삶의 조건이기까지 합니다. 아니 삶은 고통이어야 한다는 것이 니체의 진의(眞意)입니다.

그런데 칸트에서도 인간의 실존적 조건인 고통은 그리 그의 철학에서 중요하게 다루어지지 않습니다. 오히려 위와 같이 전통 철학의 영향 아래서 부정적으로, 지양되어야 하는 것으로 다루어집니다. 따라서 그 고통을 피하기 위한 방법의 하나로서 이성의 효율적인 사용과 실천에서의 도덕 법칙이 강조됩니다.

한편 칸트가 말하는 도덕이 쾌락주의의 주장과 정반대의 지점에 서 있다는 점은 오히려 니체의 철학에 가깝다고 볼 수 있습니다. 일례로 행복을 쾌락의 총합으로 간주하고, 유쾌한 점에 존재한다는 것만으로 그 존재의 상태를 마저 긍정하는 공리주의적 · 결과론적 윤리설에 반대하는 점이 그렇습니다. 언급했듯 칸트에게 선은 제반(諸般)의 이익, 쾌락의 획득이나 그에의 도달과는 전혀 관계가 없습니다. 도덕적인 인간은 자기에게 아무런 이익이 없을 때조차도 도덕적으로 행위합니다. 만약 그에게 행복이란 것이 존재한다면 다만 도덕적으로 행위할 때라고 할 수 있습니다.

'너의 행위의 준칙이 동시에 보편적 법칙이 되게 행위하라.' 이 또한 칸트의 유명한 말입니다. 이는 위에서 예로 든 예수의 황금률과 유사합니다. 그래서 정언명령이며 황금률이라고 합니다. 일례로 약속(約束)은 서로 지키는 것을 전제로 합니다. 그런데 누구나 약속을 지키지 않고, 지켜지지 않는 약속이 반복되면 결국 약속이란 단어는 인간의 어휘에서 사라질 것입니다. 인간만이 약속할 수 있는 동물입니다. 약속하면서 미래의 특정한 시간과 공간에 자기의 실천을 규제(規制)합니다. 자기를 제어하면서 사회를 보호하는 역할을 약속이라는 행위는 수행합니다.

약속이 약속으로서 서지 않으면 사회란 신용(信用)도, 신뢰도, 미래의 계획도 사라지게 될 것이며, 공동체 생활은 불가능할 것입니다. 그리되면 인간의 품위(品位)도 존재하기 힘들 것입니다. 개인은 채무(債務)도 안 갚을 것이며, 은행은 다른 개인에게도 돈을 빌려주지 않을 것입니다. 도로의 신호등은 의미가 없어질 것이고, 일체 사회적 약속과 그 준수에 기반한 합의는 성립하지 못합니다.

그래서 칸트의 도덕은 '당위'입니다. 도덕은 현상계에서 분리된, 예지계에서 성립하는 행위입니다. 그래서 도덕은 원인과 결과의 지배를 받는 세계인 자연에 속하지 않습니다. 도덕은 인간의 의지로 뒷받침되어야 가능하며, 이 의지는 해야 마땅한 당위의 세계에 존재하는 의지입니다. 이 또한 현상계가 아닌 예지계에 속합니다.

따라서 언급했듯 칸트의 철학은 지나치게 엄숙주의적이고 형식주의적이라고 비판을 받습니다. 청교도(淸敎徒)적이기도 합니다. 도덕 실천에 있어 일체 예외나 단서는 없습니다. 따라서 어떻게 보면 인간을 가장 고귀한 위치로 올려놓은 것이 칸트의 철학이며 그의 덕택이기도 할 것입니다.

칸트 철학이 현대사회에 던지는 메시지는 지금도 상당합니다. 포스트모더니즘이나 포스트 칸트를 현대의 철학자들은 말합니다. 그런데 진정으로 우리가 근대를 극복하였고 이제는 근대 이후의 새로운 정신이 우리에게 꼭 필요하기는 한 것인지 자문해 봐야 합니다. 막상 우리는 아직도 칸트가 세워놓고 높인 인간의 지위를 여전히 공고(鞏固)히 하고 있는지, 목적으로서의 인간을 말하는 칸트의 정신을 우리가 충분히 체화(體化)시켰는지 등을 말입니다.

세계의 도처에서 아직도 인류는 전(前)-근대적인 처우와 환경으로, 그리고 제도로 고통받고 있습니다. 목적으로서의 인간을 그는 말했지만 근대 이후의 세계대전은 무수한 인명을 이데올로기를 위해 희생시켰으며 타자를 자기를 위해 소용되는 도구로 변질시켰습니다. 진정으로 지금 필요한 것이 탈근대이며 포스트 칸트인지, 아니면 칸트가 이루어놓은 근대정신의 더욱 철저한 구현인지 먼저 짚어봐야 합니다.

해체주의(解體主義)라는 트렌드가 포스트모더니즘을 기치로 2000년 즈음을 휩쓸 때도 여전히 인간에 대한 미개한 대우, 열악한 노동조건, 중세적 관습이 세계에 가득했습니다. 트렌드는 마치 겉옷과 같습니다. 그래서 날씨 따라 철 따라 갈아입고 그 모양새가 참으로 아름다운 척하지만 안의 벗은 알몸은 예전과 동일합니다. 오히려 외양의 화려함과는 달리 내부의 날것은 더 주름지고 늙어만 가는 것이 인간의 실재이며 현존재입니다. 그 날것과 알몸을 사고했던 철학자가 칸트였습니다. 왜 인간이 알몸 덩어리로만 그쳐서는 안 되는지 그것을 칸트는 사유했습니다.

칸트가 말하는 도덕만 제대로 구현되어도 지금 세계가 인간들로 인해 겪고 있는 태반의 문제는 사라지고 바로잡힙니다. 세계의 시민들이 칸트주의자들로만 구성되어 었어도 근대 세계대전이나 나치가 저지른 비극은 일어나지 않았습니다. 그래서 죽음과 절망, 수치와 동물의 분위기가 전부인 아우슈비츠 수용소에서 철학자 레비나스(Emmanuel Levinas, 1906~1995)는 수용소의 하루 노동 후 귀가하는 자신들을 유일하게 반겨주는 개를 보며 '이 시대의 마지막 칸트주의자'라고 개탄(慨歎)했습니다.

그런데 물자체에서 기원한 도덕 의지, 인과론의 지배를 받는 현상계에서 탈출한 우리의 도덕 의지는 그렇다면 자의적인 것이라고 볼 수 있을까요? 결코 그렇지 않습니다. 물자체에서 기원한, 예지계에서 기원한 선의지는 인과적입니다. 의지가 선한데 그 결과는 선할 수밖에 없습니다. 결과가 다른 것으로 드러나더라도 이 행위의 도덕성을 판단하는 기준은 그 동기의 선함입니다. 그래서 원인으로서의 선의지는 절대적이라고 할 수 있습니다. 칸트는 그의 철학으로, 필연성과 자유, 자연과 인간, 존재와 당위 개념들에서 발생하는 많은 문제, 이 개념들의 대립이나 충돌에서 빚어지는 많은 철학적 논쟁과 논점들을 상당히 해소했습니다.

자연적이라는 것은 필연적이라는 것이고, 필연적이라는 것은 자유의 여지가 없게 됩니다. 반면 당위적이라는 것은 자유의지를 내포한 것이고 자유의지라는 것은 선택의 기회를 인정한 것입니다. 그런데 이 선택에 의무가 개입합니다. 그것도 '마땅히 해야 한다'는 강한 의지가 개입합니다. 자유가 없다면 행위에 대한 책임도 없습니다. 행위의 책임이 없으므로 공과를 위한 책임을 가리는 재판은 무의미합니다. 재판은, 판결은, 법적 책임은 자유로 선택한 의지를 전제합니다.

이는 지금도 법적으로 금치산자(禁治産者)나 한정치산자(限定治産者) 등은 그들의 선택 행위를 제한하고 책임 또한 제한하는 것과 같습니다. 또 선택이라는 행위가 불가능한 심신 상실의 자들이 행한 범죄에서 그 형량을 줄여주는 것과 같은 이치입니다. 범죄인의 경우에 그들의 상태를 보아, 예를 들어 정신질환을 앓고 있었다든지, 취중(醉中)에 있었다든지 하면 형량을 줄여주거나 법관이 상황을 보아 작량감경(酌量減輕)하는 것도 모두 같은 이치입니다.

우리가 왜 도덕적이어야 하고 도덕적으로 행위해야 하는지에 관해 칸트는 많은 통찰과 실천의 방향을 제시해 줍니다. 특히『실천이성비판』에서 이렇게 도덕의 문제는 중요하게 등장합니다. '이성은 경험적으로 사용될 때 스스로의 길을 가고 선험적으로 사용될 때 자기의 특별한 길을 간다'는 칸트의 말은 이러한 면들을 강조한 것입니다. 이성은 단순한 수열(數列)을 대하거나 사실을 대할 때, 즉 경험적으로 자신을 사용할 때, 논리와 연산(演算)의 법칙으로 정해진 순서와 절차를 따라갑니다. 그러나 형이상학적인 문제를 대할 때나 자기를 스스로 고찰할 때 이성은 특수한 자신의 논리를 펴거나 직관적으로 문제를 대합니다.

세계 내 존재자의 단순한 측량이나 사실의 질서를 대할 때 이성은 단순한 문제를 푸는 도구에 불과합니다. 그런데 인간이라는 존재자만이 가지는 의무나 당위의 문제를 대할 때 이성은 마저 주어지는 존재나 사실의 문제를 떠나서 특수하거나 고유하게 인간 존재자의 의무와 당위를 고찰합니다. 이렇듯 이성적 존재자로서의 인간, 여기의 나라는 인간에 관해서, 어떤 경우에도 인간이라는 존재자는 그 존엄성을 침해받을 수 없는 존재자라는 점을 칸트만큼 명확히 제시해 준 철학자는 그 이전에는 존재하지 않았습니다.

인간은 인간으로서의 본질과 본성을 지닌 존재자이며 따라서 경험계, 현상계에만 온전히 속하지 않고 예지계에 속한 존재자입니다. 인간은 어떤 경우에도 자연계의 용어로서만 규정할 수 없고, 그 논리로도 침해받을 수 없는 존재자라는 것을 칸트는 우리에게 명확히 알려주었습니다. 그리고 인간은 결정론이 지배하는, 단지 동물에 속한 존재자가 아니라 그 결정론과 필연의 세계에 속한 자신의 경향성마저도 극복할 수 있는 가능성의 존재자라는 것 또한 칸트는 명확히 말하고 있습니다.

그러나 칸트가 전적으로 이전 서양철학의 전통과 완전히 분리하여 자신만의 관점으로만 철학을 전개하였다고 생각하는 것은 무리입니다. 그 또한 이전 철학자들의 노력과 통찰 위에서 자신의 철학을 더 쌓아 올린 것입니다. 칸트가 인간의 정신에 우주의 자율성을 부여하고, 순수한 도덕 법칙, 즉 신의 영역에 속한 선의 세계를 우리 안에서 발견했다면 역시 기존의 철학자들의 어깨 위에서 세계를 바라보았기 때문에 가능했던 것입니다.

헤겔 철학

(1770~1831)

정신(精神)의 전개(展開)

야콥 쉴레징거(Jakob Schlesinger), 「철학
자 헤겔, The Philosopher Georg Friedrich
Wilhelm Hegel」, 1831년 작.

헤겔 철학은 서양철학의 완성이라고 흔히 얘기합니다. 칸트 철학은 그 이전의 철학의 지류(支流)들을 묶어, 대양(大洋)이라는 넓은 바다로 내보낸 경우로 은유합니다. 그렇다면 헤겔의 철학은 드디어 그 넓은 대양에서 철학이라는 학문이 닻을 내리고 모든 탐구와 모험의 여정을 끝낸 채 정박(碇泊)하고 있는 것으로 은유한다면 적절할지 모르겠습니다. 철학자들은 헤겔 철학 이후에 도대체 철학이라는 학문이 가능한지 물음을 던지고는 합니다. 그만큼 철학이라는 학문이 다루고 있는 모든 분야를 빠짐없이 치밀하게 살핀 철학자이며 그만큼 위대한 철학자라고 볼 수 있습니다. 헤겔 철학의 그물망에서 걸리지 않은 철학적 문제들은, 그의 그물이 훑지 않은 철학적 문제들은 거의 존재하지 않는다고 보았던 것입니다.

헤겔은 1770년 8월 27일 프로이센, 지금의 독일 슈바벤(Schwaben) 지방의 슈투트가르트(Stuttgart)에서 태어났습니다. 튀빙겐 대학교 내 신학교(Tübinger Stift at University of Tübingen)를 졸업하고 신학석사(MA)를 취득합니다(1790). 예나 대학교(University of Jena)를 졸업하고 철학박사학위(PhD)를 취득합니다(1801). 바젤, 프랑크푸르트에서 가정교사 생활도 합니다. 예나 대학에서는 사강사 생활을 했습니다. 사강사는 앞에서 설명했듯 독일에서 현재까지도 있는 특별한 제도입니다. 대학에서 자기의 과목을 수강하는 학생들 수에 따라 수강료를 받는 강사입니다. 쇼펜하우어도 칸트도 일정 기간 이런 생활을 했습니다. 대학에 정식으로 고용된 강사 신분이지만 임금 보장을 하지 않은 형태입니다.

쇼펜하우어는 베를린 대학의 정교수인 헤겔의 명성을 듣고, 그의 철학에 비해 자기의 철학이 우월하다는 것을 자신하면서 헤겔과 같은 시간대에 강의를 개설합니다(1장. 데카르트 철학, 쇼펜하우어 참조). 쇼펜하우어는 헤겔의 철학을 보고 '과대망상(誇大妄想, megalomania)'이라고 힐난하기도 했습니다. 이렇게 자신만만한 쇼펜하우어의 강의에 불과 다섯 명밖에 수강 신청을 하지 않는 일이 벌어집니다. 그는 이에 실망하고 대학을 떠나 평생 강단(講壇)에는 두 번 다시 돌아오지 않습니다. 그는 부친의 유산 덕분에 재정적으로 여유가 있었으므로 자신의 자유를 충분히 즐기기까지 했습니다. 이는 그의『소품과 부록, *Parerga and Paralipomena*』(1851)에도 나타납니다. 그는 결코 헤겔을 좋아하지 않았습니다. 그래서 그가 아끼던 강아지의 이름조차도 '헤겔'이었습니다.

헤겔은 밤베르크 신문사(Bamberger Zeitung) 편집장을 지내고, 김나지움(gymnasium in Nuremberg)의 교장 생활도 했습니다 (1808~1816). 정식 교수직을 얻기까지 여러 곳에서 직장 생활을 했었습니다. 1810년 하이델베르크 대학(Universities of Heidelberg)의 교수가 됩니다. 칸트와 교수 생활을 시작한 나이가 같습니다. 곧 베를린 대학의 교수가 됩니다(1818). 이때가 헤겔의 전성기였습니다. 독일에 닥친 콜레라를 피해서 베를린 근교로 가서 생활하는 도중 콜레라(cholera)에 감염되어 사망합니다. 1836년, 61세의 나이였습니다.

헤겔은 상원의원의 딸과 결혼하였지만 이미 루드비히(Ludwig Fischer)라는 사생아가 있었습니다. 친모(親母)가 죽은 이후 줄곧 고아원에서 지내다가 잠시 헤겔이 데려오기도 합니다. 이후 아들은 인도차이나반도에서 전쟁 중 죽습니다. 헤겔은 그의 위대한 철학에도 불구하고 자기의 신분 상승과 지위 안정에 우선의 목표를 두고 아들을 방기하였다는 비판도 받기는 합니다.

저서를 살펴보면 먼저 『청년기의 신학 논문집, Early Theological Writings』(1795~1800)이 있습니다. 신학교를 졸업한지라 신학에 관련된 저서입니다. 헤겔의 철학을 살펴보면 신학의 영향이 강하게 개입되어 있음을 살필 수 있습니다. 일견(一見) 그의 형이상학을 보면 세속화된 신학(神學)처럼 보이기도 합니다.

『피히테와 셸링의 철학 체계의 차이, The Difference Between Fichte's and Schelling's Systems of Philosophy』(1801)라는 저서도 있습니다. 독일의 근대 이성주의가 그 절정을 맞는, 특히 독일 관념론이라 일컬어지는 독일 철학이 최고의 개화를 이루는 시기가 바로 칸트와 피히테, 셸링(Friedrich Wilhelm Joseph von Schelling, 1775~1854)을 거쳐 바로 헤겔에 이르는 이 시기입니다. 셸링과 헤겔은 아주 친한 친구 사이이기도 합니다. 셸링이 헤겔보다 5살 어립니다. 독일의 낭만주의 시인으로 유명한 횔덜린(Friedrich Hölderlin, 1770~1843)과 더불어 이 세 명은 신학교 시절 같은 기숙사에서 지낸 친구들이기도 합니다.

셸링은 베를린 대학에서 헤겔의 바로 전임(前任)으로 철학 교수를 역임합니다. 그들의 철학적 견해 차이 때문에 나중에는 조금 사이가 멀어지게 되기도 합니다. 횔덜린은 독일의 유명한 낭만주의 시인입니다. 횔덜린은 당대 귀족의 부인을 사랑해서 둘이 도피 행각을 벌이기도 합니다. 그는 이후 발작(發作)으로 미쳐 죽습니다.

셸링은 특히 미학(美學)과 자연철학(自然哲學)에서 중요시되는 철학자입니다. 헤겔이 그의 『정신현상학(精神現象學), *Phänomenologie des Geistes*』(1807)에서 셸링의 철학을 모든 암소가 '구별 없이 검게 보이는 밤'이라고 혹평(酷評)하자 이후 둘의 사이는 급격히 나빠집니다. 셸링은 헤겔이 그의 철학을 상당 부분 도용했다고 비판하기도 했습니다. 이런 견해가 근거 있는지 아닌지는 논쟁 중인 듯합니다.

『정신현상학』은 그 제목이 보여주듯 정신(Geist)이 세계(Welt)에 전개(展開, unfolding, development, expansion)하여 자기를 나타내는 과정을 그려낸 저서입니다. 정신이 현상(現象)하는 모습입니다. 단순히 정신이 영혼(soul, Seele)의 단계에서 그치는 것이 아니라 어떻게 진정한 정신(spirit)의 단계까지 나아가는 것인지를 그려줍니다. 이때의 정신은 고독한 자기만의 정신이 아니라 세계라는 자기 앞의 사물들을 포용하면서, 그것을 의식에 포획하면서 전개하는 정신입니다. 그래서 완전한 정신은 세계와 자기가 합치된 '자기의식(自己意識, self-consciousness)으로서의 정신'이 됩니다.

『서양철학사』를 쓴 러셀의 시기에도 그의 고향 영국에서는 여전히 헤겔의 철학이 그 위세를 떨치고 있었던 시대입니다. 브래들리(Francis Herbert Bradley, 1846~1924)라는 헤겔 철학의 영향을 받은 철학자가 영국 철학계에 절대적인 영향력을 발휘하고 있었습니다. 러셀이나 무어(George Edward Moore, 1873~1958), 비트겐슈타인(Ludwig Josef Johann Wittgenstein, 1889~1951) 등이 개척한 논리 철학(論理哲學), 수리 철학(數理哲學), 분석 철학(分析哲學) 등의 영국 철학의 신조류는 대륙을 휩쓰는 헤겔 철학에 반대하는 도전이었습니다.

현대 중국이나 소련, 쿠바를 비롯한 사회주의를 표방하는 국가에 혁명과 지배의 이데올로기를 제공해 준 철학자는 카를 마르크스입니다. 아직까지 전 세계의 진보주의자들이 반드시 참고해야 하는 사상가이자 철학자입니다. 마르크스의 철학은 뒤집힌, 전도(顚倒)된 헤겔 철학으로 불립니다. 헤겔의 역사 철학에서 세계란 정신의 자기 구현인 바, 헤겔 철학에서의 정신의 지위에 마르크스는 프롤레타리아트 계급을 위치시킵니다. 헤겔에서 정신의 자기 구현으로서 세계가 그에게서는 프롤레타리아트의 자기 해방으로 설명됩니다. 그리고 그 과정이 역사입니다.

관념적인 용어인 정신으로 세계를 파악한 철학자가 헤겔이었다면 이를 뒤집어 물질과 사물의 관점에서 세계를 파악한 철학자가 마르크스였습니다. 여전히 헤겔의 영향에서 완전히 벗어나 있는 현대 철학은 찾아보기 힘듭니다. 현대의 철학자도 헤겔의 주요한 개념을 이어받고 확장하면서 새로운 영역과 개념으로 세계를 파악하든지, 아니면 그와 적대하면서 그의 주요 개념을 논파해 나가면서도 여전히 헤겔 철학의 영역에서 씨름하고 있는 것은 분명해 보입니다. 슬로베니아(Republic of Slovenia, 1992~, 구 유고슬라비아로부터 독립)의 철학자 지젝(Slavoj Žižek, 1949~) 같은 경우도 현대의 유명한 헤겔주의자입니다.

헤겔 철학에서는 최초의 조야(粗野)한 의식이 자기 앞의 세계를 대하면서 분별(分別)하는 의식이 등장합니다. 이어 세계와 자기와의 분리에 고민하며 고통받는 의식이 등장하고 이의 해소를 위해 마침내 세계와 자기를 통일하는 의식이 등장합니다. 이는 절대적 의식입니다. 이 의식은 자기의 소외(疏外, alienation)를 모두 극복하고 세계에 대한 모든 앎을 지녔기에 절대적인 앎이며 지식이자 인식입니다.

이는 곧 정신이 온전히 자신에게로 복귀한 경우입니다. 이를 절대정신(絕對精神, absoluter Geist)이라고 부르며 지식의 최고 단계에 이른 정신으로서 절대지(絕對知)입니다. 세계사적으로 바라보면 세계정신(世界精神, Welt-Geist)입니다. 이를 종교적인 관점에서 바라보면 신〔신의 지식, 신의 정신, 그리고 신(神, Gott)〕에 다름 아닙니다. 기독교적으로 바라보면 사물을 자기의 살(肉)로 만든 정신의 전개이자 신의 구현과 유사하게 볼 수도 있습니다. 기독교에서는 이를 육화(肉化, incarnation)라고 합니다. 신(神)인 예수가 인간의 육체를 빌려 태어난 것입니다.

정신이 육체를 빌리고 내재(內在)하니 육체 또한 정신의 육체입니다. 정신과 사물은 이렇게 서로 혼용됩니다. 정신은 전개하고 사물은 이에 동조합니다. 그래서 사물 또한 정신과 같이 나아갑니다. 따라서 헤겔의 철학에서는 사물의 전개 구조인 역사 또한 정신의 역사가 됩니다.

헤겔이 『정신현상학』의 초고(礎稿)를 완성하였을 때는 마침 프랑스 혁명의 상징 나폴레옹이 프로이센과의 예나 전투(Schlacht bei Jena und Auerstedt, 1806.10.14.)를 앞두고 전장을 미리 시찰하러 올 때였습니다. 헤겔은 말 위에 앉아 곧 벌어질 전장(戰場)을 훑어

하퍼 매거진(Harper's Magazine)에 실린 일러스트(illust), 『예나에서의 헤겔과 나폴레옹, Hegel and Napoleon in Jena』, 1895년 작.
: 헤겔은 나폴레옹을 '말에 앉은 세계정신(the world-soul on horseback, die Weltseele zu Pferde)으로 칭했고 이 말은 아주 유명해졌다. 1806년 예나는 나폴레옹의 프랑스군에 의해 점령되었다. 헤겔은 도시를 떠나야 했다. 그러나 그는 나폴레옹이 시내에 들어오는 것을 목격하고 그가 지나가자 프랑스 혁명의 숭배자로서 기쁨에 차서 그를 '말에 앉은 세계정신'으로 부른다. 이미지는 1895년 하퍼 매거진에 실린 것이다.

보는 나폴레옹을 보고 '말 위에 앉은 세계 정신'이라고 친구에게 보내는 편지에서 칭송했습니다. 그는 탈고한 『정신현상학』의 초고를 친구 편에 출판사에 급히 보냅니다. 혹은 직접 전쟁터인 예나를 빠져나와 출판사에 건네주었다고 하는 얘기도 있습니다. 예나 전투에서는 나폴레옹 황제의 프랑스군이 빌헬름 3세의 프로이센군을 대파시킵니다. 이 예나 전투와 동시에 치러지는 아우어스테트(Auerstedt) 전투가 나폴레옹의 프랑스군이 프로이센을 재기불능 상태로 만든 전투입니다.

『정신현상학』 이외에 그의 저서로 『엔치클로페디, 철학강요, *Enzyklopädie der philosophischen Wissenschaften im Grundrisse*』(1817)가 있는데 이는 백과사전의 성격입니다. 시기를 두고 세 권으로 확장하여 저술(2판 1827, 3판 1830)합니다. 오늘날 헤겔 연구자들은 주로 3판을 사용합니다. 논리학을 다룬 1판은 '소(小) 엔치클로페디' 후자는 '대(大) 엔치클로페디'로 불립니다. 또 『법철학 강요(또는 (자연법 및 국가 강요))』(1817) 등이 있습니다.

『정신현상학』, 『논리학(Science of Logic)』(1부, 1~2권, 1812~1813, 2부, 3권, 1816), 『법철학 강요』를 헤겔의 3대 저서라고 합니다.

헤겔의 당대에 독일 관념론은 그 절정에 이릅니다. 그는 전체적인 존재로서의 세계가 바로 정신적인 존재로서의 세계라고 생각합니다. 따라서 세계 자체가 정신의 피조물이라는 것을 증명하려고 노력합니다. 그렇다면 사유에 존재하는 것이 현실적으로 세계의 존재자라는 것, 그리고 사유와 존재는 일치하며 동일하다는 것을 입증해야 합니다. 이는 그전의 칸트, 이후의 피히테와도 다른 헤겔의 생각이었습니다.

예를 들어 칸트는 세계를 어떻게 보고 있습니까? 칸트에게서는 현상의 영역이 있고, 사물 자체, 즉 물자체의 영역이 있습니다. 현상은 감관이 지각하는 세계입니다. 육체의 감관이 지각하는 세계이니 이는 반(反) 혹은 비-이성적 세계입니다. 따라서 칸트에게서는 현상의 세계와 구별되는 이성적 세계, 이성으로만 바라볼 수 있는 세계가 존재해야만 합니다. 그 세계가 곧 물자체의 세계입니다. 이성으로서만 상정되는 세계입니다. 만약 진정한 지식이란 것이 존재한다면 그 '지식'으로 불릴 수 있는 세계입니다. 그래서 예지계입니다.

예지계는 존재하지만 엄밀히 말하면 가능성의 세계입니다. 이성이 비록 감각의 혼돈에 얽매여 현상계에 갇혀 있더라도 이 한계를 극복하게 하는 것은 물자체를 바라보려는 이성의 힘 때문입니다. 칸트에게서 현상이란 사실은 물자체가 뿜어내는 신기루일 수 있습니다. 물자체를 알기 전까지는 현상이라는 신기루만 보아서는 그 본질을 결코 알 수 없습니다. 도덕 또한 그렇습니다. 현상에서 도덕을 도출하는 것은 억지입니다. 동물의 세계는 본능이 지배하며 그 본능은 경향과 필연입니다. 그래서 현상계란 결정론이 지배하는 세계입니다.

그러나 도덕은 본능을 극복하는 힘입니다. 경향과 결정으로의 일방적인 힘의 쏠림을 거부하는 힘은 다른 종류의 힘입니다. 이 힘은 예지계의 도덕으로부터 생산되며 이는 경향을 극복하려는 반대쪽 힘입니다.

사계절은 변화를 말합니다. 봄과 여름, 가을과 겨울은 변함을 일컫습니다. 이 변화는 시간입니다. 또 변화는 잡다함(雜多함)입니다. 잡다하다는 것은 무엇이 그 흐름의 본질이며 본맥(本脈)인지, 무엇이 그 흐름을 추동하고 이끄는지 알 수 없다는 표현이기도 합니다. 그래서 현상계는 잡다함이며 번잡함이고 무질서입니다. 정신이 현상을 파악하려고 하지 않는 한, 무엇이 현상계의 본질이며 핵심인지 우리는 전혀 파악할 수 없습니다.

그렇다면 단지 흐르는 것, 새롭게 변화한다는 것이 현상계의 근본 법칙이라고 말할 수도 있지 않나요? 이미 우리가 현상계의 법칙을 얘기한다는 것은 이 현상 너머(beyond)에 존재하는 다른 무엇을 끌어들이는 것이 됩니다. 그 법칙이 객관적인지, 정당한지, 옳은지, 아니면 전혀 존재하지 않는 것인지 등을 이미 정신은 사유하여 그 바탕으로 삼고 있는 것이 됩니다. 칸트식으로 얘기하면 이 현상계에 대한 설명을 미지의 물자체의 법칙을 끌어들여 설명하는 것에 불과합니다.

애초에 원인과 결과의 세계, 피할 수 없는 결정의 세계에 현상은 국한되어 있다고 언급했습니다. 그 원인과 결과라는 개념을 끄집어내어 현상계에 도입시키고 어떤 식으로의 설명을 도출하는 것이 이성이 잡다한 현상에서 발견한 현상계의 본질로 치부됩니다. 사실 원인과 결과라는 개념은 인간이 무수한 사물의 변화에서 그 법칙을 고안해 낸 것일지도 모릅니다.

예를 들어 기후변화의 원인은 다양합니다. 근대 제조업과 공업의 운영으로 인한 대기의 오염, 일상에서의 과도한 유해물 사용을 그 원인으로 내세우는 설명이 있는가 하면, 산업발전과는 무관한 지구 내부와 외부의 생태계 변화가 그 원인이라고 추정하는 설명이 있습니다. 조선시대에는 군주의 부덕(不德)이 기후변화를 일으킨다고 가정되었습니다. 아니면 이 모두가 기후변화의 원인이라고 말하는 이도 있을 것입니다.

현재 상태의 정확한 원인을 파악한다면 그 해결책으로 가는 길은 더 빠를 것이며 적어도 길을 돌고 돌아가는 노고는 피할 것입니다. 이성은 속성상 변화하는 시간에서 불변하는 것을 찾고자 합니다. 그 불변하는 것이 법칙입니다. 어쩌면 이성의 한계는 운동에서 정지만을 읽으려 하고, 변화에서 고정된 것만을 찾으려 하는 그 자신의 한계일지 모릅니다.

만약 이성이 변화하는 세계에서 그 운동을 제대로 읽고 표현하며, 변화의 시간을 마주 세우지 않고 그 흐름대로만 읽어내는 능력을 지녔다면 이성은 더 완전해질 것입니다. 그러나 이것이 가능할지는 모릅니다. 이성은 그 본성이 사물을 몰아세우고 정지시키고자 하기 때문입니다. 이러한 이성의 결핍에 대한 지적은 종종 철학자들이 수행했지만 현대의 프랑스 철학자 베르그송은 이성의 이 한계를 특히 강조합니다. 그 대안으로 그는 직관 능력을 강조합니다.

그럼에도 불구하고 현상을 읽어내는 다양한 법칙을 인간이 세운 것은 변하는 것에서 변하지 않는 것을 찾으려는 끝없는 노력에서 나온 인간의 성취입니다. 이성은 자신이 이해할 수 있는 방식으로 세계를 읽고자 노력합니다. 따라서 진리에 대한 추구는 이성의 노력이 세계의 사물과 그 관계의 흐름을 이해하기 위한 노력을 기울이는 것입니다. 비록 그 해석이 자의적이라 비난받더라도 말입니다. 이것이 이성의 운명입니다.

만약 영원함과 불변함이 존속하지 않는다면, 만약 진리가 실제로 존재하지 않는다면 불변하는, 영원한 진리를 찾으려는 인간의 노력은 결국 실패할 것입니다. 불변하고 영원한 것, 고정된 무엇, 이성으로 이해할 수 있게 해주는 가능성의 영역, 그것이 칸트에게서는 물자체입니다. 그러나 그의 철학에서 물자체와 현상계는 늘 불협화음(不協和音)의 관계입니다.

그럼에도 현상계는 거짓과 변화, 불안을 가집니다. 그 배후에 있는, 진정한 모습을 감추고 있는 물자체는 진실하고 고정되나 이성으로만 요청됩니다. 그럼에도 칸트 철학에서 무게 중심은 분명히 물자체에 있습니다.

여기서 헤겔은 이렇게 중요한 위치를 차지하고 있는 칸트 철학에서의 물자체를 건드립니다. 그는 물자체와 현상의 이분법을 완전히 폐기합니다. 칸트에 있어서 물자체는 핵심입니다. 물자체 없이는 칸트 철학이 성립할 수 없습니다. 그런데 그 물자체는 인식의 대상이나 인식할 수가 없다는 것이 곤란함을 야기합니다.

현상에 대한 엄밀한 파악은 결국 물자체의 파악까지 요구하지만 그 물자체를 정신은 자기의 것으로 결코 할 수 없습니다. 인식의 대상인데 인식할 수는 없고, 제거하자니 핵심을 빠뜨리는 꼴입니다. 결국 물자체는 칸트 철학의 수수께끼로 남고 나아가고자 하는데 다리를 붙잡는 손아귀입니다. 그것을 건너야 하는데 건널 수 있는 방법이 없습니다. 그렇다고 결점 많은 현상만을 붙잡고 난국을 돌파할 수는 없습니다. 칸트에게서 현상은 물자체의 생산품일 뿐이고, 물자체가 전개하여 흩뿌려놓은 사물뿐이기 때문입니다.

이제 헤겔은 칸트의 철학에서 물자체를 표면으로 끄집어냅니다. 헤겔의 철학에서 물자체는 이해 가능할 뿐 아니라 직접 세계의 현장(現場)으로 나와 자신을 전개(展開)합니다. 더 이상 수수께끼와 난공불락(難攻不落)의 요새는 존재하지 않습니다. 세계의 모든 신비는 사라지고 이제 백주(白晝)의 명명백백(明明白白)함이 세계를 장악합니다. 물자체 혹은 예지계와 자연 혹은 현상계의 대립은 더 이상 존재하지 않습니다.

이렇게 물자체와 현상의 구분을 폐기하면서, 헤겔에게서는 유일한 실체인 정신만이 세계를 장악하고 세계를 자기의 것으로 한 채 앞으로 나아갑니다. 아니 세계 자체가 정신이 되고 정신 자체가 세계가 되어 자기 자신을 무대로 삼고 움직입니다. 이제 현상은 물자체와 같이 공존하며 운동하고 둘은 하나가 됩니다.

이를 주체 쪽에서 바라보면 의식(意識, consciousness)은 애초에 세계를 반영(反映, reflection)하고 있습니다. 의식은 '깨어 있음'입니다. 깨어 있지 않은 것은 의식이 아닙니다. 즉 깨어 있음이 의식이고, 깨어 있지 않음은 의식 없음입니다. 의식은 언제나 무언가에 관한 의식입니다. 빈 어둠이 가득한 의식은 깨어 있지 않음이고 그래서 의식이라고 부를 수 없습니다.

이 무언가에 관한 의식은 결국 자기가 아니면 외부의 타자를 대상으로 합니다. 의식은 그렇다면 자기로서의 의식이거나 타자로서의 의식입니다. 그런데 자기로서의 의식조차 이미 타자가 개입한 타자의 의식입니다. 배고픔은 먹을 대상을 필요로 하며, 사고는 무엇에 관한 개념을 필요로 합니다.

아침부터 저녁까지 깨어 있는 한 의식은 이런 의식입니다. 뇌사(腦死, brain death) 상태에서는 의식이 있을 수 없습니다. 그러나 식물인간(植物人間, vegetative state)은 의식이 있을 수 있습니다. 사유하지 않는 의식은 불가능합니다. 텅 빈 의식은 의식이 아닙니다. 이미 텅 비어 있음이 공간을 전제하는 한 그 비어 있음도 대상이며 그래서 타자이기 때문입니다.

의식은 세계의 발전에 따라 그 세계에 대한 관조(觀照, meditation)와 경험(經驗, experience)을 자기의식의 토양(土壤)으로 삼습니다. 세계가 그 국면과 단계마다 발전하듯이 의식도 그렇습니다. 의식이 세계를 지향(志向)할 때, 그 세계의 발전 단계는 의식에 투영됩니다. 그러나 세계는 발전만 하는 것일까요? 세계의 운동에서 후퇴와 반동(反動)은 존재하지 않는 것일까요?

그러나 의식이 세계를 퇴보나 반동으로 목격할지라도 사실 세계는 발전하고 있습니다. 세계의 퇴보나 반동(처럼 보이는 것)은 사실 이보(二步) 전진을 위한 일보(一步) 후퇴입니다. 세계는 상하로 포물선을 그리며, 그 포물선의 폭을 넓게 하면서 앞으로 위로 무궁히 진보합니다.[1] 이 포물선의 일부 처짐과 하향을 미약한 정신은 퇴보

---

1 마르크스 철학에서 인간의 진보(세계의 진보, 역사의 진보)는 종착(終着)이 있으며 완성이 있다. 그래서 그의 철학은 결정론이다. 그러나 헤겔 철학에서 인간의 진보(세계의 진보, 역사의 진보)가 그 종착점이 있는지를 필자는 알지 못한다. 헤겔의 철학에서 세계정신은 세계를 자기의 것으로 하기 위한, 세계와 자기가 통일되고 화해

와 반동으로 착시할 뿐이지 사실 이는 이 운동을 주도하는 세계정신의 계략(計略)일 뿐입니다. 이를 '이성의 간지(理性의 奸智, 이성의 간계, 理性의 奸計, List der Vernunft)'라고 합니다. 이성의 교활한, 혹은 간사한 계략이라는 말입니다.

세계가 자기의 완성을 기할 때, 의식 또한 자기의 완성을 기합니다. 세계의 완성이 의식의 완성이고 그 역도 마찬가지입니다. 의식은 초기에는 미약합니다. 의식은 탄생하면서 대상 세계를 제대로 반영하지 못합니다. 의식의 알갱이가 있다면 바로 세계, 의식의 앞에 있는 사물의 세계로서의 세계 자체입니다.

제대로 파악되지 못한 세계는 제대로 발전하지 못한 세계라고 할 수 있습니다. 흐름에 처한 세계가 자신의 정체성을 운동으로 삼듯, 의식 또한 흘러가는 세계를 읽어내고 이해해야 합니다. 의식은 자신의 존재 기반을 세계로 삼고, 세계는 움직이므로 의식도 움직임을 자신의 운동으로 삼아야 합니다. 이렇듯 운동한다는 것은 변화한다는 것이고, 이 변화는 헤겔 철학에서 앞으로 나아가는 진보의 운동입니다.

만약 의식이 아무것도 의식하지 못하는 단계라면, 세계와 관련하여 세계의 그 무엇도 파악하지 못하는 단계라면 의식은 의식이 아닌 것이 됩니다. 의식의 내용은 세계일 수밖에 없으므로 세계의 그 무

되기 위한, 자신이 세계가 되고, 세계가 자신이 되기 위한 무한한 운동으로 필자는 알고 있다.

엇도 들어 있지 않은 의식은 의식이 아닌 것이 됩니다. 따라서 미약(微弱)한 의식은 세계에 관한 지식의 결핍(缺乏)입니다. 지식의 결핍이므로 앎의 결핍이며 인식의 결핍이고 경험의 결핍입니다. 그래서 결국 자기의식의 결핍으로 이어집니다. 따라서 세계를 이제 막목격하는 최초의 의식은 미약하고 조야(粗野)할 뿐입니다.

이제 의식은 점점 세계를 알아가고 자신을 성장시킵니다. 이것이 의식의 발전으로서의, 정신이 전개하고 현상하는 구조입니다. 곧'정신현상학'입니다. 정신이 자기를 파악해 가는 과정입니다. 정신은 세계를 자신의 내부에 포용하고 반영합니다. 의식이 발전함에 따라서 세계도 발전합니다. 역으로 세계가 발전함에 따라서 의식도 발전합니다. 의식은 세계를 자신의 내부에 그대로 반영하면서 제대로된 의식으로 서는 것임을 먼저 알아야 합니다.

따라서 세계와 의식이 상호 조응하고 반영해야 함은 헤겔의 철학에서는 커다란 핵심입니다. 의식이 단지 하나의 상태, 조야한 상태에 처해 있다고 한다면, 세계를 결코 성숙한 상태에서 인식하지 못합니다. 세계 역시 이 의식에서는 단지 조야한 하나의 상태로 가두어져 있을 뿐입니다. 왜냐하면 세계는 정신의 외적 대상으로서의 세계일 뿐 아니라 정신이 자신을 성찰하는 내부로서의 세계이기도 하기 때문입니다.

1789년의 프랑스 혁명이 테르미도르의 반동으로 좌절된 것은 혁명을 추동하는 이성의 정신이 프랑스의 물적 기반을 아직 제 것으로온전히 하지 못했기 때문입니다. 이 말은 프랑스의 지배 구조를 뒤집고자 하는 정신의 결단이 자신이 기반한 세계로서의 프랑스의 토양이 그만큼 튼튼하고 허술하지 않은지를 살펴보지 않았다는 말입니다.

정신과 세계의 일치란 이런 것을 말합니다. 정신이 세계를 자기의 것으로 한다는 말은 세계를 사유의 대상으로 하는 정신이 그 사유 대상을 제대로 파악하고 정의했다는 말입니다. 정신은 혁명적일 수 있으나 그 혁명이 세계와 더불어 같이 발 딛는 혁명이 아니라면 이 정신은 옳은 정신, 구체적인 정신이 아닙니다. 단지 그릇된 사유와 그에 바탕을 둔 추상적인 정신일 뿐입니다.

구체적인 정신이란 그 내용까지 속속들이 파악하고 있는 정신입니다. 추상적인 정신이란 수박 줄만 보고 수박을 설명하고, 그 껍데기의 맛만 보고 수박 맛을 정의하는 정신입니다. 신호등의 빨간불과 파란불에서 지시(指示)는 읽을 수 있으나 기호(記號)는 못 읽는 사람입니다.

즉 개념에서 그 형식만을 이끌고, 의무에서 복종만을 읽는 사람입니다. 신호등의 파란불과 빨간불의 기호, 그 기호에 대한 준수가 왜 필요한지를 이해하고 자각하며 실천하는 사람이 구체적인 정신을 가진 자입니다.

헤겔 철학에서의 다른 주요 개념도 이런 구분을 두고 접근해야 합니다. 그런 차원에서 칸트가 말하는 실천은 지극히 청교도적이고 엄격하며, 형식적이고 위압적입니다. 그는 실천의 모든 차원에서 순수한 동기만을 중시합니다. 이른바 의지의 최고선, 최고의 순수한 의지, 내 마음에서 일어나는 순연(純然)한 의무감과 이로부터 생산하는 실천, 이것이 칸트의 도덕과 윤리를 토대하는 최고의 버팀목입니다.

그 의무감이 무엇으로부터 나오는 것인지에 관해 칸트는 다시 그것은 의무(에 대한 경외) 때문이라고 답을 하겠지만 말입니다. 결국 설명할 수 없는 물자체와 예지계로 칸트는 그 근본적 토대를 세웠지만, 그 근본적 토대가 어떤 토대이며 어떻게 생겼는 지에 대한 설명은 계속 미루기만 합니다.

그럼에도 불구하고 칸트 실천 철학의 핵심은 인간의 도덕과 윤리에 관한 판단 근거는 경향이나 선호, 취미도 아니고, 유 · 무형의 이익도 아니라는 엄한 격률(格率)입니다. 인간이 아닌 특정한 무엇을 위해서라는 말을 그의 철학은 삭제합니다. 기존부터 그랬다는 관습이나 전통을 배제합니다. 만약 대(大)를 위해 소(小)를 희생한다는 표현이 공리주의적 수(數)의 계산을 염두에 둔다면 칸트 철학에서는 어불성설(語不成說)입니다. 이를 헤겔도 당연히 알고 있었을 것입니다.

두세 번의 질문 끝에 밑천이 드러나는 실력은 탈락이 그 자격입니다. 그런 차원에서 소크라테스의 대화법은 상대의 무지를 드러내는 효과적인 방법입니다. 개인의 이익 때문에 국가로부터의 탈출과 도피를 말하는 자유는 추상적 자유이며 소극적 자유입니다. 이는 자유처럼 보이는 거짓 자유이며 사이비 자유입니다. 따라서 국가 권력으로부터의 해방을 위한 은둔이나 도피는 그것이 자기의 분리나 간섭받지 않을 자유라고 말하고 있지만 실제 해방도 아니고 자유도 아니게 됩니다.

진정한 자유는 구체적 자유이며 적극적 자유입니다. 외부로부터 주어진 의무나 종래부터 답습했던 관습으로부터가 아니고, 혹은 그로부터의 막연한 탈출도 아닙니다. 그 의무와 관습의 오류와 무(無)-근거를 자각하고 거부하거나 극복하려는 모습이 자유의 모습입니다.

프랑스 혁명은 앙시엥 레짐(ancien regime)의 근거 없음을 제대로 지적하고 구체제를 파괴하는 데 성공하였으나 그 혁명은 구체제에 기반하는 모든 것들을 일거에 파괴하려 했기 때문에 반동을 초래했습니다. 정신은 혁명을 하기 위해 먼저 그 혁명이 딛고 있는 토양의 성분을 알아야 합니다. 또 혁명이라는 나무가 자라기 위한 물주기의 방법과 빛을 요구하는 시간, 통풍의 원활함을 고려해야 하는데 일거에 화분 자체를 갈아엎고 비워낸 화분에 외지(外地)의 흙을 담고자 했습니다. 이러면 나무도 죽는데 혁명이 성공할 리 없습니다. 즉 혁명의 정신도 구체적인 정신이지 못하고 추상적인 정신에 그쳤던 것입니다. "이성적인 것이 현실적이고, 현실적인 것이 이성적이다"[2]라는 헤겔의 말에 이런 의미가 포함되어 있습니다.

그럼에도 불구하고 헤겔의 철학에서 정신이 좌절하는 경우는 없습니다. 정신은 후퇴와 진보를 반복하지만 그 후퇴는 유한한 이성이 그렇게 목격하고 후퇴라고 단정할 뿐입니다. 사실 후퇴와 반동은 진보의 두 걸음을 위한 한 걸음의 도움닫기의 역할입니다. 비 온 뒤에 땅이 굳듯 더 단단하게 다지는 역할을 후퇴와 반동은 수행합니다.

---

2 "이성적인 것이 진정한 것이고, 진정한 것이 이성적이다" 또는 "이상적인 것이 현실적이고, 현실적인 것이 이상적이다"라고도 번역된다. 크게 보아 같은 말이다.

그런 차원에서 실패는 더딘 성공일 뿐입니다.

의식은 지속하여 성장하고 확장합니다. 의식으로 하여금 이리 성장과 확장을 반복하게 하는 것의 하나는 경험입니다. 경험은 의식이 세계와 부딪히면서 발생합니다. 의식은 이 경험을 통해 세계에 관한 지평(地平, prospect)을 넓힙니다. 경험의 확장은 의식의 확장이고 의식의 확장은 곧 지식의 확장입니다. 지식은 자기를 확장하면서 동시에 세계를 확장합니다.

세계가 확장되지 않으면 자기도 확장되지 않는다 할 수 있습니다. 그리고 확장되지 않은 지식은 편협하며 이는 곧 자기 성장의 정지이자 세계 파악의 정지이기도 합니다. 나와 세계를 알고자 하는 것이 정신의 운명입니다. 그래서 종착점이 어디인지는 누구도 모릅니다. 세계가 쉼 없이 운동하는 한 이 종착(終着)과 도착은 실제로 불가능할 수 있습니다.

이렇듯 세계는 내게 경험으로 의식을 교정하게 해 주고, 나는 경험을 통해 세계에 관한 오류를 다시 교정합니다. 이 과정이 반복되며 나와 세계 사이의 거리는 점점 좁아지며 드디어 일치하게 됩니다. 이것이 헤겔 철학에서 정신의 발전 역사이자 지식 발전의 역사입니다. 여기서 의식과 지식, 정신은 사실 헤겔 철학에서 거의 동일한 의미를 지니고 있습니다.

Geist라는 독일어는 정신이라는 말입니다. 주체의 내부에서 드러나는 의식의 발전과 전개 과정을 다루는 것이 헤겔의 『정신현상학, *Phänomenologie des Geistes*』입니다. '현상(現象)'은 나타난다는 말입니다. 현상을 Phenomena라고 합니다. '정신'의 '현상학'이니 정신이 드러나는 방법, 정신이 자기를 전개시키는 과정을 다루고자 한 책입니다. 어떻게 조야한 정신이 자기의 확장을 거쳐 세계정신(Welt Geist)에 이르게 되었는지를 탐구하는 저서입니다.

『정신현상학』은 서문(Preface)과 도입(Introduction), 그리고 6개의 장으로 구분됩니다. 먼저 1장은 의식(Consciousness)을 다룹니다. 의식은 하위의 3장으로 다시 구분됩니다. 감각적 확실성(Sensuous-Certainty), 지각(Perceiving), 그리고 힘(Force)과 오성(Understanding)입니다.

2장은 자기의식(Self-Consciousness)을 다룹니다. 삶(Life)과 욕망(Desire)에 관한 예비 논의를 포함하는 자기 확실성의 진리(The Truth of Self-Certainty)라는 부분은 다시 두 부분으로 나누어집니다. 자기의식의 자기충족성(Self-Sufficiency)과 비-자기충족성(Non-Self-Sufficiency)에서는 주인과 노예(Mastery and Servitude)를 다룹니다. 그리고 자기의식의 자유(Freedom of Self-Consciousness)라는 부분에서는 스토아주의(Stoicism), 회의주의(Skepticism), 그리고 불행한 의식(the Unhappy Consciousness)을 다룹니다. 이 부분에 이후 철학자들에게 지대한 영향을 끼쳤던 주인과 노예의 변증법(the dialectic of the lord and bondsman)이 포함됩니다.

3장은 이성(Reason)을 다룹니다. 확실성과 이성의 진리(The Certainty and Truth of Reason)는 다시 세 부분으로 나누어집니다. 관찰하는 이성(Observing Reason), 이성적 자기의식의 실현(The Actualization of Rational Self-Consciousness), 그리고 개별성

(Individuality)을 다루는데 이는 즉자적인 것과 대자(對自)적인 것으로 나누어집니다.

4장은 정신(Geist, Spirit)을 다룹니다. 이는 다시 세 부분으로 나누어집니다. 진정한 정신·윤리적 삶(True Spirit, Ethical Life), 자신으로부터 소외된 정신(Spirit Alienated from Itself): 문화적 형성(Cultural Formation), 그리고 정신의 자기 확실성: 도덕성(Spirit Certain of Itself: Morality)입니다.

5장은 종교(Religion)를 다룹니다. 이는 다시 세 부분으로 나누어집니다. 자연 종교(Natural Religion), 예술 종교(The Art-Religion), 그리고 계시 종교(Revealed Religion)입니다.

6장은 절대지(Absolute Knowing)를 다루며 절대지에 관해 설명합니다.

최초의 조야한 정신은, 자신의 운명대로, 세계에 대해 알고자 하지만 그 수단은 감각과 감관에 국한되어 있습니다. 헤겔은 이를 감각적 확신(Sensuous-Certainty)이라 부릅니다. 이 정신의 조야함이 성장하여 절대지까지 이르는 여정을 살피고 설명하는 저서가 『정신현상학』입니다.

세계는 내 앞에 존재하는 모든 사물입니다. 사건과 물건입니다. 우주 또한 이 세계에 포함됩니다. 이 세계를 헤겔은 절대정신이 자기를 전개하는 도구이며 그 뜻을 실현하는 마당으로 보았습니다. 그는 세계와 정신 모두를 운동으로 파악합니다. 그러나 단순한 운동이 아니라 스스로의 뜻을 구현하는 운동입니다. 그러므로 펼치고자 하며 전개합니다.

헤겔에게서 세계에서의 정신의 전개 그것이 곧 역사입니다. 원시시대로부터 고대, 그리고 중세를 거쳐 근대와 현대로 세계는 운동합니다. 그리고 그에게서 이 운동의 양태는 변증법적인 운동입니다. 정신은 전개하고, 발전합니다. 정신은 계속 커져 갑니다. 포물선을 그리면서 이 운동은 그 범위를 확대하고 점점 진보(進步)합니다.

헤겔은 칸트나 피히테와 달리 자신의 철학을 생각과 사고, 정신과 현실의 완벽한 일치로 여겼습니다. 예를 들어 칸트에게서는 물자체의 신비스러움과 접근 불가능성으로 인간의 이성은 완전한 진리, 완전한 앎을 결국 획득할 수 없는 한계를 지닐 수밖에 없습니다. 진리(眞理, truth)란 무엇인가에 관해 전통적으로 다음과 같이 구분하는 입장이 있습니다. 대응설(對應說, Correspondence theory)은 사고와 현실의 완벽한 일대일의 대응과 일치를 말하는 입장입니다. 관념에 하나의 사물이 있으면 현실에도 그 하나의 사물이 반드시 존재해야 합니다. 만약 나의 머릿속에 유니콘이 있는데 현실에는 존재하지 않는다면 그 유니콘은 거짓 존재자이며, 존재하지 않습니다. 이 외에 정합설(Coherence theory)과 실용설(Pragmatic theory)도 있습니다. 정합설은 논리 구조의 모순이 없으면 진리로 간주하는 것이고 실용설은 유용하다면 진리로 위치 지어야 한다는 주장입니다. 헤겔이 기반한 입장은 대응설입니다. 만약 세계정신이 존재한다면 그것은 세계의 객관적 실재와 완전히 일치해야 하며 실재를 올바로 반영하고 있어야 합니다.

헤겔은 우리가 인식할 때 로고스(logos)가 스스로를 인식한다고 말합니다. 로고스는 이성(reason)이라는 말입니다. 말(word), 언어

(discourse)라는 말도 있습니다. 『요한복음』에 보면 태초에 로고스가 있었다고 적혀 있습니다.[3] 로고스는 이성이며 그러므로 정신입니다. 정신은 세계에서 자신을 찾고자 합니다. 이는 세계 또한 자신의 다른 이름이기 때문입니다. 같은 것은 같은 것을 알아보며, 동일한 것은 동일한 것만 인식합니다. 그러므로 나의 정신이 사물을 지각할 때 이는 로고스가 사물을 지각하는 것이며 이 정신으로서의 로고스는 곧 절대정신의 로고스로 옮겨가게 됩니다.

이를 『신약성서』에서의 로고스, 즉 말씀이신 하나님, 정신으로서의 하나님으로 해석해도 그 결과는 동일합니다. 신의 세계 파악은 자기의 피조물에 대한 파악일 수밖에는 없는 바, 이는 세계가 자신의 외화(外化, Entaußerung, Externalization)이기 때문입니다. 그리고 정신으로서의 절대정신이 파악하는 세계는 자신의 외화이자 전개일 것이므로 이는 자기로서의 세계일 수밖에 없습니다.

만약 이 외화가 주체의 내부에서 발생할 경우 이는 소외(疏外, alienation)의 문제가 됩니다. 자기 내부의 본질을 분열시켜 대상화하고 이를 외부화할 경우 이는 외화입니다. 그런데 이 외화는 반드시 주체의 갈라 세움, 즉 분열을 수반하므로 분열된 외부의 자아는 본래의 주체에게서 동떨어집니다. 이것이 소외입니다. 이 소외된 자기는 따라서 본래의 자기로 다시 복귀하고자 합니다. 주체에서의 변

---

3 "태초에 말씀이 계시니라 이 말씀이 하나님과 함께 계셨으니 이 말씀은 곧 하나님 이시니라"(『요한복음』, 1장 1절, 개역 개정). "In the beginning was the Word, and the Word was with God, and the Word was God"(『John』, 1:1, NIV).

증법은 다시 이렇게 진행하고 전개됩니다. 이탈된 자기는 다시 이탈된 자신을 '지양(止揚)'하고 원래의 자기로 '복귀(復歸)'합니다. 그러나 그 자기는 이전보다 '상승(上昇)'된 자기입니다.

헤겔의 철학은 절대적 관념론이고 범논리주의(汎論理主義)로 불립니다. 그러나 헤겔 철학에서의 논리학은 기존의 전통 서양철학에서 일컫는 논리학의 의미가 아닙니다. 헤겔 철학에서의 논리는 변증법적 논리학(辨證法的 論理學)입니다. 여기서의 변증법은 헤겔이 세계를 파악하는 방식입니다. 이는 정신의 작동 방식이자 실재 존재자들의 작동과 운동 방식을 말합니다.

살펴보면 우리의 언어는 이미 고대 그리스의 회의주의 철학자 고르기아스(Gorgias, B.C. 483~B.C. 375)가 간파했듯 실재를 제대로 반영하지 못할 수가 있습니다. 실재를 제대로 반영하지 못하는 언어의 정확성을 논리의 무-오류성에서 살피고자 하는 전통적 의미의 논리학은 따라서 사유와 세계의 일치를 원하는 헤겔에게는 별로 의미 없는 학(學)일 수 있습니다.

더구나 수많은 언어를 가지고 있는 인간의 언어가 세계의 실상을 그대로 반영하지도 못하는 것은 둘째치고라도 제대로 우리의 의사를 정확히 표현할 수 있는지도 고르기아스처럼 의문이기도 합니다. 이런 의미에서 논리실증주의(論理實證主義, Logical positivism, 논리경험주의, 論理經驗主義)로 대표되는 논리학의 한계는 헤겔 철학에서 비판될 것이고 이는 자명합니다. 그리고 이를 대체할 새로운 변증법적 논리학을 헤겔은 제시하는 것일 수 있습니다.

헤겔에게서 정신이란 한 가지 측면에서만 전개하는 것은 아닙니다. 정신은 『정신현상학』에서는 정신으로 일컬어지지만 그의 『역사철학강의(歷史哲學講義), *Vorlesungen über die Philosophie der Weltgeschichte*』(1837)에서 이 정신은 '자유'입니다.

정신은 존재하는 모든 존재자의 내면과 외부에서, 그리고 그들의 관계에서 존재하고 형성해 나갑니다. 정신은 인간의 모든 시간의 흐름, 존재하는 공간 내에서 더불어 존재하고 발전해 나갑니다. 존재하는 인간의 시간의 흐름에서 그것은 역사로 칭해지고, 따라서 역사에서 존재하고 형성해 나가는 정신의 발달과 그 전개는 자유의 발달 및 그 전개와 같습니다.

정신은 개별자에서도 이성으로 자신을 형성하고, 전(全) 존재자에서도 이성으로 전체를 형성합니다. 그러므로 정신은 개별자(個別者)에게서 전체자(全體者)까지 그 영향을 미치지 않은 곳이 없습니다. 이 전체자는 사안에 따라 '국가(國家)'로 부르기도 하고 '세계(世界)'로 부르기도 합니다.

그러므로 헤겔이 말하는 국가를 근대의 인권이 확립되지 않는 보통의 국가와 동일시해서도 안 되고, 그가 말하는 세계를 단순한 지리로서의 세계로도 국한하지 말아야 합니다. 물론 역사로 전개되는 무대는 분명히 지리적인 세계입니다. 그러나 그 역사라는 것이 단순한 사건의 흐름, 인간의 일상을 지칭하는 것은 아닙니다. 그 사건과 일상에서 그것을 완전한 이성적 개화 상태까지 이끌어 가는 이성적 정신이 강조되어야 합니다.

헤겔의 철학에서는 종래의 기독교적인 사고와 근대를 열어젖히는 세속적인 사유의 흐름이 서로 정교하게 맞춰져 가며 발전을 합니다. 이를 모멘트(moment)라고 합니다. 개신교의 고국 프로이센과 루터파 신학의 영향을 받았던 신학교 졸업자 헤겔은 그 자신의 철학이란 곧 세계가 생산하는 역사의 흐름과 긴밀히 관련을 맺어야만 했습니다.

따라서 정신이 자기를 형성하고 곧추세우는 과정이 정신현상학의 논지라면 세계라는 무대에서 정신이 사건을 자기의 것으로 장악하는 역사가 곧 그의 역사 철학입니다.

관념의 발전을 통해 자신의 정체성을 드러내고 전개하는 것이 정신이라면 역사의 발전에서 자신의 정체성을 드러내고 전개하는 것은 자유입니다. 따라서 헤겔의 철학에 전체주의의 혐의를 두는 자유주의 철학자는 헤겔이 말하는 정신과 자유를 철저히 이해하지 못했다고 비판받을 수 있습니다.

정신의 자기 전개에서 한 과정은 다른 과정을 예고하고 한 모멘트(moment)는 다른 세계사적 사건을 예고합니다. 그러나 이 과정과 모멘트는 서로 절연(絕緣)되고 분리된 것이 아닙니다. 앞의 과정은 뒤의 과정에 포함(包含)되어 있고, 뒤의 모멘트는 앞의 모멘트를 전제(前提)로 합니다. 이는 변증법적 과정은 이전의 것들을 단순히 제거(除去)하지 않고 보존(保存)해 나가는 과정이며 '지양(止揚)'을 가리키는 독일어 'aufheben'에 내포된 의미이기도 합니다.

정신은 자기를 전개하면서 세계사를 하나의 모멘트로 엮어내고 사건으로 전개합니다. 그리고 이것들의 총체가 정신의 자기 전개로서의 역사입니다. 역사가 전개된다는 것은 이 역사를 통해서 정신이 전개한다는 것이며, 이 정신이 전개한다는 것은 의식이 자신을 개화

(開花)시키면서 앞으로 나아가는 것입니다. 따라서 그의 철학에서 의식은 항상 내 앞에 있는 대상으로서의 세계에 관한 의식입니다.

내 앞의 세계를 지향하며 세계를 향해 있는 의식은 따라서 결코 공허한 비어 있음이 아닙니다. 비어 있는 세계란 존재하지 않습니다. 의식이 과연 없음을, 무(無, nothing, nihility)를 사유할 수 있을까요? 아마 그럴 수는 없을 것입니다. 의식이 무를 사유한다고 할 때도 그 의식에 떠오르는 무란, 특정한 공간과 부피를 필요로 합니다. 이는 무가 대상으로서 출현되었다는 말인데 무는 본질상 결코 대상이 될 수 없습니다. 이 물음들은 쇼펜하우어가 '왜 세계란 무(無)가 아니고 유(有)이어야 하는지, 왜 세계란 전적으로 있음이어야 하는지'에 관한 문제의식과 관련합니다.

비어 있는 것이 아닌, 항상 대상과 엮어져 있어야만 하는 의식은 따라서 이미 자기의 성장과 생존에 세계라는 타자로서의 대상을 필요로 하게 되고, 이 세계와 의식의 교류를 헤겔은 경험(經驗)이라고 칭합니다. 경험은 의식과 세계의 조우(遭遇)에서 발생합니다. 이 의식과 세계의 교류를, 이 경험을 특정한 관점과 방향에서, 특정한 것에 초점을 맞춰 기술한 것이 다양한 이름으로 부르는 학문입니다. 물리학이나 생물학, 영문학이나 천문학… 등의 학문은 모두 이렇게 의식과 세계가 교류하는 것을 나열한 것들입니다.

물리학은 사물을 바라보는 많은 관점 중에 물리적이고 역학적인 관점을 동원하여 기술한 것이고, 생물학은 생명과 그 다양체의 관점에서, 영문학은 영어를 사용하는 사람의 문학이라는 관점에서, 천문학은 우주 천체 내의 지구라는 관점에서 기술하고자 하는 학문입니다. 나아가 이 학문들이 점점 발전을 거듭하다 보면 각 학문이 서로 교류하고 관계를 맺게 될 것입니다. 이렇게 지식은 범위를 확장시키며 커져 가고 그 덩치를 크게 하면서 스스로를 발전시킬 것입니다.

혜겔의 철학은 시대를 사유로 포착하며, 세계를 정신으로 포획하는 철학입니다. 포착(捕捉, catch)과 포획(捕獲, capture)은 잡아챈다는 의미입니다. 한 시대를 단순히 묘사(描寫, describe)만 하지 않고 설명(說明, explanation)합니다. 묘사는 단순한 모방입니다. 대상을 보이는 대로 그려 나갑니다. 그러나 설명은 그렇게 보이는 이유까지 제시합니다. 그래서 묘사하되 설명하지 못하는 작품은 완성되지 못한 작품입니다. 그래서 화가는 그림으로 세계를 설명하고, 소설가는 상상력으로 스토리를 꾸며 가공의 세계를 설명하고, 사회학자는 자신의 관점으로 세계 내에 발생하는 사회의 현상을 설명합니다.

혜겔은 세계가 왜 이 지점에 와 있고 이후엔 어떻게 전개되는지를 설명하고자 합니다. 세계의 내부에는 정신이 침투해 있습니다. 정신은 지(知)입니다. 이성적인 것이 현실적인 것이고 현실적인 것이 이성적이라는 그의 말에서, 이성적이라는 말은 이상적이라는 말입니다. Ideal입니다. 현실적이라는 말은 real하다는 말입니다. 리얼리티(reality)라는 말은 진실성(眞實性, integrity)이며 진정성(眞情性, genuine, truthfulness)입니다. 즉 이성적인 것만이 진정한 것이고 진정한 것만이 이성적이라는 것이 혜겔이 말하고자 하는 진의(眞意)입니다.

그렇다면 이 말은 이성적인 것을 제외한 비이성적인 것은 진정하지 않은 것이고, 진정하지 않은 것 역시 비이성적이라는 말이 됩니다. 여기서 이성적인 것은 짐작할 수 있겠는데 진정한 것이 무엇인지 종잡을 수 없게 됩니다. 만약 위의 말을 이성적인 것 모두가 현실적이며 현실적인 것 모두가 이성적인 것으로 독해를 하면 존재하는 모든 것은 이성적이라는 말이 됩니다. 현실성(現實性)은 reality보다는 actuality입니다. actuality는 실현된 사실(fact)을 말합니다.

따라서 이 말을 지금 이대로 존재하는 모든 세계의 물상(物象)이 그대로 이상적이며 이성적이라는 의미로 독해하면 마저 현실적인 것이 지극히 이성적이자 진정한 것이 됩니다. 그렇다면 지금 존재하는 것 모두가 표준이 되고 규범이 되며 마땅히 수긍해야 하는 법(法, 규범, norm)이 됩니다. 보수적인 식견(識見)이 만들어집니다. 그러나 실제 이런 방식으로 이 구절을 해석하고 이데올로기로 삼는 세력들이 역사적으로 있었습니다.

반면 참으로 이상적(이성적)인 것만이 현실적인 것이니 지금 존재하는 것, 즉 현실로 구체적으로 존재하는 것은 무용하기 짝이 없으며, 현실이란 이상의 구현을 위한 도구나 수단이 되어야만 한다고 보는, 자칭 진보를 말하는 이상주의자들도 있었습니다. 이들 또한 헤겔의 이 말을 자신들의 이데올로기로 삼고자 합니다. 이 예에서 보듯 헤겔의 사상을 독해하는 방식, 이를 현실 정치에 응용하는 추종자들로서 헤겔주의자들은 두 파로 나누어집니다.

위 구절에서 '이상적(이성적)'이라는 말을 강조했던 자들이 헤겔 좌파(Linkshegelianer, 헤겔-左派, 청년 헤겔, 靑年-헤겔, Junghegelianer)로서 마르크스, 포이어바흐(Ludwig Feuerbach, 1804~1872) 등이 이에 속하고, 현실적이라는 말을 강조했던 자들이 헤겔 우파(Rechtshegelianer, 헤겔-右派, 장년 헤겔, 壯年-헤겔, Althegelianer)로서 가블러(Johann Philipp Gabler, 1753~1826) 등이 이에 속합니다.

칸트 철학에 있어서 물자체는 인간이 제어할 수도, 획득할 수도, 알 수도 없는 무제한의 힘이자 근원입니다. 인간은 그것과 어떠한 상호 교류도 할 수 없습니다. 그것을 알 수도 없는데 그렇다고 모른 척할 수도 없습니다. 실제로 칸트의 직계인 철학자 피히테는 이 아리송한 근원 개념인 물자체를 아예 그의 철학에서 제거했습니다. 따라서 물자체가 사라지니 남는 것은 오로지 주체일 뿐입니다. 피히테의 철학에서는 그래서 모든 것이 주체의 정신에서 비롯됩니다. 신칸트학파(新 Kant 學派, Neo-Kantianism)도 이 어려운 물자체라는 문제를 그들의 사상에서 제외시키고 제거합니다.

반면 헤겔 철학은 내 관념에 있는, 옳다고 생각되는 것들은 구현되어야 합니다. 왜냐하면 내 머릿속에 옳다고 생각만 하는 그것이 이성적이고 이상적인 이유는, 그것이 또한 현실적인 것이기 때문입니다. 그것이 참으로, 실질적으로 있는 것이고, 내 앞에 보이는 거짓된 것, 잘못된 것, 이런 것들은 사이비이며 가짜이므로 지양되어야 할 것입니다. 즉 이상과 현실과의 관계에는 실천이 개입하며 그 실천이 현실을 이상으로 접근시키는 한 그 현실은 실재적이며 진정한 것이 됩니다. 그러나 난삽(難澁)하게 전개되어 있는 내 앞의 모든 것이 마냥 현실이며 진정한 것이라고 가상해서는 안 됩니다. 그것들은 지양(止揚)을 통해 현실이기를 그치기 때문입니다. 그렇기 때문에 진보적인 색채를 띠는 것입니다.

반대로 또 현실적인 것이 이성적인 것이라고 보면 내 앞에 존재하는 모든 세계의 양태들, 내 앞에 있는 사물들의 발전 단계들은 그 나름의 이유가 있게 됩니다. 여기서 강조점은 존재하는 현재의 양태들과 그들의 정당성입니다. '존재하는 것은 이유가 있으며 마저 존재하는 것은 없다'고 말하는 니체의 말도 이런 면을 말하는 것일 수 있습니다. 이런 관점에서 보면 존재하는 것만으로도 이상적이며 더 나아갈 필요는 없다고 말할 수도 있는 것입니다. 이렇게 헤겔 철학에서는 이성적인 것과 현실적인 것의 영역이 서로 교차하면서, 특정의 방향으로 우선과 비중을 두는 것이 모두 타당한 영역들이 됩니다.

사물과 그것을 파악하는 정신은 비약(飛躍)하지 않습니다. 자연에는 비약이란 존재하지 않습니다. 물이 거슬러 올라가지 않고 유아기를 거치지 않는 성년기도 없습니다. 차분한 질서로 이어지며 원인이 결과를 만드는 세계입니다. 따라서 그 자연계를 파악하는 정신에도 비약이란 존재하지 않습니다. 만약 정신에 비약이 존재한다면 이는 이성의 인과적 질서가 아니라 종교적·계시적 무질서가 됩니다. 그렇다면 굳이 그것을 질서라 말하지 않습니다. 질서가 없으니 체계라고 말할 수도 없습니다.

일(一)은 이(二)의 계단을 지나야 하고, 이(二)는 삼(三)의 계단을 건너야 하며, 사(四)의 단계를 거쳐서 구(九)와 그리고 십(十)의 단계까지 전진합니다. 그렇다면 여기서 십이 일의 최종 목적지라고 말할 수 있는 것일까요? 그렇게 말할 수 없습니다. 세계정신(Welt Geist)은, 우리가 그것을 담지(擔持)하고 있다고 자신할 뿐, 실제로 그런지 우리의 이성은 결코 알지 못합니다. 단지 우리의 신념이 이를 믿고 의지가 그것을 믿고 나갈 뿐입니다.

세계정신은 세계를 무대로 자신을 전개한다고 했습니다. 정신이 진행하는, 나아가는 활동이 역사입니다. 그리하여 세계정신의 전개가 바로 역사입니다. 이 역사라는 무대에서 특정한 사건과 사고가 펼쳐집니다. 사건과 사고는 역사의 일상이며, 그 변화의 기복(起伏)을 가리켜 (사건과 사고의) 성공과 실패라고 칭합니다. 그러나 그것들은 우리가 그것들에 매긴 가치 판단일 뿐입니다. 우리는 사건과 사고를 우리만의 용어인 성공과 실패로 평가하면서 가치를 매깁니다.

다시 프랑스 혁명을 살펴보겠습니다. 프랑스 혁명(1789)이 실제 역사에 있었습니다. 이에 대한 혁명의 반동은 테르미도르 반동(Convention thermidorienne, 1794)이라고 합니다. 왕정에 대한 향수를 지닌 왕당파와 온건 개혁 세력으로서의 지롱드(Gironde)의 잔당이, 그리고 떠오르는 시민 세력에 대한 반동으로서 보수적 귀족이나 부패 세력, 매국(賣國) 세력이 힘의 방향을 거스르고 다시 혁명을 가로막습니다.

테르미도르의 반동은 짧게 보면 분명히 프랑스 혁명의 좌절입니다. 로베스피에르(Maximilien Robespierre, 1758~1794), 생쥐스트(Louis Antoine Léon de Saint-Just, 1767~1794)를 비롯한 혁명의 지도자들이 처형(1794.7.28.)되고 혁명 이념을 높게 세웠던 자코뱅(Jacobins) 세력이 일거에 제거되기 때문입니다. 이제 반동의 역사에서 혁명의 정신은 위기에 처합니다. 반동의 주도 세력들은 실제 그들의 이익만을 위하여 대세인 혁명을 가로막은 것으로 보이기도 합니다.

그러나 세계정신의 시야에서 보면 이는 혁명의 실패가 아니라 혁명의 유보(留保)일 수 있습니다. 혁명의 좌절이 아니라 혁명의 보충(補充)일 수도 있습니다. 헤겔이 볼 때 역사는 직선으로, 반듯하게 나아가기만 하는 것이 아닙니다. 역사는 나선형으로 회전하며 점점 확대되어 올라갑니다. 그러나 줄곧 직선으로 나가고 올라간 듯 보이지만 그 진로가 한번씩 꺾입니다. 다시 이를 극복하고 다시 반듯하게 올라간 듯 보이지만 이내 다시 한번 꺾입니다.

이런 운동이 헤겔이 말하는 역사의 운동이자 정신의 운동입니다. 이는 세계정신의 진로 설계이며 이런 활동이 언급한 이성의 간지(奸智)입니다.

헤겔의 철학을 플라톤의 철학과 관련하여 살펴볼까 합니다. 플라톤의 철학에서는 하나의 원형이 있습니다. 이것은 패러다임(paradigm)으로서의 모범(模範, model)이며 표준(標準, standard), 이상이자 이데아(idea, ideal)입니다. 플라톤에 의하면 현실은 이데아의 모방(模倣, copy)에 불과합니다. 모방은 복사본(複寫本)이고 카피(copy)-본입니다. 원본(原本)을 묘사하여 베낀 것입니다. 즉 진정으로 존재하는 것이 아니고 진정으로 존재하는 것을 흉내 낸 것입니다. 시뮬라크르(simulacre)입니다. 가짜 짝퉁입니다.

그러나 이상은 있어야 할 것입니다. 플라톤 철학에 있어서 이데아는 사이비와 가짜인 지금의 세계보다 더 현실성(現實性)이 우등(優等)한 세계입니다. 그래서 있어야 하는 것, 이데아는 지금 현재의 여기에 있는 것을 이끌고 나갑니다. 이데아라는 현실은 지금 이 세계라는 현실보다 그래서 우등합니다. 더 진정한 것입니다.

그렇다면 이 이데아와 현실은 어떤 관계에 있는 것일까요? 그냥 나란히 평행하게 진행만 하는 것일까요? 혹 둘이 접촉한다면 그 교차 지점은 어디일까요? 이 둘 간의 관계가 문제입니다. 만약 여기 존재하는 세계가 저편의 이데아를 본받아서 진행한다면 그것은 이데아를 향해서 현실이 운동하는 형태를 취합니다. 그런데 만약 이데아가 현재가 닿지 못하는 곳에 존재하는 한 세계일 뿐이라면 이데아는 현실과 관계하지 않는 별도의 세계이거나 아니면 현실의 일방적인 갈구에 무관심하게 존재하는 세계일 뿐입니다. 상호 간 인과적이고 물리적인 영향은 전혀 주고받지를 못합니다. 전자가 이데아와 현실을 바라볼 때 헤겔이 바라보는 관계라면 후자는 정통 기독교의 관점을 지닌 관계입니다.

나아가 헤겔의 철학에서는 정신과 현실의 관계는 서로 얽혀 있으며 추동(推動)하는 관계입니다. 정신은 현실에 개입하여 현실을 이

미네르바의 올빼미.
: 헤겔은 철학은 역사적인 사건이 발생한 후에야 이를 이해할 수 있다는 의미의 은유로 미네르바의 올빼미(Owl of Minerva)를 말했다. 올빼미가 머리를 정면에 둔 채 오른편으로 서 있다. 그리스 아테네의 4 드라크마 은화(silver tetradrachm) 뒷면이다. B.C. 480~B.C. 420년경. 올빼미는 지혜의 여신 미네르바(그리스 아테나 여신)의 상징이다.

끌고 지도합니다. 정신이 현실을 움직입니다. 헤겔에게서는 정신만이 온전한 존재자이며 진정한 존재자입니다. 그래서 정신의 지도에 물리적 사물은 포획됩니다. 이 말은 사물의 규정과 정의, 그 운동은 정신이 규정하고 정의하며, 운동의 형식을 부여하지 않으면 사물은 존재할 수가 없다는 말입니다.

일례로 사물의 운동에 규정한 뉴턴의 법칙, 아인슈타인의 법칙 등은 정신이 사물의 운동과 정지 방식을 포획하여 그것에 법칙을 부여한 것이지 애초에 사물이 그 법칙대로 존재하지는 않습니다. 고대는 고대의 정신으로 고대에 존재하는 사물에 규칙을 부여했습니다. 중세는 중세의 방식대로, 근대는 근대의 방식대로, 그리고 현대는 현대의 방식으로 사물에 규칙을 부여합니다.

이 말이 고대와 현대에서의 사물의 존재 방식이 자기 멋대로라는 말은 아닙니다. 그것들은 애초에 그렇게 존재했지만 고대의 정신은 그것을 지각하지 못했고, 근대나 현대의 정신은 드디어 그것을 지각했다는 말입니다. 이 말은 정신이 드디어 사물들의 존재 방식을 자기의 것으로 포획했다는 말이기도 합니다. 이를 헤겔의 용어로 한다면 정신은 드디어 자기 앞에 존재하는 사물을 자기의 것으로 하였고 이를 자기 정신의 것으로 포획했다는 말이기도 합니다. 이는 정신과 대상의 일치입니다.

의식이 의식이기 위해서는 대상을 필요로 합니다. 대상과 만나면서 의식은 이전의 의식이기를 그칩니다. 만난다는 것은 그 전의 평온함과 그 상태로 존재하고자 하는 경향을 깨는 것입니다. 다른 대상을 사유하기 위해서는 의식은 지금에 존재하고자 하는 자기 스스로를 깨어야 합니다. 대상을 만나면서 최초의 감각지에서 이성지로 그리고 나중에는 절대에 관한 지식으로 옮겨가는 것이 가능해집니다.

'소 닭보듯 하는' 만남은 만남이 아니며 경험이 아닙니다. 의식이 깨져야 새겨지고 그것이 비로소 기억됩니다. 이것이 정신이 대상을 만나면서, 혹은 대상에 자기의 존재를 새기면서 보이는 정신현상학입니다. 세계의 역사, 세계사에서의 의식의 발전 또한 그렇습니다. 절대정신이 세계라는 마당에서 자기의 존재성을 드러내는 역사가 세계사입니다.

그런데 문제는 이런 것들입니다. 정신과 존재자, 정신과 세계가 서로 얽혀 전개하는 것이 세계사입니다. 이 세계의 저편에 있는 것은 초월입니다. 종교적인 관점에서 보면 절대정신은 어렵지 않게 신으로 유추(類推)될 수 있습니다. 이것이 헤겔 철학에 배여 있는 신학의 그림자입니다. 그의 철학에서 범신론의 냄새가 나는 이유이기도 합니다. 이 정신은 완전자이면서 세계와 더불어 자기를 구현하는 존재자이기도 하니까 말입니다.

후술하겠지만 헤겔의 젊은 날, 신학도였던 그의 종교 철학이 강하게 반영되어 있습니다. 이른바 삼위일체(三位一體, the Trinity)의 냄새를 강하게 풍깁니다. 헤겔의 철학에서 신성한 초월성은 세계 내로 잠입하고, 이제 세계 자체, 역사 자체도 신성함을 지니게 됩니다. 초월이 현실에 내재하게 됩니다. 성스러움이 세계의 현실에 내려옵니다. 이제 비하인드(behind), 배후의 세계는 더 이상 없습니다. 물자체는 지금 이 세계에 들어와서 얼굴을 보이기 시작한 지 오래입니다.

헤겔의 철학에서 이제 더 이상 세계의 신비는 존재하지 않습니다. 그의 철학에서 세계는 완전히 자신의 민낯을 공개하게 됩니다. 신은 땅으로 내려오고 별은 여기로 끌어내려집니다.

이제 현재는 실재로 존재하게 되고, 세계는 역사로 존재하게 됩니다. 현실(現實, actuality, reality)을 넘어선 것을 초월(超越, transcendence)이라 하고, 역사(歷史, history)를 넘어선 것을 초월이라 합니다. 그러나 헤겔의 철학에서 초월은 제거되고 현재와 현실, 세계와 역사는 그 제거된 초월을 자기 스스로 대체(代替)하게 됩니다. 나는 내 흔적(痕跡)을 대상에 남기고, 대상은 내게 다가와 내 의식에 자리를 잡습니다. 대상은 나이고 나는 대상입니다. 나의 정체성은 곧 대상과 나의 교류에 관한 역사이고, 대상에 대한 앎은 나 자신을 아는 앎이기도 합니다.

로고스(logos)는 헤겔 이전까지만 해도 의식이나 이성과 구분하고 분리해 놓았던 대상의 세계를 흡수합니다. 이성은 대상을 파악하고자 하는 것이 숙명(宿命)입니다. 대상을 알고자 하는 것이 이성의 욕망입니다. 따라서 이성적이라는 것은 대상에 대한 끝없는 물음과 탐구를 자신의 본성으로 한다는 말입니다. 그리고 이 대상에 대한 파악의 노력과 그 결실로서의 정도가 이 이성의 단계와 운명을 결정짓습니다.

철학에서의 동일률(同一律, law of identity)은 A는 A와 같다는 법칙을 말합니다. A와 B는 다르다는 법칙을 모순율(矛盾律, the law of contradiction)이라고 합니다. A가 B이면서 B가 아닐 수는 없다는 법칙을 배중률(排中律, the principle of the excluded middle)이라고

합니다. 이들은 논리학의 근본 법칙입니다. 그런데 헤겔의 철학에서 나와 타자는 정신의 전개를 통해서 서로 합류하고 통일합니다. 나는 타자, 대상을 통해서 나를 확인하고 대상은 내 의식의 인정(認定)을 통해서 진정한 대상으로 내 안에서 자리를 잡습니다. 따라서 모든 대상은 나로 흡수되고 정신으로 흡수됩니다. 동일률과 모순율의 상호 교차와 전개를 통해서 헤겔 철학은 앞으로 나아갑니다.

발전은 상승하는 운동을 말합니다. 헤겔의 사유는 그 출발점이 칸트입니다. 칸트가 독일 관념론자들의 견해를 따랐지만 발걸음을 내딛기를 주저했던 바로 그곳에서 헤겔은 다시 시작합니다. 칸트에게서 인식의 대상들은 주체의 판단 형식에 구속됩니다. 주체의 자발성도 그의 판단 형식에 구속됩니다. 시간과 공간은 이 주체의 판단 형식입니다.

칸트에게서 인간의 감관 형식과 그 대상은, 정신의 범주에서 이런 측면으로 구성됩니다. 칸트에 의하면 오성은 자기의 판단 형식에 맞게, 즉 범주에 맞게 세계의 대상들을 차곡차곡 분류하고 질서 지웁니다. 이리 진행하다 보면 정신의 초(超)-감각적 영역, 초-이성적 영역들은 사라지게 됩니다. 부정적으로 말하면 칸트는 인간의 형이상학적 능력과 그 대상 범위를 지나치게 좁혀놓았다고 할 수 있습니다. 이 영역은 칸트에 의해서 물자체의 영역으로 영구 보존처리되게 됩니다. 그 누구도 건드리지 못하고 건드릴 수도 없는 박제(剝製)된 영역으로 말입니다. 이 영역 때문에 철학 또한 더 이상 한 걸음도 나아가지 못하고 제지된 형국이 되었습니다.

칸트는 오성이나 판단력, 이성 같은 상위의 인식 능력에 특별한 역사와 전통을 부여하지는 않았습니다. 이런 능력들은 우리가 원래 지니고 있었던 것으로 간주됩니다. 데카르트도 이러한 인식을 지니고 있었던 것으로 보입니다. 반면에 헤겔은 셸링과 마찬가지로 정신은 둔탁(鈍濁)한 무지(無知)에서 시작하여 감각적 확신을 거쳐 절대적 앎에 이르는 기나긴 여행 중에 있다고 보았습니다. 또한 이 과정은 자연사와 인류사의 세계무대에서만 일어나는 것이 아니라, 직접적인 정신에서 절대정신에 이르는 여정을 수행하는 모든 개인에서도 발생한다고 생각했습니다. 이러한 정신의 자기 전개는 주체의 자기의식(自己意識)에서도 나타나고, 세계를 무대로 한 세계사(世界史)의 진행에서도 나타납니다. 나아가 세계 전체가 이러한 운동을 수행합니다.

언급했듯 이성의 전개는 곧 진리의 전개이기도 합니다. 진리는 자기를 확장하면서 세계를 장악해 나갑니다. 세계 자체를 앎의 대상으로 삼아서, 세계를 점점 지식의 내부로 포섭하고 포획하면서 세계와 정신은 일치되어 갑니다. 지식이 확장되는 것입니다. 이는 동시에 세계의 확장이기도 합니다.

그런데 칸트는 이런 식으로 세계와 지식의 관계를 살피지 않았습니다. 그에게서 지식과 무지, 이성과 비(非)-이성, 진리와 비-진리의 경계는 뚜렷하고 확연합니다. 칸트에게서는 인간과 세계의 경계가 반드시, 그리고 반듯이 그어져 있습니다. 그러나 헤겔에게서 인간과 세계의 경계는 늘 허물어지며 늘 유동적(流動的)입니다. 인간의 활동이 세계를 넓히고 세계는 인간의 활동이 이루어짐으로써 비로소 세계가 됩니다. 이 관계는 부단히 움직이며 끊임없이 확장하거나 수축하고, 서로 긴밀히 교류하는 관계입니다.

세계에 대한 주체의 인식은 주체와 세계와 상호 부정(否定)을 통해 단계적으로 나아갑니다. 그리고 발전합니다. 이에 대한 헤겔의 유명한 비유가 주인(主人)과 노예(奴隸)의 변증법(辨證法, Herrschaft und Knechtschaft, the master-servant dialectic)입니다. 줄여서 주노변증법(主奴辨證法)이라 부르기도 합니다.

주인은 노예에게 노동을 강요합니다. 노예는 세계를 대상으로 노동을 통해 이를 개조합니다. 노예의 노동을 통해 세계는 그 산물(産物)을 내놓습니다. 그러나 노동의 산물은 노예에게 곧이 돌아가지 않습니다. 노예가 노동하며 산출한 물질적 수익은 고스란히 다시 주인에게 돌아갑니다. 주인이 얻은 산물은 자기가 아니라 노예라는 타자의 노동을 통해 얻은 세계 산물입니다. 그렇다면 주인은 노예를 통해서만 세계와 교류하게 되는 관계입니다. 노예는 세계와 직접적으로 관계하는 반면, 주인은 간접적으로만 관계합니다. 따라서 점점 노예의 노동력에 주인은 점점 종속(從屬)되어 갑니다.

그러나 노예가 자기의 노동을 통해 세계의 물질적 수확은 얻지 못할지라도 자신의 노동을 통해 세계가 개조되는 것을 목격하면서 그 의식은 점점 변화하게 됩니다. 노예는 노동을 하고, 세계를 개조하며 존재하는 세계 내 사물을 이전의 것과 다르게 산출합니다. 그 과정에서 노예는 자신의 창조력, 즉 형성(形成)하는 자로서의 자유를 확인하고 그 자유를 온전히 자기의 것으로 갖습니다.

주인은 노예의 노동을 통해서만 대상을 자기의 것으로 하지만 그 산물은 자기의 힘으로 가공(加工)한 것이 아닙니다. 주인이 산물을 가지는 방식은 노예의 노동(勞動)을 통해 사물의 직접성을 개조(改造)한 것이므로 그와 산물의 관계에서 그는 사물의 날것이 아니라 단지 가공된 대상을 즐기는 것, 즉 '향유(享有, Genuß)'하는 것에 그칩니다.

노예는 노동을 통해 세계와 접촉하며 세계를 자기 것으로 하고 그러면서 노예의 의식은 서서히 발전합니다. 예를 들어 생물학이나 어학 공부를 합니다. 그렇게 공부를 해 나가면서 자연 세계나 언어에 관한 지식의 깊이를 더합니다. 이제 심화한 인식은 세계에 대한 앎을 더욱더 넓혀가고 세계를 생물의 발생과 진화적 관점으로 볼 수 있는 경지에 달하든지, 인식을 넓히게 됩니다. 엄마가 어린 딸에게 처음에는 낱말들을 가르치는데 해가 거듭되니 어느덧 딸의 어휘 수준은 엄마의 그것을 능가할 수 있습니다.

결국 세계와 주체의 접촉에서, 노예는 주인을 능가하게 됩니다. 곧 이는 자유의 확장이라고 말할 수 있습니다. 그렇다면 이제 노예는 그 의식에서, 자신의 앞에 선 세계에 대한 파악에서, 그리고 그 세계에 대한 경험과 그 생산물을 통해서 주인이 가진 주체와 세계에 관한 의식을 능가하게 됩니다. 주인은 세계와의 관계에서 노예에게 반드시 의존하게 됩니다. 따라서 주인은 지식에서도, 자유에서도 노예에게 의존하고 결국 노예에게 구속되게 됩니다.

이제 노예는 더 이상 주인의 노예이기를 그치고, 그를 실제적으로 능가하는 새로운 주인이 됩니다. 이렇게 노예와 주인의 위치와 지위는 바뀝니다. 주인은 노예로, 다시 노예는 주인으로 바뀝니다. 의식과 세계의 발전 또한 이와 같습니다. 이를 주인과 노예의 변증법이라고 합니다. 이러한 관계가 개인에서도, 역사에서도, 그 흐름 내내 지속됩니다.

—

마르크스

마르크스, 1875년 8월 24일 이전의 사진.

마르크스의 부인 예니 폰 베스트팔렌(Jenny von Westphalen, 1814~1881)은 귀족 출신이었습니다. 독일어 von은 귀족의 칭호입니다. 7남매를 낳았는데 세 딸만 남고 모두 어려서 사망합니다. 영국 망명 생활 중에 얻은 막내딸[141]을 다시 영양실조로 잃기도 하였습니다. 본인도 암으로 죽습니다. 마르크스는 빈한(貧寒)하기 그지없는 영국 망명 생활 중 『자본론, *Das Kapital*』[142]

---

141 이름은 알려지지 않았다.

142 원제는 『자본: 정치경제학 비판, *Das Kapital: Kritik der politischen Ökonomie*』이다. 총 3권이며 1권은 1867년, 2권은 1885년, 3권은 1894년 발간되었다. 2권과 3권은 마르크스 사후(死後) 그의 유고(遺稿)를 모아 엥겔스가 간행하였다.

「마르크스와 엥겔스, 그리고 마르크스의 딸들, Karl Marx, Friedrich Engels and Marx's daughters」: 예니 케롤라인(Jenny Caroline, 1844~1883), 예니 율리아 엘레아노르(Jenny Julia Eleanor, 1855~1898), 예니 로라(Jenny Laura, 1845~1911), 1860년 작.

이라는 위대한 저서를 완성합니다. 매일 꼬박 아침 9시부터 저녁 6시까지 대영도서관(대영박물관도서관)에서 자료를 수집하며 책을 썼습니다.

매일 문 여는 시간을 기다렸다가 첫 번째로 입장하고, 도서관에서 살다시피 하며 죽을 때까지 이곳을 다닙니다. 도서관에서 실신한 적도 있고, 직원들이 그를 쫓아내기까지 했다고 합니다. 그런데 마르크스의 이런 생활을 가능하게 한 것은 평생의 친구 엥겔스(Friedrich Engels, 1820~1895)가 바다 건너 프랑스에서 보내주는 경제적인 도움 덕분이었습니다. 엥겔스는 평생을 독신(獨身)으로 지냈습니다. 마르크스가 하녀와의 사이에 낳은 아이가 있었는데 이 아이를 엥겔스의 아이로 부인에게 속였다고 하는 일화도 전해집니다. 다만 실제의 일인지는 논쟁이 있습니다.

물감 살 돈도 없이 가난했던 형 고흐(Vincent van Gogh, 1853~1890)에게 꼬박 물감을 살 돈을 보내주었던 동생 테오(Theo van Gogh, 1857~1891)가 이 일화에서 연상되기도 합니다. 테오는 형의

빈센트 반 고흐(Vincent van Gogh, 1853~1890),
「붉은 수수밭, The Red Vineyard」, 1888년 작.

빈센트 반 고흐(Vincent van Gogh, 1853~1890),
「감자를 먹는 사람들, The Potato Eaters」, 1885년 작,
반 고흐 미술관(암스테르담).

소질과 시대의 불운(不運)을 알았고, 고흐는 이런 동생을 무척 아끼고 의지했습니다. 테오도 형이 권총으로 자살한 지 6개월 후에 생을 마감합니다.[143]

---

143 고흐가 생전에 사람들에게 판 작품은 하나뿐이었다. 그 작품은 1888년에 그가 여행 중에 보고 온 붉은 포도밭을 집에서 상상만으로 그린 『붉은 포도밭』이라는 작품이다. 당시 돈 400프랑에 팔렸는데 이는 지금의 환율로 하면 약 60만 원 정도이다. 그런데 2010년대 즈음 이 작품은 8,250만 달러에 일본 사업가에게 팔렸다. 이를 2016년의 우리 돈으로 환산하면 무려 1,000억 원이다. 이는 고흐가 판 매매 가격의 16만 6,667배의 가격이다. 실로 엄청난 가격의 차이다. 고흐는 늘 생활고에 시달렸다. 그림에 쓸 물감 값이 없어서 늘 걱정이었다. 다행히 그의 천재성을 알아본 동생 테오가 자기의 돈을 쪼개어 친형에게 매월 송금해 주는 돈이 고흐가 가진 생활비의 전부였다. 고흐는 자기가 죽기 전 동생 테오와 18년 동안 총 668통의 편지를 주고받았다. 이 편지들을 읽어보면 고흐의 천재성과 미술 세계를 알아준 이는 생전에 거의 동생 테오 한 명뿐이었다고 해도 과언이 아니다. 고흐는 늘 테오에게 미안한 마음을 가지고 있었다. 고흐가 죽은 후 6개월이 되어 동생 테오도 죽고 이 둘은 나란히 지금 네덜란드에 묻혀 있다. 고흐는 27세라는 늦은 나이에 미술을 시작한 화가이다. 보통 미술은 어렸을 때부터 학교를 다니고 스승을 찾는 분야라 돈도 많이 들고 교육과 소질도 많이 필요한 분야이다. 이는 옛날 우

헤겔의 철학을 계승한 마르크스 철학에서는 절대정신의 자리를 바로 사물이 차지합니다. 정신은 주도권을 잃고 사물의 지휘에 정신은 속합니다. 아니 정신 또한 사물에서 생산된 정신일 뿐입니다. 그래서 유물론(唯物論, materialism)입니다. 마르크스에게서는 정신과 지식이 자기를 전개하는 것이 아니라 물질에 기반한 의식들이 상호 투쟁(鬪爭)하고 진화(進化)하여 세계가 형성되고 교체되어 갑니다.

사물은 다른 것으로 되어 가고(轉化) 진보합니다. 이 구도는 헤겔이 자기의 철학에서 개진한 변증법(辨證法, dialectic) 운동입니다. 그래서 마르크스의 유물론은 변증법적 유물론(dialectical materialism)입니다. 그리고 그 최후의 단계는 물적(物的)인 개화가

리나라에서도 그랬고 서양에서도 마찬가지이다. 그러나 고흐는 훌륭한 스승 하나 찾지를 못했고 그의 실력을 알아준 이는 동생 테오만이 전부였다. 가난한 여성을 사랑하곤 했던 고흐는 그녀들을 그림의 모델로 세워 그림을 그리고는 했다. 그런 그에게 주위에서 했던 충고는 미천한 하류의 사람들과는 사귀지 말라고 하는 것이든지… 아니면 고흐 주위의 사람들에게 고흐의 그림 모델이 되지 말라는 충고들이었다. 성격이 괴팍했던 고흐에게는 사소한 일조차 그와 관련시켜 그를 비난하는 사람들이 생기기 시작한 것이다. 따라서 돈이 없었던 고흐는 그에게 모델이 되어 줄 사람들이 사라지게 되자 고국인 네덜란드를 떠나 프랑스로 간다. 그리고 다시는 고국으로 돌아가지 않았다. 그럼에도 거대한 건물을 그의 기념관으로 만들어 그를 칭송한다. 당시의 사람들이 고흐의 그림을 제대로 평가하지 못했던 이유는 무엇일까. 특별한 화풍을 제대로 된 스승에게 배우지 못했으니 고흐의 화풍은 독특했다. 그의 화풍은 인상주의 화풍(정확히는 신인상주의)에 일본 화풍〔이를 우키요에(浮世繪, 떠 있는 그림)라 한다〕이 서로 혼합되어 있는 것이다. 최초 인상주의라 불리게 된 것은 예전의 화풍에 어울리지 않고 그림 같지 않아 이를 비난한 '인상적'이란 말이 굳어져 인상주의라 불리게 된 것이다.

최고의 완성에 이르는 단계입니다.

마르크스가 바라보는 역사 또한 헤겔 철학에서의 정신의 발전 단계와 유사합니다. 세계와 의식은 최초에 분리되어 있습니다. 이 분리를 의식은 극복하려고 합니다. 분리는 모순이기 때문입니다. 그래서 이 극복은 세계와 의식의 통일이게 됩니다. 이 통일은 또한 자기의식의 성취입니다. 세계와 분리된 의식은 소외일 수밖에 없으며 이를 해소하려는 투쟁은 세계와 자기의 분리를 극복하려는 투쟁이며 곧 그 불협화음을 해소하려는 투쟁입니다. 자기가 자기로서의 온전한 의식을 갖는다는 것은 곧 세계와 자기의 분리를 극복하고 그 통일을 완전히 이루었다는 말이기도 합니다.

헤겔 철학에서의 세계와 자기의식의 분리에서 이를 통일하려는 노력이 역사적으로 드러난 것이 곧 마르크스 철학의 역사발전 5단계설(歷史發展 5段階說)입니다. 이를 (역)사적 유물론[(歷)史的唯物論]이라고 부릅니다. 최초의 단계는 원시 공산제(原始 共産制) 사회입니다. 두 번째는 고대 노예제(古代 奴隷制)이며, 세 번째인 중세 봉건제(中世 封建制)를 거쳐 네 번째는 현재의 근대 자본주의(近代 資本主義) 단계에 이릅니다. 이후 〔프롤레타리아트(Proletariat, 무산계급, 無産階級) 계급의 일시적이고 과도기적 독재인 사회주의(社會主義) 단계를 거쳐〕 완전한 공산제(共産制) 사회에 이르는 것이 마르크스가 주장한 역사발전의 단계입니다. 헤겔 철학에서 정신의 자기 전개가 필연적이며 회피할 수 없는 과정이듯이 마르크스의 철학에서도 이러한 역사발전 단계는 필연적이고 결정적입니다.

마르크스의 계급투쟁 이론은 헤겔의 변증법 사상으로부터 많은 영향을 받습니다. 헤겔의 변증법 사상을 거꾸로 세운 이론이 마르크스의 계급투쟁 이론이라고 합니다. 헤겔의 주인과 노예의 변증법은 마르크스의 계급투쟁론에서 주인은 부르주아지로, 노예는 프롤레타리아트로 위치 지워집니다. 마르크스에게서는 프롤레타리아트가 자본주의 사회를 무너뜨리는 역사의 동력(動力)으로서 확고하게 위치합니다.

헤겔의 철학에서 절대정신이 역사에서 활동하는 측면을 마르크스는 피억압자들의 지배 전복(顚覆)의 구체적 실증으로 제시합니다. 헤겔에서 절대정신의 전개는 마르크스에서 역사발전으로 구체화되고, 그 동력은 정신의 자기 확장이 아니라 억압받는 계급들의 자기 해방 투쟁입니다.

마르크스에게서 헤겔 철학의 관념적 성격은 제거되고 이제 비로소 물화(物化)되고 실증(實證)된 역사 인식이 등장합니다. 우리는 헤겔 철학의 변증법이 지닌 운동으로서의 성격이 마르크스의 철학에서는 그의 사회이론의 내부로 적극적으로 수용하고 그 변증법적 운동을 그의 역사 이론의 주요 동력과 토대로 삼았음을 알 수 있습니다.

"만국의 노동자여 단결하라! 우리가 잃을 것은 쇠사슬이요, 얻을 것은 세계이다!(The proletarians have nothing to lose but their chains. They have a world to win. WORKING MEN OF ALL COUNTRIES, UNITE!)"라는 마르크스의 말이 유명합니다. 마르크스 엥겔스의 『공산당 선언(共產黨 宣言), *Communist Manifesto*』 (1848)이라는 일종의 팸플릿(pamphlet)에 나오는 말입니다. 런던에

있는 그의 묘비명(만국의 노동
자여 단결하라!, Workers of all
lands unite!) 또한 이 유명한 구
절입니다.

마르크스의 역사발전 5단계설
에 의하면 마르크스 당대의 사
회는 근대 자본주의 사회입니
다. 현대의 지금 또한 규정하자
면 자본주의 시대입니다. 엄밀히
말하면 국가와 자본주의가 결탁
한 국가독점자본주의입니다. 마
르크스가 규정한 자본주의의 변
형(變形)이라고 보아야 할 것입

카를 마르크스(Karl Marx)의 『자본론
(Capital)』 1권, 자이트쥬 컬렉션(Saitzew
Collection)의 1867년 판, 취리히 중앙도서관.

니다. 마르크스에 의하면 큰 틀에서 이 시대를 지나면 프롤레타리아
트 혁명을 거쳐 완전한 공산제 사회에 도달합니다. 세분하면 자본주
의와 공산주의 사회의 과도기에 사회주의 사회가 설정되고요.

공산주의 사회에 도달하면 모든 인간들의 완전한 평등이 구현됩
니다. 원시 공산제 사회가 심화되고 정교하게 보충된 사회가 바로
새로운 공산주의 사회입니다. 일종의 이념상의 이데아(Idea) 사회입
니다. 유토피아(Utopia)라고 합니다. 여기서 플라톤이 설정한 현실
의 이데아로서 고대의 아틀란티스(Atlantis, island of Atlas) 사회가
유추(類推)됩니다. 고대 철학자 플라톤의 영향이 마르크스 철학에
도 잔존한 것일까요?

—

의식(意識)의 변증법(辨證法)

정신은 자기 자신을 이루기 위해 세계와 끊임없이 투쟁합니다. 정신이 자기 자신을 자각하기 위해 세계가 꼭 필요합니다. 헤겔의 철학에서 홀로 서 있는 의식이란 불가능합니다. 내가 생각을 하는 동안에도 내 사유의 내용을 구성하는 것은 모두 세계의 것입니다.

불가(佛家)의 출가승(出家僧)이 허무(虛無)나 공(空), 고통을 사유한다고 했을 때도 그 출가승의 머릿속에 떠올리는 고통이란 가난, 병, 죽음 이런 대상화된 것들이 내용을 구성하고 있을 것입니다. 완전히 비어 있음[공(空)]을 우리가 떠올리기는 쉽지 않습니다. 아마 가능하지도 않을 수 있습니다. 우리는 '비어 있음'조차도 비어 있는 공간(empty space)으로 대상화시켜, 아무것도 존재하지 않는, 캄캄한 어떤 공간이라는 대상으로 추상하기 때문입니다. 이때 공간은 '없음'이 아니라 '있음'입니다.

그렇다면 우리는 세계를 어떤 식으로 만나서 나라는 주체의 내부에 그 세계와 대상을 포획하나요? 아니면 어떻게 나라는 주체가 내가 바라보는 대상에 녹아들어 그 대상과 내가 통일되어 있는 형식이 되나요? 대상과의 교류가 바로 우리가 '경험'이라 칭하는 것입니

존 콜리어(John Collier, 1850~1934), 「델피의 신녀, Priestess of Delphi」, 1891년 작. 델포이 신전의 명령인 '너 자신을 알라'는 말은 헤겔 정신 철학의 전부를 지배하는 말이다.

다. 일례로 공부라는 것도 하나의 경험입니다. 단지 물량화하고 가시화하는 것에 우리가 익숙해서 그렇지만 사실은 실천적인 차원에서도 공부는 경험입니다.

우리가 책을 읽을 때 그냥 글자만 죽 읽어내리나요? 아닙니다. 일단 읽는다는 것 자체에 의식의 능동적인 노력이 포함되어 있습니다. 책의 글자들을 독해하는 것, 그 의미를 파악하는 것에는 마저 읽는 것만이 아니라 별도의 노력이 필요합니다. 책의 글자들이 말하는 세계를 의식은 그리면서 그 책이 전달하고자 하는 세계를 나의 의식은 능동적으로 구성합니다.

의식과 세계의 교류, 그것에는 어떤 형태이든 나의, 주체의 노력이 필요합니다. 이런 것들을 '경험'이라고 통칭합니다. 직접적이고 단순한 감각적 인식, 예를 들어 '저것은 빨갛다'라는 감각적 인식에는 이러한 노력이 덜 들어갑니다. 그것이 빨간 것에 더해 우산의 형태를 지녔다는 의식의 분별(分別)하에 저것은 '빨간 우산'이라고 의식이 인식(認識)하였을 때 이 감각적 인식은 한 단계 더 나아간 판단(判斷)이 됩니다.

머리 아픈 철학책을 한 장 한 장 천천히 읽어갈 때의 의식의 수고란 그렇다면 대단한 것이겠지요? 아마 대단한 경험이라고 해도 될 듯합니다. 우리가 하루 종일 눈으로 보았던 것, 귀로 들었던 것, 입안으로 들어왔던 점심에 차려진 반찬들 모두를 기억하고 있나요? 아닙니다. 의식이 특정한 사물에 대한 감각을 온전히 자기의 것으로 할 때 비로소 그것을 기억에 담습니다. 쉽게 말해서 인상이 강했던 것만을 의식은 기억합니다. 잡다한 것 모두가 경험으로 남지는 않는다는 말입니다.

따라서 헤겔 철학에서 경험이란 대상 세계와의 교류입니다. 근대의 경험론, 특히 영국의 경험론에서 경험이란 이와 달리 잡다한 경험일 뿐입니다. 로크나 흄 모두 대상 세계의 사물을 지각(知覺)하는 것을 경험이라고 간주하고 있습니다. 그런데 언급했듯 우리는 아침부터 저녁까지 본 것들을 모두 다 기억하지 못합니다. 여러분들이 비가 오는 날 버스를 타고 오다가, 아니면 걸어오다가 빨간 우산을 든 사람을 보았다고 칩시다. 길거리에는 빨간 우산을 든 사람, 검은 우산을 든 사람. 줄무늬 우산을 든 사람도 보입니다. 이런 것들 모두를 여러분들은 버스를 타고 지나치면서, 혹은 걸어오면서 감각으로 지각합니다.

자, 그럼 지금도 아침에 보았던 가지각색의 우산들과 그것을 든 사람들을 모두 기억하나요? 아닐 것입니다. 그런데 유독 빨간 우산이나 그것을 든 사람을 기억할 수 있습니다. 제가 시골에서 중학교를 다니던 어느 날, 그날도 비가 왔는데 저는 우산 없이 비를 맞고 걸어가고 있었습니다. 꽤 먼 일직선의 이차선도로를 그리 가고 있었는데 중학교 건물에 붙어 있던 고등학교 누나가 자기의 우산을 받쳐주었던 기억이 지금도 뚜렷합니다. 아마 사춘기라 그랬었을까요?

그 누나의 우산 색깔이 빨간색이었습니다. 그래서 전 지금도 빨간우산을 보면 그때의 생각이 납니다. 아마 이런 경우들일 것입니다. 특정한 사물이 특정한 나의 의식과 잇대어 있어서 그 사물을 볼 때마다 그 사건들이 나의 의식에 다시 떠오르는 것 말입니다. 비로소 나는 나의 경험을 통하여 빨간 우산이 내게 갖는 의미를 내 의식에 잘 새겨놓은 것입니다.

세계의 사물들은 대개 이와 같습니다. 헤겔이 볼 때 이런 것만이 진정하게 경험이라고 할 수 있는 것입니다. 과거의 경험은 시간상으로는 과거이지만 늘 현재에 나와 더불어 내 의식에 녹아 있습니다. 이내 그 경험은 더 확장되어 현재의 내 의식을 지배하기도 합니다. 나아가 현재의 내 의식을 지배하니 미래의 내 계획과 그 생활도 그 과거의 사건이 지닌 의미의 강도(强度)에 따라 좌우되기도 합니다.

그렇다면 지금의 나와 미래의 나를 지배하는 것은 나의 과거일 수 있습니다. 과거가 현재와 미래를 단단히 움켜잡고 있습니다. 적어도 지금의 나의 의식이 그 과거를 단단히 부여잡고 현재와 미래까지 지속시킨다면 말입니다. 이 말을 달리하면 나의 의식이 나의 과거의 사건들에 의미를 부여하지 않는다면 그 과거는 나의 현재에서 지워진 사건이 된다는 말과도 같습니다. 더 이상 나의 의식이 경험으로 그것을 구성하고 있지 않으니 말입니다.

이렇게 본다면 나의 과거는 다시 나의 현재에서 구성되고 건축된다는 말도 됩니다. 나는 그것을 내 과거의 사건으로 간주하지 않을 수도 있는 것입니다. 이를 미래로 확장시킨다 해도 결론은 같을 것입니다. 나의 의식이 미래로만 향해 있다면 지금이라는 현재가 나의 미래와 관련되지 않는다고 의식이 판단한다면 지금의 현재를 나의 의식은 경험으로 구성하지 않을 것입니다.

이데올로기란 허위의식(虛僞意識)을 말합니다. 나의 의식이 나에 관한 의식이지 않고 오로지 타자에 관한 의식으로 가득 차 있을 때 이는 허위의식입니다. 나를 보고자 하나 그 의식이 나를 보는 타자의 의식에 불과할 때 나를 바라보는 이 의식은 허위의식입니다. 노동자가 자본가의 눈으로 자기를 판단하거나 인간이 자신의 인권을 억압자의 관점으로 규정할 때 이 의식은 허위의식입니다.

그리고 나의 의식이 나에 관한 의식이지 않고 아직도 타자에 관한 의식으로 '나에 관함(about me)'을 들여다보지 못할 때 이 타자에 관한 의식은 나를 보고자 하는, 나에 관한 의식보다 열등합니다. 나를 나의 눈이 아닌 타자의 눈으로 규정하려는 태도는 나에 대해 직접적이지 않으므로 미흡합니다. 미흡하므로 발전되지 못한 의식입니다. 그래서 진정한 의식이 될 수 없고 결국 사이비 의식, 가짜 의식에 그칩니다. 내가 생산해 낸 나의 의식이 아니고 마저 타자의 걸러지지 않은 의식이 나에 대한 것으로, 나의 의식으로 들어차 있는 것입니다. 즉 이것은 이데올로기입니다.

또한 이데올로기란 사회가 생산해 낸 정념들입니다. 이성에 기반하지 않으므로 비(非)-논리적이며 정념에 기반하므로 비-논리적입니다. 정념은 옳은 것을 좋다고 하지 않고 좋은 것을 옳다고 강변(强

辯)합니다. 나로서의 타자가 아닌, 무수한 군중(群衆)으로서의 타자들이 생산해 낸 비-이성적 파토스(pathos)에 불과합니다. 타자로부터 규정된 내가 그들의 이성적 생산으로부터 구성된 것이 아닌 그들의 정념에 봉사하는 도구로 규정되므로 이는 진정한 나가 아닙니다. 그래서 허위로서의 나입니다.

그러므로 의식은 세계와의 직접적 교류 없이는 진정한 자기의 의식에 도달하지 못합니다. 내가 대하는 세계가 순전히 간접적인 정념의 생산물에 불과할 때 내가 대하는 세계는 왜곡되고 그 세계를 대하는 나라는 주체도 왜곡됩니다. 나와 세계의 접촉은 직접적이어야 하며 그 교류 또한 직접적인 대화이어야 합니다. 이런 차원에서 소크라테스(Socrates, B.C.470 경~B.C.399.5월 7일)는 글을 싫어했습니다. 글은 피드백(feedback)이 없으며 대화하지 않기 때문입니다. 당대 소피스트(sophist)들은 대화하지 않고 온통 적거나 적힌 서류 더미를 읽어내는 게 그들이 맡은 변론(辯論)과, 유능하다고 자신하는 토론(討論)이라는 것이었습니다. 그래서 소크라테스는 대화를 좋아했습니다.

그가 시장에 나간 이유는 장을 보기 위해서가 아니라 대화하기 위해서였습니다. 전자라면 부인 크산티페(Xanthippe)가 좋아했었을까요? 소크라테스는 글을 싫어해서 실제 글을 하나도 남기지 않았습니다. 그의 수제자 플라톤 역시 글은 현재(현전, 現前, presence)하지 않는 자와의 대화이며 따라서 읽는 독자마다 그 진실성을 왜곡시킬 수 있다고 해서 현재(現在)한 자와의 말(음성, 대화)을 우선했습니다. 현대에 자크 데리다가 이를 비판했습니다. 이를 음성 중심주의(音聲 中心主義)라고 합니다. 로고스 중심주의(logocentrism)라고도 하구요. 로고스는 '말(씀)'이며 '논리'이고 '진리'로 의제됩니다. 따라서 일종의 진리에 관한 전통 서양철학의 담론체계를 상징합니다. 이 내부에 서구와 백인의 우월주의 이데올로기가 내재해 있다는 것입니다. 과연 그런지는 의문입니다.

관상(觀賞)을 위해 꺾어놓은 꽃은 꽃이 아닙니다. 내가 보기에 아름답다고 한들 그 꽃의 진정한 아름다움은 나의 주관적 평가와는 전혀 관련이 없습니다. 꺾꽂이해서 화병(花瓶)에 고이 담아놓은 꽃다발은 자연에 존재하는 진짜 꽃들이 아닙니다. 그럼에도 우리는 그 꺾어진 꽃 더미를 보고는 아름답다고 감탄합니다. 뿌리가 잘리고 줄기와 잎들이 잘려나간 꽃을 언젠가부터 아름답다고 부르기 시작했는지 의문입니다. 여기서 나는 진정한 꽃의 세계를 하등(何等) 대하지 못하는 것이며 꽃이 살았던 진정한 자연 또한 경험해 볼 수 없습니다.

이렇듯 순전히 세계에 충만한 타자의 의식이 나를 점령할 때 그 의식은 나의 의식이 아니고, 만약 나의 의식이 세계를 전혀 반영하지 못한 나만의 주관적 의식에 단순히 그칠 때 그 의식 또한 세계에 관한 진정한 의식이 아닙니다. 나의 의식이 나를 생산해 내지 못하고 타자들의 의식으로 내가 가득 차 있을 때 나의 의식은 주체성을 지니지 못한 그저 타자들의 의식을 대행(代行)하는 것에 그치고 나는 타자들의 구성물에 불과하게 됩니다.

또한 나의 의식이 타자의 의식을 수용하지 못하고 나의 것으로 설득하지 못할 때 의식은 나만의 주관적 사념(思念)으로 그칩니다.

나의 의식이 타자에까지 도달하지 못할 때 나의 의식은 고독(孤獨)한 의식에 그칩니다. 타자에게 도달하지 못한 나의 의식도 타자로 인해 생산하지 못한 나의 의식과 함께 주관적 의식이기는 마찬가지입니다. 이 모두 관계하지 못한 고립(孤立)의 양태이기 때문입니다.

나와 세계, 나와 타자의 의식이 이렇듯 균열을 일으킬 때 이 의식은 '불행(不幸)한 의식'입니다. 나와 세계가 합치하지 못하고 분리되어 있을 때 이 의식은 '불행한 의식'이고, 이때 분리되어 있는 나는 '소외'되어 있습니다.

소외란 분리되었다는 말입니다. 나의 정신이, 나의 의식이 온전하고 완전한 나의 의식에 도달하려면, 즉 나의 의식이 정확한 나를 찾으려면, 의식은 끊임없는 여행을 해야 합니다. 의식이 종착지에 도달하기 전에는 항상 목적인 대상으로부터 분리, 즉 소외되어 있을 수밖에 없습니다. 나와 대상이 통일되고 합일되면 더 이상 나는 소외(疏外)되지 않습니다. 소외되지 않으므로 더 이상 나는 불행한 의식으로 존재하기를 그칩니다.

'즉자(卽自)'는 '그냥 던져져 있음'입니다. 내가 무엇인지, 왜 있는지도 모른 채, 일체 무엇을 위함(for)을 알지도 못한 채 그냥 있는 것입니다. 존재하는지 모르면서 존재하는 것입니다. 엄밀히 말하면 존재하지도 않고 그냥 있는 것입니다. '존재자의 비(非)-존재성'이라고 해도 될 듯합니다.

하이데거에 의하면 존재란 있는 것에 대한 자각(自覺)이 수반된 자의 있는 방식이기 때문입니다. 즉 자기가 존재하고 있음을 자각하는 자만이 존재한다고 말할 수 있습니다. 따라서 마저 던져져 있는 돌은 존재하지 않고 그냥 있습니다. 인간만이 존재합니다. 여기 있다는 것을 의식하고 있기 때문입니다.

'대자(對自)'란 무엇을 위해(for) 있는 것입니다. 무엇을 지향(志向)하고 있는 존재자입니다. 존재라는 말을 쓴다면 무엇인가 지향하면서 존재하고 있는 것입니다. 책상 위에 있는 볼펜이 노트와의 관련을 찾지 못하고 그냥 하나의 사물로서 단지 있는 것이라면 이 볼펜은 즉자적으로 있는 것입니다. 그러나 이 볼펜이 다른 노트와 관계하면서 무엇인가를 적어내기 위한 관련으로서, 즉 노트를 위하거나 사려(思慮)하는 것으로서 존재하고 있다면 이 볼펜은 대자적으로 존재하는 중입니다.

즉자와 대자의 운동 또한 헤겔의 변증법이 작동하고 있는 운동입니다. 즉자와 대자는 시간 내에서 운동하면서 상호 전화(轉化)합니다. 즉자는 단지 있는 것으로서의 존재를 그치고 대자로 변화하며, 대자는 자기의 의식이 세계와 균열을 일으키기 시작할 때 다시 즉자에 그치게 됩니다. 즉자는 그냥 단순하게 존재하는 것이므로 an sich이며 대자는 지향하며 존재하는 것이므로 für sich입니다. 이 둘은 다시 통일로서의 합을 이루어 즉자-대자적 존재자가 됩니다.

이제 유명한 헤겔의 변증법을 살펴보겠습니다. 변증법(辨證法)이라 하면 논변(論辯)으로 증거한다, 논증(論證)으로 증명한다, 이런 말입니다. dialectic이라고 하는데 영어로 dialog 하면 대화(對話)라는 단어가 됩니다. 플라톤이나 소크라테스에서 변증법이 나오는데 이때의 변증법은 바로 '대화'라는 말입니다. 대화로서의 변증법을 말합니다. 소크라테스에서 산파술(産婆術)이 나오는데 대화로 진리에 다가가는 방법입니다. 그 산파술이 또한 변증법이기도 합니다. 플라톤에서도 그렇습니다.

파르메니데스(Parmenides of Elea, B.C. 6세기 후반~B.C. 5세기)의 제자인 제논(Zeno of Elea, B.C. 490~B.C. 430)은 역설(逆說, paradox)로 유명합니다. 그것도 또한 변증법입니다. 특정한 결론을 도출해 내는 논변의 절차 정도로 이 당시의 변증법을 이해하면 됩니다. 파르메니데스는 세계에는 운동(運動)이란 존재하지 않고 오직 정지(停止)뿐이라고 말합니다. 오직 정지만 있고 운동은 없습니다. 즉 세계 내의 모든 운동을 그는 거부합니다. 그의 제자인 제논 또한 스승의 이런 관점을 이어받습니다. 그래서 세계에는 우리가 운동이라고 간주하는 것이 사실은 모두 정지 상태인 것을 논변을 통해 보여주고자 합니다(상권 38~39쪽 참조).

사실 언어의 논리로만 현실을 파악하게 되면 나타나는 세계의 부정합성과 모순을 제논의 논리는 보여주고 있습니다. 그래서 '궤변(詭辯)'이자 '역설'이라고 합니다. 언어에만 침윤(浸潤)하여 실재의 세계를 제대로 파악하지 못하는 철학의 제 유파(流派)들의 부정성은 이후 중세의 스콜라철학에서 다시 한번 되풀이됩니다.

그런데 이 변증법이 헤겔의 철학에서는 다른 용법으로 쓰입니다. 헤겔의 철학에서는 세계가 작동하는 방식, 나의 의식이 발현하는 방식, 모두 변증법적으로 움직입니다. 즉 헤겔의 철학에서는 세계의 운동 방식이 모두 변증법입니다. 이 변증법적 운동 방식에서 제외되는 사물은 없습니다. 인간의 의식조차도, 판단조차도 변증법의 테두리 내에서 움직입니다. 사고하는 방식도 변증법적이니 언어도 또한 변증법적인 매개를 가지고 진행할 수밖에 없습니다. 따라서 헤겔에게서는 논리조차도 변증법적 운동을 합니다. 그래서 그의 논리학을 변증법적 논리학이라고 부릅니다. 세계 내의 모든 존재자들은 변증법적 운동을 하므로 변증법은 세계 내 모든 존재자들의 운동 법칙이라고 말할 수 있습니다.

헤겔에서는 논리학조차도 전통적인 논리학과는 성격을 달리합니다. 전통적인 논리학을 이어받고 이에 기반한 근대의 새로운 논리학을 개척한 러셀 등의 철학자는 논리실증주의의 영향을 받습니다. 논리실증주의와 헤겔의 변증법적 논리학은 서로 성격이 다릅니다. 헤겔의 논리학에서는 운동이 내재해 있습니다. 아니 헤겔의 철학에서는 변증법이라는 말 자체가 이미 운동을 함의합니다. 쉽게 말하면 실재의 운동을 표현하는 논리적 언어가 헤겔의 철학에서는 변증법이라고 보면 됩니다.

여기 비둘기가 있습니다. 비둘기는 새이며, 다리가 두 개, 날개도 두 개, 색깔은 흰색, 검은색, 회색 등이 있을 것입니다. 날아다닙니다. 타조나 닭은 날개가 있어도 날지 못하는 점에서 비둘기와 차별(差別)됩니다. 비둘기와 다른 동물과의 차별성은 무엇입니까? 다리가 네 개 있는 동물도 있고, 날개가 없는 동물도 있습니다. 색깔도 제각각이라 모두 차별됩니다. 사실 같은 종이라도 모두 제각각의 색깔이나 문양(文樣)을 가지고 있습니다. 인간의 얼굴들이 모두 차별되듯이 말입니다. 독수리 같은 새들은 육식을 합니다. 이제 헤겔의 방식을 따라 비둘기를 정의해 보기로 합니다.

먼저 비둘기는 다리가 둘입니다. 즉 다리가 네 개나 여섯 개가 아닙니다. 날개가 두 개입니다. 잠자리같이 여섯 개도 아니고 포유류처럼 날개가 없는 것도 아닙니다. 흰색 비둘기는 검은색 독수리와 색깔이 다릅니다. 그렇다면 흰색 비둘기는 네 개의 다리를 가진 것이 아니고, 여섯 개의 날개를 가진 것도 아니며 검은색을 띤 것도 아닙니다. 이때 흰색 비둘기에 대한 정의는 흰색 비둘기가 지니고 있지 않은 것에 의해서 정의됩니다.

정의란 defination입니다. define은 '규정하다', '정의하다'라는 말입니다. 한계(限界)와 경계(境界)를 긋는 것입니다. 경계를 긋는다는 말은 다른 것과 갈라선다는 말입니다. 다른 것과 차별된다는 말입니다. 따라서 정의한다는 것은 다른 것과의 '부정'을 통해서 규정한다는 말입니다. 다른 것(other thing), 아닌 것(Not that)으로 정의하는 방식입니다. 모든 정의는 그래서 '부정(否定)'이라고 헤겔보다 앞선 철학자 스피노자가 말했던 것입니다. 헤겔도 이런 관점으로 사물을 바라보고 있습니다.

숫자 일(1)은 이(2)가 아닙니다. (1)은 이어지는 수열(數列) 이(2)와 삼(3)… 이후 무한한 수열의 숫자들과 차별성을 지니고 있습니다. 이와 삼이 아니므로 일입니다. 이는 일이 두 개 모여 있는 집합입니다. 같은 일(1)이 두 개 모여 있는 집합은 일(1)이 홀로 있는 집합과 차별됩니다. 이렇듯 차별을 통한 정의가 바로 변증법적 정의입니다.

일(1)을 정(正, 정립, 定立, 테제, These, 명제, 命題)으로 놓았습니다. 이제 일(1)에 대해 차별되는 이(2)가 일(1)에 대해 대립하고자 합니다(반, 反, 반정립, 反定立, 안티테제, Antithese, 대립명제, 對立

命題). 이 일(1)과 반(反)하는 이(2)가 통일되어 합(合, 종합, 綜合, 진테제, Synthese)하는 삼(3)으로 나섭니다. 다시 삼(3)은 새로운 정이 되고, 사(4)는 이에 대한 반(反)으로 나타나고 다시 오(5)가 합(合)으로 등장합니다. 이렇게 변증법의 운동은 정과 반, 그리고 이들의 합으로 지속되어 연쇄적으로 나아가는 구조입니다.

여기 주체인 '나'가 있습니다. 나는 어떤 사람일까요? 안경을 쓰고, 검은 옷을 즐겨 입고, 특정한 직장에 다니고 있고, 산을 타고 수영을 하는 것을 좋아하며, 박사학위가 있어서 틈틈이 철학 강사를 하고 있습니다. 이를 달리 말할 수 있습니다. 주체인 '정영수'는 다른 사람의 이름이 아니고, 다른 직장인이 아니며, 스킨스쿠버나 구기(球技) 종목을 좋아하지 않습니다. 또한 이공계 졸업자가 아니며 철학에 대해서 무지한 사람이 아닙니다. 또 빨간 옷이나 노란 옷을 기피합니다. 이렇듯 '나'라는 정의되어야 할 대상에 대한 기술 방식은 아주 다양합니다.

우리가 특정한 개념에 대해 정의를 내릴 때는 긍정적인 방식과 부정적인 방식이 있습니다. 전자는 특정한 무엇을 통해서 적극적으로 규정하는 방식입니다. A는 무엇이다. A의 속성은 무엇이라고 규정하는 방식입니다. 부정적인 방식은 A는 무엇이 아니다. A의 속성에 무엇은 속하지 않는다고 말하는 방식입니다.

긍정적인 방식은 변증법에서 정을 말합니다. 부정적인 방식은 변증법에서의 반입니다. 그러나 이 두 가지의 방식은 하나의 대상을 서로 다른 관점에서 기술한 방식으로서 양쪽의 방식 모두 장점을 가지며 서로 보완하는 정의입니다. 헤겔의 변증법이 사물을 기술하는 방식은 이렇습니다.

내가 현재의 나의 상태로만 존재해서는 나는 되고자 하는 내가 될 수 없습니다. 나의 현재의 의식에는 나라는 상태를 지금의 나로만 설정하는 것이 아니라 미래의 나, 그것이 가깝다면 내일이고 멀다면 몇십 년 후의 나의 상태겠지만, 그 나로 지금의 나를 보충하는 것입니다. 즉 현재 나의 의식에는 과거의 나, 지금의 나, 미래의 나가 서로 혼합하여 지금의 나를 구성하고 있습니다. 즉 현재라는 시간에 갇혀 있지만 그 시간에 갇혀 있는 나의 의식은 과거, 현재, 미래라는 시간과 더불어 순환(循環)하며 지금의 국한된 의식에서 해방되어 있습니다.

지금의 나는 지금의 내가 아닌 것으로 보충되며, 그 보충된 나는 지금의 나를 극복하고 다시 새로운 내가 되고자 끊임없이 노력합니다. 이를 지양(止揚)이라는 개념으로 표현할 수 있습니다. 나는 지금의 나를 지양하고 미래의 나를 지향(志向)합니다.

그런데 한국말 지양이란 단어는 자칫 현재, 지금을 쓸모없는 것으로 볼 편견을 내포합니다. 헤겔의 변증법은 과거와 현재, 미래가 같이 굴러가며 서로 통일합니다. 과거라고 버리는 것만도 아니고 미래라고 마저 올바른 것이 아닙니다. 과거의 것을 보존하고 있는 현재는 마저 미래만 수용하고 과거는 폐기시키는 것이 아닙니다. 헤겔이 말한 독일어 '지양'에 해당하는 아우프헤벤(aufheben)은 이렇게 마저 폐기시키는 것만이 아니라 함께 보존한다는 의미도 내포합니다. 즉 폐기와 보존을 같이 내포하는 단어가 aufheben입니다.

일은 하나(1)이지만 이(2)는 이 일(1)을 두 개 지니고 있습니다.

이(2)는 일(1)을 보존하면서도 새로운 하나를 자기 안에 더하고 있습니다. 그래서 이(2)는 일(1)을 지양한 단계, 즉 보존하고 있는 단계라고 할 수 있습니다.

이것은 삼(3)에서도, 십(10)에서도 마찬가지입니다. 헤겔의 변증법을 설명할 때 통일로서의 합보다는 이 정과 반의 변증법적 모순과 대립을 그 주요 동력으로 설명하는 사람들이 있습니다. 변증법의 중요한 면은 항상 제기된 것의 반대편에 서 있으면서 제기된 것을 보충하는 모순(矛盾)의 힘입니다. 동일한 것을 확장시켜 가며 자기의 것으로 포획(捕獲)하는 정으로서의 면과, 주어져 있는 것과 대립하면서 그 주어져 있는 것을 반박(矛盾)하여 보충하는 반의 면입니다.

주체의 내부에서도 그렇고 주체의 외부에 있는 세계에서도 그렇습니다. 합이라고 한다면 특정한 문제와 그것을 해결하기 위한 운동양식이 이렇게 상승하면서 확장되어 가는 모습을 보여준다 할 수 있습니다. 헤겔의 변증법에 대해서는 이 정도 개념을 가지고 접근하면 될 듯합니다.

헤겔은 그리 언변(言辯)이 탁월하지는 못했던 듯합니다. 그의 강의를 듣는 학생들은 독일 남부 슈바벤(Schwaben) 지방 사투리가 섞인 그의 말을 잘 못 알아들어 곤욕을 치르고는 했다고 합니다.

헤겔의 철학이 지나치게 넓은 시야를 가지고 전체적인 국면을 다루니 쇼펜하우어가 볼 때 과대망상 환자(megalomaniac)처럼 보일 만도 합니다. 실존주의 철학으로 유명한 키르케고르의 비판은 헤겔의 철학이 지나치게 거시적(巨視的)인 문제에만 신경을 쓴 나머지 개인이라는 미시적(微視的) 문제를 등한시(等閒視)한 것에 대한 비판입니다. 개인들의 삶과 전체의 세계가 어떻게 관계하는지에 관한 문제로서 이는 철학적인 관점에서 중요한 비판이기도 합니다.

동양의 맹자(孟子, B.C. 372?~B.C. 289)와 동시대인인 양주(楊朱, 중국 전국시대 초)는 세계보다 나의 터럭(긴 털) 하나가 더 중요하다고 말하기도 합니다[위아(爲我), 전성보진(全性保眞)]. 근대 스코틀랜드 철학자 데이비드 흄도 비슷한 논제를 던집니다. 나의 몸, 나의 슬픔, 기쁨, 행복이 도대체 세계의 문제보다 덜 중요하다는 근거는 어디에 있는 것인지, 내가 죽은 뒤의 세계의 기쁨이, 세계 시민들의 행복이 내게 무슨 의미가 있는 것인지 등, 그러한 문제의식입니다. 이는 우리가 도덕적으로 단순히 이기적으로 부를 수는 있을 것이나 개인과 세계의 비중에서 무엇이 더 중요하고 선차적(先次的)이라는 것은 논증으로 증명할 수 있는 성질의 것이 아님을 유의해야 합니다.

철학이 엄밀함에 기반하는 학문이라면 논리적이어야 하며 논증의 절차를 구비해야 하는데, 헤겔의 철학은 다른 철학자들이 보기에 전통적 논리에 어긋난 형식을 지니고 있는 듯 보입니다. 근대 영미의 자유주의 철학자들은 헤겔의 철학이 전체주의적(全體主義的)·절대주의적(絶對主義的) 폭력성의 위험을 지닌 것으로 보았습니다. 이 부분은 상권(146~150쪽)에서 설명해 놓았습니다. 요약하면 이러한 관점은 자유주의자들의 관점으로서 국가를 전체주의적 구성물로 보고 경계하는 관점입니다. 이 관점에서는 개인의 자유란 국가로부터의 자유이며 이로부터의 해방으로 인해 가능합니다. 여기에는 국가를 개인의 자유를 침해하는 악으로 보는 관점이 이미 지배하고 있습니다.

헤겔의 철학을 직접적으로 그 좌파적·진보적인 면을 계승하는 것이 마르크스 철학인데 근대와 현대의 초기에는 소련을 비롯한 사회주의 국가들이 영미권과 유럽 대륙의 자유주의 시장경제에 기반한 국가들을 위협하는 시기였습니다. 이른바 냉전 시대였습니다. 이런 시대 상황이 당대 유럽이나 미국에서 활동하던 자유주의적 철학자들의 경계심을 더 발동시켰습니다. 마르크스에 대한 반동과 경계심이 헤겔 철학에까지 그 의심을 더하는 시기였습니다.

또 전통적으로 국가가 개인의 자유를 억압하고 강제와 착취의 입장에서 자유로운 사상과 표현을 억압하다 보니 국가에 대한 저항과 투쟁은 자유와 진리를 말하고자 하는 지식인의 입장에서 국가는 대개 적대자로 위치되었으며 국가에 저항하는 것이 곧 지식인의 사명 비슷했습니다.

개인과 국가의 관계에서 이 양자를 조화롭게 보는 관점은 양차 대전과 독재국가의 횡행이라는 큰 폭력들을 목격해야 하는 냉전 시대에는 더더군다나 지식인이 갖기 어려운 관점이었습니다.

그런데 자유주의자들이 보는 관점에서의 국가는 사적 개인들이 자유로운 계약을 맺고 그 계약에 기반한 정체(政體)입니다. 이들은 국가란 자유로운 개인의 의사들이 합치해서 만들어진 정체라고 봅니다. 한편 이러한 국가관들을 부정하고 국가는 애초에 그 사적 개인들과 함께, 혹은 그것보다 먼저 성립해 있던 기구라고 보는 관점도 있습니다. 이는 국가와 개인의 관계, 그 형식과 당위성에 관한 진지한 물음입니다. 이는 원시 부족사회의 국가이든, 고대나 현대의 국가이든 모든 국가형태와 그 권능(權能)의 한계에 대한 물음입니다.

앞에서 전자의 관점에 서면, 우리는 이를 자유주의적 관점이라고 부를 수 있습니다. 이 관점에 서면 국가는 개인의 자유를 훼손하고 개인의 천부적 권리를 침해하는 집단이라고 볼 수 있습니다. 그래서 근대 국가의 성립에 관한 계약설에서처럼 개인은 자신의 권리와 자유를 확보하기 위해 국가와 계약을 맺고, 개인에 대한 간섭과 폭력을 제한하려 합니다.

대개 현대 국가의 권력들이 이권(입법·행정/사법)의 형태이든 삼권(입법/행정/사법)이나 사권(대만의 경우) 분립의 형태이든 서로 분립되어 있는 것도 대개 이런 이념적 배경에서 도출된 것입니다.

개인에게 총기 소지의 자유를 허락하는 국가들이 있습니다. 예를 들어 미국은 종교의 자유를 위해 영국에서 탈출한 프로테스탄트(Protestant)들이 세운 국가입니다. 국가라기보다는 최초에는 이민자들의 자유로운 연합이었습니다. 지금도 미국은 각 주들이 연합한 연방 국가입니다. 그래서 United States입니다. 주(州)들의 연합이지요.

남북전쟁은 이 주들끼리 연합하고 반목해서 다툰 내부의 전쟁이었습니다. 지금도 미국의 가장 큰 이권 단체, 로비 단체가 1871년 설립된 전미총기협회(全美銃器協會, National Rifle Association, NRA)입니다. 미국 시민들의 타자, 나아가 국가에 대한 불신은 지금도 변함없이 유지되고 있는 것이지요.

경제적으로도 미국의 자본주의는 완고하고 보수적입니다. 국가의 개입을 철저히 불신하고 사적인 계약관계로서 국가를 간주합니다. 예를 들어 올해 바이든(Joseph Robinette "Joe" Biden Jr.) 정부의 추진책으로 공정한 거래와 소비자 보호를 위해 65세 이상의 소비자에 한해 국가가 의약품 가격의 상한선을 정한다는 것 자체가 시장에 대한 사적 계약의 위반으로 간주해서 자본가나 사업자들의 반발이 극심할 정도입니다.

자유주의적 문화를 가진 사회에서 기존의 국가라는 제도가 고대나 중세를 거쳐오면서 특히 서양에서는 억압과 박해를 위한 기구이자 그 주된 수단이 폭력이었다는 것은 의심의 여지가 없을 것입니다. 그러나 사회를 구성하는 제도적 형식으로 굳이 개인과 국가만 존재하는 것은 아닙니다. 개인과 국가의 중간에 먼저 우리의 가족이 있고, 사회가 있습니다. 사회를 세우게 하는 문화가 있고 종교가 있습니다.

그렇다면 문화나 종교는 개인의 것인가요? 아니면 국가의 것인가요? 양자 모두의 것일 수도 있을 것이고, 아니면 모두의 것이 아닌 것일 수도 있습니다. 문화나 종교를 선택하지 못하는 개인에게 그가 태어난 사회의 문화나 종교는 강요일 것이고, 설령 선택한다고 해도 현대에서조차 국가는 개인들의 문화나 종교에 대해 꾸준히 간섭하고 강요합니다.

한편 칸트 당대까지도, 칸트 자신도 가족과 사회는 큰 고려의 대상이 아니었습니다. 가족과 사회를 비로소 사유하기 시작한 철학자가 헤겔입니다. 인륜성(人倫性, Sittlichkeit)이라는 개념에서요.

여기서 국가라는 말보다는 공동체라는 말을 쓰면 뉘앙스가 달라집니다. 개인이 공동체 생활을 하지 않고 존재할 수 있을까요? 인간은 사회적 동물이라고 아리스토텔레스가 얘기했습니다. 혼자 사는 인간은 짐승이라고도 그는 얘기했습니다.[144] 우리가 누릴 수 있는 자유라는 것은 구체적으로 무엇입니까. 먹고 거주하고 입는 의식주 활동 이외에도 인간으로서 우리가 누리는 자유의 구체적인 것들이 나 혼자서 이루거나 소유할 수 있는 것들이 얼마나 존재합니까.

그 태반의 것은 공동체를 통해서 이루거나 소유할 수 있는 것입니다. 그런 의미에서 만약 국가라는 형식을 사회나 가족 등의 공동체의 의미로 확장시킨다면 우리의 자유는 국가라는 공동체를 통해서만 구현 가능하다는 말도 그리 과장은 아닐 것입니다.

공동체를 통한 자유(Freedom through community), 이것이 자유주의적 입장에서 바라본 리버럴(liberal)한 국가관을 가진 자들과 대척점에 서 있는 공동체주의자들의 주장입니다. 주체라고 칭해지는 개인들도 그들의 자유를 구현하는 지점은 개인의 지점에서가 아니라 공동체로의 자기 투신(投身)을 통해서 가능하다는 것입니다.

헌법학(憲法學)에서 보면 유명한 논쟁이 있습니다. 1930년 법학자 한스 켈젠(Hans Kelsen, 1881~1973)과 철학자 막스 아들러(Max Adler, 1873~1937)의 민주주의 논쟁입니다. 법이 규정하는 것이 어디까지이고, 그 법이 목적하고 지향하는 바가 어디까지여야 하는가

---

144 니체는 여기에 덧붙여 '혼자 사는 인간은 짐승이거나 신'이라고 표현한다. 독신(獨身) 생활을 유지하는 데 반드시 필요한 개인의 고독과 절제하는 실존자로서의 힘을 그는 신에 비유해서 강조했을 것이다.

에 관한 논쟁입니다.

켈젠은 법 형식주의(法 形式主義)의 입장에 섭니다. 법이란 문구이며 따라서 법은 그 문구의 정확한 의미에 관한 논의에 국한하게됩니다. 법이 지향하거나 규범적 의미를 발휘하는 것에 관해서도 실제적인 문구, 법의 문구가 명시해 놓은 것에 되도록 국한하고자 합니다. 따라서 법의 해석학적(解釋學的) 의미보다는 실제적·실증적인 의미가 중요하게 됩니다. 반면 아들러는 법 이면의 규범적(規範的) 의미, 지향적 의미에 치중합니다. 법이 실제로 명시해 놓은 이유와 근거, 그 본래적 발상(發想)의 정신에 보다 큰 강조점을 두고자합니다. 켈젠은 법의 명문이 규정해 놓은 의미 이상으로 확대해석을 방어하고자 하는 자유주의자의 입장에 있고, 아들러는 법이 지향하고자 하는 정신, 배후의 규범력, 즉 공동체주의자의 입장에 있고자합니다.

칸트 철학에 의해서는 세계는 분리되어 있습니다. 칸트도 물자체에 속한 근본적 도덕 법칙이라든지 아니면 사물의 성격을 이성적으로 규정해 놓을 수 있는 인간의 기초적인 능력에 대해서는 인정하고있습니다. 그럼에도 불구하고 칸트는 결코 물자체의 성격을 인간이알 수 있다고 긍정하지 않았습니다.

반면 헤겔은 칸트가 제시한 이런 물자체의 성격을 인정하지 않았다고 볼 수 있습니다. 그에게서 세계는 분리된 것이 아니라 통일로있으며, 현상 아래에 은둔하는 본질은 존재하지 않습니다. 그에게서세계의 본질은 자기를 현상으로 드러내려 운동하며, 시간에서 자신을 현상으로 변화시킵니다. 본질은 현상이 되어 가고 곧 현상이 진리가 되어 갑니다. 이는 현상이 드러나는 본질이고 본질이 개시하려는 모습이기 때문입니다.

헤겔은 세계의 본성은, 그리고 그 본질은 이성으로 접근이 가능할 뿐만 아니라 이성이 그 본질이 되어 인간의 사유가 발전하듯 세계의 본질도 이성적으로 발전해 나간다고 보는 것입니다. 그 이성의 세계 파악 단계가 감각지나 이성지, 절대지 등으로 불리는 것일 뿐입니다.

감각지에서는 세계의 본성을 파악할 수는 없지만 이성지나 정신의 단계로 나아가면 본성에 대한 파악이 점점 가능하게 됩니다. 이때 정신과 세계는 일방이 상대방의 것을 빼앗고 착취하는 것이 아니라 서로 주고받고 하면서 이 획득된 것들이 지식으로 모양을 꾸며가고 완성됩니다.

이때 사고와 진리와 존재는, 세계정신(Welt Geist)에서 서로 일치됩니다. 사고와 진리와 존재는 서로 동일해집니다. 인간의 의식으로서의 사고가 곧 진리가 되고, 그 진리는 자신의 외화된 세계에서 구현됩니다. 사유는 진리를 포함하고 있습니다. 존재의 알갱이로서의, 그 날것으로서의 본성을 그대로 가지고 있다는 말입니다.

헤겔의 역사관은 대표적인 진보 사관입니다. 진보란 세계가 목적을 가지고 있고 그 목적을 향해 전진하고 있다고 보는 것입니다. 세계의 무대에서 활동하는 인간의 삶에서 그것이 특정한 목적을 향해 의미 있다고 보는 것을 역사로 위치 지웁니다. 역사는 단순한 스토리(story)와 다릅니다. 스토리, 즉 내러티브(narrative)는 단지 있는 것, 일상이 벌어지는 것들을 말합니다. 사건의 다발적 연속이지만 그것들이 어떠한 목적을 가지고 진행되지는 않습니다. 플롯(plot)이 있다고 하여 그 플롯이 목적(目的)을 지니고 있는 것은 아닙니다.

목적(目的)은 이성이 특정한 무엇을 위하여 맨 앞, 혹은 위에 설정한 것입니다. 역사라는 말 자체가 진보(進步)라는 개념을 전제합니다. 즉 역사적이라는 말은 특정의 것이 진보를 향한 과정에 한 계기로서 분명히 작동하고 있다는 말입니다. 스토리는 목표나 지향점, 이런 것들이 없습니다.

소설에서도 교훈을 목적으로 하는 것이나 아니면 특정한 사상적 신념의 설파를 목적으로 하는 것도 있습니다. 카프(KAPF, Korea Artista Proleta Federatio, 1920~30代) 문학 같은 경우는 후자의 경우입니다. 그러나 스토리텔링(storytelling)이 역사는 아닙니다.

역사를 랑케(Leopold von Ranke, 1795~1886)처럼 실증주의적으로 보는지, 아니면 마르크스처럼 유물론적으로 보는지, 아니면 헤겔처럼 관념론적으로 보는지에 따라 차이점은 있을 것입니다. 실증주의적인 역사관은 드러난 명시적 사건, 그리고 그 유물의 형태에서 역사를 구성하되 최대한 확장된 추론은 자제하는 관점입니다. 소극적인 방법이며 보수적인 방법입니다.

반면 마르크스의 입장에서는 역사와 그 동력을 이성에서 찾는 것보다는 생산력과 생산관계라는 사물의 관계로부터 찾으므로 경직되어 있고 결정론적입니다. 사물의 발전은 정해진 단계에 따라 진행될 뿐이고 여기서 이성은 그것에 적극적으로 개입하는 느낌보다는 사물의 물질성과 결정(決定)에 소용된다는 느낌입니다.

그러나 헤겔은 이성을 역사 변화에서 최우선의 결정력으로 파악합니다. 이성은 허튼 실수를 허용하지 않는 진정한 지식으로서의 정신입니다. 이 정신은 곧 절대적 진리라고 말할 수도 있습니다. 절대 정신이 전개하는 무대는 세계입니다. 정신은 자기를 전개하면서 부수적인 것, 주변의 것, 의미 없는 것들은 다 자신의 목적을 위해서 희생시킵니다. 모든 것을 다 기억하는 정신은 사실 아무것도 기억하지 못합니다. 자기에게 의미 연관을 지니는 것을 분간(分揀)하지 못하니 마저 기억할 뿐입니다. 마찬가지로 세계사의 운동에 소용이 되는 것들만을 간직한 채 정신은 나아갑니다. 누락(分揀)과 제외(除外)는 진보의 운동에 불가피합니다.

이렇듯 세계는 정신의 목적을 위해 소용되는 도살장(屠殺場)이며 도축장(屠畜場)입니다. 세계에는 각종의 슬픈 사건들이 있습니다. 재해가 있고, 전쟁이 있으며, 도처에 불안과 절망이 있습니다. 선한 자들이 박해를 받고, 악한 자들이 득세합니다. 무지한 자가 주장하는 진리가 말 없는 영원의 진리를 능욕(凌辱)하고, 파렴치한 자들이 일컫는 도덕이 군자(君子)의 도덕을 비웃습니다.

공정(公正)하지 않은 희생이 곳곳에 있습니다. 그러나 이것은 특정한 시간에서, 특정한 시대에서 그것을 목격하는 우리가 그것을 불합리하다고 느낄 뿐 정신은 자신의 목적을 향해 가는 노정(路程)을 한시도 게을리한 적이 없습니다. 정신은 기어이 자신의 사명을 다하고 자신의 목적을 이루어냅니다. 그것의 종국이 선이고 악은 패배한다는 것은 의심의 여지가 없습니다. 그것이 진리이고, 정신의 본성은 결국 선이니 말입니다.

정신이 자기를 전개하는, 자신의 모습을 조금씩 보여주는 하나의 계기가 있습니다. 세계에서 벌어지는 일인 만큼 이것을 사건으로 부를 수가 있는데 일종의 모멘트(moment)입니다.

모멘트로서의 사건을 계기로 정신은 자기를 전개합니다. 자기를 서서히 드러냅니다. 자기의 목적을 서서히 구현시켜 냅니다. 세계의 운동에서 마지막 종착은 없습니다. 정신은 세계의 본질을 자기와 합치시켜서 남김없이 구현해 냅니다. 즉 헤겔에게서 칸트가 인정한 불가지의 영역, 물자체의 영역, 알 수 없는 형이상학의 영역은 전혀 남지 않습니다.

헤겔에게서 현상과 본질의 구분, 현상과 물자체의 구분은 의미가 없어지고 내부에서부터 사라집니다. 인간의 인식이 드러내지 못할 세계의 비밀은 더 이상 남아 있지 않습니다. 물자체의 세계로서의 예지계는 이성이 드러내고자 하나 아직도 드러내지 못하는 부분입니다. 어쩌면 그 한계상 끝까지 드러낼 수 없는 부분일지도 모릅니다. 적어도 칸트 철학의 구도에서는 말입니다.

만약 인식이, 그 수단의 하나인 과학이 물자체의 영역에 잔존하는 신의 근원과 본성에 대해 낱낱이 파헤쳤다면, 우리가 사는 현대에서 종교는 이미 사라졌을지 모릅니다. 결국 검증할 수 없는 영역으로 칸트는 이런 부분들을 남겨놓든지 혹은 의도적으로 살려놓았습니다.

그러나 헤겔의 철학에서는 물자체의 영역은 사라지고 그의 철학에는 더 이상 한계가 그어지지 않습니다. 세계의 구석구석 지식이 파헤치지 못할 영역은 존재하지 않습니다. 정신이 다가가는 곳은 종교와 도덕 법칙 모두 정신의 내부로 포섭이 되며 그 존재해야 할 명분을 제공합니다. 종교 또한 정신이 자기를 전개하는 방식을 보여주는 하나의 방편일 뿐이며 분야일 뿐입니다.

정신은 자기의 내부에, 이를테면 역사, 문화, 예술, 이런 것들을 모두 하위로 포용하고 있습니다. 그러나 헤겔이 볼 때도 마땅히 종교적 정신은 그 종교까지도 이성의 영역 아래로 고찰하는 철학에 복종해야 하는 것은 물론입니다.

절대정신은 스스로 활동하는 정신이며 그 존재 방식은 자기규정입니다. 자기를 정의하면서 세계는 정의되고, 세계를 정의하면서 학(學, 學問)은 정의됩니다. 정신이 자기를 세우면서 세계와 학(문)은 바로 서게 됩니다. 정신은 자기를 변증법적으로 전개하면서 나타나는 모순을 자기 안에서 해소합니다. 정신의 존재 방식은 여전히 변증법적이며, 그것은 테제를 세우고 안티테제와 대립하면서 그 모순을 해소시켜 결국 종합과 통일로서인 진테제(Synthese)를 세워 냅니다. 그래서 정신의 여정이자 모험이 곧 변증법입니다. 사물의 존재 방식은 정신에 포획되는 방식입니다. 의식의 존재 방식은 자기 앞의 사물을 대하면서 운동하는 방식입니다. 즉 정신이 세계와 어울리는 방식이 변증법입니다.

헤겔은 절대자는 스스로 활동하는 정신이라고 합니다. 절대자는 움직이는 정신이자 끊임없이 전진하는 것을 자기의 실체로 합니다. 그리고 그렇게 하면서 자기를 규정하고 다시 파악합니다. 따라서 내부에 일어나는 모든 대립과 모순을 자기의 활동으로 삼고, 그것을 해소하는 것을 자기의 정체(正體)로 삼습니다. 즉 변증법적 운동을 합니다.

자기의 내부에서 일어나는 모든 갈등을 해소하는 것, 자기의 모순을 극복하고 자기를 다시 고양하는 것을 본분으로 삼기에 많은 것 때문에 하나를 포기하지 않고, 하나를 지키기 위해 많은 것을 희생하지 않습니다. 위대함 때문에 사소한 것을 못 보지 않으며 사사로운 것 때문에 자신이 마땅히 가야 할 진로를 거두지 않습니다. 내부의 많은 계기들을 위로 끄집어내어 자기의 얼굴을 변화시킵니다.

정신은 자기를 전개하면서 많은 것을 자기 전개의 동력으로 삼고, 그 동력으로서의 모멘트를 계기로 사건들을 다시 포장하여 전개합니다. 다양한 사건과 잡다한 사물을 자기의 주위로 묶어내고, 하위로 거둡니다. 따라서 정신의 주위에는 세계의 많은 모티브와 장르가 들어 있습니다. 자본이 있고, 문화가 있고, 윤리가 그 내부에 있습니다. 많음을 하나로 종합하고 다시 하나를 많음으로 전개하면서 헤겔의 관념론은 전형적인 생성(生成)의 철학으로 변합니다. 정지되어 있고 경직되어 있는, 그저 있는 사태와 사물에 관한 철학이 아니라 움직이고 되어 가며, 되어 가는 중에 있는 생성과 운동의 철학이 곧 헤겔의 철학입니다.

생성한다는 것은 만들어 가고 있으며 탄생시키고 있다는 말입니다. 생성의 성격은 그래서 전형적인 운동입니다. 생성한다는 말은 끊임없이 운동한다는 말입니다. 그리고 운동한다는 말을 헤겔은 변증법으로 설명하고 있습니다. 세계를 변증법적으로 파악하고 있다는 말은 세계를 운동으로 파악하고 있다는 말이기도 합니다.

사물의 운동은 언어에서 변증법이 됩니다. 사물의 움직임을 설명하려는 철학의 노력이 변증법의 체계입니다. 사물에서 정지만을 보고자 한 파르메니데스의 설명은 다시 사물에서 오직 운동만을 보고자 한 헤라클레이토스(Heraclitus of Ephesus, B.C. 535~B.C. 475)

에 의해 배격됩니다. 그러나 넓게 보면 운동도 하나의 정지일 수 있고, 정지도 하나의 운동일 수 있습니다.

'그래도 지구는 돈다(And yet it moves)'고 한 갈릴레이의 말도 맞으나 그 크기의 끝을 모르는 우주의 광활함에서 만약 우주가 정지해 있다면 지구의 조그만 운동은 정지한 우주에 티끌의 영향도 못 줄지 모릅니다. 달리 말하면 사물은 크게 보면 정지이고 작게 보면 운동일 뿐이라고 할 수도 있을 것입니다. 따라서 파르메니데스가 목격하고 주창한 정지의 담론은 세계를 하나의 상태로서 그리고자 하는 '정지의 논리'를 낳았고, 헤라클레이토스가 목격하고 주장한 운동의 담론은 세계를 기나긴 운동으로 설명하고자 하는 '운동의 논리'를 낳았습니다.

따라서 헤라클레이토스를 내부에 수용한 헤겔의 변증법이 사물의 고요한 측면과 만사의 회귀를 주장하는 파르메니데스의 사유를 배격만 하는 것은 아닐 것입니다. 그에게서 하나와 전체는 운동을 통해 서로 이어져 있고, 다시 정지를 통해 본래의 자기를 잃지 않습니다.

크게 보면 전체는 하나이고 넓게 보면 하나가 전체입니다. 하나가 전체이고 전체가 하나입니다(hen kai pan, 하나가 전체이다). 변증법의 우산을 쓰지 않은 세계의 사물은 존재하지 않습니다. 모두 운동에 동참하고 운동하려 애씁니다. 그래서 하나의 사물은 전체의 사물과 그 운명을 같이하고 전체의 세계는 하나의 세계를 자기의 소용에 모두 동원합니다. 범신론의 혐의는 스피노자주의에만 국한되는 것이 아니라 헤겔의 세계관에도 뚜렷한 영향과 의심을 남깁니다. 헤겔에게 스피노자의 철학이 영향을 준 것일 수도 있지만 이런 범신론적 뉘앙스는 헤겔의 철학에서도 뚜렷이 발견됩니다. 흡사 '일미진중함시방(一微塵中含十方, 티끌 하나에 세계가 있다)'을 읊은 원효(元曉, 617~686) 대사의 화엄학(華嚴學)을 연상케 합니다.

이렇듯 운동하는 모든 사태를 언어에 담아서 표현한 것이 변증법입니다. 따라서 세계가 존재하게 되는 논리는, 세계가 자기 자신으로 되돌아가서, 자기 자신을 발견해 내기 위해서 생성을 필요로 하며, 곧 지속하는 발전의 도상(道上)에 세계가 존재하고 있다는 말이 됩니다.

한편 이렇게 보면 세계는 절대정신의 자기표현에 불과합니다. 절대정신은 종교적인 관점에서 보자면 기독교적 신의 다른 표현입니다. 스피노자의 물질(육체)적 관점에서의 신을 적절히 걸러내고 이를 육화된 정신으로서의 기독교적 관점을 적극적으로 포용하여 표현한 것이 헤겔에서의 절대정신입니다. 따라서 헤겔에게서의 신은 세계를 자기로 삼고 그 세계로 운동하는 신입니다. 신은 자기의 마당이자 육화된 물질인 세계에 거주하며 움직입니다. 육화된 정신이 곧 세계이자 세계정신이기 때문입니다.

근대 독일의 정신문화는 일반적으로 루터-신학의 영향을 받아 개신교적인 경향이 강합니다. 대단히 관념적입니다. 프랑스는 상대적으로 과학적이고 실증적인 사조의 영향을 많이 받습니다. 종교적 관점에서 신은 그저 절대적인 믿음과 신앙의 대상일 뿐입니다. 의심은 허용되지 않습니다. 신에 대한 회의와 의심은 신앙의 영역에서는 신에 대한 불복종에 다름 아닙니다. 그것 자체가 불신의 영역입니다.

엄격히 말해 기독교의 신은 정신만의 신이 아닙니다. 육화(肉化, incarnation)란 정신으로서의 신이 물질인 육체에 내재(內在)한다는 개념입니다. 그런데 정신이 어떻게 물질에 내재합니까? 이는 신이 인간인 마리아(Maria)의 몸을 통해 자기의 아들, 역시 신인 예수를 물질로서의 세상에 드러냈다는 것에서 유래합니다. 말씀이, 정신이, 그것도 신의 말씀과 정신이 저주받아야 할 물질, 그것도 탐욕의 육체에 깃든다는 기독교의 논리는 지금도 이슬람교 등에서는 도저히 이해할 수 없는 논리입니다. 이슬람교(Islam教)에서는 인간은 신에게 범접(犯接)할 수 없습니다.

그런즉 신이 인간 마리아의 몸을 빌렸다는 것은 물론이고 신인 예수가 인간의 몸으로 출생하였다는 것은 신비(神祕)의 차원에서도 이해하지 못합니다. 그래서 다른 종교에서는, 이슬람교뿐 아니라 유대교(Judae教)에서도 육화라는 개념은 존재할 수도 없습니다. 그들에게는 예수의 지위도 인간으로서의 선지자의 지위일 뿐입니다. 마호메트(Mahomet, 570?~632) 또한 알라(Allah, 유일신, 唯一神)가 아닌 예언자일 뿐입니다. 정신과 육체가 어떻게 혼용이 될 수 있는지, 육화라는 것이 도대체 무엇인지 어려운 문제입니다.

그러나 예수는 기독교에서 부인할 수 없는 신의 동일자입니다. 신즉 예수입니다. 삼위일체설입니다. 예수는 신의 아들이므로 신 다음의 2인자에 불과하다는 설도 이단(異端, heresy)이며, 예수가 인간인 마리아의 몸을 통해 태어났으므로 인간이라는 설도 이단입니다. 이는 고대의 끝 무렵 성 아우구스티누스(Augustinus Hipponensis, 354~430)가 삼위일체설을 정립하면서 확고히 굳어진 설입니다. 성

부인 신, 성자인 예수, 그리고 성령은, 이 세 가지 위격(位格)은 결국 하나의 몸이라는 얘기입니다.

인간은 유한한 존재자입니다. 결국 어떻게든 사멸해야 할 존재자입니다. 인간은 자기의 육신을 넘어서고자 하지만 결국 육신의 사멸과 함께 사라져야 할 존재자입니다. 이런 면에서 인간은 자기 신체의 한계를 극복하지 못한 동물과 같은 존재자일 뿐입니다. 미약하고 미천한 존재자입니다.

그럼에도 불구하고 인간은 늘 자기의 너머를 보고자 하는 존재자입니다. 신은 자기의 다른 이름인 예수로서 세상에 나타납니다. 예수는 이렇듯 비천한 인간의 몸을 가지고 태어납니다. 그렇다면 예수는 인간의 몸입니까? 아니면 신의 몸입니까? 이 어려운 질문은 거두고서라도 이것이 육화의 의미입니다.

몸은 물질입니다. 세계에 우리가 들어서는 방식은 우리의 몸, 신체를 통해서입니다. 엄밀히 말하면 몸은 우리의 육체와 정신을 합한 단어입니다. 몸(身), 몸신이라는 단어, 신체라는 단어는 이미 정신을 포함한 단어입니다. 그래서 우리 몸의 순수한 물질성을 말할 때는 육체라는 단어를 써야 합니다.

이렇게 봤을 때 우리의 육체는 그 물질성으로 세계와 소통합니다. 세계 역시 물질성입니다. 육화라는 의미는, 이렇게 볼 때 인간의 육체를 빌려 태어난 신이 세계의 물질성 또한 자기의 것으로 껴안았다는 의미가 됩니다. 세계와 육체, 세계와 신, 육체와 신은 서로 소통하는 것이 됩니다. 이런 의미로 헤겔의 철학을 대할 때 그의 철학은 범신론적 의미를 일정 부분 가지게 됩니다.

또한 물질적인 세계는 그동안 철학자들에게서 상대적으로 정신적 세계에 비해 비하되어 왔는데 헤겔은 물질적인 세계 또한 절대정신의 반열에 올려 그 중요성을 회복시키고 이를 통해 현존하는 세계 자체를 긍정하게 된 것입니다. 이는 일정 정도 스피노자 철학의 전통을 이어받는 것입니다.

육화이므로 무한(無限)이 유한(有限)을 통해 드러납니다. 생각해 본다면 무한자(無限者)는 결코 유한자(有限者)에 속할 수 없으며 같이 공존할 수 없을 것입니다. 유한자는 사멸해야 하며 무한자는 존속해야 합니다. 유한자는 무한자에 속할 수 없으므로 무한자의 내부에 유한자는 설 수가 없습니다.

반대로 무한자는 자신만이 무한하고 영원하므로 사멸해야 할 유한자들과 같이 공존할 수 없습니다. 무한자가 존재한다면 유한자는 사멸해야 할 것이고, 결국 존재라는 이름은 무한자가 차지할 것입니다. 무한자와 유한자는 더불어 지닐 수 없는 것이 논리적 결론입니다.

그런데도 헤겔은 이 육화의 개념에 빗대어 절대정신이라는 무한자가 유한한 물질적 세계에 침투함을 설명합니다. 마치 신이 육화하듯 절대정신도 육화합니다. 영원이 순간을 통해 드러나고, 사멸해야 할 것이 자신의 사멸을 통해 자신의 영원함을 드러냅니다. 절대자가 피조물을 통해 자신을 드러내고 피조물을 통해 자신이 절대자임을 알립니다.

곧 피조물에서 절대자를 발견하고 피조물에서 절대자가 출현합니다. 절대자는 초월하는 저편에 존재하는 것이 아니라 자질구레하고 궁상(窮狀)맞은 바로 이곳에 존재하게 됩니다. 세계라는 물질성에 신의 정신성이 침투하여 세계를 이끌고 움직입니다.

달리 말하면 세계의 진보는, 세계의 운동은 신이 움직이는 것이고 신이 운동하는 것으로 볼 수 있습니다. 정신의 전개가 곧 세계의 전개가 됩니다. 세계의 활동은 무한자인 신의 자기 전개로 볼 수 있게 됩니다. 무한자는 유한자인 세계를 자신의 유일한 반성의 대상으로 합니다. 이때 절대자가, 혹은 절대자인 신이 자기 자신을 반성의 대상으로 하고, 자신을 지식의 대상으로 한다고 할 때 이때의 학문은 최고의 지식인 철학이 됩니다. 즉 철학은 절대자의 자기인식의 학(學)이 됩니다.

데카르트 철학에서 실체는 자기원인입니다. 즉 타자에 의존하지 않으며 스스로 원인과 결과가 됩니다. 실체의 운동은 실체인 자기에서 발원하고 종국적인 결과도 자기 활동의 결과입니다. 따라서 이 지상의 것, 세계의 것은 모두 그 실체에 의존하고 있는 형국입니다.

따라서 데카르트 철학에서 실체와 세계는 칸트 철학과 같이 분리되어 있습니다. 데카르트가 신을 제1의 실체로, 사유하는 정신과 연장하는 물질을 제2의 실체로 구분했을지라도, 제2의 실체가 제1의 실체에서 파생된 것은 부인할 수 없습니다. 엄밀히 말하면 그에게서도 실체는 오직 신 하나입니다.

이것이 스피노자가 판세를 다시 바꾸어 제2의 실체를 부인하고 이것이 결국 제1의 실체의 연속일 뿐인 것으로 해석한 이유입니다. 바꿔 말하면 실체의 속성으로서 세계가 존재하는 것입니다. 스피노자의 철학이 절대적 이원론에 기반하고 있는 당대의 철학, 특히 기독교의 세계관으로부터 범신론으로 강하게 의심받고 지탄받았던 배경입니다.

플라톤 철학에서 이데아는 원형이며 나머지의 것들은 원형을 모방하고자 하는 그림자들입니다. 프랑스 철학자 장 보드리야르 (Jean Baudrillard, 1929~2007)는 이러한 그림자들을 시뮬라크르 (simulacre)라고 합니다. 모방하는 운동을 시뮬라시옹(simulation) 이라 칭합니다. 현실에 존재하지 않는 허구적인 것들을 향한 움직임, 그 운동들… 이런 것들을 시뮬라시옹이라 합니다.

플라톤 철학의 영향 아래에 있는 서양철학의 전통은 더군다나 그러한데 이 이데아를 지향하는 이 세계는 따라서 열등하며, 결핍일 뿐입니다. 목적은 늘 저편에 존재합니다. 초월을 갈구하는 기독교적 사유에서 이러한 경향은 더욱 정밀해집니다. 그러나 이 기독교적 초월의 문화가 세속의 삶의 욕망과 결탁할 때 변종을 낳기도 합니다. 그 전형이 마르틴 루터의 종교개혁 시기의 가톨릭입니다.

루터가 도전하였던 이탈리아 메디치가 출신의 교황 레오 10세 (Papa Leone X, 조반니 디 로렌초 데 메디치, Giovanni di Lorenzo de' Medici)는 어렸을 때부터 그리스 문화와 철학에 대한 교육으로 소양이 풍부했습니다. 교황은 자신이 사는 건물을 온통 그리스풍의 조각이나, 그리스 현인과 철학자를 대상으로 한 회화로 장식할 정도 였습니다. 심지어 플라톤 철학과 기독교 신앙의 조화를 스스로 생각 하기도 합니다. 그러니 호화스러운 건물과 장식에 늘 돈이 필요했고 이는 성직매매와 면벌부(免罰符)의 남용으로 이어집니다. 그리고 이는 루터의 주요 공격 대상이 됩니다. 세속의 철학과 초월의 종교, 물질의 욕망과 정신의 고고함, 이것들이 어떻게 조화를 이룰 수 있을까요. 정신이 물질로 드러나는 육화는 어떻게 표현할 수 있을까요.

이제 헤겔의 철학에서는 저편과 이편, 초월과 현재, 이데아와 시뮬라크르의 구별이 사라집니다. 그 경계는 남아 있지 않습니다. 모든 것은 하나의 세계에서 버무려져 움직입니다. 나의 입장에서 세계를 봤을 때는 내가 곧 활동하는 세계의 주인공입니다. 반면 세계사적으로 봤을 때는 이 세계는 절대정신이 활동하는 무대이고, 세계를 통해 정신은 이념을 드러냅니다.

곧 세계의 구석구석까지 자신의 영역을 넓혀가고 이념을 확장시킵니다. 전개와 확장은 development라고 할 수 있습니다. 그 이념은 법, 문화, 인륜성 등이며 그 최고의 것은 자유입니다. 이념과 법, 문화와 인륜성은 결국 인간의 자유를 위한 노정에 전개되는 계단이자 디딤돌입니다. 절대정신은 항상 자기 자신을 되돌아보며, 본래의 자기를 발견하기 위해 끝없이 자신을 다시 생산해 냅니다.

칸트의 제자 피히테는 늦은 나이에 독학으로 철학을 합니다. 나중에는 대학의 교수까지 합니다. 칸트, 피히테, 셸링, 헤겔의 순서로 독일 관념론은 이어집니다. 독일 이성주의의 절정기에 독학으로 철학을 공부한 수재입니다. 피히테의 철학에서도 변증법이 등장하는데, 이는 주체인 내가 외부인 세계로 지평을 넓혀가는 운동입니다. 나와 사물 간의 운동입니다.

주체의 영역과 활동이 넓혀져 사물을 주체의 아래로 포획하고 의식이 사물들을 장악해 가는 운동입니다. 이를 사행(事行, Tathandlung)이라고 합니다.

여기 아름다운 꽃이 있습니다. 그 꽃을 알기 위해 나는 아침마다 그 꽃을 보고, 늦은 저녁에도 그 꽃을 어루만집니다. 그와 닮은 꽃을 이웃집에서 보고 나는 그 꽃의 이름이 장미라는 것을 알게 됩니다. 장미는 5월 이후 활짝 피고, 봄과 가을에는 잎으로만 무성히 생존하며 한겨울에는 잎들을 대개 떨구고 큰 줄기와 가지로만 움츠러드는 모습임을 알게 됩니다. 가시가 있으며 넝쿨을 짓고 자라고 빨강, 주황, 노랑, 보라 등의 많은 색을 지닌 품종인 것을 알게 됩니다.

이러면서 나의 의식은 하나의 대상이자 사물에 불과했던 장미라는 꽃에 대해서 많은 것을 내 의식으로 가져오게 됩니다. 이런 사물과 내 의식 사이의 운동 또한 변증법적 운동입니다. 나의 의식과 장미가 교통하면서, 내 의식이 장미를 포섭하고 포획하면서 나는 장미라는 꽃에 관한 더 많은 지식을 갖게 됩니다. 장미라는 꽃에 대한 개념이 드디어 나의 의식에 자리 잡게 된 것입니다.

모든 사물은, 의식의 개념조차도 대립하는 사물과 대립하는 개념들을 가지고 있습니다. 또 모든 개념은 자기 안에 모순을 함유하고 있습니다. 대립과 모순이란 차별점을 말하는 것이며, 이 차별점을 극복하고 종합하는 것이 변증법이므로 이는 또한 모든 사물과 개념에서 차별점이 아닌 동일성을 발견하기도 합니다. 차별과 차이를 통해서 사물과 개념은 갈라서고 분리합니다. 반면 차별되지 않다는 말은 동일하다는 말입니다. 그래서 동일성을 통해서 분리된 개념은 서로 엮어지고 합쳐집니다. 동일성을 통해서 변증법은 다른 사물을 자기 내부에 포획하고 안착시킵니다.

이렇듯 변증법은 차별과 동일성을 통해서, 그 차별과 동일의 간주(間奏)를 통해서 자기의 영역을 확장하여 나가고 차별되는 사물을 자기의 내부로 포획합니다. 즉 종합은 차이들을 이겨내는 것이며 그래서 통일입니다. 변증법의 운동은 차별과 통일 사이를 왕래하며 자신의 위치를 다집니다.

정의한다는 것 자체가 특정한 면을 통해서, 특정한 관점을 가지고 사물이나 개념의 본성, 본질을 정의하는 것입니다. 풍부한 서술어를 줄여 그 본질만을 응축시켜 표기하는 것이 정의입니다. 혹은 특정한 관점에서 특정한 사물의 면을 부각시켜 그 본질을 서술하는 것이 정의입니다. 위의 방식이든 아래의 방식이든 정의된 사물에서 정의되지 못한 사물의 술어나 본성들은 어쩔 수 없이 등장합니다.

정의한다는 것은 하나의 단언(斷言)이며 규정입니다. 변증법의 관점에서는 하나의 단언과 규정은 다른 관점에서의 단언과 규정을 보충하여 정의를 다시 구성하고자 합니다. 단언하고 규정하는 것은 적극적이며 긍정적입니다. 반대로 부정하고 다시 거부하는 것은 소극적이며 부정적입니다.

그렇다면 헤겔의 변증법에 대한 비판은 이렇게도 구성할 수 있습니다. 우리가 선이라고 말할 때 이 선이 순전히 능동적인 것으로만 표현되나요? 아닙니다. 착하다는 행위는 악하지 않은 행위를 통해서 구성되기도 합니다. 쓰레기를 버리지 않는 것이 착하고 선한 행위라고 언명(言明)했다고 칩시다. 이때 이 언명에는 쓰레기를 버리는 것은 나쁜 행위라는 판단이 이미 내포되어 있습니다. 쓰레기를 쓰레기통에 버리는 것은 어떻습니까? 물론 착한 행위입니다. 단순히 쓰레기를 버리지 않는 것이 착한 행위라는 것은 문장의 논맥을 무시한 단순한 언명일 뿐입니다.

변증법 또한 이런 것입니다. 선하다는 것은 반드시 악하다는 대립 개념을 필요로 합니다. 선 자체로는 어떠한 내용도 구성할 수가 없습니다. 사람을 죽이지 않는 것이 선이라고 가정합니다. 이 논제는 사람이라는 명사의 순수와 무죄성을 가정한 명제입니다. 그 사람이 어떤 사람이냐에 대해서는 전혀 가정하지 않습니다. 주어인 사람이 연쇄살인마인지 아니면 전쟁 중의 적군인지에 대한 언급이 전혀 없습니다. 이것이 절대적인 선의 명제가 되려면 그가 어떤 사람인지에 대한 특칭이 필요치 않습니다. 사람을 죽이는 모든 행위는 악하다는 대전제(大前提)가 필요할 뿐입니다. 이때 사람을 죽이는 모든 행위는 악하다 또는 사람을 죽이지 않는 행위만이 선하다는 명제는 동일한 사태를 기술하는 양쪽의 관점입니다. 하나는 악의 관점에서, 다른 하나는 선의 관점에서 기술할 수 있습니다. 변증법적 기술은 이를 말합니다.

그런데 무엇이 선이고 무엇이 악인가요? 인간은 철저히 인간의 관점에서만 선과 악을 재단하는 것은 아닐까요? 동물의 세계, 식물의 세계에서 선과 악은 존재하는 것일까요? 존재론적인 선과 악이 없다면, 만약 그 선과 악이 오로지 도덕에 관한 가치 판단이라면 동물과 식물의 세계에서 도덕이란 존재하지 않는 것일까요? 그렇다면 우리가 자부하는 도덕이란 무엇일까요? 나아가 이 우주에 선과 악이라는 가치가 실제로 있는 것이기는 할까요? 양을 잡아먹는 사자는 악한가요? 만약 그 사자가 자기의 새끼를 먹이기 위해서나 스스로 배가 고파서 양을 잡아먹었다면 이것조차도 악인가요? 만약 그게 악이라면 새끼를 굶겨 죽이고, 배가 고픔에도 죽음을 택하는 사자는 도덕적 선인가요? 그러나 적어도 이 장면에서는 선과 악은 적용되지 않는 것으로 보입니다. 아니 자식의 배고픔을 해결하기 위해서나 자기의 생존을 위해서 먹이를 취하는 사자의 행위에서 선과 악의 논의와 그 논리는 차라리 구차(苟且)해 보이기도 합니다.

생존은 모든 욕망의 근원일진대, 그 생존에 어긋나는 선과 악의 논의는 무언가 의심쩍어 보입니다. 대의(大義)를 위해 목숨을 바치는 것을 우리는 칭송합니다. 그런데 그 대의가 진정한 대의인지 물어볼 때 그 답은 확실치 않습니다. 더구나 서로 다른 대의들이 충돌할 때 무엇을 선택해야 할지 우리는 망설입니다. 더구나 나의 생명을 던질 만큼 커다란 대의가 몇이나 존재하는지 물어보기도 해야 할 것입니다. 나아가 나의 생명이라는 것 자체가 하나의 커다란 대의입니다.

조선 초기 자식이 아비를 살해한 사건(1428)이 발생하자 왕인 세종(世宗)은 신하들과 상의하여 그 예방책이자 해결책으로 효(孝)의 이데올로기를 전파하기 위해 삼강행실도(三綱行實圖, 1434)를 보급합니다. 이는 삽화(揷畵)를 크게 그리고 한문(漢文)으로 해석을 한 백성 교화(敎化)용 책입니다. 그런데 세종 대의 초기에는 그 내용이 자기의 살을 베어 아픈 부모를 먹이든지, 노부모의 밥을 보장하기 위해 자식을 죽이든지, 여성이 절개를 지키기 위해 자살하든지, 죽을 남편을 대신해 죽든지 하는 내용들이었습니다.

그 사례들이 맹목적 효를 위해 자기 신체 훼손과 자살, 자식 살해 등을 정당화하는 내용이었습니다. 성종(成宗) 대 판본(1490) 이후에는 이 극단적 예들의 불합리함을 깨닫고 그 사례들을 순화(醇化)

시킵니다. 그리고 본문에 한자와 더불어 한글을 삽입합니다. 그럼에도 불구하고 절개를 위해 자살하는 여성의 덕은 열녀(烈女)로서 여전히 권장하였습니다. 이후 선조(宣祖)와 영조(英祖) 대에도 계속 간행이 됩니다.

이 사례들은 당대 목숨을 걸며 지키려 한 유교적 도덕이 오히려 불합리함으로 가득 찬 이데올로기인 것은 아닌지 하는 물음에서 제기한 것입니다. 진정으로 선의 선, 오로지 그 자체로만 선한 행위, 과연 이런 것들이 존재하는 것일까요? 이런 물음은 그동안 많은 철학자가 던진 물음이었고, 플라톤이나 칸트에게도 이러한 물음은 중요했습니다.

그런데 만약 그 욕망이, 먹이의 쟁탈이나 탈취(奪取)에 관한 욕망이 본인의 생존과 상관없는, 다분히 유희와 탐욕을 위한 것이라면 그 욕망에 대해서는, 그 탐욕스러운 행위에 대해서는 아마 선과 악에 관한 논의가 가능할 것입니다. 즉 윤리적으로 선한지, 혹은 악한지 등에 대한 주관적 혹은 객관적 평가를 할 수 있을 것입니다. 나아가 과연 양을 공격하는 사자나 공격당하는 양에게서 공격과 도피 행위에 대한 도덕적 가치 판단이 도대체 가능한 것이기는 할까요? 즉 그 행위가 선하니, 혹은 악하니 하는 판단을 할 수 있는 가능성이 있을까요?

선악에 관한 판단은 도덕적 판단입니다. 무엇이 도덕적이냐고 물었을 때 그 판단은 배후에 무엇이 좋거나 옳고 무엇이 나쁘거나 그르다는 판단이 들어가 있습니다. 다시 진정으로 좋은 것은 무엇이고, 진정으로 옳은 것은 왜 옳은 것이냐는 문제는 더 많은 논의를 요구합니다. 무엇이 옳은 것이라는 판단은 반대로 다른 무엇은 옳지 않다는 판단을 수반합니다. 옳지 않은 것이 있어야만 옳은 것이 있고, 옳은 것이 있어야만 옳지 않은 것이 있습니다. 무엇이 도덕적이라는 판단은 다시 여타의 것은 비도덕적이라는 판단을 수반합니다. 이 역시 변증법적 사유 과정입니다. 변증법적 사유는 그래서 발전의 과정입니다. 보다 고차적으로, 앞쪽으로 나아가는 과정입니다. 사물의 한 면만 보고 판단한 섣부른 의식은 다시 사물의 다른 면으로 인해 섣부름을 지양합니다. 역사는 꾸준히 발전하고 사유도 꾸준히 나아갑니다. 끝없는 상승, 그것이 변증법입니다.

헤겔이 세계사를 살펴보는 과정도 그렇습니다. 헤겔이 살필 때 고대 중국에서는 천자(天子), 즉 황제 1인만이 자유롭습니다. 그러나 이후 고대 그리스에서는 아테네 시민이라는 소수(少數)가 자유롭습니다. 이후 헤겔의 당대 프로이센에서는 만인(萬人)이 자유롭습니다. 헤겔이 자기의 조국을 너무 이상화시키지 않았나 하는 의심은 들지만 이는 헤겔이 역사 전개를, 자유 정신의 전개로 견주어 하나의 예로 든 것일 뿐입니다. 이러한 발전의 도식에서 예외가 되거나 제외되는 것은 세계 내에 예외가 없습니다. 흥미로운 것은 아직 당대의 떠오르는 신대륙의 미국을 장래 거대 국가로서 중추적인 역할을 하는 나라로 예언적으로 설명하는 부분입니다. 자유의 이념이 확대되어 미국이라는 나라를 구성하는 것으로요.

프랑스 혁명 당시에 미국은 동부 몇 개 주만을 차지한 영국의 식민지 정도에 그쳤습니다. 이후 프랑스가 미국의 영국으로부터의 독립 전쟁을 지원하는 역할을 합니다. 당시 북미 대륙의 중부 루이지

애나 지방은 프랑스의 식민지였습니다. 이후 나폴레옹 보나파르트 때 유럽 정복 전쟁을 수행하면서 그 전비를 마련하기 위해 나폴레옹은 루이지애나의 매각을 미국 외무부 장관에게 제안하고 1천5백만 달러에 매각합니다(1800). 미국의 입장에서는 드넓은 영토를 헐값에 사들이는 거래의 성공을 보여주기도 합니다. 남쪽으로는 멕시코와 전쟁을 해서 영토를 넓히고, 플로리다 등은 스페인으로부터 확보합니다(1819). 알래스카는 러시아로부터 720만 달러에 사들입니다 (1867).

러시아는 당시 영토확장에 여념이 없었습니다. 얼지 않는 항구, 즉 부동항을 얻기 위해 발칸반도 유역의 흑해 쪽으로 남진하고 있었고, 유럽의 열강이나 오스만튀르크는 이를 막으려 열심입니다. 러시아가 동쪽으로 부리나케 영토를 넓힙니다. 시베리아로, 그리고 해협을 건너 알래스카까지 진출합니다. 그 이유 중의 중요한 한 가지는 담비(marten)를 사냥하여 그 가죽을 얻기 위함입니다. 담비 가죽은 아주 고급 의류의 소재로써 당대 유럽 귀족들에게 인기가 많았습니다. 이에 대한 내용은 상권(313쪽)에서 잠깐 언급했습니다.

헤겔은 변증법을 정과 반으로만 설명하기도 하고 여기에 더해 합을 상정하기도 합니다. 중요한 것은 정과 반의 대립과 갈등, 그리고 통합의 역동적 운동입니다. 존재와 무(無)가 만나면 생성(生成)으로 종합이 됩니다. 단순한 위계의 산술적 합침이 아니라 생성이라는 전혀 다른, 한 차원 높은 단계에서 종합이 됩니다. 높이어집니다. 다시 이 생성과 소멸은 현존(現存)의 문제로 높여지고 종합됩니다. 현존이라는 말은 현존재라는 말인데 이는 마르틴 하이데거가 구사한 용어입니다. 실존적 인간으로서 현재에 처한 인간이라는 말입니다. Da-sein이라는 말을 씁니다.

돌은 그냥 있습니다. 아무 의식도, 자각도, 자기의 처해 있음에 대한 그 어떤 의식도 없습니다. 그냥 있는 것입니다. 그러나 인간은 어떻습니까? 인간은 과거를 회상하고 후회하고 반성하고, 미래를 염려하고 두려워하고 그러면서 현재는 불안에 점유된 채 살고 있습니다. 이 특유한 시간 의식이 이러한 염려 등을 낳을 수도 있습니다. 실존주의적 인간입니다.

생성과 소멸, 출생과 죽음은 삶에서 드높여집니다. 죽음에 관한 의식, 죽음 의식이 전무한 인간은 인간일 수 없습니다. 하이데거가 말했듯 우리는 '죽음을 향한 존재자(Sein Tode)'입니다. 죽음에 관한, 사라짐에 관한 의식을 지니고 있기에 우리는 불안하고, 염려하고, 공포에 젖습니다.

하이데거는 대상이 있는 공포가 '두려움'이며, 대상이 없는 공포는 '불안'이라고 말합니다. 그래서 우리 인간은 본래적으로 불안합니다. 그 불안의 근원은 무엇일까요? 제 생각엔, 아마 이것이 하이데거의 생각이기도 할 듯한데, 바로 시간 의식을 지니고 있기 때문입니다. 그래서 그의 주저가 존재와 공간이 아닌, 『존재와 시간』일 것입니다.

키르케고르도 마찬가지입니다. 이 덴마크 철학자의 주저 중의 하나는 『죽음에 이르는 병』입니다. 인간 존재자의 근원적 불안, 존재자의 근원적 떨림… 결국 이것들이 죽음으로 이끄는 병이라고 말하면서 이 존재적 고독이 우리가 처한 절망의 원인이라고 말합니다. 결국 그는 신으로의 향함과 신과 나와의 단독적 대면을 통해 나의 실존을 내가 입증하고 이를 극복해야 한다고 설파합니다.

중세 철학이 이 생(生)과 사(死), 출생과 죽음, 삶과 죽음에서 지나치게 죽음의 문제에 천착했던 것은 바로 이 인간의 유한함에 그 절망감이 지나치게 컸던 탓입니다. 미(未)-발달한 과학과 척박한 환경, 그것에 의존한 채 생을 영위해야 하는 인간의 고통, 그 고통을 상쇄하기 위해 인간의 의식에서는 기댈 언덕으로서 종교가 발달할 수밖에 없습니다.

그들은 자기 존재 조건의 부족을 종교의 힘을 빌려 보충하고, 의식의 나약함을 신앙을 통해 강하게 변신시키려 한 것입니다. 헤겔의 관점에서 보면 이건 결국 죽음 일방의 지나친 횡포입니다. 출생과 죽음, 생과 사의 문제에서 죽음의 영역이 삶의 영역까지 훼손하면서 이 종합이어야 할 생이 억압되었습니다.

키르케고르의 시각에서는 인간은 근원적으로 불안해하는 존재자입니다. 그 불안은 결국 우리가 의식을 가지고 있기 때문이며 그렇기 때문에 무엇을 의심하거나 믿습니다. 해소되지 못한 죽음에 대한 불안이 우리 존재자를 밑동에서부터 흔들고 있는 셈이지요. 그는 이것으로부터의 탈출을 '도약(跳躍)'으로 설명합니다. 차분히 수열처럼 진행되는, 흡사 헤겔식의 (의식에서의) 진보가 아니라 일순간, 특출한 경험이나 자각을 통한 뛰어넘음, 즉 도약을 말합니다.

키르케고르에서는 인생은 선형의, 수열의 진행이나 후퇴가 아닙니다. 일순간 도약하거나 일순간 파멸합니다. 의식은 차원을 건너뜁니다. 의식하는 인간은 차원을 달리하고 세계를 달리합니다. 그것이 실존주의에서의 인간관입니다. 그럼에도 불구하고 키르케고르의 철학에는 헤겔 철학의 영향이 보입니다. 지금의 나, 여기의 나는 내가 서 있지 않은 곳, 내가 겪지 않은 시간에서 다시 보충해야 하고 재정립해야 한다는 면에서 그렇습니다.

인간은 자기가 있는 곳에서 자기가 있지 않은 곳을 의식하고 상상합니다. 우리는 살아 있는 이곳에서 더 이상 살아 있지 않을 미래, 즉 죽음을 의식하고 그것을 통해 삶을 바라보기도 합니다. 이것은 능력일까요? 결핍일까요? 유발 하라리(Yuval Noah Harari, 1976~)는 그의 저서 『사피엔스, *Sapiens: A Brief History of Humankind*』(2011)에서 인류가 다른 동물과 달리 인류로서 진보할 수 있는 능력을 그 첫 번째로 상상력에서 찾습니다. 상상력이란 지금 지니고 있지 않은 것, 지금 존재하고 있지 않은 것, 현재 이루어지지 않고 있는 것에서 지금 혹은 언젠가 가지는 것, 존재하는 것, 이루어지는 것을 떠올리는 것을 말합니다.

호모 사피엔스로 규정지어지는, 생각할 수 있는 능력 중에서 이성은 철저히 현재에 기반하고 상상력을 억압합니다. 현재에서 가능한 것 중에 필연적인 것과 가능적인 것을 구분하고, 필연적으로 현재에서 도출될 개연성이 있는 것들을 계획하고 이끄는 것은 이성의 능력에 속합니다. 이성이란 가능한 것들을 논리적으로 이끌어내는 것이며, 논리적이라는 말에는 일체 도약이 없습니다. 그러나 상상력이라는 말은 무엇보다도 도약시킬 수 있는 능력이며 논리적 연관에서 탈출하여 수열과 질서를 건너뛰며 구성하는 사유의 능력입니다.

인간은 주어진 시간을 묵묵히 견뎌내는 동물의 삶에서 한 단계

더 나아간 삶을 살고자 하며 현재에서 그렇게 삽니다. 물론 동물이 묵묵히 단지 자기에게 주어진 시간만을 견디어내는 생물체라는 것도 인간만의 편견일 수는 있습니다.

생물인 이상, 생명인 이상 자기에게 주어진 시간을 그냥 막연히 수동적으로 견디어내는 존재자는 없습니다. 생명은 무엇보다 주어진 것들을 극복하는 도약이고 약동(躍動)입니다. 특히 서양 철학자 베르그송이 이런 면을 강조합니다. 외부에서 주어지는 한계를 얼마나 극복하느냐가 식물이나 동물, 나아가 인간에게까지 존재자의 서열에서 차별성을 만드는 것이지 외부에서 주어지는 한계나 구속을 마저 수긍(首肯)하는 존재자는 없습니다. 생명체를 지닌 모든 것의 생존을 위한 투쟁은 그들의 목숨을 걸고 수행됩니다.

동물이라고 자기의 죽음을 두려워하지 않을까요? 주변에서 서성이는 맹수들의 움직임을 초식동물이 모르고 있을까요? 그들은 본능적으로 그런 환경에서 살아왔으므로, 살고자 하므로 그런 위험을 감지하는 능력이 본능으로 집약되어 발달되어 있을 뿐입니다. 이성이란 것도 우리의 무능력한-이는 상대적인 말입니다, 진정으로 무능력한 것은 아니지요- 생존을 보호하기 위하여 발달한 또 하나의 신체 기관에 불과한 것은 아닐까요? 이런 관점으로 베르그송은 인간의 정신에서의 지능(知能)과 이성(理性)을 구별하고 바라봅니다.

신학교를 졸업한 헤겔에게 종교가 가지는 삶과 죽음에 대한 심원한 통찰과 교훈은 분명 그에게 많은 가르침을 주었을 것입니다. "… 한 알의 밀이 땅에 떨어져 죽지 아니하면 한 알 그대로 있고 죽으면 많은 열매를 맺느니라"(『요한복음』12장 24절, 개역 개정)는 성서의 말은 그에게 분명 많은 영감을 주었을 것입니다. 씨는 움이 터야만 싹이 돋아납니다. 건조한 땅에서 씨는 아무 역할도 못 하는 그냥 사물일 뿐입니다.

씨가 땅에서 썩어야 싹이 납니다. 그리고 그 싹이 열매를 맺습니다. 하나의 원(圓)은 나중의 많은 원을 그리고, 하나의 작은 원은 나중의 거대한 원을 결국 그리게 됩니다. 작은 원 하나가 발전하여 대지를 가득 채우는 거대한 원이 됩니다. 이것이 헤겔의 변증법적 사유이고 철학입니다. 그 이전의 많은 철학자의 사유는 헤겔 철학이라는 거대한 원을 낳게 한 작은 원들에 불과했습니다.

『서양철학사』를 저술한 힐쉬베르거(Johannes Hirschberger, 1900~1990)는 헤겔의 철학을 전체성(全體性)에 관한 전형적 사고로서, 집합적(集合的)이고 원자적(原子的)인 사고와 반대되는 것으로 기술합니다. 역시 『서양철학사』를 저술한 러셀은 다음과 같이 헤겔의 철학을 전체론(全體論)적인 것으로서 비판합니다. 전체성에 관한 사고는 언제나 전체적인 살아 움직이는 내용으로부터 출발하지만, 우리들이 인식을 할 때 그 대상들에서 붙잡게 되는 것은 그 전체적인 것들로부터 끄집어내는 것이며 찢어내는 것이라고 말입니다.

여기서 전체적인 것을 우리는 유기적(有機的)인 것으로 고쳐서 봐야 할 것 같습니다. 생명을 지니고 있지 못한 사물, 물건에서는 단순한 분리는 비-생명에서 비-생명으로, 그냥 단순한 분리 이상의 것을 지니고 있지 않습니다. 이(2)를 일(1)로 분리하면 같은 두 개의 일(1)이 나오듯이 말입니다.

그런데 생물체에서 그의 일부를 분리해 내면 이 분리된 것은 이전의 같은 기능과 성격을 상실합니다. 신체에서 팔이나 다리, 머리나 심장을 별도로 분리했다고 칩시다. 그것이 분리되기 이전의 팔이나 다리, 머리나 심장이 수행하던 기능을 그대로 수행하고, 이전의 것과 차이가 없을 수가 있습니까? 또 분리되기 이전의 전체의 신체와 머리나 심장이 분리된, 아니 팔이나 다리 하나라도 분리된 신체가 이전의 신체와 동일한 생명의 기능을 수행할 수 있습니까? 지금도 팔 다리 등의 접합수술은 고도로 어려운 수술 중의 하나입니다.

사물들은 이렇게 분리(分離)시키는 데서만 그들 서로 대립합니다. 생명체에서의 분리라는 개념은 무-생물체에서의 분리와는 격을 달리합니다. 그냥 끄집어서 절단하는 것이 생명체에서는 질적으로 다른 결과들을 낳습니다. 그럼 헤겔은 어떠한 관점을 유지하고 있었을까요? 그는 생명체를 유기체로, 전체를 유기체로 간주하는 입장에 서 있었을까요? 아니면 단순한 사물처럼 전체라는 것을 분리 가능한 사물의 집합 정도로 간주하였을까요? 제가 볼 때는 전자의 입장에 가까운 것으로 이해합니다.

사물은 전체로 볼 때 서로 분리되지 않습니다. 책상의 다리는 상판과 분리할 때만 책상 다리인 것이지 책상이라는 전체에서는 분리와 구별이 있을 수 없습니다. 책걸상도 서로 책상과 의자로 분리할 때만 그렇게 불리고 그 기능상 구별될 뿐이지 학생이 공부를 하기 위해 앉는 도구로 같이 불릴 때는 서로 구별되지 않습니다. 전체 안에서는 일체 구별이란 무용(無用)하며 구별해 내는 행위 자체가 작위적(作爲的)입니다.

그러나 사람들은 사물의 전체에서 일부를 끄집어내고, 그렇게 작위적인 사물에서 다시 분리를 합니다. 그들은 인위적으로 구별시킨 것에서 다시 구별하여 무수히 쪼개냅니다. 그러면서 분리된 사물들은 다른 분리된 사물들, 혹은 분리된 몸통과 적대하고 대립하게 됩니다. 이것이 구별(區別)이고, 구별의 폐해(弊害)입니다.

대립된 사물은 본질적으로, 본성적으로 대립하는 것이 아닙니다. 그러나 사람들은 그 대립하는 것에서 모멘트를 찾고, 그 분리된 것에서 계기를 만들어냅니다. 이러한 비판을 러셀의 비판에 대비(對比)해 살펴보면 러셀은 헤겔이 거대한 전체성을 위해 작은 개인성과 소수성을 희생시킨다고 주장합니다. 이는 자유주의적인 주장으로, 거대한 전체와 조그만 소수는 통상적으로 늘 대립해 왔고, 전체는 자기의 이익을 위해 소수를 희생시켜 왔다는 역사적 관찰에 근거합니다.

예를 들어 서구 민주주의의 발전에서 국가라는 전체는 개인이라는, 인간이라는 구체적 소수를 늘 박해해 왔던 것은 일면 사실입니다. 그러나 이 관점에서 빠진 것은 헤겔의 관점에서의 국가는 국가와 개인이, 다수와 소수가 분리된 사물의 단순한 집합이 아니라, 즉 개인의 숫적 연합으로서의 자유주의적 관점에서의 국가가 아니라, 개인과 소수가 유기체가 되어 움직이는 유기적 전체라는 말입니다. 개인이나 소수, 그리고 전체와의 이익의 조화가 늘 대립하는 것만은 아니라는 얘기입니다.

헤겔의 국가 내부에는 가족, 사회, 개인… 이러한 모든 소수성이 포함되어 있습니다. 플라톤의 국가론이나 헤겔의 국가론을 러셀이

지나치게 걸러내어, 논리적 구조에서, 자유주의적 관점에서 정치적인 해석을 가하니 벌어지는 결론입니다.

우리가 사물의 일면만을 살펴본다면 그 대상은 참되지 않은 것으로 보이지만, 헤겔의 관점에서, 절대 지식의 관점에서 모든 관계가 다 발견되고, 모든 비밀이 다 해소되었을 때 전체적인 진리는 개시(開始)되고 완성됩니다. 변증법은 전체로 나아가는 과정이며 운동입니다. 그래서 그 과정의 진리는 진리로 각인되지 않고 흡사 비-진리로 보이기까지 합니다. 그러나 결국 전체의 완성에서, 그 종국에서 이 변증법적 운동은 자신의 운동이 진리로 가는 운동임을 우리에게 보여줍니다.

진리는, 변증법적 운동에서의 진리는 자신의 운동 중에 많은 모멘트를 가지고 그것을 틈틈이 우리에게 보여주며, 그 모멘트로 다시 자신의 방향을 잡아 운동을 재개합니다. 운동 중에 결함으로 인식되는 것, 후퇴로 인식되는 것, 반동으로 인식되는 것은 모멘트가 자신을 새로운 방향으로 내뻗기 위한, 운동을 섬세하게 완성하기 위한 제스처(gesture)일 뿐입니다.

모멘트, 동기란 결함이 아니라 보충입니다. 원인이 아니라 원인의 이음입니다. 헤겔이 그의 변증법으로 읽어내지 못한 인간의 역사, 의식의 흐름, 세계의 전개 등은 없습니다. 그에게서는 그의 변증법이라는 도구로 모든 사물과 세계를 독해하고 그가 제시한 사물과 세계는 변증법이라는 도구로 해석한 거대한 철학책입니다. 그 책은 너무도 거대하고, 또한 촘촘해서 그 책의 그물에 걸리지 않고 넘어간 세계의 사물과 현상은 없었습니다. 치밀하고 섬세하고 거대한 헤겔

의 체계, 그래서 헤겔 이후에 더 이상 철학이란 것이 가능한가? 라는
물음이 나왔던 이유일 것입니다.

니 체 철 학

(1844~1900)

—

신(神)의 죽음과 시대(時代)

니체, 1875년.

철학을 한다는 것은 철학적인 관점으로 인간과 인간이 속한 세계를 바라본다는 말입니다. 이것을 철학적 마인드(philosophical mind)라고 할 수 있을 것입니다. 법을 공부하다 보면 법적 마인드(legal mind)가 형성됩니다. 그렇다면 이후에는 법적 개념과 용어로 인간의 삶을 설명할 수 있을 것입니다.

예술 또한 그렇습니다. 음악을 하는 사람은 사람들 걸어 다니는 발자국 소리에서 박자(拍子)를 느끼고 그 소리의 높낮이를 떠올릴 것입니다. 미술을 하는 사람은 창가에 비치는 빛이라도 평범한 사람과 다르게 느낄 것입니다. 마인드는 혹 개념이라고 부를 수도 있을 듯합니다. 특정 개념이 우리에게 형성되면 우리는 그 개념으로 사물과 세계를 바라다봅니다. 그리고 그 개념에 사물과 세계를 끼워 맞추기도 합니다. 니체의 용어로 한다면 '관점(perspect)'이라고 할 수 있을 것입니다.

프리드리히 니체(Friedrich Wilhelm Nietzsche)는 '신은 죽었다'는 말로 유명한 철학자입니다. 이때 그가 말하는 신을 잘못 파악하면 종교적 논쟁에서 흔히 보이는 담론(談論)으로 국한하게 됩니다. 신이 지금 살아 있느냐 죽었느냐 하는 그런 논쟁 말입니다. 그런 논의는 물론 일정 부분 필요하지만 니체가 말하는 신과 신의 죽음은 그렇게 협소(狹小)한 의미만을 지니고 있는 것은 아닙니다.

전통적으로 철학에서 '신(神)'으로서 상징되어 왔고 함의되어 왔던 그런 논의의 연장에서 부르는 신입니다. 인간 위에 선 신으로 불리는 자가 실제 살아 있는지, 죽었는지 혹은 애초에 존재하지 않았는지, 지금은 잠시 부재(不在)중인지 혹은 살아 있다면 그 형태는 어떠한지 등은 철학에서 다루는 문제가 아닙니다. 그럴 필요도 없습니다. 이런 부분은 경험적으로 발견(發見)과 검증(檢證)을 필요로 하는 부분인지라 나날이 발전하고 있는 과학 등의 경험과학에서 다루면 적합한 문제일 것입니다. 혹은 신이 거주하고 있는 행성에 대한 탐구의 문제라면 천문학이나 우주를 다루는 학문에서 해야 할 것이고요.

신의 죽음을 위와 같은 관점으로 본다면 신과 그의 죽음이라는 문제는 하나의 사건(事件)에 지나지 않습니다. 그 사건이 실제 발생했는지가 중요할 뿐입니다. 그러나 철학에서 중요시하는 문제는 사건에서 나아가 그 사건이 지니고 있는 의미입니다. 그리고 그 사건을 만드는 관계입니다. 이런 차원에서 니체가 말하는 신의 죽음을 바라본다면 그가 말하는 이 선언(宣言)이 단순한 사건을 넘어 인간에게 던지는 진중한 함의를 깨달을 수가 있을 것입니다.

또한 이 의미는 단순히 종교에서 말하는 믿음과 복종의 대상으로서의 명제가 아닙니다. 신앙을 그 생명으로 하는 종교가 니체가 말하는 무례(無禮)한 '신의 죽음'에 대해 종교적인 차원에서 그 의미를 논박(論駁)하는 것은 가능하나 마치 니체의 철학을 하나의 종교적 배격 대상으로 삼아 무신론(無神論)의 혐의(嫌疑)로 비판하는 것 또한 타당하지도 적절하지도 않습니다. 그러므로 철학에서 다루는 신은 과학과 종교에서 다루는 신과는 그 뜻을 달리하여 받아들이고 사유해야 합니다. 그렇다면 철학에서 이 '신의 죽음'이 수반하는 문제는 다분히 윤리적이고 형이상학적 문제와 논쟁을 산출합니다.

그런데 단지 과학적인 문제로 이를 상정하고 따라서 과학적인 관점으로만 보았을 때는 탐구와 실험의 대상으로만 국한되는 문제들이, 그 영역을 침범하여 종교적인 문제로 확장될 때는 그 뉘앙스가 심히 달라집니다. 또 단지 종교적 신앙의 문제이기만 한 것이 윤리적·형이상학적 함의를 갖고 다른 분야에 등장하고 확장될 때는 이러한 담론은 한 사회, 시대를 지배하고 구속하는 거대한 이데올로기로 변질되고 확장됩니다.

지금 우리가 사는 시대에도 중동의 이슬람 사회, 인도, 아프리카, 동남아시아의 많은 나라들이 여전히 종교적인 문제들로 국가 내부의 균열을 일으키며 사회의 골치 아픈 분쟁거리로 남아 있기도 합니다. 유럽이나 미국의 경우도 다르지 않습니다. 중세에는 종교의 문제는 거의 절대적인 문제였습니다. 한 사회와 국가를 지배하는 제1

의 담론이었으며, 제1의 이데올로기였습니다.

서양철학이 근대에 접어드는 시기, 특히 17세기에서는 실체에 관한 탐구와 논의가 철학자들에게 중요한 관심사였습니다. 실체란 진정으로 존재하는 것입니다. 진정으로 존재하는 것이므로 타자를 통해 등장하지 않고 타자에 기대지 않으며 오로지 스스로 산출하고 스스로 존재하는 것입니다. 쉽게 말해서 있음(有) 중에 있음(有)입니다. 존재하는 것 중의 존재하는 것입니다. 있음의 있음, 존재자 중의 존재자, 즉 진정한 있음과 진정한 존재자입니다. 무엇이 진정으로 있는 것이고 존재하는 것인가에 관한 논의입니다.

무엇이 진정으로 있는가에 관한 논의는 존재론입니다. 우리 앞에 있는 세계의 많은 사물, 우리가 감각하는 외부의 사물, 그리고 내가 생산하는 이미지와 상상력의 구성물, 그리고 그것들을 생산하며 감각하는 나라는 존재자, 이런 것들이 모두 확실히 존재한다고 말할 수 있는지 그 근원을 탐구해 나가는 학문적 태도와 방법, 그리고 목적입니다. 데카르트의 선언, 즉 생각하므로 나는 확실히 존재한다는 그의 언명(言明)은 이것을 요약합니다.

생각하는 나와 그 나로부터 연역(演繹)되는 세계는 둘 다 확실히 존재하는 것에 틀림없다는 데카르트의 인식, 그리고 그 틀림없는 것을 제공하는 신 역시 반드시 존재해야 한다는 언명입니다. 따라서 진정한 존재자, 데카르트의 용어로 한다면 의심의 여지 없는 확실한 존재자, 즉 실체를 찾으려는 그의 노력은 어떻게 나와 내 앞의 세계를 확실한 것으로 인식할 수 있는지 그 방법과 탐구의 정체성에 관한 기술로서 인식론(認識論)을 낳습니다. 그로 인해서 철학의 인식론이 시작됩니다.

지금 내 앞에서 나와 마주 앉아 얘기하고 있는 저 사람이 로봇이 아니라는 것을 어떻게 증명할 수 있습니까? 요즘 인공지능(AI)의 문제가 많이 회자되고 있습니다. 얼핏 모니터(monitor)로 보기에는 실제의 사람과 거의 차이가 없어 보입니다. 우리가 SNS 혹은 인터넷이나 TV에서 목격하는 많은 사람이, 그리고 연예인이 AI가 아니라는 것을 우리는 어떻게 증명해 낼 수 있습니까? 이 모두 데카르트적인 문제의식입니다.

중세에서의 신, 또 근대에서의 실체를 규명하려는 철학자들의 노력은 바로 이것들이 실제적으로 존재하고 있는지에 관한 존재론의 문제를 넘어 인간이 과연 그 사물들을, 내 앞의 세계의 것들을 제대로 인식할 수 있는지에 관한 인식론의 문제를 포함하고 있습니다. 사실 근대에서의 실체라는 개념은 신의 다른 이름에 불과합니다. 이미 근대 이전에 존재자 중의 존재자, 완전자 중의 완전자로서 신을 의제했기 때문입니다. 용어만 다를 뿐 사실 근대에서의 실체에 관한 탐구도 중세에서의 신에 대한 존재 증명의 추구와 크게 다르지 않습니다.

인간의 시작부터 인간을 둘러싼 환경과 인간이 살아갈 환경은 그리 녹록(碌碌)지 않았습니다. 종교는 인간의 발명품이라고 하기에는 무리가 있고 인간의 부족과 결핍으로 인해 요구된 것일 수 있습니다. 인간은 자기의 없음을 사유할 수 있기에 불안해합니다. 이는 영원히 살고자 하는 욕망만으로 부를 수는 없습니다. 이 삶이 한 번뿐이고 다시는 경험하지 않을 것이라고 다짐하고 신뢰한다 해도 이 삶을 지배하는 법칙이 있는지, 모든 것이 우연 혹은 필연인지, 도대체 이 삶이라는 것이 살 만한 가치가 있는지 등의 번민(煩悶)은 인간이라면 누구나 수행합니다. 고통(苦痛)이 무엇인지 설명하라고 하면 어려울지라도 인생은 고통이라고 하면 대개는 수긍합니다. 즐거운 것을 고통이라고 하지는 않기 때문입니다. 정의할 수는 없어도 공감합니다.

나의 죽음은 나의 부재를 달리 표현하는 것입니다. 그리고 허무하다는 것은 죽음이라는 필연 앞에 내가 살아가기 위해 고군분투하는 이 모든 것들이 그 제대로 된 가치를 상실할 때 나타나는 분위기이며 감정입니다. 그 허무로 인해 이왕 그럴 바에야 제대로 즐기면서 살아보자는 태도가 도출되든지, 아니면 차분히 인생을 정리하면서 조용히 남은 시간을 영위하든지 등은 막상 정반대로 나타나는 삶의 모습들이지만 그 태도를 도출한 근원은 허무라는 것에 이 상반된 태도의 공통점이 있는 것입니다.

이렇듯 죽음은 부재(不在, 없음, be not, absence)를 낳고 부재는 허무(虛無, nothingness, nihility)를 낳고 허무는 이를 수용하는 사람의 태도에 따라 유희(遊戲, play)를 낳기도 은둔(隱遁, recluse)을 낳기도 합니다. 니체가 신의 죽음으로 말하고자 하는 것도 위의 틀에서 크게 벗어나지 않습니다.

수열을 따라가 보면 최초의 숫자 일(1)이 나타납니다. 일은 있음의 개시이며 출발입니다. 일이 있어야만 존재자는 질서를 맞추어 등장합니다. 이 존재자의 수 아래에는 없음을 말하는 근원의 숫자 영(零, 0)이 있습니다. 태양계에서 행성의 운동에 종국적인 영향을 주는 행성은 결국 태양입니다. 이렇게 다른 존재자를 파생시키는 근원적인 존재자, 그것이 실체입니다. 자기의 존재에 관해 스스로 정의하는 존재자, 자기의 존재에 타자가 필요 없는 존재자, 타자에 의존하지 않는 존재자, 그것이 실체입니다. 그리고 말했듯 근대에서의 실체는 신의 다른 이름에 불과합니다.

니체가 신의 죽음을 말할 때 이 신은 그런 의미입니다. 17세기에 이 실체라는 문제에 철학자들이 매달렸던 이유도 이것 때문입니다. 따라서 데카르트가 제1의 실체성을 신에게 부여하고 그것으로부터 파생된 제2의 실체성을 사유와 연장에 부여한 것도 마찬가지의 이유에서 기인합니다. 데카르트가 목적했던 것은 중세의 혼돈한 존재론으로부터 존재의 확실성을 끄집어내고자 하는 노력이었습니다. 그리고 혼돈한 시대에 사는 인간의 삶을 토대 짓기 위해서 인식의 확실성을 입증하고자 노력하는 것이었습니다. 그에 의하면 설령 의심스러운 감각 일체를 거부하고라도(그러나 사실 데카르트는 감각의 확실성을 거부한 것이 아니라 그 한계를 인정하였을 뿐입니다) 이성적 인식의 확실성은 어떤 것에 의해서도 거부할 수가 없는 것이었습니다.

중세의 철학자도 신의 철학적 지위와 그 요청이 이렇게도 분명했기에 그의 존재에 대한 증명을 위해 노력했습니다. 신이 실제로 존재하든 존재하지 않든, 그것을 논리적으로 증명해 내는 것은 그 실재성 여부와는 상관없는데도 이렇듯 아주 중요한 문제였습니다. 그들의 논의에서 최초의 준거점이자 아르키메데스의 점으로서 신이라는 문제는 위치하고 있습니다. 따라서 라이프니츠도 이런 문제를 인식한 나머지 신의 존재 문제에 대해서 그의 실존을 옹호하는 입장을 선택합니다. 이런 견해는 호교론(護敎論, Apologetics), 혹은 변신론(辯神論, 신정론, 神正論, theodicy)으로 불립니다.

칸트는 신의 존재는 이성적으로 논증하거나 증명할 수 없는 문제라고 간주합니다. 그렇다고 신이라는 문제에 대해 단지 알 수 없다는 식으로 접근하는 것이 아니라 도덕적으로 요청된 존재자, 즉 도덕적으로 요청된 신이라는 입장으로 접근합니다. 신은 이성적으로 증명하는 것보다 윤리적인 문제로서 요청된 신이라는 입장입니다.

인간의 존재 기반, 인간의 도덕적 행위의 기반을 제공해 주기 위해서는 반드시 신이 있어야 한다는 얘기입니다. 그렇지 않으면 악행만 저지르고 행복하게 살다가 죽는 사람들, 혹은 선하게만 살았는데 불행만 겪다 죽는 사람들이 가득한 세계는 불합리할 것임이 분명하기 때문입니다. 이런 세계는 이성적으로도, 도덕적으로 납득할 수 없는 세계가 될 것입니다.

니체가 말하는 신의 죽음은, 그가 이것으로 표현하고자 하는 문제는 이런 의미까지 포함합니다. 특히 서양의 정신세계는 비단 종교와 철학의 문제뿐만 아니라 일상의 문화에까지 신의 의미가 직접적으로 파고들어가 있습니다. 그 간접적 영향까지 말한다면 거의 서양 문화의 전부라고 말해도 좋을 것입니다. 이렇게 서양의 정신 구조 전부를 떠받치고 있는 대들보를 니체는 공격하고 있습니다. 그 대들보가 받치는 건물이 진정으로 튼튼한 구조인지 그것을 그는 의심하고 공격하는 것입니다.

로마의 성베드로 성당(Basilica Sancti Petri)은 예수의 제자인 베드로의 무덤 위에 세워져 있습니다. 서양의 성당은 전통적으로 유명한 성인(聖人)이나 수도사(修道士)의 무덤 위에 세워집니다. 아니 성당이 무덤의 역할을 하고 있다고 할 수 있으려나요. 대개 공동묘지도 성당의 내부나 주변에 있습니다. 베드로는 예수로부터 천국의 열쇠를 받은 제자로서 가톨릭의 제1대 교황이기도 합니다. 이 로마에 시스티나 성당(Aedicula Sixtina, 시스티나 경당, Sistine Chapel)도 있는데 그 천장의 벽화를 유명한 화가 미켈란젤로가 그립니다. 원래 미켈란젤로는 조각가 출신입니다. 그의 명성이 대단했던지라 당시 교황 율리오 2세(Iulius II)가 그를 불러 천장의 벽화까지 그리라고 합니다. 미켈란젤로는 완곡히 거부하지만 교황의 계속되는 강요에 굴복하고 천장의 벽화를 그리기 시작합니다.

이탈리아에서 조각에 쓰는 암석은 대리석입니다. 대리석은 강도가 약해서 가공이 쉽습니다. 우리나라에서 많이 쓰이는 화강암과 다르지요. 미켈란젤로의 조각 중에 유명한 것들이 많이 있지만 성모마리아가 예수를 안고 있는 피에타(Pietà)를 보면 옷자락의 질감까지 아주 섬세하게 표현을 한 수작(秀作)입니다. 다비드상(David像)도 그렇고요. 피에타를 조각하고 미켈란젤로는 아주 만족한 나머지 조각의 옷자락에 자기의 이름을 새겨놓기까지 합니다. 당시 이 상을 조각한 조각가가 누구인가에 관해 소문이 자자(藉藉)했나 봅니다. 나중에 그는 이렇게 서명을 해 놓은 것을 후회했다고 합니다.

하여튼 시스티나 경당 천장에 그림을 그리면서 미켈란젤로는 다른 조수 인력들을 모두 내보내고 홀로 작업을 했다고 합니다. 이 그림이 『천지창조(天地創造)』(1512)입니다. 교황은 성당의 천장화가 잘되고 있는지 수시로 미켈란젤로를 찾아와 독촉하고 간섭을 했나 봅니다. 이 때문에 미켈란젤로는 작업의 중노동과 간섭으로 많은 스트레스를 받았다고 합니다.

얼마 전에 우리나라의 한 연예인의 미술작품이 회자가 되었는데, 과연 여러 명이 협업을 한 작품이 한 개인의 고유한 작품이 될 수 있느냐는 문제였습니다. 결론은 대법원에서 무죄판결을 받은 것으로 압니다. 서양에서는 이러한 일들이 관례였습니다. 주요 작가는 스케치나 큰 개요를 만들고 조수들은 디테일(detail)한 작업을 합니다.

『최후의 심판』(1541)은 교회를 보호해야 할 세속 군주인 신성로마제국의 카를 5세(Karl V)가 거꾸로 로마를 쳐들어와 약탈(1535)한 것에 분노하여 교황 클레멘스 7세(Clemens VII)가 미켈란젤로에게 의뢰한 작품입니다. 시스티나 경당의 서쪽 벽에 그려진 벽화입니다. 이 그림은 그림의 인물들이 모두 나체(裸體)를 하고 있는 모습을 보고 신의 경건성에 위배된다고 한바탕 교황청에서 소란이 벌어집니다. 결국 미켈란젤로의 제자가 덧칠하여 노출 부위를 옷으로 가리고야 맙니다.

그런데 왜 옷을 벗고 있으면 불경한 것일까요? 노출하면 교회의 경건성에 위배되는 것일까요? 그러한 노출을 인간이 만든 옷으로, 혹은 무화과 나뭇잎으로 가려놓으면 오히려 인간의 죄 많음이 가려지는 것일까요? 지극히 인간적인 편견에 기인한 것으로 보입니다. 오히려 성서에서는 신의 계명을 어겨 과실을 먹은 인간이 자신의(?) 부끄러움으로 가리는 것이 나체(치부, 恥部) 아니었던가요?

오히려 고대 그리스에서는 인간의 나체를 가장 아름다운 것으로 간주하였습니다. 그래서 4년마다 열리는 올림피아드 경기에서도 선수들은 나체로 경기를 치렀습니다. 지고한 올림피아드의 신들은 나체로 많이 그려지거나 조각되었으며 옷을 입었어도 적어도 발은 맨발이었습니다.

이러한 전통은 로마 제국 시대에도 이어집니다. 로마인도 그리스의 조각이나 회화를 아주 좋아했습니다. 그러나 진품(眞品)들은 수량이 한정되어 있어 각자의 가정에 그 모조품을 들여놓는 것이 유행이기도 했습니다. 발굴된 로마 제국의 유적에 그리스 조각의 모사품들이 많이 발견되는 이유입니다. 그들 역시 최고의 존경심을 표하는 신의 조각상은 예외 없이 맨발이었습니다. 공화주의자에게 암살된 카이사르(Gaius Julius Caesar, B.C. 100~B.C. 44)를 이어 본격적인 황제정 시대를 연 아우구스투스(Gaius Julius Caesar Octavianus, B.C. 63~B.C. 14)는 신의 지위로 존중되었기에 그의 조각상은 맨발입니다. 이렇게 본다면 신이 왜 의복(衣服)이 필요한지, 왜 신이 나체를 하면 불경(不敬)한지, 그가 창조한 나체가 무엇이 부끄러운지 의문입니다.

니체는 어릴 때의 별명이 '꼬마 목사'[145]였을 정도로 아주 진지한 성격이었으며 독실한 루터교 가정에서 자랍니다. 아버지는 루터교 목사였습니다. 칸트 또한 그랬습니다. 독실한 루터교 가정에서 자란

---

145 "열두 살짜리 니체를 사람들은 '꼬마 목사'라고 불렀고, 니체는 자신을 '교회의 무덤 근처에서 태어난 식물'이라고 묘사하기도 했다"(뤼디거 자프란스키, 『니체-그의 사상의 전기』, 401).

청년 니체, 1861년.

위대한 두 철학자입니다. 니체는 그의 친구들이 장난하고 뛰어놀 때 그보다는 진지한 얘기를 하기 좋아하고, 좀 철학적인 기질이 다분했습니다.

또 니체는 음악을 아주 좋아했습니다. 스스로 작곡(作曲)도 하고, 작시(作詩)도 하고, 피아노 연주도 했습니다. 곡(曲)을 만들어 나중에 그의 음악 동료들이 그 곡을 연주하는 것을 보고 무척 기뻐하기도 했습니다. 이것이 아마 음악가 바그너(Wilhelm Richard Wagner, 1813~1883)와 친하게 된 정서적 계기였을 것입니다. 문학적으로도 소질이 있어 시도 짓고 그랬습니다. 그리스어, 라틴어 등은 잘했고 수학은 상당히 못했습니다. 심지어 부족한 수학 성적 때문에 유급(留級)당할 처지에 놓이자 교사가 이 천재를 수학 때문에 유급시켜서는 안 된다고 하여 구제되기도 합니다. 수영(水泳)을 즐겨하고 잘했습니다.

바그너가 만들고 그와 그의 음악을 기념하는 바이로이트 축제(Bayreuther Festspiele)는 바그너 생전부터 지금까지 매년 거행되고 있습니다. 바그너와 그의 음악은 제2차 세계대전 때 유대인을 비롯한 소수인들을 학살했던 홀로코스트(Holocaust)의 실행자이자 당시 독일의 총통인 히틀러(Adolf Hitler, 1889~1945)가 좋아했습니다. 따라서 지금도 유대인은 바그너를 경원(敬遠)시하고 바이로이트 축제에도 참가하지 않으며 바그너의 음악은 공식적인 행사에서 연주(演奏)되지 않습니다.

얀 페르메이르(Johannes Vermeer, 1632~1675), 『우유를 따르는 여인, The Milkmaid』, 1658년 작.
: 페르메이르는 히틀러가 좋아했던 화가로 알려져 있다. 그의 『진주 귀고리를 한 소녀, Meisje met de parel』(1665)는 레오나르도 다빈치의 『모나리자』와 대비될 정도이다. 제2차 세계대전 종전 무렵 오스트리아의 갱도(坑道)에서 나치가 숨겨놓은 미술품들 중 페르메이르의 작품이 발견되었다. 이는 나치 공군 총사령관(제국 원수)인 헤르만 괴링(Hermann Wilhelm Göring, 1893~1946)의 소유였다. 그러나 실은 이 작품들은 네덜란드의 한 반 메이헤런(Han van Meegeren, 1889~1947)이라는 자의 위조였다는 것이 나중에 밝혀진다. 그의 위조 목표는 자기의 실력을 인정하지 않는 미술 평론가들에게 골탕을 먹이는 것이었고 그 계획은 성공했다. 역대 최고가로 자신의 페르메이르 위조품이 팔리기도 한 것이다. 괴링의 것도 실은 위조품이었다. 그런데 괴링이 구매금액으로 준 돈도 모두 위조지폐였다.

초기에 무정부주의자로 활동할 만큼 진보적이었던 바그너와 그의 음악이 점점 더 니체가 보기에는 데카당(décadent, 頹廢人)의 혐의(嫌疑)를 더해 간 것입니다. 바그너는 이미 쇼펜하우어의 철학에 심취해 있었습니다. 그래서 자기 아들뻘인 젊은 철학자 니체가 저서에서 자기를 칭찬하고 더구나 음악에 대한 식견(嫌疑)까지 보여주니 아주 좋아했습니다. 둘의 관계는 아주 친밀하였습니다.

니체는 초기에 바그너와 친교를 유지하지만 나중에는 반유대주의나 게르만 민족주의적 성향을 그의 음악과 사상에서 발견하고 이후 둘의 관계는 완전히 단절됩니다. 바그너의 음악은 점점 더 독일 민족주의 성향을 더해 갔고 더군다나 기독교적인 색채를 갈수록 더 띠게 됩니다. 이를 니체는 견디기 어려워했습니다.

에드바르트 뭉크(Edvard Munch, 1863~1944),
『니체, Friedrich Nietzsche』, 1906년 작.

니체는 초기에 철학자로서보다는 문헌학자(文獻學者)로서 그 역량을 인정받았습니다. 그래서 그를 문헌학 교수로 초빙했던 스위스의 바젤(Basel) 대학에서는 별도의 박사학위(博士學位) 논문 없이 그의 과거 저술만으로 학위를 수여합니다. 이때 그의 나이가 스물네 살입니다. 얼핏 보아도 유럽의 문헌학 교수라고 하면 일단 전통 그리스 문화에 대한 해박한 이해가 요구될 듯합니다. 그리스 고전(古典)에 대한 전반적인, 전문가적 이해를 요구합니다. 고대 그리스어인 헬라어(Hellas語)에 대한 이해도 필수일 것입니다. 그러나 니체는 태생적으로 병약한 체질로 인해 그리 오래 교수 생활을 하지 못합니다. 장기 요양을 위해 교수 생활을 그만둡니다. 바젤 대학은 상당한 연금으로 그의 평생의 생계를 도와주었습니다.

언급했듯 니체의 집안은 독실한 루터교 신앙을 가진 집이었습니다. 부모와 할머니, 고모들 또한 마찬가지였습니다. 니체가 태어난 뢰켄(Röcken)이라는 도시가 속한 작센주(Provinz Sachsen)는 종교개혁가 루터가 태어난 지역이기도 합니다. 니체의 집에는 친가(親家) 식구들이 많았습니다. 할머니, 어머니 프란치스카(Franziska), 그리고 고모가 두 명이 있었습니다. 그리고 엘리자베스(Elizabeth)라는 여동생이 있었습니다.

1900년에 니체가 사망했는데 사망하기 10년 전부터는 정신을 잃고 앓아눕습니다. 토리노(Torino)에서 마부에게 채찍질당하는 말을 보고 이 말을 껴안고 울다가 정신을 잃고 쓰러진 이후입니다. 이 사건은 전거가 확실하지 않은, 즉 실제로 일어난 일인지 의심하는 견해들이 있긴 합니다만 어쨌든 말년의 10년 동안 거의 정상적인 생활은 못 합니다.

처음에는 어머니와 누이동생이, 그리고 이 둘 사이에 불화가 생긴 이후로는 어머니가 지극정성으로 홀로 그를 보살핍니다. 어머니 사후(1897) 엘리자베스는 오빠를 돌보고, 그의 유명세 덕에 호사(豪奢)로운 여생을 삽니다. 니체의 사상이 일대 붐을 일으키고, 나치(Nazi)는 니체의 사상을 도용(盜用)하여 그들의 이데올로기로 삼고자 합니다. 여동생은 니체 문서보관소(Nietzsche Archive, 1894)를 설립합니다. 이곳에는 히틀러가 방문하기도 합니다. 엘리자베스는 그곳을 관리하며 오빠의 저작을 자기 입맛에 맞게 편집합니다. 제2차 세계대전을 치르는 나치의 의중에 맞게 취사선택하여 발간하고 윤색(潤色)도 합니다. 본인의 명예욕을 오빠의 명성으로 대리 충족하면서, 니체의 저작권과 각지의 후원금, 그리고 나치에서 제공하는 특혜를 줄곧 누립니다.

니체가 앓고 있던 병의 정체에 관한 몇 가지 설이 있습니다. 뇌졸중이나 뇌출혈을 일으키는 '뇌연화증(腦軟化症)'이라는 설이 있으며, 매독균이 뇌에 들어가서 일으키는 병인 '3기 매독(tertiary syphilis)'이라는 설도 있습니다. 니체의 아버지도 이와 비슷한 증상으로 일찍 사망합니다. 일종의 유전병(遺傳病) 같기도 합니다. 니체가 쓰러질 즈음에는 그는 서양에서 아주 유명한 철학자가 이미 되어 있습니다. 특히 프랑스에서는 그의 철학을 가르치는 강의들이 개설됩니다.

니체가 병상에 있는 동안 그의 저술을 정리하고 책으로 펴내는 작업이 추진됩니다. 친구이자 신학교 교수인 오버베크(Franz

Overbeck, 1837~1905)는 여동생에 의해 니체의 저서가 왜곡되는 것에 항의해 작업을 그만두고 주로 작곡가인 쾨젤리츠(하인리히 쾨젤리츠, Heinrich Köselitz, 1854~1918)[146]라는 다른 친구가 작업하게 됩니다. 여동생이 유고를 분류하고 편집하는 작업에 간섭하고 니체의 저서 출판권을 독점하면서 니체의 진의(眞意)는 조금씩 왜곡되어 세상에 나타납니다. 『권력 의지, *The Will to Power*』는 대표적으로 그녀가 니체의 유고(遺稿)에서의 파편 글들을 각색하여 펴낸 책입니다. 즉 위서(僞書)입니다.

다행히 쾨젤리츠는 니체의 진정한 생각을 잘 이해하고 있었던 좋은 친구로 보입니다. 메모(memo) 상태인 니체의 글들을 정리하고 이를 옮겨 적으며 책으로 편집하는 지난(至難)한 작업을 도맡아서 합니다. 그도 음악에 관한 꿈이 있어 니체는 쾨젤리츠가 작곡한 악보가 연주되는 연주회를 개최하기도 하였습니다. 반(反)-유대주의자였던 니체의 여동생은 기어이 쾨젤리츠가 주관한 저작권과 편집권을 자기의 것으로 합니다.

이전에 엘리자베스는 남아메리카 파라과이(Paraguay)에 반유대주의자들의 터전을 만들겠다는 남자를 만나 결혼까지 하였습니다. 이 결혼은 파산한 남편의 자살로 끝나고 이후 여동생은 니체의 옆으로 돌아옵니다. 니체는 이 반유대주의자와의 결혼을 극구 반대했었습니다.

---

146 니체는 그를 페터 가스트(Peter Gast)라는 별명으로 불렀다.

정신을 완전히 잃기 전에도 니체는 나이가 들면서 주기적으로 발작(發作)들을 더 일으켰습니다. 한 삼 일은 밤낮없이 글을 쓰다가 또 한 삼 일은 발작을 일으켜 일어나지도 못하는 상황이 반복됩니다. 시간이 흐를수록 발작 횟수는 더 늘어나고 이에 니체는 교수 생활을 그만두고 따뜻한 남유럽에서 요양하겠다는 계획을 스스로 세우기도 했습니다.

니체가 문헌학 교수일 때 저술했던 『비극의 탄생, *The Birth of Tragedy*』(1872)은 문헌학계에서 많은 논란을 일으킵니다. 이때 이미 니체는 그의 저서에서 문헌학자로서보다는 철학자로서 자기의 관점을 개입하고 서술하기 시작했습니다. 이 책에서의 대표적인 개념이 바로 아폴론(Apollon)과 디오니소스(Dionysos)라는 그리스신화에서 차용(借用)한 개념들입니다.

문헌학은 문헌의 고증과 해석, 그리고 비평을 통해 해당 시대의 생활과 문화를 연구하는 학문입니다. 그리스 비극(悲劇)이나 희극(喜劇)을 분석한다면 그 개념들이 당대 어떻게 쓰이고 어떻게 회자되며 어떤 영향들을 낳았는지에 관한 문헌의 분석이 되어야 할 것입니다.

그러나 니체는 아폴론과 디오니소스라는 개념을 이러한 용도로 사용하지 않습니다. 이 신화나 신화의 개념들이 가지고 있는 은유를 통해 그는 자신의 철학적 개념을 잡아나가는 형식을 취합니다. 그래서 이 저서는 그를 바젤 대학의 교수로 초빙했던 스승을 비롯해 많은 문헌학자나 문헌학 교수들을 당황하게 했습니다. 물론 일부 학자나 철학자들은 열광하는 지지의 반응을 나타내기도 합니다. 바그너도 이 책을 보고 니체에게 커다란 지지를 보냅니다.

『인간적인 너무나 인간적인, *Human, All Too Human*』(1878)은 2권으로 번역이 되어 있습니다. 『아침놀, *The Dawn*』은 1881년에 발행됩니다. 그 외에도 니체는 『즐거운 학문, *The Gay Science*』(1882), 『차라투스트라는 이렇게 말했다, *Thus Spoke Zarathustra*』(1883) 등 많은 책을 저술하였습니다. 『차라투스트라는 이렇게 말했다(이하 차라투스트라)』 같은 경우는 대단히 은유적이고 함축적인, 문학적인 표현으로 썼습니다. 그렇다고 니체가 논리적인 글쓰기, 엄밀한 글쓰기를 안 했던 것은 아닙니다. 그의 철학을 표현하는 방식으로 은유를 동원하고, 때로는 시(詩)도 동원합니다. 자기의 철학을 전개하는 방법으로도 독특하고 탁월했던 니체였습니다.

『도덕의 계보, *On the Genealogy of Morality*』(1887)에서는 도덕의 탄생을 다룹니다. 도덕의 역사를 다룹니다. 그래서 도덕 계보학입니

니체 바위(The Nietzsche Stone), 슐레이(Surlej) 근교, 이곳에서 니체가 역작 「차라투스트라는 이렇게 말했다」의 영감을 얻었다.

다. 『선악의 저편, *Beyond Good and Evil*』(1886)에서는 선과 악이란 무엇인가, 선과 악이란 개념의 배후에는 무엇이 있는지, 선과 악이라는 개념은 어떻게 형성되는지 등을 다룹니다.

니체는 음악에 관심이 많았고 음악을 하려고 많이 노력합니다, 작곡도 합니다. 피아노를 치며 연주도 합니다. 바그너는 음악에 사상을 담으려 했습니다. 철학을 하려고 했다고 할 수도 있습니다. 쇼펜하우어를 동경하고 그의 영향을 많이 받은 바그너는 자연스레 쇼펜하우어를 계승한 니체의 철학에도 관심이 많았습니다.

후기의 저서 『바그너의 경우, *The Case of Wagner*』(1888), 『니체 대 바그너, *Nietzsche contra Wagner*』(1888)에서는 친밀했던 바그너와 선을 긋고 그의 민족주의적 · 반유대주의적 · 기독교주의적 음악을 비판합니다. 니체가 볼 때 바그너의 음악은 퇴폐(頹廢)한 것으로 보였습니다. 결국 니체와 바그너는 결별하게 됩니다.

『우상의 황혼, *Twilight of the Idols*』(1888)이나 『안티 크리스트, *The Antichrist*』(1888)는 전통적인 서양철학에 대한 반격이자, 기독교 비판서이기도 합니다. 예수에 대한 직접적인 비판이라기보다 기독교에서의 박제(剝製)화된 예수, 교조화된 신앙의 태도를 비판하였다고 볼 수 있습니다.

『에케 호모, *Ecce homo*』(1888, 1908 초판)는 '이 사람을 보라'는 라틴어입니다. 예수가 로마 총독 빌라도(폰티우스 필라투스, Pontius Pilatus, B.C. 1세기~A.D. 39)에게 심문(審問)을 받을 때 빌라도는 예수의 죄 없음을 이미 짐작했습니다. 그럼에도 유대인들은 예수를 죽이라고 소리쳤습니다. 빌라도는 유대인의 고발, 즉 이스라엘의 왕

이라 참칭(僭稱)하는 예수를 가리켜 '이 사람을 보라'고 말합니다.[147]
이 말을 빌려 니체는 저서 제목으로 선택합니다.

『우상의 황혼, *Twilight of the Idols*』(1888)이라는 저서는 서양철학
에서 지배적이었던 플라톤적 전통 철학의 종말을 예고하는 저서입
니다. 황혼(黃昏)은 저물녘이며, 우상(偶像)은 기존의 서양을 지배
했던 전통 철학의 사조(思潮)이며 이념입니다. 『안티 크리스트』는
전통 기독교에 대한 니체의 반격입니다. 그러나 여기서 인간 예수가
그리 부정적으로 그려지지 않은 점에 주목해야 합니다.

이 외에도 출간되지 않은 니체의 방대한 유고들이 이탈리아 학자
들에 의해 정리되어 독일에서 출간되었습니다. 이는 아직도 진행 중
입니다. 그의 철학, 개념의 함의, 고민을 깊이 있게 살펴볼 수 있는
좋은 자료들입니다.

니체의 주요 사상으로 '힘에의 의지(Wille zur Macht, Will to
power)'가 있습니다. '힘'에는 독일어로 두 가지가 있습니다. 하나는

---

147 "이에 빌라도가 예수를 데려다가 채찍질하더라. 군인들이 가시나무로 관을 엮어
그의 머리에 씌우고 자색 옷을 입히고, 앞에 가서 이르되 유대인의 왕이여 평안할
지어다 하며 손으로 때리더라. 빌라도가 다시 밖에 나가 말하되 보라 이 사람을
데리고 너희에게 나오나니 이는 내가 그에게서 아무 죄도 찾지 못한 것을 너희로
알게 하려 함이로라 하더라. 이에 예수께서 가시관을 쓰고 자색 옷을 입고 나오시
니 빌라도가 그들에게 말하되 보라 이 사람이로다 하매. 대제사장들과 아랫사람
들이 예수를 보고 소리 질러 이르되 십자가에 못 박으소서 십자가에 못 박으소서
하는지라 빌라도가 이르되 너희가 친히 데려다가 십자가에 못 박으라 나는 그에
게서 죄를 찾지 못하였노라"(『요한복음』, 19장 1~6절, 개역 개정). 자색(紫色)은
보라색이며 자색 옷은 로마의 황제가 입었던 옷이다.

마흐트(Macht)이며 이는 일반적이고 넓은 의미의 힘입니다. 이 힘은 섬세(纖細)하며 디테일(detail)합니다. 우리가 힘이 난다고 할 때 이 힘은 물리력만을 의미하지 않습니다. 신체 전체의, 생기발랄(生氣潑刺)한 힘입니다. 마흐트(Macht)는 이러한 힘까지 포함합니다. 반면 크라프트(kraft)는 물리적이고 폭력적인 힘을 말합니다. 이는 지배하는 권력적 힘입니다. 과거에 크라프트를 니체가 말하는 힘의 전부로 해석하여 그의 철학을 지배적이고 권력적이며 억압하는 힘이라고 번역자나 해석자가 오해나 왜곡(歪曲)을 하기도 했습니다.

니체가 말하는 힘을 이렇게 오역(誤譯)할 경우 그의 철학을 읽는 데 상당한 문제가 발생합니다. 지금도 그런 경우들이 있습니다. 일례로 정식 올림픽 뒤에는 장애인 올림픽이 열립니다. 패럴림픽(Paralympics)이라고 합니다. 여기서 장애인 수영대회도 열립니다. 예를 들어서 다리가 없거나 불편한 장애인들도 이 대회에서 수영하는 것을 보면 평범한 사람보다 훨씬 잘합니다.

다리를 못 쓰는 사람이 휠체어에 앉아 휠체어를 손으로 밀면서 달리기를 하고, 팔다리가 없는 사람이 몸통으로 수영을 합니다. 정식 올림픽이므로 기록 경신(更新)도 합니다. 힘을 물리적인 것, 즉 물리력(物理力)으로 정의하는 입장에서는 팔다리가 없는 사람이 수영을 하고 다리가 없는 사람이 달리기를 하는 것을 정의할 수가 없습니다. 이 관점에서는 수영의 추진력은 팔과 다리의 근력이나 기술에 의존해야만 하고, 달리기는 결국 발의 근력과 빠르기에 달려 있기 때문입니다. 따라서 팔이나 발이 없는 사람은 수영이나 달리기를 할 수 없는 사람이 됩니다.

그러나 가시적인 물리력만이 아닌 유무형의 모든 생산하는 것을 힘으로 보는 입장에서는 특정한 신체의 부분이 부재하는 것과 상관 없이 이를 대체하는 다른 신체의 기능도 힘에 포함됩니다. 예를 들어 기어이 경기에서 완주하겠다는 마음의 의지, 팔의 부재를 대체하는 다리, 다리의 부재를 대체하는 몸통, 발의 부재를 대체하는 휠체어, 손의 부재를 대체하는 입과 턱… 등이 모두 힘에 포섭(包攝)됩니다.

　논의를 확장시켜 여기서 필자가 강조하고 싶은 관점은 이것입니다. 우리가 힘이라고 했을 때 이 힘은 각자의 신체에 구체화됩니다. 왜소(矮小)한 사람에게 구체화된 힘이 있으며, 체격(體格)이 거대한 사람에게 구체화된 힘이 있습니다. 왜소와 거대를 떠나 누구에게든지 힘은 존재하고 있습니다. 세 살배기 아기라 할지라도 그만의 힘이 있습니다.

　'오늘은 힘이 안 난다'는 표현은 그가 오늘 끼니를 굶어 그럴 수도 있을 것이나 특정한 외부의 자극으로 인한 내부의 순전한 마음의 근심 때문에 힘이 안 날 수도 있습니다. 이때의 힘은 물리력과는 하등의 관계가 없습니다. 이 말은 '오늘은 밖에 나가고 싶지 않아'나 '오늘은 정말 죽고 싶어'라는 말과 대동소이(大同小異)합니다. 세 문장의 말은 화자가 그의 기분을 표현할 수 있는 문장으로 상호 혼용(混用)될 수 있습니다.

　주체의 힘은 그의 한계입니다. 세 살배기에게 어른의 일을 부담시키는 것은 아기의 힘의 한계상 불가능합니다. 어른을 아이들이 노는 놀이기구의 좁은 구멍으로 통과하게 하는 것 역시 불가능합니다.

이때 '크라프트'인 힘은 무엇을 살펴볼까요? 크라프트는 힘을 서열(序列)화시킵니다. 힘을 위에서 아래로 나열하여 질서를 지우고, 등급을 매깁니다. 어른의 힘은 아이의 힘보다 월등하니 반드시 아이의 힘보다 위에 있어야 합니다. 이때 어른은 아이보다 우등(優等)한 자가 됩니다.

반면 '마흐트'인 힘의 관점에서는 아이의 노는 힘, 역량(力量)이 곧 힘입니다. 아이의 놀이기구를 어른은 자신의 큰 체격 때문에 충분히 즐기거나 이용하지 못합니다. 이는 '마흐트'의 힘 논리에서 볼 때 하나의 무능력(無能力)입니다. 또 아이의 놀이기구에서 충분히 웃고 즐기지 못하는 체격 큰 어른도 무능한 자입니다.

'마흐트'의 힘에서는 힘은 병발(竝發)하며 질서 지워지지 않은 힘입니다. 이 힘은 나란히 생산되고 전개되지만 이 산출하는 힘들은 서로 비교 불가능합니다. 아이의 힘은 어른의 힘과 비교 불가합니다. 아이의 세계는 어른의 세계와 같지 않습니다. 따라서 아이의 놀이기구에서 놀지 못하는 어른은 아이의 관점에서는 무능력합니다. 역할(役割) 놀이를 제대로 수행하지 못하는 어른은 아이의 친구보다 무능하며, 젖을 엄마같이 주지 못하는 아빠는 젖의 관점에서 무능력합니다. 그리고 이는 아이의 관점에서 사실입니다. 다만 간혹 아이가 아빠를 두려워하는 관점은 아빠의 크라프트가 개입하여 세계를 물리력의 관점에서 아이가 바라볼 때입니다.

'크라프트'의 힘으로 세계를 재단(裁斷)하는 관점은 정의는 쉽고 이해도 쉬우나 세계를 제대로 살피지 않은 자들의 무지(無知)를 드러낼 뿐입니다. 물고기의 세계를 육상(陸上)에서 사는 포유류(哺乳

類)의 관점으로 정의하는 꼴입니다. 그러나 둘의 힘은 서로 비교할 수 없습니다. 다만 물고기가 물에서 건져질 때이거나 포유류가 강에 빠질 때 그들의 무능력들이 서로 비교되어 드러날 뿐입니다.

이는 물고기나 포유류가 힘을 발휘할 수 없는 한계에 처했기 때문이며 그 한계는 그 힘의 발휘를 서열(序列) 지울 수 없는 지점입니다. 이는 인간이 죽음에 처해서 힘을 발휘하지 못한다 비난하는 것과 같습니다. 그래서 아이의 힘을 재는 자와 어른의 힘을 재는 자는 서로 그 눈금조차 다를 수밖에 없습니다.

장애인 수영대회에서 장애인 수영선수의 수영 실력은 보통 사람보다는 월등하겠지만 일반 수영선수의 기량에는 훨씬 미치지 못할 것이고 그럴 확률이 높습니다. 그러나 팔이나 발이 부재한 장애인 선수는 자신의 발이나 손발의 연장인 몸통으로 자신의 팔이나 발을 대체할 수 있습니다. 이 관점에서 그는 일반 수영선수보다 수영하는 기능이 더 뛰어나다고 말할 수 있습니다.

그는 부재한 팔을 대신하여 발을 팔로 사용하고 부재한 발을 대신하여 쇠로 된 휠체어를 발로 사용할 수 있습니다. 그의 팔은 일반의 기능에 발의 기능까지 더하여져 있고, 그는 휠체어를 자신의 발로 전화(轉化)시켜 사용할 수 있습니다. 이 점에서 그는 그렇지 못한 타인들보다 유능합니다. 이 경우 장애인 선수의 힘은 일반인 선수의 그것보다 우등하다고도 말할 수 있습니다. 즉 장애인 선수의 '마흐트'인 힘은 일반인 선수의 마흐트보다 월등히 강합니다.

다른 관점에서 말한다면 장애인은 자기 신체의 한계를 극복(克服, overcome)하는 데 성공했습니다. 극복하는 것이 힘이라고 본다면 장애인 선수는 자신의 힘을 발휘하는 데 일반인 선수보다 훨씬 더 탁월했다고 말할 수 있습니다. 극복은 한계를 이겨내는 것입니다. 그러나 이 한계는 불가능이 아닙니다.

인간이 자신의 신체로 날아갈 수는 없지만 비행기라는 도구로 지금은 날 수 있습니다. 비행기는 나의 손의 연장이고 나의 신체에 만들어진 날개입니다. 인간이 새는 될 수 없어도 새의 나는 기능(機能)을 발휘할 수는 있게 되었습니다. 인간은 훈련과 연습을 통해서 자신의 신체를 단련합니다.

훈육(訓育)은 새로운 단계로 인간을 나아가게 하기 위한 교육입니다. 선대(先代)의 지혜와 기술을 계승시키기 위해 인간은 문자를 발명하고 그 많은 지식을 고스란히 후대에 전해 줍니다. 이 유·무형의 지식을 습득하기 위해 인간은 출생 이후에 오랜 세월 동안 교육을 받습니다. 또 사회에서 생존하는 데 필요한 지식을 습득하기 위해 오랜 기간 부모의 양육(養育)을 필요로 합니다. 이렇게 훈련된 인간은 성인이 되어서 자기에게 주어진 위험을 회피할 줄도 알고 생존하는 법도 터득합니다.

그러나 인간은 그 단계에서 그치지 않습니다. 자기에게 주어진 선대의 경험과 지식을 넘어서 경험을 갱신(更新)하고 지식을 만들어 냅니다. 이것들 모두가 힘의 확장입니다. 주어진 것들을 넘어서는 것을 극복이라고 한다면 인간은 '극복하는 존재자'입니다. 동물은 자신의 한계(限界)를 극복하지 않기에 늘 그들의 한계 내에 처해 있습니다. 동물은 한계에 익숙하고 그 한계가 자신들의 힘의 마지막입니다. 그들의 힘의 최고는 그들의 한계입니다. 그들은 한계를 극복하지 못하고 살아왔기에 여전히 동물로, 각자의 종(種)으로 남아 있습니다. 늑대가 사자가 되지 못했고, 표범이 호랑이가 되지 못했습니다. 그러나 인간은 동물마저 자신의 효용(效用)으로 개조(改造)하고자 했고 그래서 동물로부터 사육(飼育)을 통해 가축으로 개조시켰고, 개를 훈련하여 교배(交配)시키고 늑대와 싸우고 이기는 개를 육성(育成)했습니다.

여기서 세계에는 힘에의 의지 아닌 것이 없다고 니체가 말할 때 그 힘을 우리가 무엇으로 해석할지 방향이 잡힙니다. 언급했듯 '크라프트'의 힘으로 해석하면서 니체의 철학과 그 진의는 체계적으로 왜곡됩니다. '마흐트'인 힘으로 해석할 때 그의 철학의 주요 지점들이 의미를 환하게 드러냅니다.

이런 의미로 그의 '신의 죽음'을 다시 살펴봅니다. 니체에게서 신은 인간의 한계 밖에서 작용하고 있는 존재자입니다. 고대 그리스를 제외하고는 기독교의 영향을 절대적으로 받은 서양의 전통 철학은 신을 만물의 창조자이자 주재자(主宰者)로 파악합니다. 이를 아리스토텔레스의 용어로 말하면 세계의 재료인 질료인(質料因)이자, 지금 세계를 여전히 움직이고 있는 작용인(作用因)이 됩니다. 또한 열등한 이 세계가 지향해야 할 목적인(目的因)이 됩니다. 세계 자체가 그를 드러낸다는 논지(論旨)에서 그렇고, 세계를 그의 의지(意志)로 운동하게 하는 논지, 그리고 세계를 자신에게 이끄는 측면에서 그렇습니다.

근대에 드디어 데카르트가 인간의 눈을 세계로부터 자신의 사유로 돌렸지만 그에게서도 이 자기를 성찰하는 눈의 준거와 배후는 여전히 신입니다. 즉 근대 이후에도 인간은 신에게서 여전히 독립하지 못했습니다. 중세에 이성의 위에 신이 존재하였다면 근대에는 신이 라는 이름이 삭제되더라도 그 자리는 최고의 이성이 이름만 바꾸어 자리하고 있었습니다. 이성조차도 자기의 기반을 최고의 이성에게 의존하고 있었으니 그 최고의 이성이 제거된 자기 성찰은 근대에도 불가능했습니다.

따라서 신의 이름을 제거할 준비는 근대에도 여전히 되어 있지 못했습니다. 칸트에게서도 이성은 세계의 근원인 물자체를 파악하기에는 역부족이 됩니다. 그에게서 이성은 그 한계를 이미 가지고 있는 것으로서 이는 인간의 한계이기도 합니다. 헤겔은 이 인간에게 속한 이성을 아예 객관적으로 세계에 개방하고 그 위치를 드높입니다. 그는 오히려 더 이성을 정교화시키고 구체화시켜 그를 '절대 정신'으로까지 부릅니다. 따라서 신의 역할이 제거된 세계와 인간은 의미를 상실하고 허무주의의 입장에 처할 수밖에 없습니다. 실제로 데카르트는 그의 철학이 회의주의로 떨어지지 않기 위해 반드시 신을 상정(上程)해야만 했습니다.

따라서 니체가 제거한 신, 최고 이성인 신의 죽음은 인간에게 중대한 요구를 합니다. 스스로의 힘으로 신이 존재하지 않는 세계를 버텨내고 극복하든지, 아니면 절망에 빠져 다른 사이비(似而非) 신이라도 요구하든지, 아니면 끝없는 나락(奈落)으로 그냥 떨어지든지 말입니다. 이러한 선택지(選擇肢)는 힘의 방향을 나타냅니다. 버텨내는 것도 힘을 필요로 하고 절망하는 것도 하나의 힘이며 나락으로 빠져 죽음에 이르는 것도 하나의 힘입니다.

힘에의 의지 아닌 것이 없으니 힘에의 표현을 하지 못하는 사물이란 없습니다. 존재하는 사물은, 세계 내의 모든 현상은 하나의 힘 표지(標識)입니다. 그래서 그 힘의 방향이 무엇을 향하는지가 니체에겐 문제 될 뿐입니다. 그 힘이 취하는 방향에 따라서 강함과 유약함이 드러납니다.

강한 힘은 강한 힘의 대상을 요구하며 유약한 힘은 유약한 힘의 대상을 요구합니다. 이 말은 강한 힘이 유약한 힘을 취하고자 할 때 그 힘은 이미 유약함으로 변한 것이며 유약한 힘이 강한 힘을 취하고자 할 때 그 힘은 더 이상 유약함에 그치지 않고 강한 힘이 된다는 말입니다. 그래서 힘의 방향이 중요합니다.

힘은 무질서합니다. 힘에 질서가 있다면 자신의 힘을 발휘하려 노력한다는 것뿐입니다. 그러나 그 힘의 발휘가 오로지 강한 힘만을 향한 것은 아니라는 것입니다. 이때 힘의 방향이 유약함을 취할 때 그 힘은 '르상티망(ressentiment, 원한)'으로 불립니다. 힘은 타자와의 관계에서 구체화되기 때문입니다. 강함과 유약함도 상대적인 개념입니다.

'~에 대하여', '~에 관하여', '~인 한(限)'이라는 말이 이 강함과 유약함을 구분하는 척도(尺度)로 개입되어야 합니다. 유약한 힘이 강한 힘을 자기의 것으로 하지 않고 회피(回避)하고자 할 때 그 힘은 르상티망을 낳습니다. 유약한 힘이 강한 힘을 거부하고 자기의 유약함에 정당성(正當性)을 부여할 때 그 힘은 르상티망을 낳고, 이내 그 힘은 퇴폐해져 데카당(décadent)으로 떨어집니다.

극복하는 힘은 대상에 가해지는 힘이 아니라 주체가 발휘하는 힘입니다. 내가 무엇을 극복한다고 할 때 그 무엇을 단지 버려지거나 망각되거나 사라져야 하는 것으로 간주한다면 이는 극복이 아닌 회피(回避)입니다. 극복은 주체가 그것을 안고 넘어서는 것을 말합니다. 안고 넘어섬은 가지고 넘어감입니다.

따라서 '신의 죽음'은 인간에게 '인간인 자기'를 극복할 수 있느냐 없느냐는 결단(決斷)을 일차적으로 요구합니다. '인간인 자기'는 '인간'인 '자기'이자 '인간'으로서의 '자기'입니다. '인간=자기', 혹은 '자기 as 인간'입니다. 전자에서 인간임은 도저히 극복 불가능하나 후자에서 인간은 극복 가능합니다. 왜냐하면 전자는 인간의 신체(身體)를 말하고, 후자는 인간의 자격(資格)을 말하기 때문입니다. 인간의 자격은 애초에 규정된 것이 없기 때문입니다. 누가 나를 이렇게 살고 이렇게 행위하게 만들었는지에 관한 물음은 그 답이 어느 곳에서 출현하느냐에 따라 나의 힘의 방향을 결정합니다.

타자 탓인지, 내 탓인지, 그것도 아니면 신(神) 탓인지, 이도 저도 아니면 그냥 세계의 탓인지 대답하면서 힘의 방향과 목적은 출현합니다.

신의 죽음을 극복하는 것은 신의 죽음을 나의 것으로 안고, 그 죽음을 넘어서는 것입니다. 그것은 신의 죽음을 내가 가지고 그것과 함께 다시 넘어가는 것입니다. 그런데 넘어서면 무엇이 존재합니까? 무엇을 향(向)해 우리는 신의 죽음을 우리의 것으로 하고 넘어서야 합니까? 넘어서지 못하면, 그냥 신의 죽음만을 우리가 안고 있다면 이는 허무(虛無)의 복판에서 어쩔 줄 모르고 서 있는 꼴입니다. 넘어서 무엇을 향해 가려고 하지 않는 한 우리는 허무의 사막(沙

漠)에서 길을 잃고 우왕좌왕하다 뜨거운 복판에서 말라 사그라질 것입니다.

따라서 신의 죽음이라는 사태가 우리에게 요구하는 것은 우리가 살 것인지 죽을 것인지에 대한 선택을 요구합니다. 이제 어찌 되었든 새로운 중심을 나에게 세워야 합니다. 그래야만 내가 살아남습니다. 모든 것들이 향하는 중심(中心), 즉 신을 지우고 그 자리에 새로운 중심을 다시 세워야 합니다. 아니면 일체 중심을 버리는 다른 대안(代案)을 선택할 수도 있을 것입니다. 신을 대체하는 새로운 중심, 혹은 신이 지워진 중심을 대체하는 중심 없는 중심… 이것들 모두가 우리의 선택에 달려 있습니다. 중심이 있어야 한다면 무엇을 그 중심으로 세울 것인지, 세우지 않는다면 그 중심 없는 중심에서 무엇을 유사(類似)-중심으로 삼거나 완전한 무(無)-중심의 세계를 어떻게 버텨낼지를 미리 생각하고 각오해야 합니다.

그런데 만약 신의 죽음이라는 문제를 온몸으로 껴안지 않고 모른 체 회피하며 다른 대상으로 넘어가고자 한다면 그것은 기껏 신의 죽음을 통해 더 강해져야 할 힘이 다시 존재하지 않는 다른 세계로 온 힘을 기울이는 초월(超越)이 됩니다. 일례로 기독교적 초월은 천국(天國)으로의 초월입니다. 이 세계를 모른 체하며 혹은 지우고자 하며 내세(來世)나 천국으로 향하는 힘입니다. 반면 세계 내의 현재를 방기하지 않고 그 유한함을 더 나은 무엇으로 만들려는 힘은 극복(克服)입니다.

저편에서가 아니라 이편에서 다른 세계를 만들고자 하는 힘은 참으로 긍정적입니다. 이는 넘어가지 않으니 초월이 아니고 존재하는 이 세계를 다른 무엇으로 바꾸려 하는 힘이니 이는 초극(超克)입니다.

이 세계에서 기쁠 일은 없을 것이니 난 여기를 피하고 다른 세상에서 내게 주어질 행복을 위해 열심히 기도(祈禱)하든지, 혹은 다른 세상의 보상(報償)을 위해 성실하게 살아야겠다는 다짐을 합니다. 그러나 전자는 주어지지 않은 미래를 위해 현재를 방기(放棄)하는 유약한 힘이고, 후자는 삶의 태도는 좋으나 그 목적과 믿음의 근원이 역시 이 세상의 것이 아니므로 잘못된 신념일 수밖에 없습니다.

극복하는 모습이 니체가 언급하는 초인(超人), 즉 위버멘쉬(Übermensch, 극복인, 克服人, Overman)의 태도입니다. 이 위버멘쉬라는 개념이 위에서 언급한 '크라프트'인 힘의 기반에 서 있을 때 또 위험한 해석이 됩니다. 그리 보면 물리력을 최고로 가진 자, 권력을 최고로 가진 자가 위버멘쉬가 됩니다. 이런 해석의 기반에서 나온 위버멘쉬의 한역(漢譯)이 바로 초인이라는 말입니다. 인간임을 초월한다? 절대 아닙니다. 철저히 인간의 삶에서 그 삶을 극복하는 것입니다.

'마흐트'인 힘의 기반에서 해석한다면 위버멘쉬는 한 명의 개별자이기보다-이런 해석도 여전히 많습니다- 하나의 성격을 가진 형상(形狀)이 됩니다. 형상은 사물의 모양이나 상태를 말합니다. 따라서 결정적인 것은 없습니다. 제가 볼 때 이 위버멘쉬는 각각의 관점, 각자의 영역에서 다르게 나타납니다. 따라서 누구나 다 위버멘쉬가 될 수 있으며 모두 다 위버멘쉬로 향하는 여정에 있습니다.

이 위버멘쉬를 초인이라는 말 대신 극복하는 사람, 즉 극복인으로 번역하기도 합니다. 그러나 원어의 의미를 살려 그대로 위버멘쉬로 번역하여 사용하기로 한국니체학회에서는 의견을 정리하였습니다. 영역본에서는 '슈퍼맨(superman)'이라는 용어도 자주 보이는데 이는 명백한 오역입니다. 영미 철학에서 아직 대륙 철학에 대한 이해가 부족해서 벌어지는 일입니다.

신의 죽음에서 말하는 신은 모든 가치의 근원(根源)입니다. 주로 서양철학을 지탱하는 가치(價値)의 근원이라고 말할 수 있습니다. 철학적 가치의 근원이니 그 시대를 지배하는 사회, 문화, 역사, 종교, 예술 등 모든 인간이 지닌 신념 체계의 유래(由來)이자 근원이라고 할 수 있습니다. 모든 가치의 근원이 사라졌으니 기존의 신으로부터 유래하였던 가치 판단의 근원, 그리고 그 근원으로부터 파생한 가치들은 이제 쓸모가 없어지고 수명을 다하게 됩니다. 물론 죽어 있는 신으로부터 유래한 가치들을 그래도 그대로 사용하느냐 마느냐는 또 다른 문제입니다.

가치(價値, value)란 신념이 각각의 윤리적 당위를 구축하고 그 개개의 것에 부여한 의미입니다. 가치의 내부에는 주체가 판단한 선 혹은 악이 자리 잡고 있습니다. 선의 하위에 그에 속하는 많은 가치가 나열될 것이고 악 또한 그럴 것입니다. 따라서 가치들의 목록을 작성해 보면 그 사람의 취향과 선택들이 나타납니다. 그 목록은 그 사람에게는 선일 것입니다. 만약 신이 규정한 선과 악, 절대적인 선과 악의 명령(命令)과 도표(圖表)가 제거된다면 말입니다.

그래서 신의 죽음이 상징하는 또 하나의 것은 신의 죽음으로 인해 선악의 위치와 지위 자체가 불분명해졌다는 것입니다. 데카르트가 코기토(Cogito) 논제에서 신의 전선성(全善性, Omnibenevolence) 이라는 오래된 테제, 즉 신이 선하므로 악령으로 하여금 일 더하기 일은 삼이라고 속이는 것이 불가능하다는 논제는 이런 배후의 믿음 에서 도출됩니다.

1+1=2라는 것을 부정하고 1+1=3이라고 내게 말하는 신은 거짓 되며 따라서 선하지 않으므로 이미 그는 신의 자격이 박탈됩니다. 이 관점에 따라서는 거꾸로 신이 있으므로 선이 있다고 말할 수도 있습니다. 우리가 발견하는 선이라는 것이 그 보증자로서 신이 존재 하지 않는다면 그 선을 객관적으로 입증할 방법이 도무지 존재하지 않습니다. 이는 이미 데카르트가 수행한 논법입니다.

하나의 최종적인 선이 있다고 할 때 우리는 그 선이 왜 최종적인 것인지를 그 배후에 있는 무엇을 드러내지 않고서는 말할 수 없습니 다. 하나의 것을 우리가 선으로 언명(言明)한 다음에야 그 선을 제 외한 나머지를 악으로, 혹은 선도 아니고 악도 아닌, 제 3의 것으로 정의할 수 있기 때문입니다. 그래서 신은 도덕적 가치의 극대(極大) 입니다. 신만이 도덕의 최고(最高)를 점하고 있으며, 의미 생산의 근 원으로 자리 잡고 있습니다.

여기서 인간의 육체에 관해 독특한 사유를 하였던 철학자 스피노 자를 잠깐 다시 살펴보겠습니다. 스피노자가 볼 때 인간의 모든 정 신과 관념은 육체에 관한 정신으로서의 사유이며 관념입니다. 인간 의 사유는 대상의 실재적 본질과는 결을 달리하고, 따라서 그 본질 을 알기 위해서는 지난(至難)한 인식의 노력이 필요합니다. 우리가 정신이라고 간주하는 것은 육체가 외부의 대상과 결합하거나 조우

(遭遇)할 때 나타나는 정신적인 개념 지움, 관념의 형성일 뿐입니다.

'개'의 실제 본질과 '개의 관념'은 하등의 실체적 연결이 없습니다. 개를 우리말이든 외국어든 발음한다고 해서 그 개의 본성을 그 언어들이 실제로 표현하는 것은 결코 아닙니다. 정신은 육체를 바라보고 그 육체가 사물을 바라본 목격(目擊)과 감응(感應)을 자신의 관념으로만 표현할 뿐입니다.

따라서 스피노자가 볼 때 육체의 기쁨은 정신의 기쁨으로 표현하지만 둘 사이에 실재적 연결은 없고 단지 조응(照應)할 뿐입니다. 이를 평행론(平行論)이라고 합니다. 둘은 결코 만날 수 없습니다. 육체가 기쁘면 정신도 기쁘고, 육체가 우울하면 정신도 우울합니다. 육체는 연장의 속성(屬性)에 속하고, 정신은 사유의 속성에 속합니다. 그런데 연장과 사유는 실체의 각 속성의 하나입니다. 속성이라는 말은 주어의 술어(述語)입니다. 풀어주고 형용하는 말입니다. 인간이 말을 하는 언어적 속성도 있고, 도구를 제작하는 속성도 있지만, 이 언어적 속성과 도구를 제작하는 속성이 서로 긴밀한 상호 연관을 갖는 것은 아니듯 말입니다.

그렇다면 육체가 생산하는 사물에 대한 감응은 정신이 단순한 정념의 이름으로 표현하는 것 이상의 무엇이 내재해 있는 것이 분명해 보입니다. 그런 차원에서 스피노자는 정신의 유일한 대상은 육체이며, 그럼에도 아직 인간은 육체가 무엇을 할 수 있는지 잘 모른다고 말함이 분명해 보입니다. 이는 육체를 정신과 동격으로 그 지위를 상승시킨 스피노자의 쾌거(快擧)임도 분명해 보입니다.

또 이 연장과 사유는 실체로 칭해지는 신의 속성이라고 말했습니다. 신의 속성이니 무한하며 완전합니다. 또 영원하며 진리입니다. 그래서 논리적으로 인간의 신체도 한갓 존재하다 사라지는 일시적인 우유성(偶有性, accident)을 가진 연장으로서의 사물이 아니라 무한하며 완전한, 영원하며 진리를 내포하는 신의 속성이라는 논리적 결론이 이끌어지게 됩니다. 이러한 결론은 유물론적이고 기존 가톨릭의 교리에 반합니다.

한편 데카르트에게서 육체와 정신은 마찬가지로 실체의 두 속성이지만 엄연히 그에게서는 정신은 육체보다 상위의 자리에 있습니다. 그래서 평행하게 나란히 전개되는 사이가 아니라 신체의 부지런함이 정신의 안일함을 이끌고, 정신의 부지런함은 신체의 한가함을 요구하기도 합니다.

이렇게 철학적으로 중요한 위치를 차지하고 있는 것이 육체인데, 서양의 전통 철학사에서는 육체의 위치를 소홀히 여겼습니다. 이제 니체가 다시 '정신과 결합된 육체로서의 신체'를 강조하고, 자신의 사유를 신체의 사유라고 칭함은 열등함으로 치부되었던 육체의 지위를 다시 복권시키는 것에 큰 의의가 있습니다.

정신은 분석하고 해부하는 데 그 장기(長技)가 있습니다. 따라서 정신, 그중에서도 이성은 그 분석의 도구로써 수학을 발명하고 세계의 대상을 그 수학의 잣대를 사용하여 수치화시켰습니다. 저기 강아지 한 마리가 뛰어가고 있는데 신체는 단지 그 강아지 한 마리를 바라보며 기뻐하는 반면, 분석하기 좋아하는 이성은 그 강아지의 품종, 길이, 크기, 나이, 습성 등을 따지기 시작합니다. 애초에 신체는 사물을 분해하여 만나지 않습니다. 정신만이 사물을 만나면서 분해하기 시작합니다.

이는 어쩔 수 없이 인간이 그동안 생존해 왔던 방법이자 기술(技術)이기도 합니다만, 이성을 최대한 이용하는 그동안의 존재 방식이 곧 세계와 그 내부에서 살아가는 존재자들이 실제로 존재하는 진정한 방식은 아니라는 것입니다. 인간은 그들의 방식대로 세계 내의 사물을 자리 앉힙니다. 사물이 실제로는 그렇게 존재하지 않는다고 해도 인간은 괘념치 않습니다.

철학자는 그들의 방식으로, 예술가는 그들의 방식대로, 그리고 학문을 한다고 주장하는 많은 이들은 그들이 좋아하는 방식대로 사물을 자리 앉히고 그리 보기를 강요합니다. 이리 본다면 (니체가 의문을 가졌던 것처럼) 진리라고 주장되었던 많은 역사는 사실 진리라고 주장되었던 많은 오류의 역사일 뿐입니다.

수학의 사유는 이성의 사유입니다. 그래서 그것이 인간의 삶에 반드시 필요하다고 할지라도 그것이 지구 내의 모든 존재자에게 획일적으로 적용되어야 하는 '신의 잣대'는 아니라는 것입니다. 이성은 사물을 분석하는 데 분명히 타고난 장점을 갖고 있습니다. 분석(分析, analysis)한다는 것은 해부(解剖, anatomy)한다는 것이고, 해부는 그 형태(形態, shape)와 기능(機能, function)을 위주로 봅니다. 간의 기능, 콩팥의 기능, 강아지의 기능, 플라타너스 나무의 기능 등.

그런데 이 기능들을 분석하는 원점은 철저히 '인간적인' 관점으로 회귀합니다. 그들의 생활에 이바지할 수 있는 것만을 인간은 좋은 기능으로 상정합니다. 기능이란 말 자체가 그런 함의를 지니고 있습니다. 따져보면 수학은 인간의 삶에 중요한 기여를 했으며 좋은 기능을 하고 있습니다. 수학이 목표로 삼고 있는 것은 세계의 실재가 아니라 '인간에게 기여해야 하는 세계의 실재'이기 때문입니다.

수학은 세계와 그 내부의 사물을 읽어내는 인간의 독해 방식이며 그 방식은 유효적절하기도 했습니다. 그렇다고 그 방식을 세계의 존재 방식으로 강변(强辯)할 수는 없습니다. 사물은 수학적인 방식으로 존재하는 것이 아니라 많은 방식 중에도 수학적인 방식으로 존재하는 것이 인간이 세계에서 생존하는 데 많이 유리하였기 때문입니다. 즉 수학 역시 세계를 기능(機能)으로 독해하고자 하는 인간의 여러 방식 중의 하나일 뿐입니다.

예를 들어 저기 살아 있는 고라니가 힘차게 달려가고 있습니다. 이때 고라니에 대해 분석하는 이성은 고라니의 근육, 힘줄, 발의 달리는 기능 등을 분석(分析)합니다. 운동의 비율(比率)을 따집니다. 이러한 모든 분석은 정지해 있는 고라니를 상정하고 그 뒤에 그림을 그립니다. 아니 그림이라기보다는 하나의 도면(圖面, plan)이나 설계도(設計圖, blueprint)처럼 고라니를 그리고 그 고라니의 기능을 그 설계나 도면에 새깁니다. 그러나 실제의 고라니가 달려가는 모습은 우리의 도면이나 설계도에 표시할 수가 없습니다. 이는 이성의 기능이 아니기 때문입니다.

이성은 결코 포획할 수가 없습니다. 달리고 있는 고라니의 뛰는 심장, 그 박동, 혈관의 팽창, 가쁜 숨과 그 호흡… 이성은 이것들을 볼 수 없습니다. 이것은 인식으로서의 이성이 지닌 결정적인 단점입니다. 이 이성의 단점을 상쇄하는 역할을 음악이나 회화 등의 예술과 그것들을 감흥하는 정념이 수행합니다. 그리고 그 인식의 주된 기관은 신체입니다.

살아 있음, 즉 생(生)을 다루는 것에 이성은 무능합니다. 이성의 언어는 살아 있음을 묘사하기가 어렵습니다. 이성이 고라니를 분석하는 방식은 죽은 고라니를 눕혀 보는 방식입니다. 죽여야 해부(解剖)를 하고 절개(切開)를 할 수 있습니다. 피부를 벗겨내고 내장을 끄집어내고 힘줄과 근육을 끊어 끄집어내야 분석이 가능합니다. 그렇지만 이렇게 절개해 낸 고라니의 부분들을 다시 모두 결합한다 한들 살아 있는, 뛰어다니는 고라니는 결코 재생(再生, revival)할 수 없습니다.

니체가 삶을 얘기하고 힘에의 의지를 얘기하는 것은 이런 차원입니다. 신의 죽음도 이런 차원에서 이해해야 합니다. 죽은 상태에서 힘은 제로입니다. 죽음에 힘은 존재하지 않습니다(零, 0, 無). 죽음을 향하는 의지, 결단하는 의지조차도 생(生)에서 이루어진 의지입니다. 그 의지가 발전적인 힘이며 의지이냐는 다른 차원의 문제입니다. 삶을 저해하는 것이라면, 그것이 힘의 성격이 부재한 죽음으로부터 유래하는 것이라면 니체는 강하게 그것을 추방시켜야 한다고 주장하는 것입니다.

그런데 신은 완전히 죽음의 것인가요? 신은 인간을 절망만 시키고, 하염없이 저편의 사유에만 집착하게 하는 개념인가요? 결코 그렇지 않습니다. 니체의 어릴 적 별명이 '꼬마 목사'였고 아버지 역시 목사였으며 루터교의 경건한 가정 분위기가 니체의 신, 즉 기독교에 대한 그의 감정을 부정적으로만 만들었을까요? 아닙니다. 그 신이 인간의 힘을 샘솟게 하고, 삶을 축원하는 것이라면 니체는 긍정합니다.

그러나 당대의 기독교는 적어도 인간을 침울(沈鬱)하게 하고 암울(暗鬱)하게 만든다는 것이 니체의 신념입니다. 그래서 니체는 그가 바라는 건강한 신-만약 신이 필요하다면-의 모델(model)을 그리스신화에서의 신들에서 찾습니다. 이것이 니체가 그의 전 저작에 걸쳐 그리스의 문화를 칭송하고, 그리스 신들의 신화와 전설을 많이 언급하는 이유입니다.

특히 다루어지는 것이 디오니소스(Dionysos) 신입니다. 디오니소스는 로마신화에서는 바쿠스(Bacchus)로 불리는 신입니다. 포도주(wine)의 신이며 수목(樹木)의 신입니다. 서양의 회화에서 그는 늘 병색(病色)이 완연(宛然)하며 어두운 얼굴을 하고 있습니다. 아마 포도주의 신이자 술의 신이라 늘 술에 젖어 있기 때문일 것입니다. 아니면 정말 병이 들어 있는지도 모릅니다.

유럽과 소아시아 도처에서 주신제(酒神祭)가 열립니다. 그 경배의 대상은 디오니소스입니다. 예수가 기독교에서 숭배되는 신이라면 디오니소스는 민중의 사회에서 오랫동안 숭배되었던 신입니다. 병색이 완연한 어두운 얼굴의 이 디오니소스 신은 아이러니(irony)하게 광기(狂氣, madness, insanity)와 도취(陶醉, intoxication, rapture), 본능과 쾌락을 상징합니다. 민중들은 이 신을 경배하는 축제 기간, 신체의 쾌락을 위해 마음껏 술을 마시고 대상을 가리지 않으며 성교(性交)를 합니다.

본능의 쾌락이 이끄는 대로 살 뿐이니 이 신에게는 매사가 즐거움이며 광기가 만연하니 도덕이나 도덕적 처세는 금물입니다. 무아지경(無我之境)의 도취에서 주신의 사제(司祭)들은 춤을 춥니다. 태어날 때도 비참했던 이 디오니소스 신은 죽을 때도 비참하게 죽습니다. 허벅지에서 숨겨져 키워지다가 출산 후 양자(養子)로 자란 이 신은, 죽을 때는 사지가 찢겨 사방(四方)의 내륙에 뿌려집니다. 탄생과 죽음이 비참하니 이 신의 다른 상징은 '비극'이며 '고통'입니다. 고대 그리스신화에 해박(該博)했던 니체는 이 신이 함의(含意)하는 많은 상징을 결코 놓치지 않았습니다. 그리고 그 함의를 가지고 이제 그가 이 신 이상으로 해박한 기독교의 신을 공격하는 데 사용합니다.

술은 인간의 오래된 음식입니다. 인류사에는 술이 동반되며 술을 마시지 않는 종족도 없습니다. 술이 종교나 기타의 이유로 금기시되지 않는 한 말입니다. 이를 다시 보면 인간 종은 본성상 술을 요구한다고 해야 할지 모릅니다. 술에 취하면 희망이 없는 현실이 아름답게 보이고, 권태로운 일상이 즐거워 보이며, 이 지겨운 삶이 흥겨워 보입니다. 그래서 일부러 술을 찾기도 할 것입니다.

술은 어느 정도는 인간을 세상사로부터 초월하게 합니다. 그런데 그 초월이 현재 딛고 있는 땅과의 관련을 잃었을 때 그것은 광기로 불립니다. 그 초월이 진정 긍정적인 초월인지는 아직은 모르겠습니다. 그런데 현실과의 관련을 상실한 의식이 단지 광기로만 비하될 만큼 삶에서 부정적인 것인지도 역시 모르겠습니다. 분명한 것은 광기란 인간 존재자에게서 결코 떼어낼 수 없는 다른 차원의 의식이자 정신의 형식이라는 것입니다. 광기는 다른 차원의 집중력일 것이며 현실을 떠나고픈 인간의 갈구를 반영한 것인지도 모릅니다. 그래서 광기의 신 디오니소스는 도취(陶醉)와 가상(假想, imagination)을 상징하기도 합니다.

겨울이면 얼어붙은 땅의 식물은 외형(外形)의 성장을 멈춥니다. 죽어 있는 듯한 이 식물들은 다시 봄이 되면 얼어붙은 땅 위로 새로운 싹과 가지를 틔웁니다. 수목의 신 디오니소스는 그래서 무한하고 영원한 삶을 상징하기도 합니다. 그런데 이 디오니소스의 영원은 기독교적 관점에서의 천국의 삶은 아닌 것으로 보입니다. 천국의 삶은 지극한 복, 즉 지복(至福)이며 어떠한 고통도 존재하지 않는 행복한 곳입니다. 물론 그것이 신이 말한, 예수가 말한 천국인지는 의문의 여지가 있지만 말입니다.

삶의 지속이 아닌 죽음이 개입되는 삶의 지속, 완연한 병색에도 본능과 광기가 충만한 삶, 존재하는 것에서 다른 것을 상상(想像)하고 그것에 도취되어 있는 존재자로서 디오니소스는 기독교적 영원과는 확실히 다릅니다. 고통과 절망, 병과 찢겨진 육신으로서의 비극적 신… 그럼에도 불구하고 그 육신에서 뿜어져 나오는 욕망과 쾌락에 대한 추구…. 민중에게 주어야 할 것은 기독교적 영원과 행복이 아니라 현 존재자의 현재에 수반되는 이 고통을 즐거이 받고 극복하는 디오니소스의 자세가 더 필요할지도 모릅니다. 아니 니체는 이렇게 생각했을 수도 있습니다.

그러나 이 말이 니체가 고통에 대한 기독교의 관점을 정확히 이해하고 있는지는 별개의 문제로 다루어야 할 것입니다. 신인 예수는 천한 목수의 아들로, 말먹이 통에서 태어나고 천한 잡범(雜犯)들 사이에서 십자가에 못 박혀 죽었기 때문입니다. 고통의 장소로 왔다가 고통으로 죽어간 신을 행복하다고 말할 수는 없는 노릇입니다.

병색이 완연한 디오니소스, 다시 그의 안색(顏色)은 환한 낯빛과 대조되고, 술에 늘 젖어 있는 디오니소스는 건강한 이성을 가진 이와 대립합니다. 후자를 아폴론으로 상정하고, 그와 디오니소스가 각기 대조된다고 보는 시각도 있습니다. 그러나 단지 아폴론과 디오니소스의 개념적 대립이 아니라 디오니소스는 니체 사상의 총화(總和)입니다. 니체의 철학에서는 아폴론 또한 디오니소스에 종사(從事)하는 상징에 불과합니다.

니체에게서 이성은 신체의 부분에 불과하고 코스모스(cosmos)로서의 조화(調和)는 카오스(chaos)로서의 무질서(無秩序, 혼돈, 混沌)에 포함됩니다. 조화는 인간의 관점에서만 그럴 뿐 이 거대한 시야에서는 무질서에 종속됩니다.

넓은 초원에서 각기 살아가고 존재하는 많은 야생의 동·식물들과 자연의 사물들을 무질서하다고 주장하는 이는 그가 보는 관점에서의 무질서만이 그 초원을 오래도록 유지시키는 질서라는 것을 모르고 있습니다.

그것을 무질서하다고 주장하는 이는 땅을 한 번도 제대로 보지 않은 자입니다. 지금 밖으로 나가 흙이 가득한 곳을 조금이라도 파헤쳐 보면 그곳은 온통 무질서 투성이입니다. 유난히도 더운 올해 2024년 8월의 땡볕 아래에서 차들도 멈추고 사람들도 멈추어 있습니다. 폭염경보는 연일 계속되고 사람만 지친 것이 아니라 마당의 고양이도, 길의 개도, 그리고 자동차도, 에어컨도, 정수기도 지쳐 있습니다.

덥디 더운 이런 날에 화분의 꽃과 나무 몇 개는 이미 죽었거나 말라가고 있습니다. 더운 탓이지만 어디 더운 날이 요즘뿐은 아닐 것입니다. 화분은 닫힌 그릇이라 물이 쏟아지면 과습(過濕)이 되기 십상이며 더운 빛이 쏟아지면 말라 죽기 십상입니다. 죽는 원인이야 병으로도 죽고 상처로도 죽겠으나 닫힌 그릇도 주요 원인입니다.

그러나 땅은 그렇지 않습니다. 쏟아지는 비에도 내리쬐는 열에도 땅에는 여전히 생명들의 전쟁이 벌어지고 있습니다. 풀은 뽑히지 않으려 뿌리를 신속히 번지거나 위로 솟구치며, 꽃은 이에 질세라 더 높이 올라 봉우리를 터뜨리거나 부지런히 자식들을 매달아 놓습니다.

그들은 보름만 꽃을 보였다가 일 년 내내 아래로 숨어 내년을 기약하기도 합니다. 때가 되면 그들은 잊지 않고 올라옵니다. 그들의 오르고 내림을 조절하는 것은 인간도 기계도 아니고 땅 아래로 스며드는 계절의 순환(循環)입니다.

땅 위의 곤충들은 더운 날에 아랑곳없이 작업에 열중이며 아래의 벌레들은 부지런히 무언지 모를 일들을 하고 있습니다. 한 삽만 땅 아래로 뜨면 거기에는 무수한 생명체들이 서로 엉켜 담겨 나옵니다. 질서를 보기 좋아하는 자들은 결코 이것을 질서라고 말하지 않을 것이지만, 이 난삽(難澁)한 무질서가 땅의 순환을 돕는 천체의 질서라는 것은 땅을 딛고 사는 자들은 몇 년 내에 알게 됩니다.

닫힌 그릇이 인간의 좁은 이성입니다. 수적 질서가 중요하다고 바라본 철학자는 대개 우주의 행성도 임의로 삭제하고 자기 멋대로 우주의 도면을 그려내는 희한한 고집을 부렸습니다. 대선배 아리스토텔레스(Aristotle, B.C.384~B.C.322)가 그려낸 우주의 질서는 아름답고 감탄스러웠기에 수천 년간 그의 질서는 존재하는 실재를 대체

했습니다. 이성으로 대표되는 정신의 기능이 단지 살아남기 위한 동물적 기능의 발전에 불과하다면 이제 그 이성의 막강한 권력을 내려놓을 때도 되었습니다. 이성으로 작성한 현상의 그림들이 이제는 더 이상 유효 적절하지 않고, 그 그림의 부산물들이 진정한 실재들을 왜곡하고 위협하는 지경까지 이르렀기 때문입니다.

우리 집 하나 지키자고 도시를 태울 수는 없습니다. 빈대 잡자고 초가삼간 태울 수는 없습니다. 우리끼리만 이 동네에서 행복하게 살자고 다짐하며 외부인은 추방하거나 차단하고 동네 입구에 들어오면 핵을 쏜다고 위협합니다. 자기네가 세워놓은 이정표와 담벼락을 진정한 동네의 구획으로 착각합니다.

그런데 동네에는 우리끼리만 사는 게 아니라 마루 위에는 고양이, 밑에는 개, 풀밭에는 뱀, 그리고 지붕 위에는 새들이 같이 사는데 말입니다. 살아남기 위해 발달한 이성이 이젠 세계 자체를 자기만의 터전으로 착시합니다. 그런 이성은 더 이상 필요 없습니다. 삶을 위협하는 이성은 그 기능도, 수명도 다한 것입니다.

동토(凍土)에서 매년 봄을 기다려 다시 태어나는 디오니소스의 부활(復活)은 십자가에서 이 세계와 작별하고 역사에 결코 등장하지 않았던 천국을 갈구하는 기독교적 부활과 대립합니다. 제우스(Zeus)의 허벅지에서 태어난 디오니소스의 괴상한 출생은 이미 남다른 시련을 예고하는 듯합니다.

사생아인 그의 운명은 이미 헤라(Hera)의 증오의 표적이 되어 성장기 내내 그를 괴롭히는 운명이 됩니다. 그렇습니다. 디오니소스는 태어나면서 비-정상적으로 성장하고 성장해서도 어두운 삶에 처합니다. 디오니소스의 죽음 또한 편치 않습니다. 니체는 이 디오니소스에서 그의 철학의 은유를 발견합니다. 이제 병자 디오니소스가 다시 사람들에게 활력을 줍니다.

병이란 무엇입니까? 현대인이 자주 앓는 우울증(憂鬱症, melan cholia)은 병인가요? 그렇다면 왜 우울병이라고 하지 않고 우울증이라고 칭할까요? 절망은 병인가요? 슬픔은요? 정신분열증(精神分裂症, schizophrenia)을 조현병(調絃病, schizophrenia)이라고 부르나요? 그렇다면 정신분열증은 병인가요?

건강에 집착하는 한 사람이 있습니다. 그는 하루에 몇 알씩 꼭 영양제를 챙겨 먹고, 매일 몸의 체질량지수(體質量指數, BMI, body mass index)를 측정합니다. 친구를 만나면 술을 마셔 몸을 해하니 친구와의 관계도 단절하고 오로지 건강한 신체를 만들기 위한 운동과 균형 잡힌 식사, 그리고 몸에 좋은 영양제만 챙깁니다. 우리가 실제로도 주위에서 목격하는 모습입니다. 그런데 이런 모습은 과연 건강한 모습일까요?

여기 다른 사람은 시한부 삶을 선고받은 사람입니다. 그는 살아 있는 동안이라도 제대로 살아야겠다는 생각으로 등산도 하고 음악도 들으며, 좋아하는 글도 쓰면서 삽니다. 신체는 거의 망가진 상태입니다. 그렇다면 이 사람은 그의 노력에도 불구하고 이미 병자로서 규정되는 것인가요?

죽어야 할 운명인 인간이 죽음을 눈앞에 두고 차분히 죽음을 준비하는 것은 삶에 대척(對蹠)되는 자세인가요? 죽기까지 한 달 남았으니 죽는 전날까지 밝고 활기차게 살자 하는 마음가짐은 좋지만 그것이 모두에게 권장할 만큼 건강한 모습인가요? 차라리 목전에 둔 죽음에 차분히 자기의 삶을 정리하는 모습이 더 건강한 모습 아닌가요? 그런 의미에서 니체는 '천 개의 건강'이 있다고 말하는 것일 겁니다.

건강 편집증(偏執症, paranoia)에 빠진 현대인은 표면적인 건강만을 위해 많은 자신의 '다른 건강'을 희생시키고 있습니다. 하나의 건강만을 위해 다른 수없는 건강을 모른 척합니다. 하루를 위해 열흘을 준비하고, 열흘의 삶을 위해 일 년의 삶을 내팽개칩니다.

이런 의미에서 병 없는 인간은 존재하지 않습니다. 자신이 병 하나 없다고 자부하는 인간은 이미 스스로 깊은 병이 든 것임을 반증(反證)합니다. 100%의 건강을 위해 하루 종일 건강 지수와 씨름하는 어느 삶이, 체육관과 병원만을 줄기차게 교차 왕래하는 그의 일과가, 곧 그가 심각한 병의 상태에 있음을 말해 줍니다.

이런 의미에서 백 프로 건강한 자는 (신 이외에) 없을 것입니다. 각 부문에서의 건강의 총합, 그것이 무결(無缺)로 해석된다면, 그 무결점은 그래서 완전으로 간주되고, 그렇다면 완전히 건강한 자는 존재하지 않을 것입니다.

병의 관점에서 보면 모든 인간은 나름대로 병에 걸린 인간이고, 건강의 관점에서 보면 모든 인간은 나름대로 건강의 정도를 지니고 있습니다. 병의 관점에서 '병 없는 건강'이란 존재할 수 없으며, 건강의 관점에서 '완전한 병'은 존재할 수 없습니다. 이런 차원에서 니체가 말한 위버멘쉬와 데카당을 다시 살펴볼 필요가 있습니다.

위버멘쉬는 '건강의 극대(極大, maximum)'이며 데카당은 '병의 극대'입니다. 또 위버멘쉬는 '병의 극소(極小, minimum)'이며 데카당은 '건강의 극소'라고 말할 수도 있습니다. 이 건강을 힘의 관점에서 바라본다면 위버멘쉬는 '힘의 극대'이고 데카당은 '힘의 극소'입니다. 힘의 최대한이 최대의 건강이자 최소의 병이고 힘의 최소한이 최대의 병이자 최소의 건강입니다.

그러나 위버멘쉬와 데카당 모두 정지 개념이 아닙니다. 정지는 질서에서 비롯하고 조화에서 비롯합니다. 아니 사물을 정지의 관점에서 바라보니 질서가 '잡힌(!)' 것으로 보이며 질서 있는 것으로 보니 조화롭습니다. 그러나 니체가 바라본 세계는 운동하며 약동하고, 힘으로 요동칩니다. 그래서 많은 무-질서들이 부-조화로 상호 투쟁하는 곳입니다.

그러나 그것이 역으로 니체 철학의 체계적 '질서'입니다. 따라서 데카당과 위버멘쉬는 서로 혼합되어 존재하고 서로 상대로 전화하기도 합니다. 하루의 위버멘쉬가 일 년의 위버멘쉬일 수는 없으며, 하루의 데카당이 평생 데카당일 수는 없습니다. 위버멘쉬와 데카당은 서로 부지런히 탈바꿈하며 모습을 서로의 것으로 갈아치웁니다. 힘은 움직이는 것이 그 본성이므로 확장되었다가도 이내 축소되곤 합니다. 아니 건강한 힘이 세력을 떨치다가 순간 병으로의 힘이 다시 그 세력을 뺏습니다.

이는 위버멘쉬로서의 고귀한 힘, 아니면 데카당으로서의 비루한 힘이 서로 경쟁하며 확대되거나 축소되었다고도 말할 수 있습니다. 고귀한 힘이 발휘되는 한 우리는 '상승'합니다. 비루한 힘이 발휘되는 한 우리는 '하강'합니다. 상승과 하강은 위로 솟구치고 올라감과 아래로 추락하고 내려감입니다. 솟구치는 한 태양을 보고 별을 보며 넓고 높은 눈으로 대지(大地, Mother earth)를 내려봅니다. 솟구치는 한 우리는 중력을 이기고 발을 옭아매는 족쇄를 이기고 날지 못하는 비겁(卑怯)을 이깁니다. 추락하는 한 지하를 보고 어두움을 보고, 눈이 퇴화한 두더지가 되어 빛을 피해 숨어 지냅니다. 추락하는 한 우리는 대지도 잃고 땅도 잃고 발 딛고 춤출 곳도 잃습니다. 무엇이 상승이고 무엇이 하강인지 그 척도는 우리의 신체입니다.

한편 불교적 관점으로 세계를 보면 세상의 모든 것은 병의 확대이고, 인간 또한 병들었고, 병들어가는 자입니다. 이는 불교가 세계에 내린 진단(診斷, diagnosis)입니다. 이 관점은 기독교도 지니고 있습니다. 세계가 살 만하다면 사람들이 천국을 갈구할 리는 없으며 저편의 증명되지 않은 세계에 쉽게 설득될 리도 없습니다. 세계가 나름대로 고통이 넘쳐나므로 사람들은 그 반대급부(反對給付)로 천국을 갈구합니다. 이를 그들은 천국의 '보상(報償)'이라 말합니다.

그 천국이 실체 없는 허구일지라도 적어도 이 고통의 대가는 있어야 한다는, 심정(心情)의 반대급부로, 천국은 그들에게 있어야만 하는 다른 세계입니다. 그래서 천국이 이 세계의 고통의 대가(代價)인 한 이는 '르상티망'의 전형(典型, stereotype, model)입니다.

니체의 물음 또한 이와 관련합니다. 만약 인간이 온갖 병에 묶여 있어야 할 존재자라면 과연 그것을 극복하는 건강의 상태란 무엇인지를 우리에게 먼저 묻습니다. 또 그 건강이라는 상태가 과연 우리가 칭하는 병이란 것이 깨끗이 제거된 상태인지를 묻습니다. 마지막으로 그렇다면 건강이란 것이 도대체 존재하는 것인지를 묻습니다.

언급했듯 건강에 대한 과잉 반응이 다른 병을 낳습니다. 이제 무엇이 건강이고 무엇이 병인지 쉽게 말할 수 없다는 것은 분명해 보입니다.

그렇다고 건강을 병으로, 병을 건강인 것으로 견강부회(牽强附會)할 수는 없습니다. 건강과 병이 상호 혼합되어 있다는 것은 일부는 건강이고 일부는 병이라는 말입니다.[148] 건강의 상태에서 병의 징후(徵候)를 나타낼 수도 있고, 병의 상태에서 건강의 징후를 나타낼 수도 있을 것입니다.[149] 또 이도 저도 아닌, 즉 병인지 건강인지 쉽게 결정하기 어려운 형태도 있을 것입니다.

열꽃을 피운 아이의 얼굴은 몸이 싸우고 있다는 건강의 징표이자 그 싸움 때문에 아프다는 병의 징표이기도 합니다. 회복하는 아이에게 처방(處方, therapy)도 투약(投藥, medication)도 조심스러워야 합니다. 니체는 건강에서 병적인 것을 읽어내고 병에서도 건강의 흔적(痕跡)들을 구별하는 것에 유능합니다. 그는 징후에서 병의 전조(前兆)를 읽고 전제에서 결론이 가질 폭력을 읽어냅니다. 그래서 그의 철학은 징후학(徵候學)입니다. 그의 이 예민함이 도덕과 그 도덕의 주장이 지닌 가족 관계적 습성(習性)과 편견들을 읽어낼 때 그의

---

148 "나는 총체로서는 건강했으나, 특정한 각도로서나 특수한 면에서는 데카당이었다"(니체, 『이 사람을 보라』, 335).

149 "병자의 광학으로부터 좀 더 건강한 개념들과 가치들을 바라본다든지, 그 역으로 풍부한 삶의 충만과 자기 확신으로부터 데카당스 본능의 은밀한 작업을 내려다본다는 것-이것은 가장 오랫동안 나의 연습이었고, 진정한 경험이었다"(니체, 『이 사람을 보라』, 333).

도덕 비판은 계보학(徵候學)으로 불립니다.

또한 건강과 병의 징후를 밝혀내는 준거가 인간적 관점인지 아니면 거대한 자연의 관점인지에 따라서 건강과 병의 예후(豫後)는 다를 것입니다. 예를 들어 플라스틱의 사용은 인간적 관점에서 참으로 유용(流用)하나 자연의 관점에서는 해악입니다. 또한 그것은 인간적 관점일지라도 단기적으로는 최대한 유용하나 장기적으로는 해악을 낳습니다. 우리는 어떠한 기준으로 병과 건강을 판단해야 할까요?

그래서 언급했듯 위버멘쉬와 데카당은 고정(固定)이나 정지(停止)의 형태일 수 없습니다.[150] 니체가 나폴레옹 등을 예로 들며 위버멘쉬를 언급하는 것 역시 고정된 위버멘쉬로서의 자격이 아니라 변화의 선(線)에서 역사적 예시로 나폴레옹을 언급한 것으로 보아야 합니다. 나폴레옹은 프랑스 변방 코르시카(Corsica)의 촌(村)에서 조그만 군대의 소위를 거쳐 유럽 대륙을 호령하는 제국의 황제로 변신한 자입니다. 이를 프랑스 철학자 들뢰즈의 용어로 하면 경직된 선에서 탈주선(脫走線)을 타는 것이며 기존의 영토(領土)를 벗어나 다시 재영토화(再領土化)를 감행하는 것으로 볼 수 있습니다. 재영토화는 영토의 확장이 아니라 기존 영토에 다시 금을 긋고 다시 분할하고 다시 규정하는 것입니다. 따라서 홈이 패인 선을 따라 마

---

150 "나는… 데카당이면서 동시에 시작이기도 하다…. 나는 어떤 인간보다도 상승과 하강에 대한 예민한 후각을 갖고 있다"(니체, 『이 사람을 보라』, 나는 왜 이렇게 현명한지, 331).

저 흘러가는 것이 아니라 새로 홈을 내고 탈주의 선을 새기는 것입니다. 그리고 정착(定着, settlement, immobility)이 아닌 유목(遊牧, nomadism)의 말을 타고 새로운 경계(境界, frontier)를 향해 평생 질주하는 것으로 볼 수 있습니다.

신화에서 디오니소스를 추종하는 종자(從者)로 사티로스(Satyr)[151]가 있습니다. 반인반수(半人半獸)라 사람의 얼굴에 염소다리의 모습을 하고 있습니다. 그리스신화에서 주로 현자(賢者)로 등장합니다. 디오니소스가 도취와 가상, 광기를 상징하는 모습으로, 영원히 반복하는 대지에서의 부활을 상징하고 있다면, 그 아래 종자(從者)인 사티로스는 지혜와 본능을 모두 구비(具備)한 모습을 하고 있습니다. 인간 또한 이처럼 일부는 이성적 지혜가 있지만, 다른 일부는 짐승의 본능을 지닌 모습 아니던가요?

메소포타미아(Mesopotamia)를 위시한 중부 아시아 지방에서는 자그레우스(Zagreus) 신화가 널리 퍼져 있습니다. 여기 주인공은 디오니소스입니다. 자그레우스는 때때로 디오니소스의 다른 이름이기도 합니다. 그는 절름발이에다 죽어서는 갈기갈기 몸이 찢겨 사방 지역에 흩뿌려집니다.

도취(陶醉)는 이성의 한계에 처한 신체의 발작입니다. 이성은 내 앞의 사물을 질서 지우고 그것들에 무게들을 부여합니다. 이성적 질

151　"나는 철학자 디오니소스의 제자이다. 나는 성인이 되느니 차라리 사티로스이고 싶다"(니체, 『이 사람을 보라』, 2, 324).

서는 아폴론의 질서입니다. 그래서 정연하되 벗어나지 않고, 혼돈(混沌)을 억제하여 규칙(規則)을 부여합니다. 이성은 질서(秩序)로서의 코스모스(cosmos)를 사랑합니다. 반면 도취는 내 앞의 사물 중에 일부는 버리고 약간의 것, 혹은 하나에 빠져들고 집중(集中)하게 하는 힘입니다. 나머지의 것, 다른 사물들이 엎어져 있든 뒤집어져 있든 개의치 않습니다.

도취는 나와 대상의 일치이기도 합니다. 대상은 내가 되고 나는 대상이 됩니다. 따라서 빠져드는 대상이 아닌 나머지 것에 신경 쓰면서 우리는 도취에서 순간 깨어납니다. 이성은 도취를 억제합니다. 그래서 이성적인 자는 광기가 없습니다. 술을 탐닉하는 자는 도취하고, 도취가 현재를 망각(忘却)하면서 광기로 나타납니다. 그래도 술은 규격화된 인간의 사유에 자유를 주고, 이 틀을 깨부술 용기를 주는 중요한 매개체이자 수단입니다. 대상을 얻고자 인간은 술을 필요로 합니다.

그렇지만 가상은 현실이 아닙니다. 벌어지지 않은 사건입니다. 눈앞에 존재하는 것에서 다른 것들을 보는 착란(錯亂)입니다. 그런데 인간이 눈앞에 벌어지는 모든 사건을 지각할 수가 있습니까? 그렇게 본다면 가상은 현실을 보는 눈이 아닌 다른 눈에 의존합니다. 흡사 눈앞에서 귀신을 보는 무당의 능력, 장래의 일을 살피는 예언자의 능력은 모두 가상에 의존한 것들이 아니던가요?

광기는 어떻습니까. 흡사 정신분열증이나 조현병 같은 것들을 광기라고 부릅니까. 미친다는 것이 무엇입니까. 사물의 질서를 분간하지 못하고, 그 질서에 포함된 자신의 위치를 자각하지 못하는 것이 여기서 말하는 미침(狂)이지요. 그렇다면 식사도 안 하고 무언가에 집중하는 학자나 예술가는 제정신인 것인가요? 아니면 미친 것인가요? 광기 없는 천재가 있기나 한 것일까요. 혹은 광기 없이 이루어진 위대한 업적이 있기나 한 것일까요.

니체의 철학은 신체의 지위를 다시 복권(復權)시킨 철학이라고 말합니다. 소크라테스, 플라톤을 위시한 서양의 전통 철학에서 무시되거나 등한시되었던 신체로 다시 시선(視線)을 돌렸다는 말입니다. 물론 맞는 말입니다.

그러나 근대 이전에 우리의 신체가 모든 철학자에게서 비하되었던 것은 아닙니다. 데카르트가 반성을 철학의 제1 모토(motto)로 삼은 이후 근대 이후의 철학은, 그리고 이에 영향받은 철학자들은 다시 인간의 내부에 시선을 돌리기에 이르렀고, 이를 일컬어 반성(反省, reflection) 혹은 의식(意識, consciousness)의 철학이라고 합니다. 데카르트가 주체가 어떤 방식으로 존재하는지에 관해 진지하고 어려운 질문을 던진 후 서양의 철학은 도대체 주체가 어떤 방식으로 확실히 존재하는 것인지에 관해 끊임없이 문제를 제기했고 이런 전통은 지금도 마찬가지입니다.

중세까지만 해도 이러한 자기의식의 문제나 의식, 혹은 자연이 제거된 인간 위주의 사유는 없었습니다. 따라서 인간의 신체가 극도로 비하(卑下)된 시대는 근대라고 보아도 무방합니다. 따라서 서양철학의 의식론적 전통, 초월론적 전통에 강한 반감을 갖고 다시 신체의 용어인 힘으로 자신의 철학을 전개한 니체의 철학은 분명 신체의 지위를 다시 복권한 철학임은 분명해 보입니다.

신체를 복권시켰다는 말은 신체의 출현과 성장, 몰락을 긍정하였다는 말이기도 합니다. 또 신체의 생산물에 대해서 긍정하며 신체를 주(主)로 하여 정신 혹은 이성을 배치(配置)시켰다는 말도 됩니다. 부연하면 출현으로서 탄생과 소멸인 출생과 죽음, 성장으로서 어린이, 청년, 어른, 노파를, 그 구별로서 남성과 여성을 긍정하였다는 말입니다. 또 신체의 생산 과정이자 생산물인 기쁨, 슬픔 등의 온갖 정념을 긍정하였다는 말이고, 그 생산과정인 세계와의 만남을 긍정하였다는 말입니다.

신체를 긍정하니 또한 생명을 긍정합니다. 생명을 긍정하니 생명

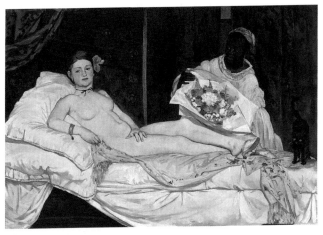

에두아르 마네(Édouard Manet, 1832~1883), 「올랭피아, Olympia」, 1863년 작.
: "…누드(nude)의 비너스가 아니라 옷 벗은(naked) 현실의 여인이 함께한 것은 그만큼 시대와 현실에 대해 정직하고자 하는 마네의 근대적인 작가 정신 때문이었다. 벌거벗은 몸은 벌거벗은 몸일 뿐 그 이상도 이하도 아니다…. 그림의 여인이 매춘부의 인상을 준 데는 특히 그녀의 '패션'이 한몫했다. 그녀는 완전히 벌거벗었으면서도 목에는 벨벳 끈을 둘렀고, 호사와 나른함의 상징인 팔찌와 슬리퍼를 착용했다. 벨벳 목 끈은 당시 무희나 매춘부들이 애용하던 장식이었다. 그녀의 사회적 신분을 암시하는 듯한 이 장식이 많은 관객들을 도발했으리라는 사실은 불문가지다." 이주헌, 「50일간의 유럽 미술관 체험 1」, 학고재, 2020, 151~152.

성이 충만한 활동과 태도를 칭송합니다. 또 그 생명이 잉태되거나 출산되는 자연을 긍정합니다. 생명주의(生命主義, Vitalism), 자연주의(自然主義, Naturalism)의 철학입니다. 또 신이 제거되거나 추방된 세계이므로 오로지 하나뿐인 세계와 지구를 강조하는 환경주의(環境主義, Environmentalism), 생태주의(生態主義, Ecology)의 담론을 제공합니다. 또한 과도한 인간주의(人間主義, Human-centered thought)로 인한 세계의 파괴를 방어하고자 하니 그동안 지배적이었던 인간적 관점의 도덕에 의문을 제기합니다.

열역학 제2의 법칙(second law of thermodynamics)이 엔트로피(entropy)의 법칙입니다. 이는 자연의 비-가역성(非-可逆性)을 말한 법칙입니다. 즉 엔트로피란 세계의 모든 사물은, 세계를 품고 있는 지구조차도 시간이 지날수록 사멸(死滅)을 향한다는 의미를 함의합니다. 세계 내 존재하는 모든 사물은 시간을 회피할 수 없습니다. 시간 내부에 처한 사물들은 모두 언젠가는 사멸합니다. 그런데 생명은 이 엔트로피에 저항하고자 합니다. 즉 반(反)-엔트로피입니다.

생명은 사라지지 않기 위해 투쟁합니다. 신진대사(新陳代謝)는 생존을 향한 매일의 운동입니다. 섭취나 배설에 장애가 있다면 생명체는 그 삶이 위협을 받습니다. 이 반-엔트로피로서의 생명의 운동을 프랑스 철학자 베르그송은 élan vital(엘랑 비탈, 삶의 약동, 생의 비약)이라 칭합니다. 니체가 신체를 복권(復權)시킨다는 측면은 생명의 관점에서 그 자연성을 존중하고 이를 힘의 발휘로 본 것입니다. 신체는 무엇보다 생명의 관점에서 비롯하는 테마(Thema)이며 생명을 그 의미의 배경으로 깔고 있습니다. 살아 있지 않은 신체는 단지 무기물(無機物)로서의 사물에 불과하기 때문입니다.

반면 종교적 사유는 생명을 그 발현으로서 긍정하지 않고 그 마지막과 종말(終末)을 늘 떠올리며 다른 곳에서의 사유를 이 세계의 것으로 합니다. 그 세계의 것은 초월 혹은 기독교적 초월로서 천국 등으로 상징됩니다. 이런 관점에서 보면 니체가 말한 '신의 죽음'이 생명의 관점에서 무엇을 말하려고 하는지 이해가 될 것입니다.

서양이 제일(第一)의 사유로 내세웠던 이성과 이성적 사유는 그 논리적 귀결이 결국 존재하지 않는 자, 즉 신으로 의제(擬製)되는 개념으로 향하기에 니체는 이를 비판합니다. 지구상의 그 어떤 존재자도 신에 비견(比肩)할 수 없습니다. 세계 내 존재자는 모두 결핍과 열등의 범주에 처하게 됩니다. 즉 그 존재를 확실히 할 수 없는 신이 분명히 존재하는 생명과 자연을 비하하고 자기의 아래에 위치시키게 되는 역설이 나타납니다. 가상이 현재를 대신하고, 초월이 자연을 억누르고, 관념이 실재를 대치(代置)하게 되었습니다.

과학의 실험은 일정한 조건을 만들고 그 조건을 유지하는 폐쇄적 실험실에서 일반적으로 진행이 됩니다. 고립계(孤立系, Isolated system)와 폐쇄계(閉鎖系, Closed system)에서 진행되는 것이 과학이 추구하는 경험적 앎으로서의 실험입니다. 그러나 자연은 본래 개방계(開放系, Open system)입니다. 우리가 사는 자연은 특정한 조건이 변하지 않고 지속되는 곳도 아니고 고립되어 타 존재자와 관계없이 지낼 수 있는 곳도 아닙니다.

당장 기상이변(氣象異變)이 벌어지면서 오늘의 이 날씨가 어제와 다르고 내일을 예측할 수 없을 정도로 무섭게 변해 가고 있습니다.

예측(豫測)이라는 것은 우리의 과거 경험을 토대로 한 확률적 추론인데, 기상의 이변은 그런 안전과 예방을 가능하게 할 예측의 가능성을 좁히고 있습니다. 당장 기상이변으로 벌(bee)들이 사라져 초래되는 영향들은 우리가 상상할 수 있는 것 이상의 생태계 왜곡을 초래합니다.

아프리카 케냐(Kenya)의 세렝게티 초원(Serengeti 草原)은 수많은 사자, 표범, 하이에나 등의 맹수, 코끼리, 들소, 누(Gnu) 등의 초식동물이 거주하는 드넓은 곳입니다. 우리는 이 초원에서 사자와 들소가 우연히 평원에서 마주치면 사자에게 일방적으로 들소가 도륙(屠戮)당할 것이라고 짐작할 것입니다. 그러나 그것은 우리의 편견입니다. 이 평원에서는 사자들이 들소 떼에 밟혀 죽고, 악어에게 먹히며, 코끼리에게 짓밟혀 죽습니다. 사자의 새끼가 하이에나에게 끌려가고 기린의 뒷발질에 사자의 두개골이 부서집니다. 물론 백수(百獸)의 왕인 사자가 그 반대의 경우로 공격하여 성공하는 경우가 훨씬 더 많을 것이긴 합니다만 자연은 산술의 규칙처럼 단순하게 바라볼 수 없습니다.

수학은 우리의 이성이 발명해 낸 것이며 세상에 실제로 존재하지는 않는 허수(虛數)입니다. 이성이 자연을 바라보는 사고가 수학적 관점이며 그 수학적 판단에 따라 구성되는 것이 우리가 자연을 바라볼 때 '질서'라고 말하는 것입니다.

폐쇄계에서는 정해진 조건이 주어지고 그 조건 속에서 결과가 도출됩니다. 만약 조건이 변하면 그 조건을 다시 교정해 주고, 다른 변수(變數)가 개입하지 않았는지 이를 검증합니다. 이것이 실험의 절차입니다. 그래서 도출한 결과들이 신뢰성이 있는지 살펴보고 만약 신뢰성이 있다면 이를 하나의 실험법칙으로까지 끌어올립니다.

그러나 개방계에서는 이러한 정해진 조건이란 것 자체가 불가능합니다. 위에서 언급했듯 날씨도 변덕스럽고, 조우(遭遇)하는 사물 자체가 정해지지 않습니다. 즉 사자와 양이 조우한다고 했을 때 이 사자가 불행히 병든 사자이고 양이 집단을 리드(lead)하는 강한 숫양이라고 가정할 때 이 둘의 승부는 쉽게 단정하지 못합니다. 오히려 사자의 목숨이 위험한 지경에도 처하게 되니 말입니다. 개방계에서의 생물의 질서는 그리 단순하고 쉽게 결정지어지는 판국이 아닙니다.

이것이 니체가 생명을 얘기하고 의심 한번 제기되지 않은 불변하는 진리보다는 각 개별자의 관점과 변수가 고려된 진리를 얘기하는 이유에 관한 한 예입니다. 그것이 '천 개의 진리'입니다. 사자와 양을 어우르는 하나의 관점이 과연 있는지 없는지에 대해 니체는 의문을 제기하고, 오히려 각자의 관점들이 진리를 단순히 자기의 관점으로 '묘사'하거나 '기술'하는 것은 아닌지 묻습니다.

서양의 전통 철학은 관점 없는 관점, 편견에 치우치지 않는 관점, 이것을 객관이라 부르고 이것이 실제 가능하다고 보았습니다. 앞을 보면서 뒤를 보고, 오른편을 보면서 왼편을 보는 관점이 가능하다고 보았습니다. 그런데 그러한 관점이 가능한 것일까요? 이 관점은 온전히 신의 관점입니다. 관점(觀點, perspective)이란 단어 자체가 특정한 주관을 내포하는 단어이니 관점이 없다는 것, 아니 관점을 지양한 객관적 시야가 가능하다는 말은 곧 완전한 시야, 관점을 초월한 관점이 가능하다는 말과 다를 바가 없습니다.

그러나 니체는 이런 완전한 관점의 가능성을 부인합니다. 오히려 인간은 철저히 자신의 관점에 얽매여 있을 수밖에 없는 존재자임을 주장하고 그 특정한 자신만의 관점을 차라리(!) 긍정할 것을 역설합니다. 코끼리가 사자의 관점을 가질 수 없고, 그 역도 마찬가지입니다. 물론 코끼리가 사자의 관점까지 자신의 것으로 한다면 그것은 코끼리의 역량을 넘어선 것으로서 니체에겐 긍정의 대상이기도 한 것은 분명합니다.

관점을 긍정하는 것은 그 고유의 눈을 긍정한다는 것이고, 고유의 눈을 긍정한다는 것은 곧 차이를 긍정하는 것입니다. 차이를 긍정한다는 것은 또 다름을 긍정한다는 말이기도 합니다. 관점은 고유성(固有性, uniqueness)을 전제하고, 고유성은 차별성을 전제합니다. 차별성을 긍정한다는 것은 각자 다른 존재자임을 인정하는 것에 기반합니다. 각자 다른 존재자들을 인위적으로 묶어 규정하려는 자세는 이미 다른 것들은 제거해 버리겠다는 폭력성이 내재합니다. 동일성을 강조하면서 그 내부의 폭력성이 드러납니다.

difference는 차이이며 차별입니다. 그러나 차별이란 말이 내포하는 어감이 오해의 소지가 있어 차이라고 많이들 얘기합니다. 코끼리와 사자는 다릅니다. 다르므로 차별됩니다. 차별되므로 그들이 바라보는 세상은 각기 달리 그들에게 보일 것입니다. 이는 그들의 본능이 다르고 성품이 다르고 살아가는 방식이 다르기 때문입니다. 결국 관점이란 말에는 이 모든 차별성이 내포되어 있습니다.

또한 코끼리가 살아가는 토양은 금붕어가 살아가는 토양과 다릅니다. 토양이란 그들에게 유일한 대지입니다. 만약 금붕어를 코끼리가 살아가는 사막에 내어놓으면 금붕어는 살아가지 못할 것입니다. 이는 코끼리에게도 마찬가지입니다. 각기의 생물은 그들이 살아가는 토양에 최적화되어 있습니다. 인류 또한 그들에게 맞는 토양, 즉 환경을 찾아 지금껏 수없이 돌아다녔습니다. 그래서 그들은 지구에 거주하게 되었고, 지구 내의 바다든 산이든, 골짜기든 사막이든 그들은 자기들에게 세계를 맞추고, 자기들을 세계에 맞추어 거주하고 있습니다. 이 그들에게 맞추어진 땅, 그들에게 맞는 세계… 이것을 니체는 대지(大地, ground)라고 부릅니다.

대지는 그곳에 거주하는 이들에게 고유한 세계입니다. 대체(代替) 불가한 땅이 대지입니다. 금붕어에게 그들의 대지로 숲을 주는 것은, 코끼리에게 강을 주는 것은 그들에게 삶을 주는 것이 아니라 죽음을 주는 것입니다. 그래서 그것은 그들에게 대지가 될 수 없습니다. 모든 생물체는 그들에게 적합한 토양이 있습니다. 즉 그들에겐 그들만의 대지가 있습니다. 이는 자연스럽게 환경과 생태의 문제로 관심을 이끌게 됩니다.

이제 인간의 대지가 어떠해야 하는가에 대한 진지한 성찰이 필요한 시대로 진입하고 있습니다. 우리에게 고유한 대지가 어떤 성격이었고 어떠한 유리함을 주었는지, 그리고 이 대지의 변질(變質)과 변화가 앞으로의 우리에게 어떤 변화를 일으킬 것인지 우리는 고민해야 합니다. 내가 살아가려면 나의 대지를 고민해야 합니다. 대지 없는 주체는 없습니다. 그런 차원에서 데카르트의 홀로 사유하는 주체는 니체에겐 결코 불가능합니다.

존재자는 홀로 고립되어 살 수 없습니다. 당장 혼자 사는 것이 가능하다고 해도 실제로는 그의 삶을 지탱하는 많은 도움이 있어야 하며 이는 환경(環境)의 문제입니다. 그래서 환경이 파괴된다는 것은 우리가 도움받을 곳이 파괴된다는 말입니다. 환경이 파괴된다는 것은 우리의 생태(生態)가 파괴된다는 것이고 이는 우리의 집터이자 사는 터전인 대지(垈地, 大地)가 파괴되는 것입니다.

하나뿐인 대지가 파괴되니 그 대지가 유일한 환경인 존재자의 살 길은 막막해집니다. 우리 인간에겐 이 지구가 유일한 대지입니다. 제2의 거주 가능한 대체 '지구'를 찾아보고는 있다고 뉴스에서 전하지만 아직 그 결과는 요원합니다. 적어도 현재의 단계에서 이 지구가 우리 인간의 유일한 대지라고 말할 수밖에 없습니다.

또한 각자의 인간들도 모두 같은 관점만을 가진 것은 아닙니다. 약간의 과장을 더한다면 지구 내에 거주하는 인간의 수만큼 많은 관점들이 존재합니다. 단지 유사한 관점들을 조화롭게 통일하느냐 아니면 차별되는 관점의 간극(間隙)을 더 벌리느냐 하는 차이들만이 이 관점들의 관계에 있을 뿐입니다.

어쩌면 사상(思想)은 자기 관점을 확장시켜 더욱 많은 관점들이 그 내부에 포용되게 하는 사유의 체계화 작업일지도 모릅니다. 키가 1m 50cm가 안 되는 사람은 1m 70cm의 사람을 올려다봅니다. 그러나 키가 2m가 넘는 사람은 그보다 작은 키의 사람을 내려다봅니다. 여기서 올려보고 내려본다는 말의 정확한 규준은 무엇일까요?

수학자는 자기 앞에 나타나는 세계를 수의 나열(수열, 數列, sequence)과 그 관계로 바라봅니다. 이에 비해 음악가는 세계를 음

표의 나열과 박자(拍子, beat, rhythm)로 볼 것입니다. 회화와 조각에서도 그럴 것입니다.

이들이 감각하는 세계는, 눈으로 바라보는 세계는 단지 바라보는 눈이 구성한 것으로는 크게 차이가 없을 수도 있습니다. 문제는 그에 대한 해석일 것입니다. 수학자가 자기 앞의 세계를 수의 나열과 관계로 본다는 것은 그 앞의 세계를 수로 해석한다는 말과 다른 것이 아닙니다. 그는 세계를 수의 나열과 교차 관계로 해석합니다. 이 해석의 주체는 물론 그의 이성이 될 수도 있고, 예술가의 경우엔 감각일 수도 있을 것입니다. 예술가의 경우에도 그의 감각을 해석하는 이성이나 직관이 여기서 개입될 여지는 있지만 말입니다.

다시 말을 바꾸면 수학자가 바라보는 세계는 존재하는 그대로의 세계가 아닌 그의 해석이 들어간 세계가 됩니다. 이 해석은 그의 의지가 들어간 해석이기도 합니다. 예를 들어 천문학자는 즐겨 밤을 기다릴 것이고, 조각가는 기꺼이 그 재료인 돌을 찾아 떠나는 여행을 마다하지 않을 것입니다. 세계는 무엇보다 그들에게 우선 별과 암석으로 보이기 때문입니다.

이런 차원에서 니체는 세계를 관점과 그 관점이 바탕이 된 특정한 해석의 체계라고 바라봅니다. 그가 볼 때는 도덕이라는 것도 하나의 해석 체계일 뿐입니다. 도덕이라는 것이 물적 구체성을 지니고 있습니까? 아닙니다. 도덕은 특정한 인간들의 신념 체계이며 그것들이 제도화된 것입니다. 특정한 시대와 그 인간들의 신념 체계가 물화(物化)된 것이 도덕이라고 볼 수 있습니다.

—

자기(自己)와 대지(大地)

'도덕적 사실이란 존재하지 않으며 존재하는 것은 도덕적 해석일 뿐'이라는 니체의 언명은 더 줄여서 '사실이란 존재하지 않으며 해석만이 존재한다'는 말입니다. 이는 실제적 사실이 전혀 발생하지 않는다는 것이 아니라 그 사실을 바라보는 다양한 관점들이 존재하며, 사실은 그 관점들이 서로 하나의 발생 사실들을 바라보며 각자의 해석을 수행하고 있다고도 말할 수 있을 것입니다.

그렇다면 신의 죽음에 이어 이렇게 사실에 대한 다양한 해석을 긍정하는 니체의 철학에서 도대체 진리라는 것은 존재하는 것일까요? 만약 진리가 하나만의 진리, 이를 절대적이라고 하는데 만약 기존의 서양 전통 철학이 고집하는 진리의 유일성(唯一性)을 의미한다면 이는 니체 철학의 진리관에서는 부인될 것입니다. 만약 진리가 있다면 그 진리란 상대적 진리일 뿐입니다. 이는 관점의 다양성을 긍정하니 자연스레 도출되는 결론입니다.

하나의 관점으로부터만 구성된 진리는 다른 관점에서 그 진리를 거부할 수도 있기에 진리의 유일성은 의심됩니다. 이러한 의심은 그 진리가 물리적 실재에 관한 진리가 아니라 도덕과 가치, 종교와 예술에 관한 진리에 대한 논박(論駁)일 때 더 설득력이 있게 됩니다. 물리적인 실재일지라도 그 실재가 아직 최종적인 것으로 밝혀지지 않았을 때는 마찬가지로 그 실재 또한 아직은 관점에서 구성된 실재일 뿐입니다.

신(神)의 부정은 진리의 부정을 낳고 진리의 부정은 결국 허무주의로 우리를 이끌게 됩니다. 허무주의란 니힐리즘(nihilism)입니다. nihil은 영(零)을 말합니다. 아무것도 없는 상태입니다. 신이 사라졌으니 인간의 인식과 존재에 관한 최고의 근거가 사라졌습니다. 최고의 근거가 사라졌으니 진리 또한 존재하지 않습니다.

만약 그 신을 인간인 우리가 죽였다면[151] 그 신으로부터 파생되는 진리 또한 우리가 제거한 것이 됩니다. 즉 신의 죽음으로부터 필연적으로 파생되는 허무주의는 따라서 인간인 우리가 의욕한 것이기도 합니다. 우리는 이 허무를 통해서 무엇을 얻으려는 것일까요?

허무주의에는 두 가지의 양태가 있습니다. 소극적 허무주의(消極的 虛無主義)와 적극적 허무주의(積極的 虛無主義)가 그것들입니다. 소극적 허무주의란 일체 가치의 근거가 사라졌으니 일체 행위의 근거도 사라졌다는 인식입니다. 삶에 관한, 행위에 관한, 윤리에 관한 근거도 사라졌습니다. 이는 쇼펜하우어의 철학에서 볼 수 있는 염세주의적 인식을 낳습니다. 그러나 적극적 허무주의는 일체 근거

---

151   신은 죽었다. 그 죽음의 원인은 무엇일까? 『즐거운 학문』에서 니체는 신을 인간인 우리가 죽였다고도 언급한다.

가 사라진 세계에서 새로운 가치와 그 근거를 우리 스스로 정립해야 한다는 요구입니다. 우리가 그 가치를 창조할 수 있다는 믿음입니다. 나아가 신이 제거되었다면 우리 스스로 신이 되어야 한다는 강한 표현입니다. 일체 이정표(里程標)가 사라졌고 길이 사라졌으니 우리가 길을 내고 이정표를 세워야 한다는 요구입니다. 내가 걸어가는 길이 새로운 길이 됩니다.

이러한 허무를 대하는 인간들의 태도도 둘로 갈립니다. 하나는 적극적 허무를 의욕하는 위버멘쉬의 태도이고, 다른 하나는 그 허무 앞에 소극과 염세로 반응하는 데카당의 태도입니다. 이 둘의 태도에는 모두 힘이 수반되어 있습니다. 그러나 위버멘쉬에게 작용하는 힘은 상승하려는, 약동하려는, 창조하려는 힘이고, 데카당에게 작용하는 힘은 하강하려는, 침체하려는, 행위하지 않으려는 힘입니다.

데카당스는 '퇴폐'를 말하며 데카당은 '퇴폐한 자'를 말합니다. 데카당스란 힘이 자신의 상승을 향해 나아가는 방향에서 뒤틀어 하강을 향해 내리꽂게 하는 힘입니다. 쇠퇴(衰退)하여 자신이 아닌 것으로 전화시키는 힘입니다. 이 힘은 몰락(沒落)을 예고하며 그리 추락(墜落)하는 힘입니다. 그래서 데카당은 자신을 버리는 자이고 자신의 힘을 버리는 자입니다. 힘의 하강을 통해서 자기를 상실하고, 그 자기를 상실하면서 다시 하강하는 힘만을 강화합니다. 그 하강하는 힘 중의 대표가 르상티망입니다. 자기의 측면에서 자기라는 존재를 비하하기에 자신이 살아온 과거를 비하합니다.

자기는 마땅히 거부되어야 할 자이고, 거부되어야 하므로 그 방향을 다른 삶에서 찾습니다. 그러나 다른 삶으로 살아가는 것 역시 자신의 상승하는 힘을 요구하기에 그 다른 삶은 상승과는 다른 내리막 길로 가는 편안함, 현재를 달래주는 자기 위로의 경향만을 찾아갑니다. 그 위로는 자신을 통해서, 즉 자기의 힘을 통해서 제시될 수 없기에 데카당은 다시 타자에게서 자기 현존재의 변명을 지어냅니다. 너로 인해서 내가 이렇다. 네가 있어서 내가 있다. 네가 원인이고 나는 결과이다. 결과는 수동적이니 원인이 책임을 져야 한다… 등. 모든 데카당과 데카당한 자의 논법(論法)은 이렇습니다. 그리고 이런 논법은 이미 르상티망을 아래에 깔고 있습니다.

나의 현재가 이렇게 살아온 나 자신의 탓이라고 말하는 자들은, 그리고 그 탓을 교정하여 내가 살아온 정당한 원인이며 명예로운 과거라고 자부하는 자들은 그 자기를 향한 원한은 르상티망이 아닌 위버멘쉬의 힘이 됩니다. 그러나 나의 현재가 네 탓이고, 너의 과거 탓이고, 그리고 우리가 관계한 탓이라고 설명하는 자들은 자책(自責)의 고해(告解)를 넘어 타자를 원망(怨望)하고 증오(憎惡)합니다. 이렇게 르상티망은 탓하는 자를 망칠 뿐 아니라 탓으로 지목된 자도 망칩니다. 르상티망은 책임을 전가(轉嫁)하는 체제이니 모두가 공범(共犯)이고 죄인(罪人)으로 되는 시스템(system)입니다. 이 원한 감정으로서의 르상티망은 그래서 유사-전염병(傳染病)입니다. 할 수 있는 것을 바라지 않고 해낸 것을 비하합니다. 현재가 죄 있어야 하니 과거도 미래도 모두 죄로 결과합니다.

이렇듯 르상티망은 비굴(卑屈)한 자의 자기 비하(卑下)가 세계 비하로 확장되는 것입니다. 비굴한 자는 자기뿐만 아니라 타자도 비굴하게 만들며, 그러면서 자기 앞에 존재하는 모든 세계를 비굴하게 부르고 비굴하게 위치시킵니다. 니체는 이를 '비루함'이라고도 부릅니다. 데카당은 비루하며 비굴하고, 힘이 발생하면 그 힘을 다시 전도시키고, 자기의 힘이 상승하려 하면 그 힘을 평가 절하하며 자신의 위치를 다른 곳에 매어놓고자 합니다. 그곳 중의 한 곳은 '어쩔 수 없음'이며 다른 곳은 '해도 그만, 안 해도 그만'입니다. 데카당은 그래서 일체 모험을 두려워하며 가지 않은 길은 절대 걷지 않습니다.

신의 죽음은 역사적 사건이기도 합니다. 근대를 바라보는 니체의 관점은 '신의 죽음'으로 표현되고, 그 신이 죽은 날짜는 이른바 근대 초 어느 날의 한낮입니다. 근대는 니체가 바라볼 때 나약한 시대의 대명사입니다. 니체는 문헌학자답게 고대의 그리스를 동경하고 로마 제국을 칭찬합니다. 그의 사유 중 많은 것은 이 고대 그리스의 신화와 전설, 문화에서 유래하며, 그래서 짐짓 그의 사유는 고대의 기분(氣分)을 함의하고 있습니다. 이런 관점에서 그의 철학을 본다면 그의 귀족주의적 면모, 개신교에 대한 태도 등을 조금이나마 짐작할 수 있습니다.

예를 들어 고대 그리스의 아테네 문화에서는 사적인 담론이란 존재하지 않았으며 이상적 담론은 명예로운 아테네 시민으로서의 삶이었습니다. 따라서 외적이 침입했을 때 방어나 공격을 위한 신체의 단련은 아테네나 스파르타 시민들 모두에게 중요하게 여겨졌습니다. 그리스의 청년들은 김나지움에서 체력을 단련하는 것이 일과였습니다. 그들의 꿈은 적과의 싸움에서 명예롭게 죽는 것이었습니다. 이들은 어떠한 의복보다도 그들의 자연스러운 나체를 사랑하였고 흠모하였습니다. 특히 스파르타 청년들의 이상은 전투에서 아름답게 죽는 것이었습니다. 그들은 전투에 나가면서 얼굴에 화장했습니다. 죽은 후의 누추함을 적에게도 보이지 않기 위함입니다. 전쟁은 그들에게 고상한 이상이었습니다.

이는 로마 제국 시대에도 상당 부분 영향을 줍니다. 로마인들은 신을 지극히 칭송하고자 할 때 모두 나체의 상으로 조각했습니다. 그들의 위대한 황제가 죽을 때 원로원의 승인하에 신으로 숭배되었습니다. 그리고 그 징표가 조각상의 맨발입니다. 오직 신이나 신에 버금가는 자들만이 나체상이나 맨발로 표현되었습니다. 스파르타의 왕과 로마 제국의 황제는 전장에서 살았고 자국을 지키는 것이 최고의 임무였습니다. 이러한 요소들은 상당 부분 니체의 철학에 강한 영향을 줍니다. 고대 그리스는 니체가 바라볼 때 역사의 모범이었으며 그들의 가치관 또한 니체의 사상에 커다란 영향을 끼칩니다.

그러나 근대는 이와 철저히 대비되는 시대입니다. 서양철학의 전통, 즉 플라톤주의로 상징되는 이성 일변도의 전통은 신체를 등한시하게 됩니다. 신체는 정신에 비해 열등해졌고, 정신의 기능은 이성으로 자족하게 됩니다. 신체가 수용하는 감응(感應)과 생산하는 정념은 플라톤에겐 단지 열등한 것으로서 버려야 할 산물입니다. 따라서 실천은 이론보다 열등하고, 정념은 판단보다 열등합니다.

데카르트는 이런 면에서 플라톤의 수제자(首弟子)이자 직계(直系)입니다. 그 역시 철저히 정신 위주의 철학적 전통을 근대의 입구에 세우고, 그의 정신이 근대를 온통 휘어잡게 합니다. 그의 철학은 정신과 그 핵(核)인 이성에 온통 세계의 심판 자격을 맡깁니다. 그에게서 신체는 기계로 변하고 세계의 움직임은 기계의 순환에 불과하게 됩니다. 정신은 이 기계들 가운데 유일하게 존재하는 섬입니다. 기독교적 전통은 여기에 더하여 현세를 비하하고 이른바 초월로서 이 세계에서 힘을 빼고 세계를 거세(去勢)시켜 그 출산하고 생산하는 권리를 박탈했습니다.

사실 이러한 기독교적 전통이 본래의 기독교에서 연원한 것인지 아니면 신학자들과 철학자들이 그렇게 구성하였는지는 아직 확신이 서지 않습니다. 플라톤과 데카르트는 모두 정신에서도 이성, 이성에서도 수학적 이성을 최고의 지위에 두었습니다. 이들 모두 수학을 사랑하고 수학으로 세계를 읽은 철학자입니다. 플라톤의 기하학과 데카르트의 수학은 동전의 양면입니다. 이는 플라톤이 세계가 수(數)라고 간주한 피타고라스(Pythagoras, B.C. 580?~B.C. 500?)의 영향을 받고 데카르트가 탁월한 수학자에 플라톤주의자였음을 생각할 때 개연성이 많은 스토리입니다.

그런데 세계가 자명한 수의 세계라고, 탁월한 이성만이 정신의 총화라고 성서까지 말하였던가요? 기독교의 신은 자기를 '사랑'으로 말합니다.[152] 그러나 성서 어디에서도 신은 자기를 수학의 신이나 이성의 신으로 말하지 않습니다. 사랑은 수학적 분별(分別)을 넘어섭니다. 사랑은 헤아림을 넘어선 헤아림입니다. 수학은 인내(忍耐)를 자기 안에 담고 있지 않습니다. 철학의 이성은 '옳고 그름'을 논하지

---

152 "하나님이 우리를 사랑하시는 사랑을 우리가 알고 믿었노니 하나님은 사랑이시라 사랑 안에 거하는 자는 하나님 안에 거하고 하나님도 그의 안에 거하시느니라"(『요한1서』, 4장 16절, 개역개정).

만 '그름과 그름의 용서(容恕, forgiveness)'에 대해 말하지 않습니다.

고대 그리스 철학의 영향을 받은 자들이 기독교철학과 통섭(通涉)하면서 상호 변용, 혹은 기독교의 변형을 초래했을 수도 있다고 조심스레 짐작해 봅니다. 이는 교황-예를 들어 루터와 대척했던 레오 10세- 스스로가 고대 그리스의 철학에 심취해 있었던 경우도 자주 있었으며, 철학자-일례로 아우구스티누스나 토마스 아퀴나스-들이 당대의 기독교를 이론화시키면서 고대 그리스 철학과 철학자들을 그 작업에 동원하여서 발생한 이론적 변형일 수도 있습니다.

한편 니체의 근대 비판 구도에서 고대, 특히 그리스와 근대, 특히 독일 정신은 서로 대비되며 비교되고, 그리스의 개인과 문화는 고귀한 것으로, 근대의 개인과 문화는 비루한 것으로 위치됩니다. 근대의 특징은 정신적으로는 지금 신체가 거주하고 있는 이곳, 고유한 대지를 비하하여 존재하지 않는 저편의 세계로 내 힘의 방향을 왜곡시키며, 신체적으로는 나의 육체를 비하하며 물신화된 대상의 산물로 나의 정념을 왜곡하고 대치하는 것입니다.

과장된 이성은 정신의 결핍을 낳고, 비하된 육체는 존재자를 왜곡시킵니다. 잘못 설정된 정신의 지위와 왜곡된 육체의 결과는 무엇입니까? 결국 인간이 한없이 왜소해져 가는 시대가 됩니다. 이를 빗대어 니체는 '난쟁이(dwarf)'라고 부릅니다. 인간이 한없이 작아져서 결국 땅 밑으로 침윤(浸潤)하는 시대가 된 것입니다. 근대는 난쟁이의 시대이기도 합니다.

난쟁이는 데카당의 심화(深化)입니다. 마땅히 거인(巨人)이 되어야 할 인간이 근대로 들어오자 한없이 왜소해지고 작아졌습니다. 따라서 근대에 이르러 인간은 그 존재의 위기를 맞이합니다. 니체는 그래서 이 난쟁이를 '마지막 인간(last man)'이라고도 부릅니다. 마지막 인간의 다음에 인간은 어떻게 변해 있을까요? 한없는 추락으로 인간 종의 위기가 닥칠 수도 있을 것이고, 근대라는 바닥을 치고 다시 위로 솟구칠 수도 있을 것입니다. 그래서 마지막 인간이라는 말은 종말과 시작을 내포합니다. 니체는 그 돌파구를 근대의 정신과 대비되는 고대 그리스 정신에서 찾습니다.

마지막 인간과 난쟁이의 시대가 근대라면 결국 근대는 병의 시대이며 병이 심화된, 데카당스의 시대입니다. 그렇다고 그 병을 곧바로 없앨 수는 없습니다. 데카당은 자신의 병을 즐기며 병이 없을 때도 병들고자 하기 때문입니다. 무엇보다 그 병은 인간이 스스로 초래한 병이기 때문입니다. 따라서 병의 치유(治癒)는 곧 예전 상태로의 회복(回復)을 말할 수밖에 없습니다. 치유가 회복입니다. 존재를 회복하는 것이고 원래의 자리로 다시 인간의 위치를 돌리는 것입니다. 왜곡된 신체의 질서, 몸의 질서를 다시 잡는 것입니다.

그렇다면 이 질서는 다시 어떻게 구성해야 하는 것입니까? 여기서 니체의 '파괴(破壞)'가 등장합니다. 파괴란 반달리즘(vandalism)에서의 파괴가 아닙니다. 무작위적인 파괴가 아니라 질서 있는 파괴입니다. 계획으로서의 파괴입니다. 재구성을 위한 해체(解體)입니다. 그래서 파괴란 창조(創造)의 준비입니다. 아니 창조하는 것이 파괴하는 것이고, 파괴하는 것이 창조하는 것입니다. 파괴하면서 창조됩니다. 폭탄으로 하나의 대상을 폭파하는 것보다는 그 대상을 완전히 분해하는 것입니다. 이 분해된 사물로부터 다시 조립을 시작합니다. 이것은 배치(配置)의 문제입니다. 즉 재-배치하는 것입니다. 다시 질서를 잡는 것입니다.

칼이 강도의 손에 있으면 살인의 흉기가 되지만 요리사의 손에 있으면 음식을 위한 도구가 됩니다. 의사의 손에 있으면 생명을 구하는 메스(mes)가 되고, 군인의 손에 있으면 적을 방어하는 무기가 됩니다. 시계가 폭탄과 결합하면 시한폭탄이 되고 교회의 첨탑에 걸리면 신을 모시는 예배 시간을 알립니다. 종이 새벽에 울리면 기상하라는 소리이고 밤에 울리면 취침하라는 소리가 됩니다. 나는 도서관에 가면 책을 펴야 하고 수영장에서는 옷을 벗어야 합니다. 사물이 어떤 사물과 관계를 맺느냐에 따라 그 사물은 다른 사물(의 용도)이 됩니다. 그런데 어떤 용도가 그 사물의 진정한 본질일까요?

사물을 재배치한다는 것은 이런 의미입니다. 다른 차원의 질서를 위한 파괴이고, 사물의 의미를 변화시키기 위한 재구성입니다. 가치 또한 마찬가지입니다. 고대의 선은 중세나 근대에서의 악으로 변합니다. 고대에는 전쟁의 출정식에 인신(人身)을 제물로 바쳤지만 근대에서 이는 패악(悖惡)으로 사라집니다. 중세의 법은 마녀(魔女)를 분별하여 화형에 처했지만 근대의 법은 그 행위를 실정법으로 두는 것은 상상하지 못합니다. 마녀의 화형은 중세에는 시급한 사회적 필요로서의 선이었지만 근대에서의 화형은 적어도 인권이 있는 국가라면 법으로는 존재할 수 없는 악입니다.

조선에서 부모를 공양하기 위해 자식을 죽여 입을 덜고, 자기 살을 베어 치료하는 것은 국가에서 권장하는 효(孝)의 도리였고 지고(至高)의 선이었지만 지금의 시각에서는 효라는 명분으로도 그러한 살인과 자해(自害)를 도덕적으로 합리화하지 못합니다.

이렇듯 인류사에서의 선과 악은 상대적으로 평가되는 것이 실제 역사였으며 그 선악의 정체와 실체를 논증하고 반박하느라 철학자들은 많은 시간을 쏟아부었습니다. 종교의 선이 사회의 선은 아니며 사회의 선이 곧 개인의 선은 아닙니다. 역으로 종교적 악이 사회에서도 금지되는 것은 아니며 사회의 악이 개인의 은밀한 공간에서도 금지되어 악으로 불리지는 않습니다. 이렇듯 니체가 서양철학의 전통을 전복하고 다시 정신의 질서를 잡는 것은 기존의 편견에 찬 서양철학의 역사를 해체하고 다시 구성하는 것이기도 합니다. 그 파괴는 플라톤의 이데아를 겨냥하고, 종교의 신과 초월도 겨냥합니다. 또한 인간을 비루하게 만드는 낡은 도덕도 겨냥하며 틀에 넣어 규격화시키는 사회제도도 겨냥합니다. 서양의 전 역사를 휘감아 그 문화와 가치에 영향을 지속하여 강하게 남기고 있는 기독교도 당연히 이에 포함됩니다.[153]

---

153 니체와 기독교의 관계와 그 문제는 여기서 쉽게 정리하고 논의할 주제가 아니다. 이에 대해 많은 철학자들과 연구자들이 그동안 헌신하여 다루었지만 필자가 볼 때는 니체의 기독교 비판에만 주로 치우쳐 있고 그 상세한 차별성과 공통점에 대해서는 여전히 미흡한 면이 있다. 일례로 니체는 무신론자인지 유물론자인지 확연히 다루기가 쉽지 않다. 그는 저서에서 실제로 다신교(多神敎)의 이점을 말하기도 하고, 스스로 무신론자(無神論者)라고 말하기도 한다. 또 자신을 디오니소스에 비유하기도 한다. 그가 적어낸 하나의 표현에서 그의 입장을 단언하는 것은 신중해야 한다. 다층적(多層的)으로 그는 글을 쓰기 때문이다. 기독교에 대해 잘 알고 있었던 니체의 진의는 무엇일까? 혹 그는 새로운 신을 원한 것은 아니었을까? 프랑스 혁명 때 이성이 새로운 신의 대체재로 등장한 것과 유사하게 말이다.

이런 차원에서 연구자들은 니체가 신체를 그 정당한 지위로 복권(復權)시켰다고 말합니다. 복권이란 권리의 회복을 말합니다. 비하되었던 몸, 신체를 다시 정당한 제 위치로 회복시켰다는 의미입니다.

니체 철학의 이런 면들이 근대 이성 위주의 철학과 그 한계점에서 다시 탈출구를 찾고자 하는 철학자로 하여금 탄성을 지르게 하고 영감을 주는 부분입니다. 헤겔에 이르러 비로소 철학이 완성되었다고 합니다만 이때의 헤겔 철학은 정신으로 파악한 세계의 현상과 본질입니다. 정신은 세계의 본질을 파악하면서 이를 자기의 것으로 하고 자기의 정신을 드높입니다. 헤겔에게 정신은 철학의 전부라고 해도 과언이 아닙니다. 그에게서 사물들 또한 정신으로 포획이 되지 않는 한 그 사물성은 극복이 되지 않기 때문입니다.

이에 비해 니체는 그 반대편에서 정신의 열등성을 폭로(暴露)하고 비하되었던 신체에 다시 관심을 둔 철학자입니다. 그에게서 헤겔 철학에서와 같은 정신의 완전성은 불가능합니다. 정신은 자신이 노력하든 하지 않든 간에 자기의 관점에서 탈출하는 것은 불가능하며, 따라서 정신만으로 규정한 세계는 편협할 따름입니다. 니체의 철학에서 정신은 단지 정신과 육체의 결합인 신체에 종사하는 하위의 일꾼일 뿐입니다. 신체의 감응이 없는데 정신이 자기 홀로 감탄할 수 없습니다.

하등의 모순이 없는 사건에서 정신은 결함을 발견하지 못하지만,

아니면 제2의 종교개혁을 원했던 것일까?

신체는 그 무-모순의 현실에도 비탄에 잠기고 슬픔에 젖습니다. 일례로 백 세(百歲)가 넘으신 노모(老母)의 죽음은 이성적으로, 논리적으로, 자연사(自然死)적으로도 하자가 없습니다. 정신은 그 사건에서 결핍을 발견할 수 없고, 그래서 슬퍼할 근거가 없습니다. 그러나 나의 신체는 정신(특히 이성)만으로 구성되지 않았기에 노모의 죽음에서 비탄과 슬픔을 감출 수 없는 것입니다. 정신만의 논리를 무차별적으로 확산하고 아무 곳에나 그 논리를 들이대는 것은 병폐입니다. 특히 근대가 그렇습니다.

데카르트의 '숙고(熟考)하는 인간'의 현-존재성이 우리가 처해 있는 자연과 무슨 상관이 있습니까? 자연이 우리의 이성에 따라 판단되고 우리 논리에 따라 성장을 하던가요? 꽃 하나 나무 한 그루 이해하지 못하는 것이 이성의 무능력입니다. 그 꽃에 달려드는 벌과 나비의 생태도 머릿속으로만 사고하니 이해할 수 없는 것이 곧 정신의 무능력입니다. 그 꽃과 나무, 그리고 벌들이 어우러진 자연에서 1+1=2라는 수(數)만을 발견하려 노력하는 것이 이성의 헛수고입니다.

적어도 자연은 그런 식으로 움직이지 않습니다. 생태계(生態系)를 이해하려면 꽃과 나무의 몸을 이해해야 하고, 그들이 자라는 토양을 이해해야 하며, 그들이 서로 유혹하고 유혹받는 관계의 의미를 이해해야 합니다. 이것도 연구의 대상이니 이성적인 탐구는 필수일 것입니다. 그러나 그 이성적인 탐구에 더해 이성으로 규명되지 않는 관계를 더 파악해야 합니다.

즉 이성만이 맞다는 오만(午慢)을 버려야 합니다. 분석할 수 있는 대상과 분석할 수 없는 대상을 먼저 구분해야 합니다. 마치 사랑이라는 개념을 분석하면 사랑을 잘 할 수 있다고 착각하는 영리한 바보는 되지 말아야 합니다.

니체 철학의 주요 개념으로서 '힘에의 의지' 등은 무엇보다 신체, 즉 몸 전체에서 나오는 삶의 힘이며 기존의 관점에서 탈피하여 새롭게 바라본 '신체의 형이상학'으로 구성된 개념입니다. 포스트는 after를 말합니다. 즉 포스트모더니즘은 근대 이후의 정신을 말합니다. 근대의 극복을 그 문제의식으로 지니고 있습니다. 탈현대(脫現代)라고도 말합니다. 따라서 포스트 모더니스트(post modernist)들이 근대의 한계를 얘기할 때 그들은 이성주의의 폐해와 한계를 공통되게 언급하거나 이성의 특정한 관점에만 치우쳐 있는 사상과 예술, 문화의 역사를 비판합니다. 도덕을 비판할 때도 그 도덕이 당대 인간들의 힘 작용에 의해 편향되게 구성되어 있다는 점을 지적합니다. 이러한 비판의식을 가진 철학자가 예를 들어 니체의 계보학적 방법론을 통해 자신의 철학을 구축하는 미셸 푸코(Paul-Michel Foucault, 1926~1984)입니다.

니체는 자신은 철학을 망치로 한다고 말합니다. 망치로 무엇을 하나요? 두들겨서 깨고 부수는 것이 주 기능일 것입니다. 그런가 하면 제작하는 대상이 더 단단하고 튼튼해지게 못질하거나 튀는 면을 두들겨 평탄하고 단단하게 만드는 작업도 합니다. 이 두 경우 모두 니체의 철학에 해당하는 듯합니다. 파괴하거나 더 단단히 만들거나 말입니다. 아니 더 단단히 만들기 위해서 파괴하는 것이기도 합니다. 제대로 목재가 안 맞고 못이 잘못 들어가 있으면 다시 역순으로 분해서 최초부터 시작하는 것이 더 빠른 방법이기도 합니다.

이런 망치로서의 니체의 철학이 노리지 않은 과녁은 없습니다. 그리고 노리지 못할 과녁도 없습니다. 위로는 신으로부터 아래로는 동·식물까지, 영역으로는 인간의 도덕, 지구의 생태, 인간의 자연, 그리고 정신에서 신체까지 니체의 망치는 모든 것을 두들기고 파괴하고 더 단단히 조입니다.

그러나 그의 철학이 모든 것을 파괴만 하는 것일까요? 위에서도 언급했듯 모든 것들을 잿더미로 만드는 반달리즘의 파괴가 아닙니다. 보존할 것은 보존하는 것에 그의 철학도 관여합니다. 망치로 두들기지 포클레인(Poclain, forklift)으로 송두리째 걷어내는 것이 아닙니다. 망치로 살살 두드려보면 약한 못은 삐져나오고 아귀가 맞지 않은 목재는 그 틈이 두들겨져 튼튼해집니다.

그것이 쓸 만한지 아닌지 알아보기 위해서 그것을 평가합니다. 가치 재평가입니다. 가치란 도덕의 기반이며 그 도덕은 우리가 사는 시대의 집합된 정신입니다. 니체의 용어로 한다면 우리 시대의 정신을 향한 힘에의 의지입니다. 니체가 근대를 비판한다는 것은 당대 근대라는 시대를 휘어잡고 있는 이 정신의 집합을 비판한다는 의미입니다. 그 정신은 집결된 힘에의 의지입니다. 그것을 망치로 부순다는 것은 그 도덕이 지탱하고 있는 관념과 개념을 분해하여 훑어본다는 얘기입니다.

도덕은 인간의 집단적 습관들이 뭉쳐 하나의 관례(慣例)가 되고, 그것이 답습(踏襲)되어 무형(無形)의 제도로 만들어진 것이라 할 수 있습니다. 따라서 하나의 사건을 대하는 태도, 사건을 해결하는 방식에서 나라별로, 민족별로, 시대별로 다릅니다, 고대의 도덕과 중세의 도덕은 다르며, 중세의 도덕과 근대의 도덕은 다릅니다. 이들이 각자의 시간과 공간에서 도덕적이라고 칭하는 현상의 해석은 또한 각기 다릅니다. 이런 파악 방식은 도덕을 해체하여 그것이 과연 도덕적인 것이라 부를 수 있는지, 만약 도덕적인 것이라면 왜 도덕적인 것으로 그것들이 자리를 잡았는지 등을 탐구합니다. 이렇게 도덕의 역사를 해체하고 다시 구성하는 방식이 '계보학'입니다. 『도덕의 계보』에서는 이런 관점으로 도덕의 역사를 분석하는 것입니다.

한 시대는 그 시대의 도덕을 요구하고, 하나의 도덕은 그 도덕을 추종하는 개인을 요구합니다. 도덕은 시대를 휘어잡고 있는 힘이지만 그 도덕이 나라는 주체가 요구한 도덕인지는 별론(別論)의 영역입니다. 하나의 행위를 대상으로 할지라도 그 행위에 대한 도덕적인 판단은 시대와 민족에 따라서 다릅니다. 하나의 행위가 하나의 도덕적인 평가만을 받을 실체를 지니고 있는지는 철학자들도 의견이 통일되지 못합니다.

칸트와 같은 경우는 한 행위가 도덕으로서의 실체를 지니고 있다고 평가하지만 실제의 역사에서는 그렇지 않은 경우들이 많이 있었습니다. 예를 들어 삼국시대 신라의 도덕과 고려의 도덕, 그리고 조선의 도덕은 한 행위를 평가의 대상으로 할지라도 서로 다릅니다. 또 동시대라고 할지라도 서양의 도덕과 동양의 도덕은 차별되고, 같은 서양이나 동양일지라도 북부의 종족과 남부 민족의 도덕, 서쪽의 유목민(遊牧民)의 도덕과 동쪽 정주민(定住民)의 도덕은 차별되었습니다. 현대의 지금이라도 우리나라와 일본, 남부 아시아의 도덕관념은 서로 차별됩니다. 도덕은 시간과 공간에 거주하는 인간이 생산한 그들의 행위에 대한 평가의 문제인지라 시·공간이 차별되면 도덕 역시도 차별되었습니다.

따라서 도덕은 그것을 의욕하는 주체나 집단이 반드시 있을 것이며 그 주체나 집단은 그 도덕을 통해 얻고자 하는 목표나 이익이 있습니다. 이는 다른 말로 하면 특정한 주체나 집단은 도덕을 그들의 힘의 확장으로 간주한다는 말입니다. 타자에 대한 제어로 이때의 도덕은 위치합니다. 이는 개인이라는 주체에게도 마찬가지입니다. 주체는 그가 원하는 도덕이 존재하며 이 도덕은 그의 힘으로 치환(置換) 가능합니다. 주체는 도덕을 통해 자신의 힘을 나타내고자 하며 주체의 도덕은 곧 그의 힘입니다. 그런 차원에서 우리는 각 주체가 특정한 도덕을 원한다고 표현해도 됩니다. 주체는 그의 도덕을 통해서 그의 힘을 과시하며, 따라서 그의 힘을 나타내기 위하여 타자와 차별되는 그만의 도덕을 추구합니다.

달리 보면 우리는 한 주체가 어떠한 종류의 도덕을 원하는지를 보고 그 주체를 평가할 수 있을 것입니다. 그 도덕의 양태가 바로 그 주체의 힘을 나타내는 것이기 때문입니다. 그런 차원에서 도덕은 '생활(生活)'이기도 합니다. 힘은 수시로 자신을 드러내고자 하므로, 그리고 나타나는 현상은 힘의 발휘 아닌 것이 없으므로 힘으로서 존재하는 세계의 존재자는 자신의 힘을 발휘하는 생활에서 자신의 도덕 또한 발휘합니다.

타자로부터 보면 도덕은 우리의 본능적 힘이 아니라 본능적 힘을 규율하기 위한 제어(制御) 장치입니다.[154] 그러나 니체는 이러한 도덕을 타자로부터의 제어가 아닌 주체가 지닌 힘의 발휘로부터 살핍니다. 그러므로 한 명의 인간은 그 자신의 힘을 발현하기 위한 하나의 도덕을 요구하고, 그 도덕은 그 개인에게서는 자신을 제어하는 것만이 아닌 자신의 발현을 위한 이상이기도 합니다. 그래서 그에게는 도덕은 힘이기도 합니다.

도덕을 규제(規制)의 관점에서 살피면 동물은 도덕을 가지고 있지 않습니다. 아니 그들은 도덕이라는 규제가 필요하지 않습니다. 도덕이 제어라면 그들은 그들의 본능이 서로 간에 어울리는 체계로 되어 있어 이미 필요하지 않기 때문입니다. 힘의 차원에서 도덕을 살피면 도덕이란 시대의 힘이며 그 시대가 나타내는 전부로서의 힘의 표현입니다. 이를 개인적인 차원에서 본다면 도덕은 우리 각자가 요구하는 힘의 표현이게 됩니다. 종교인들은 그들의 신앙에 따라 강한 종교적 의무로 삶을 규제합니다. 이 말은 그들의 삶의 규율 형식이 종교적 힘의 양식에 속해있다는 말과 다른 것이 아닙니다. 그들의 사는 힘은 신에 대한 믿음으로 인해 출현하는 힘입니다.

따라서 이제 니체에게서는 힘의 한 형식으로서 도덕은 위치하게 되고, 각자는 각자의 힘의 발현이 다르므로 그들의 도덕 또한 다르게 됩니다. 이제 어떠한 힘을 의욕해야 하는지의 문제와 어떤 도덕

---

154 "악덕이란 말로 나는 모든 종류의 반 자연에 대한 싸움을 벌인다"(니체, 『이 사람을 보라』, 386).

을 의욕해야 하는지의 문제는 서로 유사하게 됩니다. 특정한 힘에의 의지는 곧 특정한 도덕으로의 의지와 같게 되기 때문입니다. 그렇다면 니체가 볼 때 우리 각자는 어떠한 도덕을 의욕해야 할까요?

낙타와 사자, 어린아이의 비유가 그것입니다. 힘의 활동은 낙타와 사자, 어린아이의 단계로 발전합니다. 낙타의 힘은 인내(忍耐)하는 힘입니다. 타자의 요구에 순종(順從)하며 그것을 자기의 삶으로 알고 헌신(獻身)합니다. 낙타는 몰아치는 채찍을 감내(堪耐)하며 지속적인 강요된 노동에 자기의 삶을 바칩니다. 그리고 그 타자의 원함, 타자의 욕망, 타자에게서 비롯한 의무(義務)가 낙타의 삶의 명분이자 기쁨이 됩니다.

그러나 이윽고 낙타는 자기 삶의 불합리함을 깨닫게 됩니다. 낙타는 자신의 힘이 타자와의 관계에서만 도출된 '반응적(反應的, reactive)인 힘'임을 깨닫게 되고, 이내 자기의 힘을 자신에게 온전히 속하게 하고자 합니다. '반응적'이란 타자와의 관계에서만, 그러한 만남에서 도출되는 '소극적(消極的, passive)인 힘'입니다. 나의 힘을 오로지 '수동적(受動的, passive)'으로만 인내하고 감내하면서 발휘하는 힘이기 때문에 소극적입니다. 그래서 낙타는 자신의 힘을 타자에게 능동적(能動的, active)으로 제어하고 발휘하는 힘으로 전환하고자 합니다. 힘은 강한 자의 그 본성이 낭비(浪費)이고 탕진(蕩盡)이므로 자기의 힘이 타자에게 확산하고 소모되는 것을 보면서 낙타는 이전의 낙타이기를 그칩니다.

그리고 이제 낙타의 힘은 사자의 힘으로 변용(變容)하게 됩니다. 변용이란 양태(樣態, mode)가 변하는 것을 말합니다. 사자는 힘을 타자에게 발휘하고자 하며, 타자를 제압하고자 합니다. 타자를 제압하고 타자의 힘까지도 자신의 것으로 하고자 합니다. 사자는 힘으로 타자를 제압(制壓)하고, 그 타자를 굴복(屈服)시키고자 합니다. 그래서 사자의 힘은 발휘하는 힘이며, 제압하는 힘이고, 폭력성을 띤 힘입니다. 그럼에도 사자의 힘은 아직 온전히 자신의 힘이 아닙니다.

그것 또한 타자와의 관계에서 비롯하는 반응의 힘이 존재하기 때문입니다. 낙타의 힘은 강요당하고 제압당하는 힘이었지만 사자의 힘은 강요하고 제어하나 이 힘도 타자가 없이는 무용지물(無用之物)입니다. 사자의 힘은 적극적이나 단편적이고, 힘의 목적이 타자에게 향해 있으며 그래서 생산된 힘도 내가 가진 전체 힘의 단편에 불과합니다. 제압하는 힘이되 타자를 필수로 전제하는, 마찬가지로 반응적인 힘일 뿐입니다. 이것이 사자의 힘의 한계입니다.

반면 마지막의 힘은 이제 어린아이의 힘으로 변용합니다. 어린아이에게 자신의 힘은 곧 자기이며, 자기를 말하는 것 자체가 자신의 힘을 말하는 것입니다. 어린아이는 '자기 힘으로 못함'을 말하는 것이 아니라 '자기 힘으로 아직 할 수 없음'을 말합니다. 지금 못하는 것은 어른으로 역할을 바꿔 할 것이고, 의사가 아니기 때문에 못하는 것은 의사의 가운을 입으면 가능할 것입니다. 어린아이의 눈은 세계를 자신이 가지고 놀 수 있는 것과 놀 수 없는 것으로 분류합니다. 그에게 세계의 의미는 자신이 그 안에서 뛰어놀아야만 가치 있는 것으로 의미 지워지며, 뛰어놀 수 없는 곳은 그에게 세계가 아닙니다.

어린아이에게 세계는 그런 의미에서 유희(遊戲, play)의 터입니다. 유희란 놀이이므로 그에게 세계란 자기의 놀이터입니다. 어린아이에겐 세계와 자신의 관계가 주체와 타자의 관계를 넘어섭니다. 어린아이의 욕망은 주변의 세계를 자신의 것으로 하려는 창조적인 힘입니다. 어린아이가 모래를 쌓고 놀 때, 장난감을 가지고 놀 때 그의 세계는 오로지 모래이며 또 장난감입니다. 하루 동안에도 그의 놀이의 대상은 수없이 바뀝니다. 어린아이에게선 엄마와 아빠도 자기의 뜻에 따라 의사와 간호사로 바뀌기도, 교사와 학생으로 바뀌기도, 친구로 바뀌고, 거꾸로 엄마 아빠가 되고 그 이름도 내키는 대로 바뀝니다.

그러나 어린아이의 힘은 폭력의 양태가 아니라 주고받는 힘이고 자기가 주인이 되는 힘의 발휘입니다. 어린아이는 분별하지 않습니다. 이 분별은 어른의 이성이 수행하는 것입니다. 어린아이의 친구에는 흑과 백이 없으며 실제 강아지와 장난감 강아지의 구별도 없습니다. 없던 동생이 생기기도 하고, 있는 동생이 오빠로 바뀌기도 합니다. 어린아이는 상상으로 자신의 세계를 수없이 구축합니다. 그러나 어린아이의 가상은 거짓된 공상이 아니라 내가 세계와의 교류에서 역할이 바뀌는 주체성의 탈바꿈이자 변신(變身)이며, 주인의 삶이 수없이 바뀌는 허물 벗기의 연속입니다. 그런 차원에서 낙타와 사자의 힘은 어린아이의 힘과 질적으로 차별될 수밖에 없습니다.

인간이면 누구나 철학을 하는 세 시기가 있다고 합니다. 처음 두 시기는 어머니나 아버지의 죽음, 혹은 자신을 포함한 친한 지인(知人)의 죽음이나 병과 관련됩니다. 죽음은 우리가 익숙했던 삶의 습관, 모습, 기대나 희망, 회한이나 후회 그런 일상의 모습을 뒤바꾸는 전환의 계기입니다. 있는 것을 없는 것으로 만드는, 존재를 갑자기 무로 만드는 충격입니다. 삶의 충격이 아니라 삶 그 자체가 제거된 형용 불가능의 양태입니다. 죽음은 일체 가능성까지 지워버립니다. 희망도 계획도, 고통도 절망도 모두 죽음 앞에서는 무로 변합니다.

인식은 죽음의 모습을 대하는 데 무력하며, 그래서 죽음은 앎의 건너편에 있습니다. 죽음은 지식의 대상도 아니며 감응의 대상도 아닙니다. 인식하고 느낀다는 것은 삶을 전제로 하는 것이고, 실상 우리 삶의 모든 모습은 이미 삶을 전제로 하는 것입니다. 우리가 죽은 자를 경배하려 제례를 지낼 때도 그것은 산 자들의 제사이지 죽은 자가 지내는 제사가 아닙니다. 우리는 죽음을 늘 향하고 기억하고 느끼고 있지만 죽음이 현실로 닥칠 때 우리가 바라보고 알아 왔던 그 죽음의 기운은 실상 지금 경험하는 죽음과는 차원을 달리합니다.

그래서 죽음은 삶의 모습의 한 양태가 아니라 일체 그 삶의 가능성을 제거해 버리는 무의 도래입니다. 이때 우리는 자기의 인생과 세계의 의미, 자기의 과거와 미래, 익숙했던 대상의 사멸(死滅)이 초래하는 거대한 공허(空虛)를 체감합니다. 그렇게 체감하면서, 사유하면서 우리는 철학적 사유의 한복판으로 들어오게 됩니다.

그렇다면 누구나 다 철학을 하는 동기인 그 죽음이란 것에 대해 철학은 어떠한 답을 제공했습니까? 기껏해야 우리가 지녀야 할, 죽음을 대해야 할 삶의 태도 그 정도밖에 제공해 주지 못합니다. 죽음에 대한 해답은 여태껏 철학은 물론이고 종교도 제시해 주지 못했습니다. 단지 특정 종교의 해석을 특정인들이 신앙할 뿐입니다. 죽음을 경험한 자들이 존재하지 않으니 죽음은 그 누구도 삶에서 경험할 수 없는 양태이기도 합니다. 그래서 살아서는 우리는 결코 죽음을 체험하지 못하니 두려워할 필요가 없다는 고대의 철학자 에피쿠로스(Epicurus, B.C.341~B.C.271)의 말이나 현자(賢者)의 사유는 죽음보다 삶에 관한 것이라는 근대 철학자 스피노자의 말은 여전히 현명한 답입니다.

누구나 철학을 하는 다른 한 시기는 언제일까요? 바로 어린아이의 시기입니다. 어린아이에게는 자기에게 다가오는 모든 것이 새롭고 신비합니다. 즉 세계가 그렇습니다. 어린아이에게는 엄마가 사준 장난감도, 엄마가 먹여주는 밥도, 초콜릿도, 아빠의 옷도, 담배도, 엉덩이도, 발가락의 때도 심지어 입냄새도 호기심의 대상입니다. 그래서 무엇이든지 물어봅니다. 이건 뭐지? 이름은? 무엇하고 비슷하네…. 심지어 전주에 있는 서울학원의 간판을 보고 TV에 나오는 서울이라는 도시가 같은 곳인지 묻고, 이 둘을 나란히 존재하는 사물로 간주합니다. 빨강과 빨대에서 '빨'이라는 말의 공통점을 찾아냅니다. 비-논리적이라고요? 아마 그럴 것입니다. 그러나 논리도 어른의 것이며 그 논리가 세계의 모든 것을 설명해 줄 수는 없고, 단지 하나의 해석 수단이라고 간주한다면 어린아이의 해석 방식은 귀담아들을 만합니다.

크게 보면 동물이 새끼에게 가하는 학습과 성인이 아이에게 가르치는 교육은 모두 동일한 것이 아닌지 저는 생각합니다. 유발 하라리가 인간의 교육 기간이 긴 이유를 인간이 살아가기 위한 방법, 이를 사회성이라고 한다면 이를 전수하기 위해 그처럼 긴 시간이 필요하다는 논지로 설명했는데 저도 이에 동의합니다.

학원명으로서의 서울과 지도에 있는 서울… 무엇이 진정한 서울입니까? 우리는 지도에 있는 서울이 진정한 서울이라고 말하기 전에 그것은 단지 우리가 하나의 도시에 붙인 이름일 뿐이라는 것을 기억하고 상기해야 합니다. 진짜 서울은 학원명으로도, 지도상에 존재하는 지도로도 존재하지 않는다는 것을 알아야 합니다.

데카르트가 인간을 사유와 연장, 정신과 물질의 관점에서 정의하면서 자연은 인간의 관심사에서 급격히 멀어졌습니다. 데카르트에게 자연은 물질계의 단순한 연장으로 파악됩니다. 물질계는 그에게 기계에 불과하므로 자연 또한 기계론적으로 파악됩니다. 이러한 데카르트의 자연관이 확장되면서 초래된 문제점은 심히 크고 다양합니다.

그의 사유와 연장의 관계를 보면, 인간에서 사유는 정신으로, 연장은 육체로 나타납니다. 연장은 분해할 수 있습니다. 데카르트 직전의 중세에만 해도 육체는 분해의 대상이 아니었습니다. 분해는 재조립의 가능성을 말합니다. 군대에서 총기 조립할 때 자주 듣는 소리처럼 조립은 분해의 역순입니다. 분해되지 않는 기계는 기계가 아닙니다. 분해할 수 있으므로 닦고 조이고 기름칠 수 있는 것이며 다시 청소해서 조립하니 수명이 오래갑니다.

그런데 육체는 분해해서 조립할 수 있는 대상이 아닙니다. 중세에 바라본 자연은 여전히 고대 아리스토텔레스의 자연관이 개입된 자연입니다. 긍정적으로 말하면 데카르트는 중세의 자연에서 귀신(鬼神)을 제거하였습니다. 그래서 세계에는 신비로운 정신이 일체 제거됩니다. 귀신이 제거되니 세계가 더 이상 인간에겐 무서운 대상이 아니게 됩니다. 세계를 경외할 필요도 없고 매년 귀신에게 제사를 지낼 필요도 없습니다. 세계의 이변(異變)은 적어도 신의 의지이거나 인간의 무지에 기인하게 됩니다. 귀신의 장난은 더 이상 불가능해집니다.

그러나 부정적으로 말하면 그러면서 자연은 일체 정신이 제거되며 단순한 물질로 전락했습니다. 자연은 데카르트 이후로 신성(神聖, holiness)을 상실했고, 교감(交感)의 대상이기를 그쳤습니다. 자연은 이제 인간이 자신의 목적을 위해 사용하는 도구가 되었고 실험을 위한 대상이 되었습니다. 그리고 무엇보다 자연이 물질로 변하면서 인간은 그 자연에 대한 자신들의 실험과 개조에 죄책감을 지니지 않게 되었습니다. 성서의 창세기가 인간에게 준 만물의 주인이 되는 권한은 이렇게 변질되었습니다.[155] 그리고 마치 그 주인의 권한이 그것을 처분하고 해체하는 권리인 양 근대인은 견강부회(牽强附會)하고자 했습니다. 데카르트의 철학이 기독교적 해석의 지원을 받는지, 그것이 정당한지 등은 더 살펴봐야 할 것입니다. 그들의 말대로 그것이 성서적 권한을 가지고 있는지도 말입니다.

데카르트에게 이성은 수학적 이성이니 그 이성은 신도 바꿀 수

---

155 "하나님이 이르시되 우리의 형상을 따라 우리의 모양대로 우리가 사람을 만들고 그들로 바다의 물고기와 하늘의 새와 가축과 온 땅과 땅에 기는 모든 것을 다스리게 하자 하시고"(『창세기』, 1장 26절, 개역 개정), "하나님이 그들에게 복을 주시며 하나님이 그들에게 이르시되 생육하고 번성하여 땅에 충만하라, 땅을 정복하라, 바다의 물고기와 하늘의 새와 땅에 움직이는 모든 생물을 다스리라 하시니라"(『창세기』, 1장 28절, 개역개정).

없는 진리로서의 이성입니다. 신이 진리를 바꿀 수 있다면 그 신은 완전자가 되지 못합니다. 그래서 신에게도 불가능의 영역이 있다면 그것은 수학의 진리입니다. 수학적 이성이 분석해 낸 세계는 수학으로서의 세계이므로 분석된 자연일 수밖에 없습니다. 그 수학적 이성이 진정으로 최고 이성으로서의 자격이 과연 합당한지의 문제인지 또한 별개의 문제로 다루더라도 말입니다.[156]

아무튼 데카르트가 수학의 눈으로 들여다본 자연은 규격화된 자연이며 변수(變數, variable)로서의 우연(偶然)이 개입될 리 없는 필연적 자연인 이유입니다. 그래서 근대의 자연은 물리적 자연이며 기계적 자연입니다.

니체의 자연관은 바로 이러한 근대적·물리적·기계적 자연관에 대한 정면 반박입니다. 심지어 중세에서도 아리스토텔레스의 영향이 살아 있는 자연은 그 신비한 성질을 잃지 않았고, 자연에서의 모

---

156 인간은 수(數)를 만들어내어서 진보하였다고 할 수 있다. 세계에 질서를 부여하는 제일의 수단이 인류에겐 수였기 때문이다. 그러나 이것을 객관적인 것이라 부르는 것은 다른 문제다. 자연에 동일한 척도로 계산할 수 있는 것(동일한 1을 연속 더하는 것)이 존재하고 그것을 세계 파악에 사용하는 것은 인간의 자의성일 수 있다. 이 수학적 이성이 최고의 이성인지는 각 철학자마다 해석이 다르다. 플라톤에게는 이러한 계산으로서의 이성(오성) 위에 이데아를 직접 보는 최고의 이성이 있었고, 칸트에게서도 형이상학의 대상을 살필 수 있는 이성이 최고의 이성이었다. 그러나 근대에 들어 수학적 이성의 지위는 데카르트에 이르러 대폭 상승한다. 스피노자에겐 이성 자체가 곧 증명할 수 있는 수학적 이성이었다. 그래서 그는 수학(기하학)으로 신을 증명한다(『에티카』의 논증). 그러나 이러한 기류(氣流)는 헤겔에게서 절대적으로 반박되며 영미 철학으로 그 영역을 옮긴다.

든 존재자는 그 등급에 따라 영혼을 가지고 있는 존재자이기도 하였습니다. 아리스토텔레스의 관점에 의하면 모든 존재자는 그들이 존재하는 목적이 있으며 그에 따라 '그들의 방식대로 존재하는 것'이 옳고 타당합니다. 인간도 자연 내부에서 그 목적에 따라 존재 방식을 가지는 존재자의 하나였을 뿐입니다.

그러나 아리스토텔레스 철학에 공공연히 적대감을 선포한 데카르트의 철학 이후 근대에 이르러 중세의 흔적은 많은 부분이 지워지게 됩니다. 아리스토텔레스를 수용하여 중세 철학을 집대성한 토마스 아퀴나스(Thomas Aquinas, 1224/1225?~1274)의 철학에 의하면, 존재자들은 아래의 돌멩이 같은 무기물부터 위로 하늘의 천사(天使, angel)까지 질서 있게 서열화되어 있습니다. 천사는 순수히 영혼으로만 구성된 존재자이고, 맨 아래의 돌멩이 같은 무기물은 일체 영혼이 부재하고 물질만으로 구성된 존재자입니다.[157] 천사의 바로 아래, 정신의 영혼과 육체의 물질이 결합한 인간이 존재하고 있습니다.

니체가 바라본 세계는 자연에 관한 이런 근대적 가치관이 지배하는 시대였고, 그 해악(害惡)도 분명히 그는 지각하고 있었습니다. 그는 근대적 자연관과 그렇게 자연을 대상화하는 관점을 비판합니다. 그리고 이의 대안으로 본래의 자연관을 회복할 것을 주장했습니다.

157　근대 철학자 라이프니츠가 돌멩이 같은 무기물에서 그 지각의 존재 여부에 따라 미세 지각으로, 단지 지각이 영의 단계임을 말한 것은 중세 철학의 이런 영향을 보여주는 것일 수 있다.

그는 이를 '큰 자연'이라고 부릅니다. 그렇다면 우리는 근대적 관점으로서의 자연을 그 대칭으로 '작은 자연'이라고 부를 수도 있을 것입니다.

수학의 큰 결점은 힘을 고려하지 않는다는 것에 있습니다. 그 자연은 메마른 자연이며 단지 많은 종류의 사물이 모인 집합일 뿐입니다. 집합일 뿐이므로 그 내부에 생명은 없습니다.[158] 생명이 없는 자연이니 죽어 있습니다. 이상한 일입니다. 데카르트가 자기 집의 마당에만 나가봤어도 매 계절의 변화와 하루 날씨의 기복에도 발밑과 눈앞에 수없이 자라는 생명체들을 목격했을 텐데 말입니다.

반면 큰 자연은 힘의 자연이고 발생(發生)의 자연이며 생산(生産)의 자연입니다. 힘이 팽배하니 생명이 나타나며, 생명이 나타나므로 매 순간이 발생의 자연이며 발생하고 있으므로 생산적입니다. 이 생산은 자연을 변화하고 유지하는 거대한 창조의 의미입니다.

작은 자연으로서의, 기계로서의 자연은 그것을 녹이 안 슬게 기름칠해 주고 분해하고 재조립하는 신의 손길이 늘 필요하기 마련입니다.[159] 작은 자연에서는 힘이란 존재하지 않으므로 그 자연은 수동적으로 자리를 지키는 것에 만족하며 변화란 존재하지 않습니다. 힘이

---

158 데카르트가 볼 때 정신을 온전히 소유하고 있는 종은 인간밖에는 존재하지 않는다. 따라서 정신에 종속된 물질의 세계로서의 자연은 인간에게 종(從) 된 처지로 전락한다. 데카르트가 동물을 영혼이 결핍된 단지 자동기계(오토마타, automata)로 간주하게 되는 것은 논리적 귀결이다.

159 데카르트는 실제로 이 기계로서의 자연이 돌아가기 위해서는 신의 끝없는 세계에 대한 간섭이 필요하다고 보았다. 이를 데카르트의 연속 창조론이라고 한다.

없으니 생성(生成)이 없고, 생성이 없으니 소멸(消滅)도 없습니다.

그러나 니체적 자연관에서는 인간이란 단지 자연의 한 부분일 뿐입니다. '인간은 자연(이라는 책)의 한 쪽에 불과하다'는 니체의 주장은 이를 잘 보여주고 있습니다. 따라서 근대적 세계관은 자연 자체도 왜곡시킬 뿐 아니라 그 내부에 위치한 인간의 지위도 왜곡시킵니다. 그래서 자연의 본래성(本來性)을 회복하는 것은 동시에 인간의 본래 지위의 회복이며 이는 세계의 회복으로 나아갑니다. 이런 점들이 니체 철학이 생태나 환경에 주는 강한 메시지가 되며 생태철학이나 환경철학의 이론적 기반이 될 수 있는 점입니다.

앞에서 언급했듯 많은 종들이 이 지구라는 유일한 행성에 거주하고 있지만 아직 우리 인간은 도대체 얼마만큼의 종이 이 행성에 거주하고 있는지도 파악을 못 하고 있습니다. 에베레스트산(Everest 山)을 오르기 위하여 여전히 목숨을 걸고 있고, 가장 깊은 심해(深海)도 기껏 좌표(座標)를 찍고 돌아오는 정도입니다. 그것을 인간은 정복(征服)이라고 억지를 쓰고 있습니다. 그곳의 다양한 생태계와 생물을 여전히 우리는 온전하게 파악도 못 해본 상태인데도 말입니다.

더구나 요즘은 기상이변이 세계 곳곳에서 직접적으로 인간을 비롯한 생물체들의 존립을 위태롭게 하고 있습니다. 현대 과학의 기술이 많이 발전했다고 할지라도 이런 기상이변을 원천적으로 방어하고 예방할 방법은 현재로선 존재하지 않습니다. 지구의 존속을 위해 인간이 노력해야 하는 것은 분명하지만 그렇다고 지구의 운명이 인간의 손에 달려 있다고 말하는 것은 오만입니다. 오히려 인간의 존재에 절대적인 전제가 지구의 존속(存續)이라고 해야 할 것입니다.

인간이 살기 위해서는 지구가 먼저 살아야 합니다. 지구가 없이 인간은 존속하지 못할 것이지만 인간 없이도 지구는 지속하여 존속할 것이기 때문입니다.

따라서 과학의 발달이 인간의 복지와 그 삶의 편리에 상당한 기여를 할 것이지만 그렇다고 그 과학을 절대적으로 맹신하다가는 인간의 존립 기반이 파괴된다는 것을 잊지 말아야 합니다.[160] 과학이 가치 중립적인 학문인 것은 분명하지만 그 과학이 특정한 가치로의 편향을 취하면서 발달시켜 온 가공할 무기들은 이 가치의 중립이란 말이 역으로 얼마나 이용당하기 쉬운 가치관의 산물인지 그 증거로 다시 나타납니다.

이런 차원에서 20세기 근대 여성 철학자 한나 아렌트(Hannah Arendt, 1906~1975)는 인간이 자기의 근거로부터 이탈되어 버려짐을 '세계 소외(世界 疏外, world alienation)'와 '지구 소외(地球 疏外, earth alienation)'라는 개념으로 표현합니다. 인간은 자기가 만든 구조물로 자연을 삼아 불멸(不滅)하고자 하는 자신의 실존적 갈구를 달랬지만 그 너머의 지구와 자연으로부터 결국 버림받는 존재자가

---

160 핵무기는 과학 발달의 결과이다. 이 핵무기의 목표는 오로지 적국의 괴멸이다. 이 적에는 인간과 그 지역의 모든 생물체도 포함된다. 적의 항복을 받기 위해 발전시킨 무기가 이제 적과 우리 모두를 파멸시키기 위한 무기가 되었다. 그리고 그곳의 모든 생물체를 파괴시키는 힘도 지녔다. 핵무기로 인간과 그곳의 생물체들이 모두 사라지더라도 또다시 다른 생물체들이 탄생하고 번성할 것이다. 인간의 시대 이후로 말이다. 그런 의미에서 니체가 말한 대로 인간은 지구의 '피부병'이다.

될 것입니다.[161]

니체를 민주주의의 적대자라고 얘기들을 하곤 합니다. 시중에 버 젓이 니체를 반(反)-민주주의자로 기술한 책들도 있습니다. 과연 니 체는 반(反)-민주주의자일까요? 왕정(王政, monarchy)이나 귀족정 (貴族政, aristocracy)에 대비되는 정치 체제의 형태가 민주정(民主 政, Democracy)입니다. 현대의 많은 국가가 민주정의 형태를 띠고 있고 민주주의 국가로 자칭하고 있습니다. 민주주의의 징표(徵標) 는 모든 개인의 법적 · 정치적 평등과 개인들의 내면적 결단과 활동 의 자유를 보장하는 체제라고 할 수 있을 것입니다. 그 모범은 주로 우리가 서유럽이나 미국을 위시한 자유주의적 민주 국가들에서 찾 아볼 수 있습니다. 우리나라도 외형적으로 민주주의라 불리는 체제 를 선택하고 선포하고 있습니다. 여기서 니체가 말하는 진의(眞意) 들을 살펴보기로 하겠습니다.

모든 사람은 평등하다는 명제는 하나의 선언입니다. 평등이 동일 성(同一性)을 말하는 한 이 명제는 진실하지 않습니다. 같은 종이라 도 똑같은 힘과 능력으로 태어나지도 않고 같은 운명을 겪지도 않습

---

161 개미가 그들의 생존을 위해 만든 구조물들은 그들에게도 하나의 자연이다. 인 류 역시도 그들의 존립을 위해 그들을 보호해 줄 인공물-집과 담장, 그릇과 무기 등-로 그들의 테두리를 둘러 자연으로 삼았다. 우리가 만든 인공물들은 우리를 보호해 주기 위한 것이므로 우리의 행위는 무죄이다. 그러나 개미가 그들을 보호 하기 위해 만든 구조물이 그들이 의존하는 지구를 위협하지 않는 데 반해, 우리가 우리를 위해 만든 구조물들이 지구의 존립을 위협한다면 우리의 행위는 죄가 있 다. 자연으로 돌아가자는 구호는 전자를 지향하는 말이다.

니다. 오히려 이 개념은 인간이 사회를 이루면서 사회의 발전을 위해 선택한 자발적 힘으로서의 체제를 말합니다. 고대 그리스 아테네가 민주주의 사회의 원형(原形)이라고 회자될지라도 그 도시에서의 평등은 아테네 시민권을 얻은 소수에 적용되는 것에 불과했습니다.

혈연적으로 아테네 시민인 자와 그들의 후손만이 아테네 시민이라고 칭함을 얻었습니다. 이는 시민의 수를 제한함으로써 노예의 생산력에 기반한 시민의 이익을 항구적으로 보장하기 위한 개혁의 일환이었습니다. 일례로 소크라테스와 플라톤은 아테네(Athenae) 출생인지라 시민의 지위를 얻었지만 대철학자 아리스토텔레스는 마케도니아(Macedonia) 출신 이방인이어서 시민의 대우를 받지 못했습니다.

당연히 여성은 일체 정치적 권리에서 배제되었습니다. 아테네의 형식적 민주주의는 도시국가의 모든 공적(公的)인 생활에 적용되었습니다. 입법과 사법, 그리고 행정과 문화 모든 면에서 말입니다. 근대 민주주의에서 이 평등이라는 개념이 적용되는 예는 아무래도 정치적 투표의 수적(數的) 평등이 대표적일 것입니다. 미성년이 아닌 이상 노인이나 여성, 장애인을 가릴 것 없이 그들의 표가 총계(總計)의 한 표로 계산되는 것이 현대의 일반적인 인식이며 실제(實際)입니다. 이를 보통선거(普通選擧), 평등선거(平等選擧)라고 합니다.

그러나 근대의 역사가 처음부터 그랬던 것은 아닙니다. 종교인과 귀족의 표를 부르주아지의 표와 다르게 구별하려는 행태가 부르주아지 계급이 프랑스에서의 혁명을 결심하게 된 하나의 도화선(導火線)입니다. 여성이 참정권(參政權)을 획득한 시기도 그리 오래지 않습니다. 민주주의는 피를 먹고 자란다는 얘기는 실제의 역사에서 벌어졌던 사건들로 확인 가능한 말입니다.

여기 한 명의 유약한 여성이나 장애인, 노인이나 어린이가 있다고 가정을 해봅니다. 현대의 민주주의는 이런 힘없는 사회적 약자들을 보호하기 위해 여러 보호 장치와 제도를 마련해 놓습니다. 즉 무작위적인 형식적 평등을 넘어서서 이 약자들을 보호하기 위해 한발 더 나아가는 것입니다. 이를 형식적 민주주의의 한계를 넘어서고자 하는 실질적 민주주의라고 합니다. 적극적 민주주의입니다.

그러나 한편으로는 이러한 소수자(少數者, minority)나 약자에 대한 보호는 오히려 역-평등(逆-平等, reverse equality)으로 반발을 사기도 합니다. 그렇다면 무-작위적(無-作爲的)인 표의 평등이 민주주의인데 왜 이들을 보호하기 위한 제도와 시책(施策)들이 필요한 것일까요? 형식적 민주주의에서의 평등이란 말뿐인 구호일 뿐 실제 인간의 삶은 평등하지 않다는 것에 그 고민이 있습니다. 굶어 죽을 자유도 자유라고 말하는 자들은 이 민주주의의 형식성(形式性)에 갇혀 있는 자들입니다.

죽을 지경에 처한 사람에게 한 표를 행사할 수 있다는 위로는 기만(欺瞞)에 불과합니다. 오히려 민주주의에서 내 한 표(票)가 가지는 위력(威力)을 실감할 수 없기에 시민들은 자주 정치적 허무주의(政治的 虛無主義)에 빠지기도 합니다. 내 한 표의 인과관계가 정치 지형의 편성에 굳이 큰 원인으로 작용하지 않는 듯 보이기 때문입니다.

장애인을 위한 복지시책에 적극적으로 찬성하는 이는 장애인 본인을 비롯하여 그 가족이나 직업군, 그 시책의 보편애(普遍愛, Universal love)적 성격들을 지지하는 자일 것입니다. 이 시책들은 결코 표의 다소(多少)로 결정지어질 문제가 아닙니다. 표로 결정한 다면 늘 장애인은 수적으로 소수이므로 시책의 시행은 대개 좌절될 것입니다.

여기서 니체의 철학이 호소하는 유효지점(有效地點)이 나타납니다. 획일적 민주주의(劃─的 民主主義)는 그 동일성을 강조하는 평등이라는 개념이 무차별(無差別)적으로 확산하는 사회입니다. 그렇게 재단된 평등은 서로 다르게 취급되어야 하는 부분까지 같은 잣대를 들이대고 최악의 경우엔 그 차이(差異, difference, 차별, 差別)까지 무화(無化)시키는 폭력이 됩니다. 그 평등은 남성과 여성, 장애인과 비-장애인, 노인과 어린이까지 무-차별적으로 동일하게 대해야 하는 명분으로 나타납니다. 고유한 차별성을 희생시켜 동일하게 만들어버리고야 마는 평등은 폭력일까요? 정의(正義, justice)일까요?

남성과 여성은 진정으로 평등한 존재자인가요? 이 물음은 잘못 해석하면 오해의 소지가 있는 말입니다. 아마 그래서 니체가 민주주의의 적대자라고 오해를 받기도 하는 것일 겁니다. 여기서 평등은 동일(同─, equality, sameness)하다는 의미입니다. 즉 남성과 여성의 평등은 주로 남성과 여성의 (법적·정치적) 권리의 동일함을 말하는 것입니다. 예를 들어 의사 표현의 자유, 양심의 자유, 집회 결사의 자유 등이 그럴 것입니다.

반면 노동 현장에서의 여성 휴가, 출산 휴가, 난임(難姙) 휴가 등은 주로 여성의 생물학적 성을 위한 정책적 배려에서 나온 여성에 대한 시혜(施惠)적 권리일 것입니다. 이를 남성 쪽에서 보면 역-차별(逆-差別)이라고 주장하는 경우도 발생합니다. 생물학적 성(性)은 본인의 선택 여지가 없는 결정성인데 스스로 선택하지 않은 생물학적 성을 이유로 차별하는 것은 이윽고 그 수혜(受惠)를 누리지 못하는 측에서는 합당하지 않은 차별로 주장할 여지가 있을 것입니다.

만약 권리의 평등이 아닌 의무의 평등까지 확장하면 문제는 더 복잡해집니다. 병역(兵役)의 의무라는 것도 실제 군대에 징집(徵集)당하는 남성 측에서 보면 일종의 인위적 구별이 되고 그래서 차별이라고 주장하는 것입니다. 위에서 든 예들은 평등의 개념이 합리적으로 적용된 경우인가요? 아니면 일종의 차별인가요?

적어도 민주주의의 정체를 가진 국가에서는 이러한 부분은 차별이라고 보지 않고 일종의 보호나 특정한 의무와 시혜의 관점에서 바라볼 것입니다. 니체의 민주주의 비판은 바로 이러한 지점에서 시작합니다. 남성과 여성, 장애인과 비-장애인, 노인과 어린이의 차이를, 그 구분되는 지점을 보지 않고 무차별적으로 서로의 동일함을 말하는 정체(政體)-주로 근대의 민주주의-는 그것이 평등이라는 구호를 내세우고 있지만 실제로는 그 당사자들-남과 여, 장애인과 비장애인, 노인과 여성-을 억압하는 시스템이라고 말입니다.

확장하면 여성이 지닌 섬세한 정신을 고려하지 않고 남성적 정신-일례로 전사적 용맹(戰士的 勇猛)-만을 강요한다면 이것은 여성이 지닌 본래의 고유성을 훼손당하는 것입니다. 획일적 민주주의는 각자의 고유성을 보지 못하기에 고유한 존재자들이 억압당하는 시스템이라고 니체는 주장하는 것입니다.

정치적으로 한 표를 행사할 수 있는 권리가 주어진다고 해서 그 것이 민주주의 자체가 훌륭하다고 말할 수 있는 증명은 아닙니다. 그들이 한 표를 행사하려고 해도 그들의 이권(利權)이나 고유성(固有性, uniqueness)을 주장하는 정당(政黨)이나 의원(議員)이 부재하다면 지지할 대상이 없으므로 그 표는 그들의 의사를 전혀 대변하지 못합니다.

예를 들어 니체의 관점에서는 고유한 존재자가 그들의 고유성을 발휘하는 것은 힘의 발휘이며 능력의 발휘입니다. 따라서 타자가 흉내 내지 못하고 감당하지 못하는 그들의 그 힘은 긍정되어야 합니다. 여성에게 출산(出産, childbirth)은 남성이 흉내 내지 못하는 능력입니다.

그런데 자본주의 사회에서 자본가는 여성 노동자에게 남성과 동일한 노동 강도와 노동 시간을 강요해야 그들이 더 많은 이윤(利潤)을 획득할 수 있습니다. 아무리 여성에 대한 복지(福祉)가 발달한다고 해도 자본가는 이윤을 추구하는 것이 그 본성이므로 더 긴 시간과 높은 강도로 일을 하는 노동자가 자본가에게 선호됩니다.

여기서 여성도 남성 못지않게 더 많은 시간과 높은 강도로 일을 할 수 있다 주장하는 자는 니체가 말하는 핵심을 짚지 못한 것입니다. 그렇게 여성들에게 사회적 노동이 강요되면서 자연스럽게 출산은 소홀히 취급받는 문제가 됩니다. 이것이 지금의 한국 사회에서 벌어지는 일입니다. 출산을 기피하는 여러 가지 이유 중에 한 이유는 바로 위의 이유입니다.

출산에 대한 인식이 바뀌어야 하고, 자녀의 육아(育兒)에 대한 사회적 평가(評價)가 바뀌어야 합니다. 생각해 보면 출산과 육아는 인류가 자기의 종을 번식시키고 유지하는 기본(基本)입니다. 그런데도 이 출산과 육아가 소홀히 취급받는 사회는 주종(主從)이 바뀌어도 한참 바뀐 잘못된 사회라는 것을 알 수 있습니다.

출산에 대한 비하(卑下)는 여성에 대한 비하와 다름 아닙니다. 여성에 대한 비하 역시 그들이 지닌 출산의 능력과, 남성과는 다른 그들만의 차별적 능력에 대한 비하와 같습니다. 그리고 이러한 타자의 비하를 수긍하고 자기의 것으로 하는 것은 낙타의 수용(受容)과 같습니다. 자기를 긍정하지 못하는 자가 타자를 추종(追從)하며, 자기의 현재를 긍정하지 못하는 자가 오지 않을 미래에 기대만을 가지고 지금을 비하합니다.

직장(職場)을 위해 가정(家庭)을 희생해야 한다는 인식, 남편과 자녀를 위해 본인을 희생해야 한다는 인식은 열등한 인식입니다. 자기의 일을 비하하면서 자기를 비하하고, 타자의 일을 위대(偉大)하게 간주하면서 자신의 일은 소소(小小)하다고 말하는 자는 여기와 지금에 존재하는 자기를 비하하고 있기에 데카당입니다. 마치 직장의 일이 완성되어야만 세계가 완성되는 것처럼 말하는 것은 가정에서의 의식주(衣食住)가 없이 직장에서 살려고 하는 자와 같습니다.

여전히 일의 귀천(貴賤)을 현대에도 말하는 자들은 그 일이란 것이 자기 평생에서의 어떤 비중과 의미인지도 생각해 본 적이 없을지 모릅니다. 우리는 직장의 귀천이 없다고 말하면서 여전히 일의 귀천을 논하고, 자랑하며, 인간은 모두 평등하다면서 남녀를 구분하고, 여성은 열등하다 하며, 장애인은 비-장애인과 똑같이 대우해서는 안 된다고 말합니다.

그렇다면 출산하지 못하는 남성들의 무능력과 열등함은 어떤 식으로 비난받아야 할까요? 노동하지 않으면서 상상할 수 없는 이윤을 초과 획득하는 자본주의 사회와 자본가들은 그들이 어떻게 변명할지 궁금합니다.

군대의 문제도 그렇습니다. 남성이 더 전사적 기질을 지니고 있고 용맹스럽다는 것은 생물학적 상식입니다. 그런데 남녀의 획일적 평등을 말하면서 여성도 전투에 임해야 한다는 정책 결정은 남녀의 차별성을 보지 못한 것입니다. 행정이나 다른 보조 전투에 여성을 동원하는 것은 그리 큰 문제가 되지 않을 것이나 전장에서의 전투원으로서 여성을 징집하는 것은 논란(論難)의 여지가 있습니다. 노르웨이나 이스라엘 등에서 여성도 징집의 대상으로 놓는 것은 그들 민족이 워낙 소수이고 주변의 침입을 자주 겪은 사회이니 불가피한 결정이었을 것입니다. 그렇다고 그러한 결정이 최선의 결정인지는 생각해 봐야 합니다.

feminine이라는 것은 여성이 가진 고유성을 존중하는 것이고, masculine이라는 것은 남성이 가진 고유성을 존중하는 것입니다. 니체가 말한 근대 민주주의의 결정적인 단점은 이렇게 훼손시킬 수 없는 차별성을 인위적으로 동일하게 만드는 것에서 체제의 결정적인 문제점이 노출된다는 것입니다.[162]

---

162 인간과 동물 가릴 것 없이 출산하는 종은 동물에서는 암컷, 인간에게서는 여성이

니체가 그의 저서에서 노파(老婆)와 소녀(少女)를 대비시켜 전자를 부정적으로 후자를 긍정적으로 언급하는 경우도 이러한 고유성(固有性)에 대한 그의 관점에 기반합니다. 제가 볼 때 소녀는 타고난 본성이며 여성으로서의 고유성을 은유(隱喩)합니다. 성숙하지 않음은 선악을 말하기 이전의 품성(稟性)이고, 소녀이므로 세상의 위선과 거짓은 아직 모르기도 하고 멀리하기도 합니다.

반면 노파는 체제의 이데올로기에 젖은 변형된 여성을 말하기도 하며 여성으로서의 본래성을 상실한 '여성 아닌 여성'을 은유하기도 합니다. 제가 볼 때 무엇보다 노파로서 상징되는 것은 강요된 남성 이데올로기를 자기의 습성으로 지닌 여성을 말합니다. 노파의 말은 본래의 여성의 말이 아닌 강요되고 주입된 남성의 말과 다른 것이 아니며 그들이 더 이상 출산하지 못한다는 의미에서 출산의 가능성이 무궁한 소녀에 대한 질투와 열등감으로 가득합니다.[163]

다. 즉 여성만이 출산을 한다. 출산을 능력의 관점에서 보았을 때 인간과 동물 가릴 것 없이 여성이 남성보다 우월하고 우등하다. 자연의 생물계에서는 암컷들이 실제적인 권력을 가지고, 수컷들의 끝없는 구애를 받으며 군림하고 있는 종들과 예가 많고 대부분이다. 적어도 자연의 생물계에서는 암컷이 수컷보다 더 우위라고 말할 수도 있을 것이다. 이에 대해선 루시 쿡, 『암컷들』, 조은영 옮김, 웅진지식하우스, 2023.을 참조할 것. 그런데도 역사를 폭력과 권력의 관점에서 보아 인류는 역사를 남성의 것으로 적어 왔다. 여성의 역사가 없는 것이 아니라 일부러 소외시켰으며 기술하지 않았던 것이다. 이는 지금의 학문에서도 마찬가지다. 특정한 가설에서 여성 편향적인 것, 기존의 남성 위주의-이를 가부장이라 표현한다면- 사고방식에 맞지 않으면 그 가설은 심증(心證)으로 일단 제외시킨다. 이것을 과학 혹은 과학적 태도라고 말할 수는 없을 것이다.

163 아직도 이러한 니체의 메타포를 정치적 평등의 관점에서 폄하(貶下)하는 이들이

민주주의의 구호 아래 실제로는 남성은 여성성을 강요받고, 여성은 남성성을 강요받고, 장애인은 비-장애인의 시각을 강요받고, 어린이는 노인의 관점을 강요받는 시대가 니체가 바라본 근대이며 근대정신입니다. 그리고 그것이 현대 민주주의의 문제점이기도 합니다.

민주주의는 결정을 수적 다수성에 의존하고 있습니다. 다수가 결정하면 설사 그 결정된 사안이 중요한 흠결(欠缺)이 있다고 해도 그 집행의 정당성(正當性)을 인정받습니다. 민주주의는 그 절차와 과정의 민주성만 보장된다면, 도출된 결과가 진리이지 않더라도 그 정당성을 인정받고 이는 사회적 진리로 의제되기도 합니다. 그럴지라도 민주주의가 의존하는 다수결의 원칙(多數決의 原則, majority rule)은 진리를 담보(擔保)하지 못합니다.

확률적으로 보다 많은 수의 사람이 결정을 하니 그 결정된 사안이 진리성을 담보할 것이라는 막연한 확률적 추측을 그 근거로 할 뿐입니다. 이때 많은 수의 사람들이 이성적이고 합리적으로, 합리적 결정을 할 것이라는 추론도 근대 민주주의를 초석 놓은 계몽 사상가들의 자의적(恣意的) 추론일 뿐입니다.

실제 서구를 비롯한 현대 민주주의 국가의 문제점은 다수의 시민

적지 않다. 이들의 목적의식은 기존의 여성 패러다임(paradigm)으로 회귀(回歸)해서는 안 된다는 두려움이다. 이들 스스로 여성임을, 여성이 상당한 부분 남성보다 우등한 자임을 스스로 부인한다. 이들은 억압받았던 여성의 역사적 이유를 이데올로기와 폭력구조에서 찾는 것이 아니라 나약한 여성이라는 생물학적 취약성(脆弱性)에서 찾으며, 그러므로 여전히 그들의 논의가 기존 논의구조에 매몰되어 있음을 고백하는 것이다.

이 그 정책에 참여하는 과정이 합리적 의사 표현보다는 그들의 다분한 충동이나 욕망에 의존해서 그들의 정치 참여를 정당화하는 경우로 보입니다. 합리적 결정, 이성적 판단이란 먼저 자기의 정서나 욕망에 기인한 주관적 동기를 지양해야 하는데 실제로는 그렇지 못합니다. 합리적 개인이 자기 이익에 기반하여 내리는 결정이 합리적 결정이며 그렇게 사회는 자기의 위치를 찾아간다고 본 근대의 학자들은 그렇게 근대 민주주의의 정당성을 끌어들이고 변호했습니다.[164]

근대의 이성주의자들은 시민들이 내리는 이성적 판단에 그들의 정념과 충동, 욕망은 배제될 것으로 착각하였습니다. 그러나 그들이 내리는 이성적 판단에 이미 그들의 정념과 충동은 스며들어 있었습니다. 흄의 '이성(理性)은 정념(情念)의 노예(奴隸)'에 불과할 뿐이라는 언명은 바로 이런 이성주의자의 한계를 미리 지적한 것일 뿐입니다.

이제 니체가 말하는 병과 건강에 대해 구체적으로 살펴보고, 다시 그 병과 건강을 기준으로 니체가 말하는 귀족(貴族)과 천민(賤民), 고귀함과 비루함에 대해 살펴보기로 하겠습니다. 니체의 철학에서

---

164 현대의 자본주의는 근대의 이성주의자들이 희구(希求)했던 것처럼 합리적 의사 판단과 그 결정으로 진행되는 체제임을 그만둔 지 오래이다. 현대의 자본주의는 무엇보다 각 개인들의 욕망과 충동, 그리고 그에 관한 계산(計算)들이 상호 투쟁하여 그 접점(接點)에서 선(線)을 그리며 상하운동을 하는 체제이다. '신의 손'이라는 애덤 스미스(Adam Smith, 1723~1790)의 말 자체가 이미 현대의 자본주의에서는 이성적으로 주조(鑄造)해 낸 관념적 어휘로만 남을 뿐이다.

는 그 힘의 정도(程度, degree)와 강도(强度, intensity)에 따라 서열(序列, order)이 정해져 있습니다. 다만 이 서열을 서양의 일부 연구자들이 오해하고 왜곡시킨 것같이 계급(階級)이나 계층(階層)으로 바라보지는 말아야 합니다.[165] 이에 대해서는 앞에서 설명하였습니다.

니체가 말하는 힘을 폭력이나 권력의 관점에서 바라보는 것을 지양하면 니체의 철학은 일관되고 설득력 있게 이해됩니다. 힘에의 의지와 관련하여 주체의 힘의 정도가 상승하거나 하강하는 것을 힘의 확장이나 축소로 말할 수 있습니다. 힘의 확장의 최대한이 위버멘쉬이며, 힘의 수축의 최대한이 데카당입니다. 니체가 바라보는 이상적인 사회는 각자의 힘이 최대한으로 발휘되는 사회입니다. 그 사회를 니체는 마르크스처럼 미래의 구체적인 정치 체제로 제시하는 것이 아니라 단지 회고적(回顧的)이고 은유적으로 제시할 뿐입니다.

---

165 이러한 오해들은 부르주아지 철학자와 사회주의권 철학자에게도 예외가 없었으며, 대표적으로는 나치의 철학자에 의해 오용을 당했다. 부르주아지 철학자는 니체의 힘을 현존하는 자본주의와 시민사회의 정치 질서를 뒷받침하는 사상으로 간주하였으며, 이들에게 니체가 말하는 힘의 서열은 지금의 지배구조를 정당화하는 부르주아지의 철학으로 변모한다. 반면 사회주의 철학자-대표적으로 게오르그 루카치(György Lukács, 1885~1971)-는 니체의 철학을 반동적 질서를 대변하는 철학으로 간주하였다. 나치의 철학자는 히틀러(Adolf Hitler, 1889~1945)가 부르짖는 게르만 민족주의의 옹호와 그 이데올로기를 근거 짓는 사상으로 니체의 사상을 이용하였다. 이들 모두에게서 니체가 말하는 힘은 권력으로, 위버멘쉬는 수퍼맨(superman)으로, 고귀함의 특성은 계급적 귀족의 특징으로 왜곡된다.

근대의 정신을 비판하면서 그 예로 독일 정신을 제시하고 자신을 고귀한 폴란드(Poland) 혈통(血統)의 귀족으로 제시하는가 하면, 자신이 태어난 북유럽권이 아닌 남유럽의 기후(氣候)나 풍토(風土)를 갈망하는 것 등은 제가 보기에 이런 연유에 기인합니다. 실제로 니체는 병 요양(療養)차 남(南)-유럽에서 길게 요양하며 프랑스(France) 니스(Nice)의 기후를 극찬하기도 합니다.

그가 볼 때 당대의 유럽은, 특히 독일을 포함한 북서 유럽은 힘의 수축이 최대로 이루어진 사회로서 이른바 데카당의 극단입니다. 따라서 그가 살고 있는 근대, 그중에서도 북서유럽, 그리고 그곳의 주요 종교인 루터교 등의 개신교는 니체의 비판에 데카당으로 자리매김됩니다.

데카당한 시대에 살고 있는 당대의 사람은 그래서 '마지막 인간'이기도 합니다. 즉 힘을 최소한으로 유지하고 마저 버티고 있는 자들로서 마지막 인간입니다. 그래서 이들은 위버멘쉬의 정반대 편의 극단에 있는 자들이기도 합니다. 이는 근대인의 특징을 니체가 은유(隱喩, metaphor)로서 비판한 것입니다.

반면 이의 대비로 니체가 제시하는 다른 모습은 비교적 그의 비판에서 제외되며 상당히 긍정되기도 합니다. 북서유럽에 대비되는 남유럽, 루터교 등 개신교에 대비되는 가톨릭, 기독교에 대비되는 불교나 힌두교 등이 그런 모습입니다. 니체는 말년에 명확하지 않은 정신인 채로 프로이센(Preussen) 황제 등의 위정자(爲政者)들에게 편지를 쓰는데 자신을 독일이 아닌 폴란드에서 태어난 것으로, 서민이 아닌 귀족으로 자칭(自稱)하는 모습이랄지, 교황에게 편지를 쓰면서 자신을 십자가에 못 박힌 디오니소스라고 서명하는 것 등이 니체가 표현하고픈 은유들입니다. 이러한 그의 마지막 모습에서 그의 철학이 지향하는 바에 관한 힌트(hint)를 얻을 수 있습니다.

물론 니체라는 한 철학자가 기독교를 정면 비판한다고 해서 기독교가 사라질 리는 없습니다. 또 그가 설혹 디오니소스를 기독교 신의 대체재(代替財)로 내세웠다고 해도 실제로 디오니소스를 섬기는 자들이 나타날 리도 만무(萬無)합니다.

디오니소스는 예수의 등장 훨씬 이전부터 중동(中東), 메소포타미아(Mesopotamia) 지방에서 섬겨지던 신이었으며 이것이 트라키아(Thracia)를 거쳐 유럽으로 전파됩니다. 이 고대의 신이 다시 번성한다고 해도 유대 · 기독교의 여호와(Jehovah, 야훼)에 대한 신앙을 능가할 리는 없습니다. 또 니체가 아무리 기독교를 비판한들 예수의 위대함이 그로 인해 손상될 리도 없습니다. 니체 또한 그 스스로 예수의 위대성을 부인하지도 않았습니다. 그러나 한 철학자의 철학을 이해하기 위해 우리는 그의 메타포(metaphor)를 적극적으로 이해할 필요는 있습니다. 이것이 그가 비판하는 지점을 우리가 정확히 알게 하고, 그 비판이 과연 설득력이 있는지를 우리가 분별할 수 있게 하기 때문입니다.

다시 건강과 병의 관점에서 보면 완전한 건강은 존재하지 않으며 완전한 병도 존재하지 않습니다. 오히려 완전한 건강을 자부하는 자는 그 자부의 말투에 병이 있는 것입니다. 또 완전히 병이라고 낙담하는 자의 가장 심각한 병이 일체를 부정하는 것입니다. 따라서 건강의 한복판에 병이 있으며 병의 한복판에서 다시 일어나는 건강이 있습니다. 그런 차원에서 니체는 완전한 건강이 존재할 수 있는지 묻는 것입니다.

어쩌면 우리가 건강이나 병으로 간주하고 부르는 습관은 상투적(常套的)일지 모릅니다. 두드러기 하나에서 죽을병을 발견하려 밤낮으로 애쓰는 자들이 있는가 하면 심한 병의 와중에도 자신이 가진 힘의 최대를 이끌어내는 자들이 있습니다. 아마 니체를 후자의 대표로 놓아도 손색없을 것입니다. 언급했듯 니체는 병의 복판에서 건강을 찾으려 애썼습니다.

그는 글을 쓰기 위하여 요양을 했고, 언제 다시 악화될지 모르는 병의 증세를 극복하고자 밤을 새우며 글을 썼습니다. 3일을 앓고 4일을 글쓰기에 몰입하는 날들이었습니다. 그래서 그가 병을 말하고 건강을 말하는 것은 실제 실존에 몰두하는 자의 생생한 증언입니다. 니체가 자기의 글은 피로 쓰였다고 하는 이유입니다.

이렇게 간주할 때 귀족주의적이라 칭해지는 니체의 사상이 무엇을 겨냥하는지 좀 더 명확해집니다. 니체에게 귀족주의적인 것은 힘의 최대한과 건강의 최대한을 일컫는 것이며, 이를 니체는 위대함이라 칭하고 고귀함이라 칭합니다. 철학자 스피노자가 『에티카』의 마지막에 "모든 고귀한 것은 드물 뿐만 아니라 이루기도 어렵다"[166]고 했을 때의 고귀함이 바로 니체가 말한 고귀함이며 귀족주의적인 것

---

166   "그러나 모든 고귀한 것은 힘들 뿐만 아니라 드물다(Sed omnia praeclara tam difficilia, quam rara sunt)", 스피노자, 『에티카』, 321.

입니다. 그것을 특정지어 계급적 귀족의 작태(作態)와 연결시키는 것은 단순하기도 하려니와 니체 철학에 대한 곡해입니다.

계급적으로 역사에서 이러한 정신을 드러내었던 귀족들이라면 아마 중세의 기사 계급이나 고대 그리스의 스파르타나 아테네의 시민정신이라고 볼 수 있을 것입니다. 그러나 이들 모두가 귀족계급에 속한 것은 아니었습니다. 언급했듯 힘의 최대한이 위버멘쉬이고 그 대척에 데카당이 있습니다. 고귀한 자는 위버멘쉬이며 비루한 자는 데카당입니다. 따라서 귀족은 고귀함을 말하며 주인이고, 천민은 비루함을 말하며 곧 데카당입니다. 위대함은 고귀한 주인의 덕이며 비루함은 데카당스한 천민의 덕입니다. 이 양태들은 고정되어 있지 않고 상호 전화하며 운동합니다.

니체 철학에서의 힘으로서의 서열(序列)을 정리해 보면 이렇습니다. 위로부터의 질서(秩序)[167]를 한번 그려보면 맨 위에는 신(神)이 있지만 그는 결과적으로 제거되었습니다.[168] 그 아래에는 반신반인

---

[167] 니체의 철학에서 질서는 없다. 그가 말하듯 힘은 특정한 방향과 목적을 띠고 움직이는 것이 아니기 때문이다. 고정된 질서, 계층, 계급은 없다. 고대 그리스나 중세의 귀족에게 가해진 의무는 고귀한 의무(noblesse oblige)라 칭해진다. 노예라는 말의 어원은 '자유롭게 결단하지 못하는 자'이다. 고대 그리스의 귀족들은 그 권리가 지속적인 것이 아니었다. 니체의 사상을 귀족주의적이라고 칭할 때 니체가 말하는 귀족은 이런 의미임을 염두에 두어야 한다.

[168] 신의 죽음 이후의 신의 자리에 대한 대안은 두 가지이다. 신이 제거된(없는) 상태로 비워두든지, 아니면 다른 자가 신이 되든지… 그의 요구는 오히려 후자에 가깝다. 신이 될 정도로 강해지고 완전해져라. 그래서 니체의 철학은 완전주의적 요소가 있다.

(半神半人, demi-god), 인간(人), 반인반수(伴人半獸), 짐승의 서열이 있습니다. 니체가 신화에서 자주 언급하는 실레누스(Silenus), 사티로스(Satyr) 등은 반인반수입니다. 디오니소스는 그에 관한 두 가지의 신화 중 인간 세멜레(Semele)의 아들이었다가 제우스(Zeus)의 허벅지에서 보호되고 태어났다는 신화를 인용할 경우 반신반인에 속합니다.

실레누스, 사티로스는 모두 주신(酒神) 디오니소스의 종자(從者)입니다. 서양과 중동지방의 곳곳에서 주신제(酒神祭)는 지속적으로 개최되어 왔으며 이 축제는 모두 디오니소스에게 바치는 것입니다. 따라서 이 축제에서 실레누스와 사티로스는 디오니소스를 수행(隨行)합니다.

실레누스와 사티로스는 고대 서양에서 시기에 따라 다른 모습을 하고 나타나는 데 초기에는 인간이지만 말의 귀와 꼬리, 그리고 발기(勃起)된 음경을 지닌 모습으로, 헬레니즘(Hellenism) 시대에는 염소의 다리와 꼬리를 지닌 모습으로 나타납니다. 둘 다 술을 좋아하고 관능적이며 호색적(好色的)입니다. 특히 발기된 음경을 과장되게 표현하여 인간의 본능을 이 축제가 무척 긍정하고 숭앙(崇仰)하고 있다는 것을 알 수 있습니다. 실레누스는 현자(賢者)의 모습도 가지고 있습니다. 이러한 서열 구조가 니체 철학에서 의미하는 바는 명확합니다. 근대의 이성과 정신 위주의 철학적 전통과 그 가치관을 붕괴시키고 신체의 징후와 욕망을 재평가하고 강조하고자 하는 니체의 의도가 잘 나타나 있습니다.

획일화된 근대 이성의 정신 구조와 그 정신이 왜소하게 만든 인간의 삶을 다시 원래의 위치로 돌려놓고 그 수축된 힘을 다시 신체를 통해 확장하려는 니체의 의도가 이런 그의 메타포(metaphor)에 숨어 있습니다. 메타포의 장점은 의미의 중첩(重疊)과 확산(擴散)입니다. 하나의 지시 대상에 하나의 의미만을 담고자 하는 서양 논리학의 발전은 그것이 정교한 논리와 논의를 가능하게는 했습니다. 그러나 그 지시 대상이 오로지 하나의 의미만을 지니고 하나의 의미만을 지시해야만 한다는 것은 정신의 조작(造作)일 수 있습니다.

일례로 여기 책상 위에 있는 볼펜이 돌아가신 부모님께서 전해주신 유품(遺品)이라면 이 볼펜의 의미는 단순한 볼펜에 그칠 수가 없습니다. 만약 모든 사물을 수(數)로만 표현한다면 일체 정념이 배제(排除)될 수 있을까요? 그것이 가능할지는 모르겠습니다.

따라서 니체의 글쓰기는 문학적 글쓰기이며 이는 단어가 지닌 의미의 명확성을 통해 대상을 설명하고 논의를 전개하며 상대를 논파하는 것보다는-이러한 논증 방식도 주제에 따라 니체는 동원합니다-, 문체(文體)의 변형을 통해, 그리고 메타포를 통해 자신의 사상을 전개합니다.

문체도 니체에겐 하나의 철학적 방식입니다. 예수는 비유(比喩)로 복음(福音)을 전하였습니다. 그는 하층민 출신이었으므로 박해받는 민중이나 소외된 하층민을 주로 상대하였고, 그래서 배우지 못한 그들이 알아들을 수 있게 비유로 말을 합니다. 당시의 유대 율법학자인 바리새인(Pharisee人)이나 (대)제사장인 사두개인(Sadducees)들은 예수를 몇 번이나 그들의 지식(知識)으로 옭아매려 시도하고 함정을 팝니다. 그러나 예수는 한 번도 이들의 논리적 함정에 빠지지 않았고 쉽고 간단한 답변으로 오히려 이들을 자기모순에 빠지게 하고 궁지에 몰아넣었습니다. 식자우환(識字憂患)이란 이런 경우를 말합니다.

소크라테스는 글보다는 말을 선호하여 저서 한 권 남기지 않았습니다. 정확히 말하면 주고받는 대화를 중히 여겼습니다. 글은 상호 호응을 하지 않는 일방적 성격을 지녔다고 비판하면서 말입니다. 이런 전통은 그의 제자 플라톤에게 이어지고 이는 전술했듯 프랑스의 해체 철학자 데리다에 의해 비판받습니다. 이에 비해 니체는 은유와 메타포를 즐겨 구사합니다. 문학적 표현이 넘칩니다. 아마 그가 문학을 좋아해서 그런지도 모르겠습니다.

'회복(回復)'을 위한 니체의 전략은 닫혀 있고 폐쇄되어 있으며, 지엽적이기까지 한 정신인 이성을 원래의 자리인 신체에 속한 부분으로 돌려놓는 것에서 시작합니다. 이성은 그 자신이 신체의 부분임을 자각할 때 비로소 올바른 이성이 됩니다. 그렇다고 이 말이 우리 육체의 정동(情動, 정념, 情念)을 정신이 단지 추종하는 것을 말하는 것이 아닙니다. 인간은 대상에 수동적으로 반응만 하고 감수성(感受性)만 가지는 존재자가 아니라 그 사물에 관한 이미지(image)와 정동을 생산하고 발현하기까지 합니다. 대표적으로 예술가의 창작활동은 세계 내 대상에 대한 수동적인 감응만 가지고는 불가능합니다. 그들은 무엇보다도 그들의 세계를 고유하게 구성하는 것으로부터 그들의 능력을 발휘합니다. 그래서 예술가들은 세계를 만들어냅니다. 즉 정동을 재(再)-평가하고 정동과 그 생산물을 다시 긍정하는 것입니다.

회복은 이러한 의미입니다. 이성으로 구성해 내고 생산해 낸 근대라는 세계는 인간이 힘을 온전히 발휘하고 거주하기에는 무언가 부족하다고 니체는 봅니다. 그래서 이의 대체로 정신과 육체 모두인 신체를 말하고자 합니다. 데카당인 근대의 개인을 회복시켜 강한 위버멘쉬로, 데카당한 독일 정신과 근대의 유럽 정신을 다시 강하고 풍성한 고대 그리스의 정신으로 회복시키고자 합니다.

그래서 철학자는 이제 의사의 역할도 겸(兼)합니다. 의사는 병에 걸린 환자를 치료하고 회복시킵니다. 물론 치료를 통해 치료받기 이전보다 더욱 강건해지면 명의(名醫)일 것입니다. 인간을 회복시키기 위한 철학자의 임무는 그래서 먼저 시대를 진단(診斷, diagnosis)하고 그 시대에 사는 개인을 진단하는 것입니다. 개인을 진단하고, 시대를 진단하여 병의 징후(徵候, sign, symptom)를 미리 예진하는 것입니다. 병에 걸려 있으면 그 병을 완치시켜야 합니다. 니체에게서 이렇듯 철학자의 역할은 무겁고 중요합니다.

이제 무엇이 병이고 무엇이 건강인지 분류를 해야 합니다. 의사가 문진표(問診表)를 작성하고 병의 징후, 농후(濃厚, thickness, density)와 매일의 병의 진행을 기록하듯, 철학자도 개인과 시대의 병을 기록하고 병의 징후를 기록하며, 이에 대한 치료제를 개발하거나 발견하고자 합니다. 의사가 환자를 상담하듯 철학자도 개인 그리고 시대와 상담(相談)합니다. 회복을 위한 니체의 처방은 힘입니다. 그리고 그 힘은 강함에 대한 의욕이며, 그 의욕은 자기를 극복하려는 것이며, 위버멘쉬가 되고자 하는 것입니다.

데카당의 마지막에 인간은 처해 있습니다. '마지막 인간'으로 전락한 우리가 이제 짐승의 나락으로 떨어질지, 아니면 다시 위로 상승하여 반신반인이나 신의 단계로 진입할지는 알 수가 없습니다. 그리 본다면 데카당과 위버멘쉬, 신과 마지막 인간은 서로 경주(競走)를 하고 있는 모양새입니다. 양자는 서로 앞서거니 뒤서거니 하면서 달리고 있습니다.

지금까지 보았듯 니체의 철학은 어떤 철학자보다도 운동을 배경으로 하고 운동하는 철학입니다. 그의 철학은 현대 프랑스 철학자인 들뢰즈(Gilles Deleuze, 1925~1995)의 사유 방식을 선취(先取)합니다. 이미 들뢰즈는 니체로부터 그의 철학의 많은 양분(養分)을 얻었습니다. 니체 철학 자체가 고정된 근거와 점(點)을 거부하고 이동하며, 유목(遊牧)하고 유랑(流浪)하며 '지금의 여기를 넘어서는' 철학입니다. 그러나 그의 철학을 그 배경인 운동을 제거하고 정적(靜的)인 모양새로 읽으면 그의 철학은 대단히 경직(硬直)된 모양을 하고 있게 되며 결코 니체가 의도한 진의를 파악하지 못하게 됩니다.

우리는 하루의 실의에 젖어 생의 극단(極端)을 생각했다가 다음 날이면 비추는 한줄기 햇빛에 다시 본래의 명랑(明朗)을 찾곤 합니다. 전날은 병색이 만연한 데카당이었다가 다음 날은 위버멘쉬의 위대함을 보여주곤 합니다. 그러나 위버멘쉬가 되기 위해 반드시 병자(病者)의 단계를 거쳐야 하는 것은 아닙니다. 행복해지기 위해서 먼저 고통을 겪어야 하는 것은 아닙니다.

위버멘쉬도 자신의 병색(病色)을 갖고 있습니다. 위버멘쉬는 병색이 있기 때문에 강한 것입니다. 이는 완전한 건강이 존재하지 않는다는 차원에서 위에 언급한 대로입니다. 병자가 병을 갖고 있다고 위버멘쉬가 되지 못하는 것도 아닙니다. 병자가 위버멘쉬가 되는 이유는 그 자신이 병자이면서 이를 극복하고 건강하고자 하기 때문입니다. 그래서 병자도, 위버멘쉬도 모두 주체에게 지금 포진(布陣)해 있는 것입니다. 왼편이 병자로서 데카당이고 오른편이 건강한 자로서 위버멘쉬입니다. 지금과 여기에서 이 둘-데카당과 위버멘쉬-은 모두 하나인 주체에게 혼재(混在)합니다.

주체라는 동전의 양면은 희망과 절망입니다. 절망해 보지 않고는 희망의 의미를 모릅니다. 그리고 그 희망의 질(質)도 모릅니다. 걸어 보지 못한 자만이 걷는다는 것이 얼마나 큰 희망인지 압니다. 늘 걷고 있던 자는 걷지 못함을 생각해 보지 않는 한 그 걸음의 소중함을 모릅니다. 그런 차원에서 위버멘쉬가 되고자 하는 자는 데카당으로 떨어지는 나락을 늘 가슴에 새기고 있어야 합니다.

한편 니체의 사유는 무엇보다 생명(生命, life)에 관한 사유라고 볼 수가 있습니다. 대지 위에는 수많은 생명이 도약하며 지금 이 순간에도 도약하기 위한 투쟁을 벌이고 있습니다. 열매가 떨어지려 하는 순간 또 다른 열매가 맺음을 준비합니다. 꽃망울이 시드는 순간 다른 꽃의 순(筍)이 그 머리를 보입니다. 그들은 일부를 떨어내야 다른 일부가 솟구친다는 것을 압니다. 일부가 죽어야 다른 일부가 산다는 것을 압니다.

죽어 있는 것 같은 나뭇가지와 묻혀버린 줄만 알았던 꽃씨는 봄날의 볕이 서서히 비추면 이제 움을 트고 순(筍)을 틔우며 생명의 약동(躍動)을 시작합니다. 살아 있지 않은, 모든 죽어 있는 것을 니체는 혐오합니다. 살고자 하지 않은, 모든 죽고자 하는 것을 니체는 배격합니다. 그래서 니체에게 대지(大地)는 그 자체로 삶의 약동이 며 힘의 현시(顯示, revelation)입니다.

생명의 약동을 상징하는 소녀들은 하나인 대지 위에서 춤을 춥니 다. 이 춤은 신체 전부의 춤입니다. 소녀들이 추는 춤은 정해진 규칙 과 박자가 없는, 온몸으로 추는 춤입니다. 정신의 언어가 논리라면 신체의 언어는 춤입니다.[169] 소녀들의 웃음은 인과율(因果律)이 적 용된 이성 세계의 대상을 보고 터트리는 웃음이 아닙니다. 그녀들의 웃음은 대지 위의 생명들이 약동하는 것을 보고 터뜨리는 신체의 탄 성입니다. 생명이 움직이면 신체도 화답(和答)합니다. 무엇보다 신 체가 생명이기 때문입니다.

소녀가 웃는 웃음의 원인을 찾는 것은 그녀의 웃음이 갖는 진가 (眞價)를 알 리 없는 학자의 탐구일 뿐입니다. 학자는 늘 그 모양입 니다. 웃기면 웃으면 되는데 왜 웃기는지 웃는 입을 탐구합니다. 이 심전심 심심상인(以心傳心 心心相印)을 모르니 답답한 노릇입니다. 그래서 원인과 결과, 그 직선(直線)의 사고방식을 해체시키는 것이

---

169 소녀(少女)와 대비(對比)되는 노파(老婆)의 웃음은 간사(奸詐)하며 교만(驕慢) 하다. 노파의 웃음은 목적(目的)이 있다. 그건 대상을 비하하는 비웃음이거나 사 교의 목적을 지닌 음흉함이다. 이성이 산출한 웃음은 목적이 개입된다. 그런데 존 재하는 것의 무죄(無罪)를 말하는 니체는 따라서 존재자에게 특정한 목적을 부 여하지 않는다. 왜 웃느냐고 소녀들을 박대(薄待)하는 근엄(謹嚴)한 교사를 생 각해 보자. 한편 익히 알듯 근대 무용의 창시자 이사도라 덩컨(Isadora Duncan, 1877~1927)은 니체의 신체에 관한 철학에서 영감을 받은 것으로 유명하다. "니 체 이전에는 춤의 철학자가 없었다"(이사도라 덩컨).

니체의 발상입니다.

　위선(僞善, hypocrisy)과 거짓, 오만(午慢, arrogance)은 대지 위에 발을 딛고 얻어 사는 인간이 자기 한계를 모르는 미약함의 표현들입니다. 생명은 위선하지 않으며 거짓으로 보여줄 필요가 없고, 나와 타자가 서로 엮여 있음을 아는지라, 지금과 여기에 만족하며 지금 · 여기를 즐깁니다. 이것을 운명(運命, destiny, fate)이라 하며 이런 삶에 대한 사랑을 운명애(運命愛, amor fati)라고 합니다. 존재하는 모든 것에 대한 절대적인 긍정, 살아 있는 모든 것에 대한 순수한 공경(恭敬), 나의 춤이 최고로 발현되는 지금의 모든 것, 이것들은 절대적인 긍정이자 기쁨의 대상입니다. 따라서 니체에게서 나의 삶은 유희(遊戲, play)이자, 창조이며, 무한이자, 영원입니다.

History
/
Art
/
Philosophy

베르그송 철학

(1859~1941)

—

사물(事物)과 생명(生命)

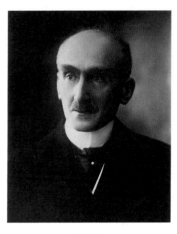

베르그송

베르그송의 철학은 그의 주저 『의식에 직접 주어진 것에 관한 시론, *Essai sur les données immédiates de la conscience*』(1889), 『물질과 기억, Matière et mémoire, Matter and Memory』(1896), 『창조적 진화, *L'Évolution créatrice, Creative Evolution*』(1907), 『도덕과 종교의 두 가지 원천, *Les deux sources de la morale et de la religion, The Two Sources of Morality and Religion*』(1932)이라는 저서에서 그가 말하는 핵심이라고 생각되는 것만 몇 가지 간추려 살펴보겠습니다.

베르그송의 철학은 생명과 운동, 시간과 공간에 관한 깊은 사유의 철학입니다. 이전에 살펴보았듯 근대를 특징짓는 사유의 특성은 이성적 사유이며, 이 이성적 사유의 장점은 분석(分析, analysis)입니다. 이러한 사유의 장단점은 니체에 관한 장에서 상당 부분 개괄적으로 설명했습니다. 기억해야 할 것은 그 분석이란 것이 세계와 자연을 대하는 근대적 이성과 그에 기반한 과학의 방법론으로서 일정 부분 세계를 인간이 살필 수 있도록 질서를 부여하며 제어하는 역할을 한다는 것입니다. 분석은 세계를 특정의 것으로 규정하며, 우리가 세계의 특성을 미흡하나마 일관된 관점으로 파악하도록 한 것은 사실입니다. 이는 그 자체로 이성과 과학의 커다란 성취인 것은 분명합니다.[170]

그러나 그 한계도 명확한바 우리를 둘러싼 세계는 살아 있는 존재자의 세계로서 이는 생명을 가진 존재자의 터전이라는 말입니다.[171] 생명을 가진 존재자를 인위적으로 분해(分解)하고자 하는 것이 분석의 기능인 것은 결코 부인할 수 없습니다. 시체를 분해하여 다시 조립한다고 해서 그 시체에 숨을 불어 넣을 수는 없습니다. 이러한 분석의 기능에 대한 회의(懷疑)에서 베르그송이 다시 강조하는 기능이 직관(直觀, intuition)입니다.

앞의 장에서 언급했듯 과학의 특성인 실험과 관찰은 폐쇄되어 있는 실험실에서 진행됩니다. 자연계의 생명체는 개방계(開放系)에서 활동하고 있는데 과학은 이 개방계의 존재자를 고립된 실험실에 가

---

170 "실제로 과학의 목적은 우리에게 사물의 근본을 드러내는 것이 아니라 그것들에 작용하는 가장 좋은 방법을 제공하는 것이다"(베르그송, 『창조적 진화』, 151).
171 "무언가가 살고 있는 곳에서는 시간이 기입되는 장부가 어딘가는 열린 채로 있다"(베르그송, 『창조적 진화』, 44).

두고 그 행태를 관찰합니다. 그것이 화학적 대상이든 생물학적 대상이든 과학은 이를 가리지 않습니다. 화학의 대상이면 실험실에서 실험하고, 생물학의 대상이면 우리(cage)에 가두고 실험합니다. 조건을 제한해야 변수(變數)가 통제(統制)되고 조건을 주어야 빠른 결과를 얻을 수 있기 때문입니다. 이 모두 고립계에서 진행되어야만 하는 과학 실험의 특성입니다.

그런데 이미 최초의 철학자라 칭해지는 고대 그리스의 철학자 탈레스는 만물(萬物)은 상호 연관한다고 주장하였습니다. 그는 이로써 일차적으로 세계를 구성하는 질료(質料)의 상호 연관성을 말합니다. 나아가 그 배후의 의미에는 사물의 상호 관계를 고려하지 않은 사유의 결점도 지적하는 것입니다. 뛰어노는 영양(羚羊)을 조그만 우리에 가둘 수는 없습니다. 그 우리에서 그들이 지닌 본래의 특성을 밝힐 수도 없습니다. 영양의 생태를 정의하려면 닫힌 우리를 과감히 걷어내야 합니다. 그 영양의 생태를 사방이 막힌 우리 안에서 관찰하는 것은 그 자체로 결정적 한계입니다.[172]

그렇게 편협한 조건에서의 관찰과 실험을 통해 얻어낸 데이터가 과연 신뢰할 만한지도 의문입니다. 고립계가 과연 생명의 조건일 수 있는지, 또 폐쇄된 조건에서 살아가는 생명체가 이 세계에 실제 얼마나 되는지도 의문입니다. 애초에 조건을 통제해서 얻은 결과가 과

---

172 "지성은 흐르는 것을 혐오하고 자신이 접촉하는 모든 것을 고체화한다"(베르그송, 『창조적 진화』, 87).

연 신빙성(信憑性, reliability)이 있는지도 마찬가지로 의문입니다. 과학은 일부러 세계를 절단(切斷)합니다. 그리고 구획(區劃)을 짓습니다.

그 고립된 구역에서 반복적 실험을 하고 그렇게 얻어낸 결과를 세계에 관한 믿을 만한 결과라고 쉽게 생각합니다. 이제 대상의 특성은 그 결과로부터 거꾸로 다시 연역하고 정리합니다.[173] 세계 내의 대상에 대한 과학적 경험이란 바로 이런 경로를 통해 얻어집니다. 그렇게 얻어낸 데이터를 우리는 과학적인 것으로 신뢰합니다.

『의식에 직접 주어진 것들에 관한 소론』의 표지, 파리, 1889년.

---

173 "일상적 지식과 마찬가지로 과학은 사물로부터 반복의 측면만을 취한다"(베르그송, 『창조적 진화』, 63). "따라서 반복은 추상 속에서만 가능하다. 반복되는 것은 우리 감관, 특히 우리의 지성이 실재로부터 떼어낸 이러저러한 국면들이다"(베르그송, 같은 책, 86).

이제 과학적이라는 말은 어느 정도의 진리를 가지고 있는 말로 간주되며, 심지어는 과학적이라는 말은 진리라는 말과 동치(同値, equivalence)관계라는 억측(臆測)도 나오고 있습니다.[174] 현대는 아마 우리가 과학과 과학적이라는 말, 그리고 과학의 결과가 제공하는 데이터(data)들을 얼마나 신뢰할 수 있는지, 그리고 그 이데올로기들을 얼마나 견딜 수 있는지를 가늠하는 시대이기도 할 것입니다.

과학이 세계를 얼마나 정확히 파악하고 있는지의 준거(準據)는 언급했듯 우리가 실제 거주하고 있는 이 세계와 그 세계를 바라보는 과학의 관점이 서로 일치하는지 여부입니다. 이는 다시 과학적 결론을 구성하는 데이터가 실재(實在)의 세계와 얼마나 일치하는지의 문제이기도 합니다. 과학적 관점으로 바라본 세계와 실제 우리가 거주하고 있는 이 세계가 서로 조응하고 일치하는지 말입니다.

도시인을 둘러싼 세계가 온통 인공물이라고 하여, 혹시 이 세계가 마치 온통 인공의 구조물로 구성된 듯한 착각을 하는 것은 아닌가요? 물론 인공물도 자연입니다. 개미들이 쌓은 흙의 구조물을 우리가 자연으로 보듯, 제비가 지은 집들을 우리가 자연이라고 부르듯 인간이 쌓은 문명(文明, civilization)의 건축물도 자연일 것입니다. 그러나 언급했듯 개미와 제비가 자연에 해를 가하는 재료를 사용하지 않는 반면 인간이 가공한 재료들은 자연을 해하고 거스르는 물질

---

174 "과학의 응용은 단지 존재의 편의만을 목표로 삼으므로, 이런 과학이 우리에게 약속해 주는 것은 복지 또는 기껏해야 쾌락이다. 그러나 철학은 이미 우리에게 기쁨을 줄 수 있었다"(베르그송, 『사유와 운동』, 165~166).

이 상당(相當)하다는 것이 그 차이일 것입니다.

따라서 자연을 거스르는 물질로 가득한 도시를 자연으로 착각하면 안 됩니다. 또 자연의 질료로 가득한 야생을 반(反)-문명이라 하여 그것이 반(反)-인간인 것으로도 착각하면 안 됩니다. 문명과 자연은 선순환(善循環)의 관계는 분명 아닙니다. 따라서 과학과 그 문물에 기반한 삶만을 문명의 삶이라고 강변한다면 인류에겐 반-문명이 보다 더 옳은 길일지 모릅니다.

인간이 자신의 지능(知能)으로 자연을 분석함은 지금껏 인류의 삶을 최고로 영위하고, 인류의 삶을 야생(野生)의 공격으로부터 지키기 위한 목적에서 나왔습니다. 지능은 인류가 생존하기 위해 발전시킨 인간의 무기입니다. 따라서 지능도 자연적으로 발전한 것이라고 볼 수 있을 것입니다.

인류사에서 각기의 지능으로 경쟁하다 낙오되어 사라진 종(種, species)이 또한 존재했습니다. 오스트랄로피테쿠스(Australopithecus), 호모 에렉투스(Homo erectus)… 호모 사피엔스(Homo sapiens)에게 패(敗)한 이런 인류의 친척들이 부족했던 것은 지능이었습니다. 호모 사피엔스는 자신의 열등한 육체, 그리고 그로 인한 생존의 각박함과 열세를 지능의 개발로 만회하였습니다. 호모 사피엔스라는 명칭이 바로 '슬기로운 사람'이라는 뜻입니다. 그리고 이 종이 최후에 살아남았습니다.

인류가 자신들을 자연의 무자비한 공격으로부터 방어하기 위해 도시를 만들고 사회를 구성한 것이지 도시와 사회를 만들기 위하여 자연을 멀리한 것이 아닙니다. 지구 내 넓은 바다는 고사하더라도 각 대륙의 내륙에 산재해 있는 도시들이 전체 도시의 몇 퍼센트나 될까요? 인간이 거주하기에 좋은 땅은 넓은 육대주(六大洲)에도 그리 많지 않습니다.

역사에서의 전쟁들은 바로 거주하기 위한 땅을 찾기 위한 싸움이 상당합니다. 자연이 거치니 먹을 것이 없고 잠자리는 지나치게 춥거나 덥고, 농사를 짓자니 척박(瘠薄)하여 수확이 없는 등… 인간에겐 꼭 필요한 자연은 거주할 수 있는 자연이었습니다.

일본(日本)이 넓은 땅덩어리에도 지속적으로 근대에 들어 세계 확장을 꾀한 것도 사실 거주할 땅이 부족한 것에 기인했습니다. 독일(獨逸)의 히틀러가 동진(東進)이나 남진(南進)을 택한 것도 그들 게르만인이 안전하고 풍요롭게 거주할 땅의 획득이 그 목적이었습니다. 이는 지금 벌어지고 있는 러시아와 우크라이나(Ukraine)의 전쟁 배경으로도 작용합니다.

러시아는 역사 내내 그 넓은 영토에도 불구하고 거주할 땅을 찾으러 혈안(血眼)이 되었습니다. 하물며 몽골(Mongolia, 蒙古) 같은 유목 국가들은 더할 나위가 없습니다. 그들은 정착(定着) 국가로부터 먹을 것을 약탈하거나 말이나 양 등의 목초지(牧草地)의 필요에 의해 계절마다 움직였습니다. 이렇게 살기 위한 거주 조건을 찾는 인간의 추구가 현대에도 여전한 전쟁과 같은 물리적 충돌의 주요 원인입니다. 지금 벌어지고 있는 또 다른 전쟁, 즉 이스라엘(Israel)의 가자지구(Gaza地區), 레바논(Lebanon) 침공과 이에 반발하는 하마스(Hamas), 헤즈볼라(Hezbollah)의 반격, 배후의 미국과 이란(Iran)의 지원 등도 이와 마찬가지입니다. 영토를 내어주거나 사이좋게 나뉘 사는 것을 지극히도 싫어하는 인간들의 어리석음입니다. 이민족(異民族)이나 이교도(異敎徒)와의 평화로운 공존(共存)이란 생각보다 너무 어려운 일입니다. 적어도 다른 자들을 배타하고 공격하려는 신념을 가진 자들에겐 말입니다. 현대의 역사는 이 예들을 충분히 보여줍니다.

우리는 오늘도 자로 그어진 듯한 대로를 자동차로 달리고, 지하 수십 미터 아래에 건설된 전철을 타고 어떤 동물도 따라오지 못할 속도로 내달려갑니다. 밤이면 휘황한 네온사인에 달빛의 밝기를 헤아릴 필요가 없어진 지 이미 오래되었습니다. 기하학적으로 정교하게 건축되어 있는 오래되거나 최근의 인공물을 보고 우리는 감탄합니다. 그러나 그 기하학으로 재어본 지구와 세계가 우리가 사는 실제 세계라고 착각하지는 말아야 합니다.

커다란 지렛대를 주면 지구라도 들어 올리겠다던 아르키메데스의 선언은 단순한 수학적 허영(虛榮) 이상이 아닙니다.[175] 설사 실제 들어 올리는 실력이 있더라도 들어 올려서는 안 됩니다. 자기 기반을 파괴하는 동물은 지구 내에 어느 것도 존재하지 않기 때문입니다. 아마 자기 기반을 파괴하여 자기까지 파괴할 동물류(類)는 인간

---

175 수학이 등장하면서 인류는 그들의 삶을 확연히 개선시켰다. 세계에 대한 파악 방식으로서의 수학은 인류가 그들의 삶을 자연으로부터 방어하는 차원이었고, 생존의 필요 차원이었다. 수학적 인식은 반드시 인류에게 필요하다. 그런데 인간의 수학적 인식이 세계 내 존재자를 향한 공격의 도구나 실험의 인식이 되었을 때 우리는 세계를 잘못 파악할 가능성이 커진다.

이 유망(有望)하고 아마 유일한 종(種)일 것입니다.

베르그송이 볼 때 철학은 과학이 모든 사물을 분석으로 결정하고 오로지 분석하려고만 하는 경향을 거꾸로 거슬러 올라가는 것입니다. 철학의 역할은 과학의 분석이 파괴시켜 놓은 질(質) 전체를 다시 복구하는 것이고, 전부로서의 세계를 온전히 전체로서의 세계로 다루는 것을 말합니다.[176] 생명이란 부분적인 것이 아닌 전체로서의 것이기에 철학에서 다루는 생명 또한 결국 전체로서의 생명이어야 하기 때문입니다.[177]

삶과 죽음이 질적으로 전혀 다른 양태이듯, 생명체와 무기물(無機物) 또한 질적으로 전혀 다른 양태입니다. 죽음과 무기물은 움직이지 않은 채 정지하고 있고, 삶과 생명은 끊임없이 움직이며 운동 중입니다. 미약한 심장이라도 지금 뛰고 있는 심장은, 아무리 강하더라도 멈추어 있는 심장과는 질적으로 다릅니다. 베르그송은 이렇게 생명과 삶의 질 자체를 다룹니다.

역동하는 생명체를 무감각한 무기질의 태도로, 약동하는 삶을 무

---

176 "또는 우리는 과학이 여러 사물에 대해 고찰하고 있는 것이 본질적으로 이와 마찬가지로 그 모든 것, 말하자면 이들의 관계, 시간과 공간의 관계, 자연적 변화의 원인, 형태의 비교, 사건의 동기, 그러므로 순전히 관계에 지나지 않는다는 것을 은폐해서는 안 된다"(쇼펜하우어, 『의지와 표상으로서의 세계』, 228).

177 "이미 만들어져 있는 것을 파악하기 위한 방법으로는 일반적으로 현재 행해지고 있는 것으로 들어갈 수 없으며, 움직이는 실재를 따라갈 수도 없고, 사물의 생명인 생성을 채용할 수도 없다. 이 마지막 임무가 철학에 속하는 것이다"(베르그송, 『사유와 운동』, 161), "철학한다는 것은 사유 작용의 습관적 방향을 역전시킨다는 것이다"(베르그송, 『사유와 운동』, 245).

감각한 죽음의 태도로, 운동하는 존재자를 정지한 사물을 바라보는 태도로 다룰 수는 없다고 말합니다. 이제 철학과 과학은 구분되어야 합니다. 철학이야말로 생동하는 자연, 운동하는 자연을 그대로 학문의 내부에 받아들일 수 있는 자격(資格)이 됩니다.

베르그송이 볼 때 서양의 전통 철학자들이 발전시키고 칭송한 이성[178]은 이렇듯 분해(分解)와 분석을 위주로 하는 이성이고 그는 이를 지능(知能, 지성, intelligence)이라 부릅니다. 이는 계산하는 정신이며 따라서 오성(understanding)입니다.[179] 칸트나 헤겔에게서 이성은 이러한 오성(지능 · 지성)과 구분되는 추상적 사고를 전개할 수 있는 능력으로서의 이성입니다.

이 이성은 전체를 바라보고 최고에서 종합하는 이성이기도 합니다. 즉 오성보다 한 단계 위에 있는 능력입니다. 그러나 베르그송은 이러한 능력으로서의 이성을 언급하지 않고 지성으로서의 이성에 국한하여 이성 비판을 합니다. 오히려 그가 이런 이성의 본성적 결함을 대체하고자 하는 능력은 직관(直觀, intuition)입니다.

앞서 정신이 세계를 바라볼 때, 그 정신이 세계의 대상을 옳고 곧게 반영하고 있을 때 이 정신이 수용한 대상은 진리이며 이것이 진리대응설(眞理對應說)이라고 언급했습니다. 만약 어떤 대상이 어떤

---

178 "어떤 의미에서 우리는 모두 플라톤주의자로 태어난다고 말할 수 있을지 모른다"(베르그송, 『창조적 진화』, 91).

179 중세에도 이성(intellectus)과 오성(ratio)은 구분되었다. 이후에 지능과 지성이 혼용될 경우 이것은 서로 같은 말이다.

상태로 있을 경우 정신이 감각을 통해서든 아니면 다른 수단을 통해서든 그 대상이 그 상태로 존재하는 것을 왜곡 없이 수용할 때, 어떤 대상이 어떻게 존재한다는 명제는 참이 되며 진리가 됩니다.

그런데 막상 세계가 생명과 운동이 넘치는 경우인데 정신이 그 세계를 사물성과 정지만이 넘쳐나는 것으로 파악할 때 이 인식은 그른 것이 됩니다. 즉 진리가 아닙니다. 이러한 단초(端初)의 파악을 실마리로 다시 세계를 보았을 때 우리의 이성은 무언가 왜곡된 방향으로 인식을 이끄는 것이 틀림없어 보입니다. 이성은 결국 세계를 잘못 파악했고 결핍된 인식의 기능을 세계에 투사하여 세계를 무취(無臭)·무미(無味)한 죽음의 것으로 변형시키는 단계에 이르렀습니다.

이렇게 본다면 지능으로서의 이성은 우리의 본능보다 못한 능력으로 보이기에 이릅니다. 베르그송이 '직관은 본능과 같은 무엇이며, 의식적이며 정교하고 정신화된 본능이다. 본능은 지성과 과학보다 더 삶에 가깝다'고 한 말의 뜻은 바로 이것입니다.

본능은 세계에 대해 일으키는 즉자적인 반응입니다. 따라서 이성의 숙려(熟慮)가 가지는 심사숙고의 신중함은 없지만, 세계에 관한 순수하고 솔직한 반응이라 거짓을 포함하지는 않습니다. 동물의 본능이 동물을 죽음으로 이끌지는 않습니다. 다만 동물의 섬세한 본능들이 서로 조화를 일으키지 못해 외부의 위협을 감당하지 못하는 경우들은 있습니다.

물을 마시러 온 영양이 목의 갈증에만 치우쳐 사방을 경계하는 촉각(觸覺)의 기능을 식욕의 기능보다 후퇴시킬 때 영양은 악어나 사자에게 공격을 당할 것입니다. 그렇다고 두려워서 강에서 물 한 모금 마시거나, 땅에서 풀 한 포기 뜯는 용기를 발휘하지 못할 때 또한 굶어죽거나 갈증(渴症)으로 죽을 것입니다. 이때 영양의 각기 다른 욕망의 본능을 조절하는 것은 살아가고자 하는 전체의 본능일 것입니다. 위의 경우에서 영양을 살 수 있게 하는 것은 맹수가 우글대는 강가에선 물을 마시되 경계를 게을리하지 말아야 하는 동물적인 본능, 동물적 직관일 것입니다.

그런데 과학을 인간이 자신의 삶의 개선을 위해 발전시킨 도구라고 간주할 때 과학이 삶의 개선에 더 이상 기여하지 못하는 때가 올 때 과학의 효용이 의심받습니다. 베르그송이 지적하는 지점은 바로 여기부터입니다. 과학의 발전이 인간의 삶의 조건을 위협하고, 인간이 살아가기 위한 배후의 터전을 위협할 때 인간의 실존 역시 위협받습니다.

동물이 세계를 대하며 자신의 필요와 보호를 위해 본능을 발전시켰다면 인간은 언급했듯 지능을 발전시켰습니다. 동물의 세계에 대한 경험은 본능이 매개(媒介)가 되어 진행됩니다. 여기서의 경험은 단순한 겪음 이상의 것은 아닐지도 모릅니다. 아직 현재의 생물학과 과학의 수준이 동물에게서 인간의 의식과 유사한 어떠한 것도 발견하지 못했으니 말입니다. 진정한 경험(經驗)은 의식 내부에 이러한 겪음의 흔적이 존재해야 하고 이를 내적으로 반성(反省)해야 하니 말입니다.

영양은 사자를 보고 순간적으로 위험의 상황인 것을 알아챕니다. 만약 영양이 본능적으로 그것을 알아채지 못했다면 지금까지 존속하지 못했을지 모릅니다. 영양의 그러한 본능을 단지 우연적인 것으로 치부한다면 세계의 존재와 구성 자체가 우연이라는 결론에 도달할지도 모릅니다. 그런데 이러한 결론은 왜 수천 년간 영양이라는 동물이 필연적으로 생존하게 되었는지 설명하지 못합니다. 한 시점에서 모든 영양이 사자나 맹수들에게 잡아먹히는 우연의 순간도 배제할 수 없기 때문입니다. 베르그송이 얘기하려고 하는 직관이 동물에게는 이러한 형태로 나타납니다. 동물의 본능 시스템(system)의 정교함, 이런 것들도 일종의 동물적 '직관'입니다.

경계를 풀지 않는 길가에서 자란 고양이들은 나와 마주치면서 약간 긴장을 합니다. 늘 보아 왔지만 본능적으로 그들은 나를 경계합니다. 그들에게 나는 먹이를 줍니다. 일정한 시간이 되면 그들은 집을 찾아와서 기다립니다. 그리고 내가 먹이통에 부어줄 먹이를 들고 발걸음을 옮기기 시작하면 마치 엄마를 따르는 애들처럼 총총걸음으로 나를 따라옵니다.

그럼에도 다른 날 내가 그 고양이들을 귀찮아하는 표정으로 다른 몸짓을 하면, 태연히 움직이지 않던 고양이가 소스라치게 놀라 펄쩍 뛰며 저만치 도망갑니다. 혹은 새를 잡으려 비닐하우스 꼭대기 바로 밑에 숨어 있던 고양이는 그것도 모른 체 저만치 높이 모여 있는 새들을 기습(奇襲)하기도 합니다. 여전히 맹수로서의 기질이 살아 있고 그 민첩함도 야생의 맹수 못지않습니다. 더구나 먹이를 덮치기 위해 매복(埋伏)하는 본능적 기질도 있고, 덮칠 순간도 계산하는 영리함도 있습니다. 배우지 않아도 동물은 이러한 직관을 소유하기 때문에 여전히 생존하여 살아가고 있는 것입니다.

영양이나 사슴의 출산이 인간처럼 병원에서 이루어지고 이후 조리원에서 산모와 같이 아기가 요양하는 시스템은 아닙니다. 영양이나 사슴의 출산은 조금 떨어진 곳에서 이들을 노리고 있는 맹수들의 한복판에서 이루어집니다. 물론 다소 안전한 곳을 찾으려는 본능은 있겠으나 그들이 사는 초원은 거칠 것이 없는 개방형의 자연이며, 밤에도 보호되지 않는지라 그 안전을 장담할 수는 없을 것입니다. 동물들이 도시에서의 동물원처럼 구역이 나누어져 안전하게 서식하는 모양새는 자연에는 존재하지 않습니다. 태어난 영양이나 사슴은 그 즉시 뛰지 못하면 맹수들에게 바로 잡아먹힙니다. 육질(肉質)이 순해 어린 동물들은 더 야생의 세계에서 선호되겠지요. 그들의 본능이 그렇게 살아남도록 유전된 것일 것입니다. 인간에게 지성이 발달하였다면 동물들에게는 본능이 정교하게 발달한 것입니다.

물에 가면 악어가 있고, 초원의 수풀 더미에는 사자나 하이에나가 숨어 있고, 옆에서는 커다란 코끼리 떼가 움직이고 있습니다. 초원은 위험천만한 자연입니다. 이 약육강식의 세계가 지배하고 있는 초원이지만 여전히 종들은 서로 번성하며 인간이 역사를 시작하기 훨씬 전부터 활동하고 있습니다. 이는 동물들의 세계가 마치 '신의 손'이 개입하는 사회처럼 유기적으로 잘 조화롭게 움직이고 있기 때문일 것입니다.

그런데 동물의 사회에서 '약탈'이란 것이 존재할까요? 맹수는 '결핍'에서 사냥을 하지만 그 결핍은 굶주림이나 새끼를 위한 먹이 획득의 목적(?) 정도밖에 없습니다. 생존을 위한 최소한입니다. 그런 차원에서 잉여 생산물(剩餘 生産物, surplus goods)을 '약탈'하고 '착취'한다고 보는 마르크스의 자본주의가 이 동물들의 사회에 들어설 여지는 없어 보입니다. 늑대는 남은 먹이를 땅속에 숨겨놓는다고 하는데, 내일을 위한 먹이의 '저장(貯藏)'이 약탈(掠奪)은 아닐 것입니다. 더구나 어떤 종이라도 같은 종을 대상으로 약탈하거나 착취(搾取)하지는 않습니다.

사자가 자신의 생존을 위한 필요로 영양이나 누(Gnu)를 공격하고 먹이로 삼는 것을 우리는 '악하다'고 부를 수는 없습니다. 또 여분으로 남길 정도의 먹이 획득을 위해 본능이 발달하지도 않았습니다. 배부른 사자가 물을 마시고 있는 영양 옆에서 한가롭게 잠을 자는 모습을 우리는 TV나 다른 매체에서 쉽게 볼 수 있습니다. 또 그 사자들이 지켜보는데 물을 마시느라 고개를 물에 깊이 처박고 있는 영양이나 사슴도 볼 수 있습니다. 옆에 사자가 있는 것도 모르는, 혹은 노리고 있는 것도 모르는 이 영양이나 사슴은 그냥 '무식'하고 '한심'한 것일까요?

아닙니다. 사자가 일어서며 첫발을 내딛는 순간 영양이나 사슴은 이를 알아채고 바로 도망갑니다. 그들이 발휘하는 순발력은 그들의 본능이 아주 짧은 순간에 내리는 '판단'입니다. 그 판단을 최대한 빨리 내리고, 정확한 탈출 방향을 결정하지 않으면 그들은 살아남기 힘듭니다. 사자의 입장에서는 최대한 은밀하고 가까이 접근하여 순간적인 질주(疾走)로 그들을 제압해야 합니다. 더불어 그들의 탈주로까지 예상하고 공격해야 합니다. 만약 그들이 각기 잘못된 판단을 내린다면 영양이나 사슴은 목숨을 잃을 확률이 높고, 사자는 끼니를 굶어야 할 확률이 높을 것입니다. 각기 그들이 지닌 '본능적 직관'은 우리가 지닌 '지능'에 비교될 수 있을 것입니다.

백수(百獸)의 왕 사자 중에 무리를 이끄는 수컷 사자는 사자 중의 사자이며 왕 중의 왕으로 생각됩니다만, 아닙니다. 다른 수컷과의 싸움에서 패하여 무리를 거느리지 못한 사자가 존재하고 늙어 사냥을 못 해 굶어 죽는 사자도 있습니다. 이런 경우 하이에나도 당해 내지 못해 그들의 먹이가 됩니다. 사자는 암컷과 수컷이 서로 협조해서 먹이를 잡습니다. 대개 사냥의 실세는 암컷입니다. 수컷은 덩치가 커서 힘이 폭발적이지만 지구력은 부족합니다. 더구나 목의 갈기 때문에 영 활동하기가 불편합니다.

수컷의 주된 역할은 자기 가족이나 집단을 보호하기 위해 망(望) 보는 망꾼의 역할, 그리고 새끼들을 보살피고 같이 노는 일과입니다. 인간 사회의 가부장적 편견에 젖은 남성들이 자연의 지배자를 수컷으로 의제하여 자신들의 위치에 관한 사회적 편견을 공고히 하고자 하는 노력은 사실 근거 없는 것에 불과합니다. 동물에서 수컷들이 대개 지닌 화려한 외모나 특이한 기교는 대개 암컷을 차지하기 위한 본능적 노력이 유전적으로 굳어진 경우가 많습니다.

때가 되면 화단(花壇)에 꽃은 핍니다. 봄볕이 내리기 무섭게 땅속의 구근(球根)은 그 싹들을 표면의 흙 위로 올립니다. 마당이 있어 조금의 식물이라도 키우는 이들은 이런 모습을 흔하고 쉽게 볼 수 있습니다. 자연의 신비를 느끼려 멀리 갈 필요 없습니다. 겨우내 단단하게 얼고 굳어 있는 흙 아래에서 어김없이 새싹들이 밀고 올라옵니다. 그 두꺼운 표면을 뚫고 올라오는 싹들의 힘은 정말 대단합니다. 콘크리트가 벌어진 조그만 틈에서도 어김없이 올라옵니다.

마치 약속이나 한 듯이 여름꽃은 여름이 되면 올라오고 가을꽃은 가을이 되면 올라오며 봄꽃은 여름이 되면 땅속으로 사라집니다. 그리고 겨울은 그 추위를 버텨내는 줄기만 제외하고 모두 사라집니다. 그들이 자신의 몸인 줄기를 드러내고 있을지라도 우리는 쉽게 나무의 지금 상태를 판단하지 못합니다. 자연의 신비는 이런 것입니다. 그들이 어디서 힘을 얻어 그리 두꺼운 표면을 뚫는지 저는 알지 못합니다.

'햇빛 한 자락에도 신의 뜻이 숨어 있다'는 영화『밀양』(2007, 密陽, Secret Sunshine)의 대사(臺詞)를 실감합니다. 바람은 나무들을 운동하게 하고 빗물은 영양을 제공합니다. 제아무리 좋은 인공(人工) 비료(肥料)와 거름이라도 봄에 비치는 햇볕 한 자락, 장마철 내리는 비와 산들산들 부는 바람의 역할은 하지 못합니다.

소크라테스가 아테네의 현자(賢者)로 신탁(信託)을 받습니다. 아폴론 신을 모시는 델포이 신전(神殿)입니다. 이 신전은 그리스 모든 도시국가에서 신탁을 의뢰하는 성스러운 신전입니다. 이 성소(聖所)의 어딘가에-벽(壁)이라는 말도 있고 입구의 비석(碑石)이라는 말도 있습니다- 유명한 문구 두 개가 적혀 있었습니다. 우리가 소크라테스의 말로 흔히 알고 있는 것입니다. 바로 '너 자신을 알라(그노티 세아우톤, Gnothi Seauton)'는 말입니다. 그리고 다른 하나는 '도를 넘지 마라(메덴 아간, Meden Agan)'는 말입니다.[180]

서양 사유의 전통은 근대 이전까지 오만(午慢)과 과도(過度)를

---

180   베터니 휴즈,『아테네의 변명』, 강경이 옮김, 도서출판 옥당, 2012, 316 참조.

경계하는 전통에 서 있습니다. 신 앞에서 자기의 분수와 처지를 모르고 부리는 만용(蠻勇)을 고대의 그리스인도 경계해 마지않았습니다. 특히 근대에 들어 자연을 인간의 적대자로 위치시켜 마치 인간이 자연을 상대로 제압해야 하거나 복종해야 하는 대립(對立) 관계로 치환(置換)시킵니다.

그러나 서양의 전통 사유에서는 분명히 인간은 자연에 예속(隸屬)되어 있는 존재자였으며 그 자연을 뛰어넘어서도 안 되는 존재자였습니다. 자연은 우선 인간이 속한 세계이며 그 자연이 사라지면 인간 또한 당연히 사라져야 하기 때문입니다. 자연은 인간의 집이었습니다. 신체를 사랑하고 세상의 무엇보다 신체를 아껴 단련하고 꾸밀 줄 알았던 스파르타인의 사유는 바로 이러한 자연에 대한 존중에서 유래합니다.[181] 신체는 무엇보다 자연성이기 때문입니다.

자연에서 발생하는 현상 하나에도 존재자들의 수많은 협업(協業)과 역할 분담이 있습니다. 인간은 공장의 생산을 위해 각자의 역할을 분담시켜 노트(note)에 기록합니다. 전문가를 양성하기 위하여 인력을 뽑고 수습(修習)을 보내고 행정 전문가를 채용합니다. 그리고 이들은 부지런히 노트에 도면과 도표를 그리며 공장의 기계를 돌립니다. 마찬가지로 자연과 그 내부의 식물·동물은 그들의 본능으로 이러한 과업들을 순식간에, 한 치의 오차(誤差)도 없이 수행해

---

181 "스파르타에는 성벽도 없었다. 아테네인과는 달리 그들은 성벽을 비웃었다"(베터니 휴즈, 『아테네의 변명』, 181).

냅니다.

때가 되면 벌과 나비는 부지런히 단 꿀과 단 음식을 찾아 이 꽃과 저 꽃으로 날아다닙니다. 그러면서 꽃의 수술과 암술은 서로의 필요한 것들을 이 벌과 나비로부터 얻어냅니다. 공중에 떠 있는 새도 꽃과 나무의 열매를 따 먹고 뱉으면서 이 생산의 과정에 동참합니다.

요즘은 아직 겨울이어야 할 2월의 날씨가 봄처럼 따뜻해지곤 해서 겨울잠을 자는 벌들이 일찍 일어나 활동합니다. 그런데 정작 그들의 음식이 되어야 할 꽃은 나오기 전인 데다 갑자기 닥친 3월의 추위로 벌들이 얼어 죽기까지 합니다. 늦게 나온 꽃과 나무들은 이들이 수분(授粉)을 해 주어야 하는데 벌이 사라지니 꽃과 나무들은 열매를 맺지 못합니다.

벌들의 죽음은 단지 한 종의 문제만이 아니라 생태계가 교란(攪亂)된다는 것을 의미합니다. 우리는 사과를 먹고 싶으면 과수원(果樹園)에서 재배만 하면 사과를 얻을 수 있을 것으로 생각합니다. 그러나 실제로는 농부의 과수원 노동 배후에는 꽃과 나비의 보이지 않는 헌신이 한 알의 사과라도 맺기 위해 꼭 필요했던 것입니다. 유전학(遺傳學, genetics)이 발달했으니 이제 사과를 인공적으로 만들 수 있는 가능성이 있지 않냐고요? 아마 그 정도로 과학과 생물학이 발달하려면, 만약 가능하다고 해도 적어도 이번 세기는 지나야 할 것입니다. 지구가 너무 심하게 병을 앓으니 이참에 아예 지구를 대체하는 꿈을 꿀 수도 있겠지만… 현실적으로는 물론 불가능해 보이는 꿈입니다.

이 벌과 나비들은 어떠한 시스템이 그들에게 탑재되어 있어 정밀

(精密)하게 계절을 계산(計算)하고 그들이 움직이고 숨는 시기를 결정(決定)하는 것일까요? 어쩌면 만약 벌과 나비에게도 인간과 같은 수학적 계산능력이 있다면 아마 인간의 계산능력은 그들보다 훨씬 더 열등할지도 모릅니다. 베르그송의 철학은 지금까지 말한 이런 문제의식과 분위기를 전제로 안고 진행하는 철학입니다. 철학과 과학, 자연과 종교에 대한 편협한 인식을 확장하고 개방하는 철학입니다. 니체가 신체(몸)에 정신을 포함하여 그의 철학을 개진한다면, 베르그송은 그 이성에 갇혀 사태(事態)를 오판(誤判)하고 오도(誤導)하는 정신을 개방하고 교정(矯正)하는 철학입니다. 과학의 편협(偏狹)과 종교의 형식성을 확장하여 세계와 사태를 새로운 눈으로 바라볼 것을 주문하는 철학입니다.

베르그송의 철학을 좀 더 살펴보기로 하겠습니다. 베르그송은 1859년 출생하였으며 콜레즈 드 프랑스(Collège de France)의 철학 교수를 역임하였습니다. 제1차 세계대전 이후 국제연맹(國際聯盟)에서 활약하였으며 제2차 세계대전 중인 1941년 독일로부터 고국 프랑스의 해방을 못 본 채 사망하였습니다. 그는 생전에 노벨 문학상(Nobel 文學賞)을 수상(1928)하기도 했습니다. 그의 저작은 대부분이 교황청에서 금서로 지정하고 있습니다만.

그는 학업성적이 아주 뛰어났습니다. 그런 그가 전공으로 수학과 철학 중에 철학을 선택하자 그의 스승은 그 뛰어난 두뇌로 수학을 선택하지 않은 것을 굉장히 애석해했습니다. 철학자 중에 여유와 한가한 생활을 선택한 이들도 적지 않지만 베르그송은 늘 부지런하고 근면한 태도를 지녔습니다. 그래서 그의 묘비에는 '태어나서 일하고 죽었다'는 단순하지만 대단한 찬사(讚辭)가 적혀 있습니다.

베르그송이 보기에 서양의 근대철학자들,[182] 즉 경험론자들과 합리론자들은 그들이 이성적으로 수행해 낸, 즉 분석하여 얻은 세계의 실재를 그들 이성의 산출로 얻은 결론과 동일시하는 오류들을 저질렀습니다.[183] 특히 특정한 기호로 사물을 지시하는 기호논리학 등은 그가 보기에 사물을 파악하는 방식 중에도 아주 잘못된 방식에 속합니다.[184] 한 사물을 분석해서 얻은 것이 그 사물의 진정한 본성으로 생각될 수 있다고 하는 추측은 건전하지도 않고 타당하지도 않습니다.[185]

이는 전에 언급했듯 육체의 기능을 알기 위해 해부한 시체의 부

---

182 "요컨대 『순수이성비판』 전체는 결국, 만일 이데아가 사물이라면 플라톤주의는 불법적이지만 만일 이데아가 관계라면 합법적이 된다는 것, 또 이미 만들어져 있는 이데아는 일단 이렇게 해서 천상에서 지상으로 내려오면 플라톤이 바라던 사유와 자연의 공통 기반이 된다는 것을 확립해 주기에 이른다. 그러나 『순수이성비판』은 또한 우리의 사유는 플라톤적 사유 이외의 것을 하지 못한다는 요청에 근거하고 있다. 플라톤적 사유란 말하자면 모든 가능한 경험을 기존의 주형 속에 부어 넣는 것이다"(베르그송, 『사유와 운동』, 254~255).

183 "그러나 운동은 지각하는 감각의 자료들과 그것을 재구성하는 정신의 술책(artifice)을 혼동하지 말아야 할 것이다"(베르그송, 『물질과 기억』, 최화 옮김, 자유문고, 2017, 341). "사실을 말하자면 기억이 우리를 보고 듣도록 만든다… 따라서 해석은 사실 재구성이다"(베르그송, 『정신적 에너지』, 엄태연 옮김, ㈜그린비출판사, 2019, 190).

184 "관념은 사유의 정지이다"(베르그송, 『정신적 에너지』, 55).

185 "바로 실재적인 것 자체가 자신을 가능적으로 만드는 것이지, 가능적인 것이 실재적이 되지는 않을 것이다"(베르그송, 『사유와 운동』, 135).

분들을 다시 원래대로 조립한다 해도 시체가 생명으로 살아날 리는 만무한 것과 같습니다. 이성이 세계를 파악하려 수행하는 방법론, 특히 분석이라는 방법론은 불완전하기 마련이며 나아가 우리의 세계 인식에 오히려 장애가 될 수도 있을 것입니다.

세계 내에 활동력이 없는 상태란 존재하지 않으며, 정지해 있는 사물은 존재하지 않습니다. 정지해 있는 것으로 보이는 사물도 우리의 눈에만 그렇게 보일 뿐이지 사실은 내밀한 운동을 끊임없이 하고 있습니다. 베르그송은 이를 지속(持續, durée, duration)으로 부릅니다. 그는 철학자들은 과학자들이 수행했던 방법을 교정해 주어야 한다고 주장합니다.

이 오류는 과학자들이 마치 사물이 정지한 것으로 가정하고 분석을 통해 사물의 재구성이 가능하다고 생각했던 것입니다.[186] 그 대안으로 베르그송이 제시하는 방법이 직관(直觀)[187]입니다. 그가 볼 때 나타나 있는 대로의 사물이란 존재하지 않으며 존재하는 것은 오직 과정(過程)이나 사건(事件), 생성(生成)이나 지속(持續)입니다.

---

186 "이렇게 해서 과학과 기술은 그들이 각각 사유하고 조작하는 물질과 우리를 친숙하게 해 준다. 이러한 점에서 지성은 결국 원칙적으로 절대적인 것과 접촉하게 된 것이다. 이때 지성은 완전히 지성 자신이 된다. 지성은 단지 물질에 대한 예감에 지나지 않으므로 처음에는 모호하지만, 물질을 더욱 정확하게 알게 되는 만큼 더욱 형태가 뚜렷해진다. 그러나 정확하든 모호하든 간에 지성은 정신이 물질에 쏟는 관심이다. 따라서 정신이 자기 자신을 향해 몸을 돌렸을 때, 어떻게 정신이 아직도 지성일 수 있단 말인가"(베르그송, 『사유와 운동』, 101).

187 "직관이란 정신이 자기 자신에 대해 쏟는, 그것도 대상인 물질에 집중하면서 쏟는 인상을 가리킨다"(베르그송, 『사유와 운동』, 같은쪽).

무기물(無機物)이라고 해도 그것이 시간의 지배에 있는 한 어제의 모습과 다를 수밖에 없습니다. 이는 우리의 눈이 그것을 변화 없음으로 착시할 뿐이지 실제의 사물은 어제의 사물과 다르며 과거에 불렸던 사물과 다릅니다. 우리의 눈은 운동 중에 있는 사물을 고정된 무엇으로 읽습니다. 그래야 사물을 지각하거나 인식한다고 생각하기 때문입니다.[188]

따라서 이렇게 본다면 그동안 전통 철학에서 중요시되어 왔던 문제들은 새로운 지반에서 해석되어야 할 운명을 맞습니다. 엄밀한 의미에서 그동안 철학자들이 말하는 사물 자체, 사태 자체는 형식적으로든 내용적으로든 일체 존재하지 않습니다. 존재하는 것은 오직 끊임없는 과정이나 그 과정에서 발생하는 사건, 그리고 그 과정이 출현하는 생성이나 그렇게 생성된 사물을 이어지고 잇게 하는 지속입니다. 그렇다면 철학은 정적 사태에 대한 과학의 분석적 방향을 거부하고, 분석 이전의, 분석이 파괴하지 않는 질적 전체를 다루는 것이게 됩니다.

위의 예에서 든 것처럼 동물적 직관은 인간의 지성과 같이 그들의 생존과 번영을 가능하게 하는 탁월한 능력입니다. 이 직관으로서의 능력은 인간도 소유하며 이 능력은 흡사 동물의 본능 혹은 본능적 직관 비슷한 것으로 그는 기술했습니다. 그러나 인간의 이 직관

---

188 "지각한다는 것은 고정시키는 것(immobiliser)이다"(베르그송, 『물질과 기억』, 373).

능력은 단순한 직관이 아니라 의식적이며 정교화되어 있고, 마치 정신에 함입된 본능과 같습니다.

이렇게 지성보다 직관을 중시하는 베르그송의 태도는 과학 혹은 과학적 방법이 도치(倒置)시켜 놓은 세계와 사태에 대한 우리의 탐구 방향을 제시해 줍니다.[189] 오히려 베르그송의 관점에서는 전통 철학이나 과학이 주장하는 지성이 아니라 신체의 능력이 우리의 실제 삶에 더 가까운 무엇입니다. 그렇다면 결국 우리는 세계 내의 존재자와 생성자를 내면의 흐름으로서의 지속의 관계에서 바라보고, 지성이 아닌 직관의 기능에서 그것을 대해야 한다는 말이 됩니다.

이렇게 본다면 자연에는 고정된 법칙이란 존재하지 않으며 자연을 주도하는 불변하는 실체가 존재하는 것도 아닙니다. 오히려 나는 세계의 실재에는 끊임없이 새로운 것이 출현하며, 내 앞의 세계가 쉼 없이 변화와 운동의 와중(渦中)이라는 것을 목격하고 있습니다. 이러한 세계는 늘 새로움으로 내게 다가오고 내가 목격하는 사태(事態)에 구태의연(舊態依然)은 존재하지 않습니다. 끊임없는 새로움이므로 그것들은 목적도 없으며 최종의 결과도 없습니다. 그러므로 베르그송에게 진화(進化)란 목적을 향해 가는 것이 아니라 늘 변화하고 생성하는 자체입니다.

---

189 예를 들어 베르그송은 다음과 같이 말한다. "심리학자가 행하는 유일한 작업은 인물을 분석하는 것, 다시 말해서 상태에 주목하는 것이다. 기껏해야 이 상태들에 '자아'라는 제목을 붙이고는 이 상태들이 곧 '자아의 상태'라고 말하는 것뿐이다"(베르그송, 『사유와 운동』, 222).

만약 세계 내의 사태가 어떤 법칙에 의해 움직인다고 가정할지라도 그 법칙은 우리의 지능이 설정해 놓은 법칙은 아닙니다. 지능은 한갓 인과론에 국한되어 있는 기능입니다. 인과론은 원인과 결과의 연쇄입니다. 그래서 지성은 감각이나 이성이 헤아릴 수 없는 곳까지 원인을 상정하고, 감각이나 이성이 헤아릴 수 없는 곳까지 결과로 예측합니다.

이런 의미에서 우리의 지성은 결코 자연을 구체적으로 파악할 수 없는 무능력이기도 합니다. 우리가 생명을 지성으로 예측함은 결국 지성의 한계 능력 내에서만 생명을 바라보고 다룬다는 말이기도 합니다. 그러나 지성은 인간의 생명 능력의 전부가 아닌 일부의 능력에 불과합니다. 지성은 애초에 명확한 한계가 있는 것인데, 그 지성으로만 계속 사물을 바라보는 것을 고집하면서 억측(臆測)과 오류가 나타납니다. 직관이 그 지성의 능력을 넘어서는 새로운 능력으로서 다시 발견되어야 하는 이유입니다. 직관도 우리가 지닌 또 다른 능력이기 때문입니다.

새로운 것의 출현(出現, appearance)에서 지성은 과거(過去, past)만을 보고자 하며 이를 지금의 세계에 덮어씌워 현재(現在, present)로 읽습니다. 이 말의 의미는 지성은 자신에게 나타나는 새로움에 당황하여 그것에서조차 질서(秩序, order)를 찾기 때문입니다. 지성은 무질서(無秩序, disorder, chaos)를 불안해하며 모르는 것을 두려워합니다. 익숙함에서 안정을 찾고 새로움에서 불안(不安, anxiety)해합니다.

지성은 사태의 출현에서 독해할 수 있는 구도를 그려놓고 이를 질서라고 부릅니다. 이는 지성의 눈으로 나열(羅列, array)하고 배열(配列, sequence)한 것이기 때문에 이 질서에서 독해되지 않는 것들은 누락됩니다. 독해되지 않은 것은 의미가 없다고 판정되고 의미가 없으므로 존재하지 않는 것이 됩니다. 독해되지 않은 것이 아니라 독해를 할 수 없음이고 이는 지성의 한계에서 기인한 것입니다. 그럼에도 불구하고 독해되지 않은 무질서를 독해 가능한 질서로 편입시켜 애초에 특정의 관점에 얽매이지 않은 존재자의 본질을 기어이 훼손하기에 이릅니다. 그러고서 오독(誤讀)된 존재자에 대한 언설(言說)을 진리의 담론(談論)으로까지 승화시키고자 합니다.

그런데 여기서 인식해 왔던 이 질서는 오히려 거꾸로 이해해야 합니다. 존재하는 것에서 지성은 친근한 것만 사물로 읽어내고 이 친근한 사물들은 다시 그들끼리 엮이면서 독해를 가능하게 하고 이른바 의미(意味)를 생산합니다. 의미 없음은 존재하지 않음, 혹은 존재의 가치가 없음으로 강변(强辯)됩니다. 독해 불능은 의미 없음을 넘어 무(無)로 새겨지기도 합니다.

이 질서는 새로운 것과 전혀 부합하지 않을 수 있습니다. 지성은 자신의 본성대로 세계를 읽고, 그 세계를 자신의 본성대로만 해석합니다. 그런 차원에서 베르그송이 말하는 지성은 인간이 생존을 영위하기 위한, 영위하면서 획득한 하나의 생존 능력으로서의 해석 능력일 뿐입니다.[190]

---

190 "철학자라 불릴 수 있는 사람들은 결코 어느 하나의 것 외에는 말하지 않았다. 그

새로운 것을 편견 없이 새로움으로 받아들이는 것에서, 감각과 지성이 자신이 가진 습관의 왜곡을 버리면서 그 새로움은 진정한 새로움으로 인간에게 다가옵니다. 그것을 경험이라고 말한다면 그 새로운 것을 진정으로 새로움으로 받아들이는 데서 경험 또한 이전과는 다른 진정한 경험이 찾아옵니다. 고리타분하고 구태의연한 것은 의식에 남지 않습니다. 즉 그런 것들은 경험으로서 다가오지 않으며, 따라서 그것이 경험으로 불리지만 사이비 경험일 뿐입니다.

이 '새로움'과 같은 말이 '생성'이고 '발생'이며, '사건'이고 '경험'입니다. 생성한다는 것은 발생한다는 것이고 그 발생이 과거의 것과 같은 경우는 없으므로 그 생성과 발생은 애초에 새로운 사건입니다. 사건의 연속, 발생하는 사건의 연속에서 동일함만을 보는 것은 미약한 능력입니다. 사실 발생하는 사건에서 동일한 사건은 결코 존재하지 않습니다. 지성이 발생하는 사건을 자신의 편한 범주에 넣고 동일한 해석을 가하고자 할 뿐입니다. 그래야만 우리의 지성은 자기의 역할을 어려움 없이 해낼 것이고 안심할 것이기 때문입니다.

그런데 동일한 '살인'은 없으며 동일한 '거짓말'도 없습니다. 단지 동일한 범주의 '살인'과 동일한 유형의 '거짓말'만 있을 뿐입니다. 이때의 범주(範疇, category)와 유형(類型, type)은 지성의 자의성(恣意性)이 개입한 것입니다. 같은 '식욕(食慾, appetite)'도 없고, 같은

런 때에도 그것은 그가 실제로 말한 것이라기보다는 말하려고 노력했던 것이었다. 그가 오직 하나만을 이야기했던 것은 오직 하나의 점만을 보아왔기 때문이다"(베르그송, 『사유와 운동』, 144).

'배부름'도 없습니다. 식욕에는 아무것이나 먹고 싶은 굶주림이 있고, 특정한 음식을 먹고 싶은 굶주림도 있습니다. 배부름에도 위가 음식으로 채워지는 배부름도 있고 정신이나 신체가 음식을 별로 필요로 하지 않는 포만(飽滿)으로서의 배부름도 있습니다. 전자의 식욕은 생존을 위한 것이고 후자의 식욕은 기호(嗜好)를 위한 것입니다. 전자의 포만은 신진대사(新陳代謝)가 원활한 포만이며 후자는 원활하지 않은 포만입니다. 범주와 유형을 나누고 기입(記入)하는 지성의 무능(無能)을 보여주는 쉬운 예들입니다.

이렇게 본다면 자연의 배후에 동일한 실체라는 것은 없을 것이고, 그것이 발생할 때도 외부의 법칙을 따르는 것은 아닐 것입니다. 자연, 그 내부에 존재하는 생명체의 삶의 현상은 고정과 법칙, 질서와 정돈을 떠난 무작위의 샘솟음입니다. 그것을 아직도 여전히 지성은 읽어내지 못하고 있습니다. 만약 그것들이 법칙을 따른다면 기존의 법칙을 벗어난 것이어야만 하고, 그것의 배후에 실체가 있다면 적어도 우리의 지성이 그동안 파악하고 건설해 놓은 실체에서는 벗어나야만 합니다.[191]

---

191 "이른바 동질적인 시간은 언어의 우상이며, 그 원천을 쉽게 다시 찾아낼 수 있는 허구이다. 사실상, 지속의 유일한 리듬은 없다. 많은 다양한 리듬들을 상상할 수 있으며, 그것들이 더 늦건 더 빠르건 의식의 긴장과 이단의 정도를 나타내며, 그 것에 의해 존재의 연쇄에서의 그들 각각의 위치를 확정할 것이다. 그렇게 탄성이 같지 않은 지속을 표상하는 것은 의식이 체험하는 진정한 지속을 동질적이고 독립적인 시간으로 대체하는 유용한 습관을 들인 우리 정신에게는 아마 고통스러울 것이다"(베르그송, 『물질과 기억』, 372).

이때 존재하는 생물의 갖가지 형태는 창조적인 에너지가 온갖 방향으로 솟구쳐 나가는 형태입니다. 우리가 현상이라 부르는 것으로부터 그들이 어디로 발전할 것인지도 지성은 모릅니다. 생명체가 존재하는 지금의 상태, 지성이 그것을 '현상(現狀, status quo)'이라고 파악한 세계의 지금 상태는 그 생명체들이 사방으로 약동하는 계기이기도 합니다.

우리는 인류가 지구를 지배하고 있다고 가상하지만, 실제의 지구는 우리가 파악하지 못한 수많은 생명체가 거주하는 공간이며, 오늘도 그 다수의 생명체는 자기들의 본능적 직관이 가르쳐 주는 바에 따라 생육(生育, grow)하고 번성하고 있습니다. 그들은 자기들의 새로운 기관(器官, organ)을 발전시키고 자기들의 결합에서 새로운 종을 탄생시키고 있습니다. 그들 생명체의 내부에서 작용하는 힘, 이 생명력이 결국 분석되어야 할 무엇임은 분명합니다.

베르그송에 의하면 물질(物質, matter)이란 이 생명력이 그들의 열망을 만족시키고 그들의 뜻을 이루기 위해 자기들의 소용에 사용하는 질료입니다.[192] 물질은 기억 없는 일종의 거대한 기계입니다.

---

192 "받아들인 한 작용에 대해 그 리듬에 맞추어 동일한 지속으로 이어지는 직접적 반작용으로 대응하는 것, 현재 속에, 그리고 끊임없이 변하는 어떤 현재 속에 있는 것, 그것이 물질의 근본적인 법칙이다. 거기에서 필연이 성립한다. 자유로운 혹은 적어도 부분적으로는 결정되지 않은 행동이 있다면, 그것은 그들 자신의 반성이 적용되는 생성을 드문드문 고정시키고 그것을 구별되는 순간들을 응고시키며 그처럼 그것을 물질로 응축시키고, 그것을 동화시키면서 자연적인 필연성의 그물을 뚫고 지나갈 반응 운동으로 소화할 수 있는 존재자에게만 속할 수 있다.

반면 정신 혹은 의식은 본질적으로 자유로운 힘입니다. 기억(記憶)이란 인간의 태생부터 혹은 선대(先代)로부터 이어진 과거를 현재에 적용하여 인간을 지켜내는 힘입니다.

인간은 말로 경험을 후대에 전달하며, 글은 그 경험을 문서로 고정시켜 기억으로 체계화시키고 전달합니다. 따라서 말과 글은 인간이 축적해 낸 수많은 경험을 포함합니다. 기억은 질서화된 경험입니다. 이렇게 축적된 과거는 흡사 어린아이가 굴리는 눈덩이가 점점 커져 아이의 몸을 넘어 집채만큼 크게 변하는 이치입니다. 새로운 사건을 만날 때마다 인간은 이렇게 커진 과거의 기억에서 새로움을 발견해 내고 해석하며 이를 변형시킬 계기들을 획득합니다.[193] 만약 창조라는 것이 존재한다면 이런 것이 진정한 창조라고 베르그송은 얘기합니다.

앞의 니체에 관한 장(章)에서 무(無)에서 유(有)를 만드는 창조란 불가능하며 우리가 말하는 창조란 결국 플라톤의 데미우르고스(dēmiourgos)가 행한 창조, 즉 세계의 질료를 서로 배합의 비율을 달리하여 각기 다른 형상들을 만들어내는 것이라고 했습니다. 베르그송에게도 진정한 창조라는 것이 있다면 이러한 의식의 지속에서

결국은 그들의 삶의 강도의 크고 작음을 표현하는 그들의 지속의 긴장의 높고 낮음은 그처럼 그들의 지각의 집중력도 그들의 자유의 정도도 결정한다"(베르그송, 『물질과 기억』, 376~377).

193 "세계에 새로운 것을 가져다주는 사유는 당연히 자신이 지나쳐오면서 자신의 운동 속으로 끌어들였던 기존의 관념들을 통해 자신을 나타내야만 한다"(베르그송, 『사유와 운동』, 144).

발생하는 과거와 현재의 교묘한 융합(融合)입니다.

그에게서 시간은 즉자적으로 단절된 것이 아니며 연이어 흐르는 지속으로서의 정체성[194]입니다. 의식은 무엇보다 과거와 현재, 그리고 미래가 상호 뒤섞인 흐름으로서의 지속입니다. 우리의 시간 의식은 본래 과거와 현재, 미래의 구분이 존재하지 않습니다. 우리는 과거를 통해서 현재와 미래를 보고, 현재를 통해서 과거와 미래를 재구성하며, 미래를 통해서 현재와 과거를 다시 해석합니다. 이 순간에도 의식은 과거와 현재, 미래를 혼융(渾融)하여 지금 나의 뇌리(腦裏)에 떠오르게 합니다. 지금 내 앞의 사물을 대할 때 이 사물을 둘러싼 과거, 현재, 그리고 미래의 영상들을 혼합하여 그중의 하나를 내 뇌리에 던집니다.

내 책상 위에 있는 편의점 커피 하나를 보면서 난 어제 마시던 다른 종류의 편의점 커피를 더하여 떠올리든지, 다 떨어진 커피를 조금 있다 편의점에서 사야 할지 커피숍에서 사야 할지 지금 생각합니다. 커피에 달린 빨대를 보며 볼펜을 연상하다가 그 색깔이 갈색임에 다시 커피의 색깔이 원래 진한 갈색인지 옅은 갈색인지 떠올립니다. 그러다가 갑자기 집 마당에 놓여 있는 커피나무 두 그루가 무사히 잘 자라고 있음을 오늘 아침 확인한 사실이 떠오릅니다. 의식

---

194 "시간은 작용한다. 시간은 무슨 일을 할 수 있는가? 단순히 상식적으로 답한다면, 시간이란 모든 것이 한꺼번에 주어지는 것을 방해하는 것이다. 시간은 지연한다. 더 정확히 말하면 시간이란 지연(retardement)이다"(베르그송, 『사유와 운동』, 120).

이란 대개 이런 예와 같이 흘러갑니다. 마시는 커피에서 기르는 커피로, 그리고 빨대에서 김이 모락모락 나는 뜨거운 커피로 옮기기도 합니다.

집중(集中)하지 못하는 의식이라고요? 글자 그대로 집중을 제대로 해내는 의식의 진행이 얼마나 존재하는지 궁금합니다. 스님의 선(禪) 수행은 하나의 화두(話頭)를 잡고 움직입니다. 그런데 그 화두가 제시하는 것은, 스님이 선의 삼매경(三昧境, samadhi)에 빠져 있음은 의식이 한 대상이 가진 의미의 본질을 잡기 위해 다시 그것을 둘러싼 사방(四方)을 휘어잡고 구석구석 통찰(洞察)하고 있기 때문일 것입니다. 제대로 된 집중은 글 사이의 의미를 읽어내는 것일 겁니다. 글자만 읽는 것을 집중이라고는 하지 않습니다. 사유의 집중은 사유가 사방에서 편린(片鱗, part)을 긁어내어 하나를 해석하고 있는 상태일 것입니다.

이 융합과 혼합은 단순히 동일한 수열과 그 조합, 동일한 확률로 서로 분배하고 조합하는 것이 아닙니다. 과거와 현재, 미래가 혼합된 시간 의식은 수학이 조합하는 수의 양태와 다릅니다. 수의 조합은 미분(微分, differentiation)을 놓칩니다. 수 사이의 틈으로 무수한 혼융의 사태들이 빠져나갑니다. 이와 달리 다른 시간에서 끄집어져 구성된 사태들은 지속적인 새로움이며 지속적인 창조이게 됩니다.[195] 그리고 이것이 창조가 가능하다면 진정으로 수행할 수 있는

---

195 "천재적인 개인들이 근거율의 내용에 주목하기 싫어하는 것은 먼저 존재의 근거

창조입니다.

이렇듯 의식은 지속적으로 창조하고 증식하는 작용입니다. 반면 물질은 지속적으로 자신을 파괴하고 없애는 작용입니다. 의식은 시간에서 자신을 증식하고 이를 다시 정의하며, 끝내 자신을 새로움으로 대체하게도 하지만 물질은 시간에서 자신을 지속시키지 못하고 사멸합니다. 물질의 본성은 그것이 시간과 어울리는 한 자기 파괴로 향합니다. 따라서 의식은 지속적으로 자기 앞에 놓은 물질을 자기의 필요에 사용하고자 합니다. 의식이 세계의 내에서 세계와 더불어 무엇을 행하려는 한 의식의 대상은 바로 물질이 됩니다.

의식은 물질을 소용(所用)하여 자기의 정체를 다시 정립하고, 물질은 의식의 대상이 될 때에야 비로소 자연의 질료가 됩니다. 이 둘은 서로 독립하지 못하고 분리하지 못합니다. 의식과 물질은 그들 모두에게 해당하는 공통의 원천이 존재하고 있습니다. 지구를 가득 채우고 있는 생명의 진화는 생명체의 내부에서 그들을 약동하게 하는 창조적인 힘의 결과입니다.

베르그송이 세계를 볼 때 그의 형이상학에서는 기계적 세계관과 생명의 세계관이 서로 대립하고 있습니다. 기계적 세계관은 그가 지

___

와 관련해 볼 때 수학에 대한 혐오로 나타날 것이다. 수학의 고찰은 현상의 가장 보편적 형식들인 공간과 시간에 대한 고찰인데, 이들 형식은 그 자체로 근거율의 형태에 불과하다. 그러므로 모든 관계를 도외시하고 현상의 내용만, 즉 현상 속에서 나타나는 이념만을 추구하는 고찰과는 정반대다"(쇼펜하우어, 『의지와 표상으로서의 세계』, 267~268).

속하여 비판하는 지성으로서의 세계관입니다. 이 지성으로서의 세계관은 지성이 자기의 규정대로 세계를 파악하는 방식이며 그래서 정적(靜的)입니다. 지성은 자기의 앞을 절단하여 재단하고 그렇게 추출된 데이터를 자신의 질료로 하므로, 결코 움직임과 약동을 내부에 담아낼 수 없습니다. 절단된 장면이 편집되어 영화처럼 세계를 다시 보여주나 그 장면들의 편집이 인위적이라 재구성된 영화가 억지스럽습니다.

반대로 생명으로서의 세계관은 역동하며 움직이고, 운동합니다. 이 세계관은 직관이 취하는 양태이며 이미 지성의 능력을 넘어서서 발동합니다. 이 세계의 포획은 지성으로는 불가능하며 직관이 제대로 수행합니다. 직관은 세계에 관해 의식이 취하는 최고의 접근법입니다. 이런 의미에서 직관으로 파악하고 구성한 세계관이 진정한 세계이기도 합니다.

기계적 세계관과 생명의 세계관의 대립은 이후 도덕과 종교에 관한 베르그송의 연구에 깊게 배어 있습니다. 정적(靜的)인 유형의 도덕은 사회의 구조와 거기로부터 도출된 요소들이 상호 강제하는 압력과 의무에 근거합니다. 기계적 세계관으로부터 유래한 도덕은 전통에 의지하며 그것은 도덕적 명령에서 유래하고 이를 개인은 의무로 간주합니다. 지켜야 하며 준수해야 하는 명령으로 이 도덕은 자리합니다. 반면 동적(動的)인 유형의 도덕은 도덕 자체가 인간의 창조적 표현이며 열린 개방형의 창조임을 알고 있습니다. 따라서 경직된 군중의 도덕이 아닌 자유로운 천재의 도덕이며 도덕 자체가 하나의 창조적 통찰이기도 합니다.

정적 유형의 도덕은 정지 상태로 세계를 간주하는 것에서 나온 도덕 현상입니다. 고여 있고, 정지해 있으므로 완고(頑固, obstinacy)하고 편협(偏狹, bigotry)합니다. 흐름이 없는 정지 상태에서 출현하는 것은 무거운 의무입니다. 왜냐하면 세계와 삶 자체를 변하지 않는 완고함으로 고찰하기 때문입니다.

반면 동적 유형의 도덕에서 세계를 흐름으로 고찰하고 모든 세계 내의 현상이 운동인 것을 아는 이는 도덕 또한 변화하는 시대를 좇아 변해야 하는 흐름 속에 처해 있다는 것을 압니다. 변하지 않는, 영원한 도덕은 존재하기 어렵고, 시간에 처한 세계 자체는 변하기 마련이므로 그 세계 내에 거주하는 생명체도 변화를 겪어야 한다는 것을 압니다. 삶이 변화를 말하는 이상 인간의 삶이 변한다면 도덕도 삶을 따라 변한다는 것을 통찰합니다. 현상에 관한 규율인 도덕이 현상 자체가 바뀌는데 그 현상을 붙잡는 강제와 강요를 지속할 수는 없는 노릇입니다. 따라서 동적인 도덕이 마땅한 도덕의 형태이게 됩니다. 이렇게 정적인 것과 동적인 것, 정지와 운동은 그 대립 관계를 나타내며 베르그송의 전 철학에서 완연(宛然)히 그 의미를 드러내고 있습니다.

참고문헌

B. 스피노자, 『에티카』, 강영계 옮김, 서광사, 1990.

_____, 『스피노자 서간집』, 이근세 옮김, 아카넷, 2019.

_____, 『정치론』, 김호경 옮김, 2009.

아르투어 쇼펜하우어, 『의지와 표상으로서의 세계』, 홍성광 옮김, ㈜을유문화사, 2019.

프리드리히 니체, 『이 사람을 보라』, 백승영 옮김, 책세상, 2002.

앙리 베르그송, 『창조적 진화』, 황수영 옮김, 아카넷, 2005.

_____, 『사유와 운동』, 이광래 옮김, 문예출판사, 2012.

_____, 『정신적 에너지』, 엄태연 옮김, ㈜그린비출판사, 2019

_____, 『물질과 기억』, 최화 옮김, 자유문고, 2017.

파스칼, 『믿음의 팡세』, 손정수 옮김, 배재서관, 1994.

블레즈 파스칼, 『팡세-분류된 단장 편』, 김화영 옮김, 선한청지기, 2022.

버트런드 러셀, 『러셀 서양철학사』, 서상복 옮김, ㈜을유문화사, 2020.

Bertrand Russell, 『A history of Westren Philosophy』, A Touchstone Book, 1972.

요한네스 힐쉬베르거, 『서양철학사(하)』, 강성위 옮김, 이문출판사, 2008.

군나르 시르베크 · 닐스 길리에, 『서양철학사』, 윤형식 옮김, ㈜이학사, 2022.

프랭크 틸리, 『틸리 서양철학사』, 김기찬 옮김, 현대지성, 2020.

스털링 램프레히트, 『서양철학사』, 김태길 · 윤명로 · 최명관 옮김, ㈜을유문화사, 2020.

에티엔느 질송,『중세 철학사』, 김길찬 옮김, 현대지성사, 1997.

미셸 푸코,『감시와 처벌-감옥의 역사』, 오생근 옮김, ㈜나남출판, 2000.

질 들뢰즈 · 펠릭스 가타리,『철학이란 무엇인가』, 이정임 · 윤정임 옮김, 1999, 현대미학사.

질 들뢰즈,『니체와 철학』, 이경신 옮김, ㈜민음사, 1999.

_____,『스피노자와 표현의 문제』, 이진경 · 권순모 옮김, 인간사랑, 2004.

Gilles Deleuze,『Nietzsche and philosophy』, Tranlated by Hugh Tomlinson, THE ATHLONE PRESS(London), 1992.

한나 아렌트,『인간의 조건』, 이진우 옮김, ㈜도서출판 한길사, 2019.

게오르크 루카치,『역사와 계급의식』, 박정호 · 조만영 옮김, 거름, 2002.

안토니오 네그리,『야만적 별종』, 윤수종 옮김, 푸른숲, 1999.

_____,『전복적 스피노자』, 이기웅 옮김, 그린비, 2005.

찰스 테일러,『헤겔』, 정대성 옮김, 그린비, 2022.

뤼디거 자프란스키,『니체-그의 사상의 전기』, 오윤희 · 육혜원 옮김, ㈜꿈결, 2018.

수 푸리도,『니체의 삶』, 박선영 옮김, ㈜로크미디어, 2020.

뤼디거 자프란스키,『쇼펜하우어 전기-쇼펜하우어와 철학의 격동시대』, 정상원 옮김, 꿈결, 2018.

마르크스 · 레닌주의연구소,『마르크스 전기 1 · 2』, 김대웅 · 임경민 옮김, 노마드, 2018.

성경전서『신약성서』, 개역개정, 2005.

성경전서『구약성서』, 개역개정, 2005.

한영성경협회,『한영해설성경(NIV)』, 1999.

베터니 휴즈,『아테네의 변명』, 강경이 옮김, 도서출판 옥당, 2012

폴커 라인하르트,『루터-신의 제국을 무너트린 종교개혁의 정치학』, 이미선 옮김, 미래의창, 2017.

앨리스테어 혼,『나폴레옹의 시대』, 한은경 옮김, ㈜을유문화사, 2014.

조르주 리에베르,『니체와 음악』, 이세진 옮김, ㈜북노마드, 2018.

프랑수아 누델만,『건반위의 철학자-사르트르, 니체, 바르트』, 이미연 옮김, 시

간의 흐름, 2020,

요아힘 페스트, 『히틀러 최후의 14일』, 안인희 옮김, 교양인, 2005.

유발 하라리, 『사피엔스』, 조현욱 옮김, 김영사, 2022.

프리모 레비, 『가라앉은 자와 구조된 자』, 이소영 옮김, 돌베개, 2014.

벤저민 제이콥스, 『아우슈비츠의 치과의사-홀로코스트, 신 없는 세계에서의
　　　나날』, 김영진 옮김, 서해문집, 2020.

슈테판 츠바이크, 『나쁜 정치가는 어떻게 세상을 망치는가-조제프 푸셰 : 어
　　　느 기회주의자의 초상』, 강희영 옮김, 바오, 2019.

아디치 마사카쓰, 『왕의 목을 친 남자』, 최재혁 옮김, 한권의책, 2012.

루시 쿡, 『암컷들』, 조은영 옮김, 웅진지식하우스, 2023.

스피노자의 정신, 『세명의 사기꾼』, 성귀수 옮김, ㈜생각의나무, 2006.

이주헌, 『50일간의 유럽 미술관 체험 1』, 학고재, 2020.

＿＿＿, 『50일간의 유럽 미술관 체험 2』, 학고재, 2017.

＿＿＿, 『역사의 미술관』, ㈜문학동네, 2011.

양민영, 『서양 미술사를 보다 2』, ㈜리베르스쿨, 2013,

존 줄리어스 노리치, 『비잔티움 연대기 1-신이 보낸 자, 콘스탄티누스』, 바다
　　　출판사, 2007.

제레드 다이아몬드, 『총,균,쇠』, 김진준 옮김, ㈜문학사상, 2022.

규장각한국학연구원, 『그림으로 본 조선』, 글항아리, 2014.

기타

https://ko.wikipedia.org

https://en.wikipedia.org

역사와 예술로 읽는 서양철학사(하)

초판인쇄 2024년 12월 06일
초판발행 2024년 12월 06일

지은이 정영수
펴낸이 채종준
펴낸곳 한국학술정보(주)
주 소 경기도 파주시 회동길 230(문발동)
전 화 031-908-3181(대표)
팩 스 031-908-3189
홈페이지 http://ebook.kstudy.com
E-mail 출판사업부 publish@kstudy.com
등 록 제일산-115호(2000. 6. 19)

ISBN 979-11-7318-116-0 93160